매우 도전적이고

감동적인 인생 역전 드라마

심령이 가난한 자는 복이 있나니

천국이 그들의 것임이요.

(마5:3)

박애로 충만한 영혼을 꿈꾸며

초판인쇄	2022년 03월 15일
초판발행	2022년 03월 22일
지은이	이강무
발행인	조현수
펴낸곳	도서출판 프로방스
마케팅	최관호
IT 마케팅	조용재
교정교열	권 표
디자인 디렉터	오종국 Design CREO
ADD	경기도 고양시 일산동구 백석2동 1301-2 넥스빌오피스텔 704호
전화	031-925-5366~7
팩스	031-925-5368
이메일	provence70@naver.com
등록번호	제2016-000126호
등록	2016년 06월 23일

정가 20,000원
ISBN 979-11-6480-183-1 03230

꿈꾸는 이 _ 이강무 지음

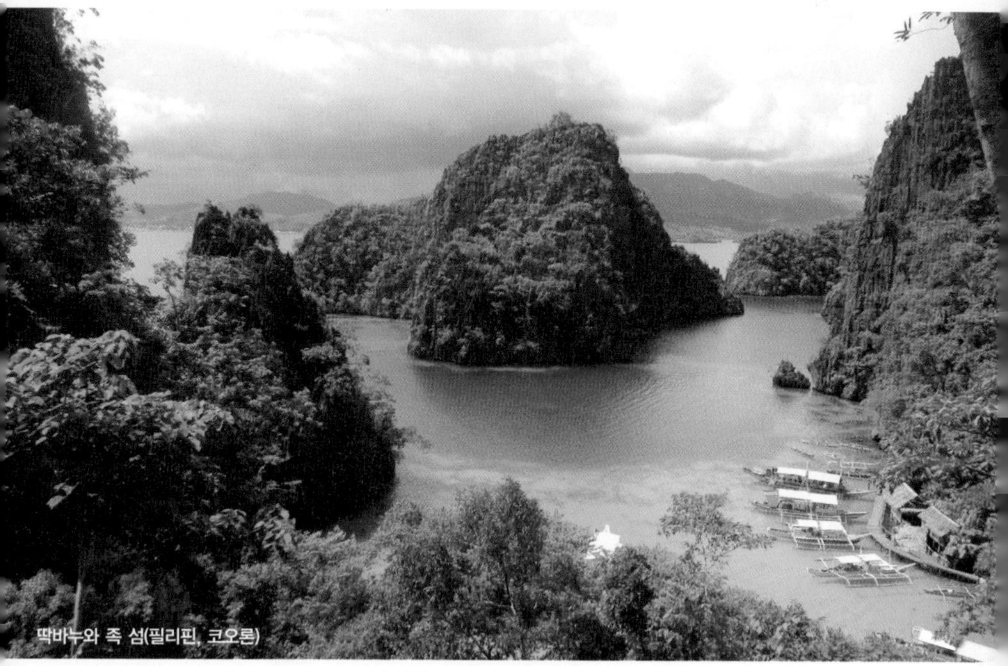

딱바누와 족 섬(필리핀, 코오론)

P. 프로방스

Prologue
머리글을 대신하여

"하나님은 당신을 창조하셨고, 당신을 사랑합니다"

갑자기 죽음에 직면한 나에게 가장 중요한 것은 '생명' 이었습니다. 병원에서 수술을 받았지만 온전한 생명의 회복을 위하여 하나님을 택하였습니다. 그리고 간절히 기도하였습니다. 하나님은 나에게 예수 그리스도를 소개하셨습니다. 그리고 그분이 사는 모습을 복음서를 통하여 보여 주셨습니다. 그분의 방식대로 사는 것이 길이요 진리요 생명이라는 것을 알게 되었습니다. '예수님은 헐벗고 굶주리고 가난하고 병든 사람들을 위하여 '박애로 충만한 영혼' 으로 그들과 함께 사셨습니다. 예수님의 그런 박애의 삶은 나에게 큰 희망이며 표본이 되었습니다. 부족하지만 나도 그분과 같은 삶을 잠시라도 살다가고 싶었습니다. 그러는 것이 죽음을 준비하는 것이고 그러는 것이 새 생명을 되찾는 길이며 그러는 것이 삶의 참의미를 되찾게 되는 것이라 생각하였습니다. 만일 내 목숨을 연장해 주신다면 주님처럼 박애로 충만한 삶을 좀 살다가 가고 싶다고 기도하였습니다. 그러는 가운데 건강하지도 못한 몸으로 신학대학도 가게 되었고, 목회도 하게 되었으며 결국엔 선교사가 되었습니다. 29세에 죽을 수밖에 없었던 내 생명은 하나님의 은혜로 지금까지 연장 받을 수 있게 되었습니다.

이 글은 부족하고 미숙하지만 인생의 한계상황을 겪고 난 후, 내게 남은 인생을 예수께서 가르쳐 주신대로 살아 보겠다고 내 몸의 질환과 투쟁하며 아픈 몸으로 나름대로 굳세게 예수님이 가신 길을 따라 걸어 온 나의 삶의 이야기입니다. 죽음의 공포 속에서 나를 새 생명으로 인도하신 주님을 사모하고 찬양하고 감사하며 세상에서 나처럼 질환으로 고생하는 사람들과 잠시나마 생사고락을 함께한 이야기입니다. 문학성이 부족하여 문장이 투박하고 내용전달이 미숙하지만, 그럼에도 불구하고 이 글을 읽는 동안 예수님의 박애의 영혼이 여러분의 마음을 가을의 국화꽃 향기만큼이나 향기롭게 채워 주실 것을 믿기에 감히 세상에 선을 보입니다.

하나님은 당신을 창조하셨고, 당신을 사랑합니다.

그러기에 주님 안에서 당신을 존경하고, 사랑하고, 축복합니다.

감사합니다.

꿈꾸는 이 _ **이강무** 선교사

Congratulations
축하의 글

“오지 섬에서 도시 빈민들까지 사랑의 선교이야기”

샬 롬!

주님의 십자가 사랑으로 모든 이들을 품으며 사랑한 이강무 선교사님의 감동의 선교를 존경하고 사랑합니다. 이강무선교사님은 신학대학교 시절에 만났습니다. 충주 동향이고 충주고등학교 선배이시지만 후배로 입학한 감리교신학대학교에서 처음 만날 수 있었습니다.

그때 두 가지가 기억이 납니다. 하나는 기숙사 침대 위 천장에 빼꼭히 붙여져 있었던 영어 단어들이었습니다. 허리가 많이 아파서 누워서 단어를 공부하던 모습이었습니다. 그때 신학 영어 단어 시험을 자주 보았었기 때문이었습니다. 또 한 가지 기억은 감리교신학대학교 유도팀으로 전국대회에 나가서 준우승을 차지하였던 것입니다. 물론 B그룹의 경기였지만 어린시절 이미 유도를 했었던 선교사님이 대표로 선발되어 출전했었던 것이었습니다. 당시 체육을 가르치던 교수님의 엉뚱한 행보였다고 기억하고 있습니다.

많이 약하기도 했었고 또 강하기도 했었던 선교사님이었습니다. 그런 모습은 주님을 위한 그의 일생의 사역에 고스란히 큰 은사로 자리 잡을 수 있었습니다. 약한 것을 강하게 하시고 장점이 은사가 되게 하시어 크게 쓰시는 하나님의 섭리에 참으로 놀라지 않을 수 없습니다.

저는 충주에서 첫 목회를 마치고, 부담임목사로 13년을 섬기다가 동대문지방 장안원교회에 2011년 11월에 부임을 하였습니다. 그 13년 세월동안 이강무선교사님과 교제 없이 바쁘게 살았습니다. 그런데 다시 담임목사로 부임하자마자 자꾸 이강무선교사님이 생각이 났습니다. 꿈에서 뵙기도 하였습니다. 하나님께서 자꾸 만나라 하시는 것 같은 마음이 들었습니다. 그래서 전화를 하여 만나게 되었습니다. 보따리 선교사로 주님이 문 열어주실 때마다 동남아시아의 여러 나라를 순회하면서 주로 원주민들을 찾아서 침과 뜸을 놔주면서 선교를 하고 있다는 이야기를 들을 수 있었습니다.

성령님의 인도를 따라 대화하면서 정식으로 선교사가 되어 파송받으시라고 권면하였습니다. 절차를 따라서 2013년에 선교사로 파송될 수 있었습니다. 장안원교회가 파송교회가 되었습니다. 여러 교회에 후원교회가 되어 줄 것을 권면하였습니다. 하나님이 원하시는 일이니 순조롭게 잘 꾸려졌습니다. 제가 자칭 후원회장이 되었습니다. 그리고 오늘날까지 지구촌 오지에서부터 도시빈민들에게 이르기까지 많은 사랑과 정성을 쏟아부었습니다. 많은 이들이 힘을 얻었습니다. 무너진 현지의 교회들이 다시 세워지는 역사가 일어나기도 하였습니다.

때때로 현장에서 있었던 일들을 모아서 이렇게 책으로 엮어 내셨으니 이 또한 대단한 일이라 생각됩니다. 부족하기만 한 종인데 하나님의 손에 이끌림을 받아 선교사님의 사역에 조금이라도 도움이 될 수 있었던 것은 제게는 아주 큰 기쁨입니다.

앞으로 계속 이 책을 읽으며 그 행복은 더 커지게 될 것입니다. 사랑이 가득 담긴 선교 현장의 이야기 출판을 진심으로 축하드립니다. 살아계신 하나님의 손길이 독자들에게도 임할 수 있기를 기도합니다.

이재익 목사(세르반테스선교회 후원회장)

Congratulations
축하의 글

"많은 사람들의 영혼을 깨우는 소중한 지침서가 되기를..."

부족한 사람이 축하의 글을 쓰게 된 것을 영광스러운 한편 두려움이 앞섭니다.

이강무 선교사님이 평생 동안 하나님을 향한 절규와 몸부림을 책으로 묶어 출판하게 된 것을 먼저 축하드립니다.

어두움이 짙을수록 빛이 더욱 절실하고 시대와 상황이 어려울수록 선구자가 필요한 것처럼 거짓선지자와 적그리스도가 출현하여 교회를 무너뜨리고 양 무리들을 현혹하여 멸망의 구렁텅이로 몰아넣는 신앙적으로 혼탁한 이 시대에는 더욱 진정한 목자가 요구되고 있습니다.

제가 아는 이강무 선교사님은 안정적인 목회의 울타리를 뛰어 넘어 젊은 날 하나님과 서원했던 영혼구원의 약속을 실천하기 위하여 필리핀 오지에서 가난과 질병과 무지로 최악의 삶을 살아가는 원주민들에게 예수그리스도의 복음과 사랑을 실천하고 있는 진정한 목회자입니다.

저는 이 책을 통하여 절망의 상황 속에서 마지막 희망이신 예수를 발견하고 그분을 향하여 헐벗고 굶주리고 가난하고 병든 사람들을 위해 일생을 바치겠다고 주님과의 약속을 신실하게 지켜온 이강무 선교사의 삶의 여정을 보게 될 것이라고 믿습니다.

마치 다메섹 도상에서 예수님을 만난 후에 바울이 십자가의 길을 오차 없이 따라 간 것처럼 생명의 갈림길에서 보여주신 「생명의 예수」를 발견하고 그분의 삶을 따라 살기로 작정했던 그날의 약속 지키며 살아온 이강무 선교사의 삶은 바로 예수님의 삶이었습니다.

필리핀 오지에서의 목회는 생명을 담보하는 위험이 항상 따르게 마련이지만 이강무 선교사는 그곳에서 현지주민들과 동고동락하며 목회하는 것을 가장 행복해 하며 감사하고 있습니다.

가끔 선교보고를 통해서 접하는 영상이나 사진들을 보면 현지 성도들이나 주민들이 이강무 선교사를 아버지처럼 따르며 존경하는 모습을 보면서 매우 감동을 받게 됩니다.

강도 만난 사람에게 사랑을 베푼 선한 사마리아 사람처럼 이강무 선교사님은 그들에게는 생명의 은인이며 구세주와 같은 존재입니다. 항상 옆에 같이 있어 주기를 바라는 선한 이웃입니다.

목회는 예수를 전하는 것으로만 생각하기 쉬운데 진정한 목회는 삶을 통하여 예수그리스도를 보여주는 것이라 할 것입니다. 강단에서 선포하는 말과 생활에서의 모습에 괴리가 있다면 진정 목회의 성공자라 할 수 없습니다.

이강무 선교사님은 이런 의미에서 진정으로 성공한 목회자라 할 것입니다.

언제나 겸손하고 섬기는 모습에서 오늘도 제자들의 발을 씻기신 주님의 섬김과 겸손의 영성을 발견하게 됩니다.

사랑이 없고 다른 이웃을 불쌍히 여기는 마음이 없다면 아무도 치료할 수 없고 낫게 할 수도 없습니다. 육체적인 치료를 넘어 영혼을 치료하신 예수그리스도의 치료가 진정한 치유의 목회라면 이강무 선교사의 치유 목회는 주님의 사역입니다. 평생동안 함께하신 하나님의 사랑과 무한하신 은혜의 고백을 담아낸 이 책이 수많은 사람들의 영혼을 깨우는 소중한 지침서가 되기를...

최광혁 장로(전 감리교 장로회전국연합회장)

Contents
차례

제1부
죽음을 딛고 일어서서
(수술을 받고 나서)

제2부
예수님의 분부를 따라서
(목회하며 해외 단기선교사역)

제3부
박애로 충만한 영혼을 꿈꾸며
(선교지에서 사역하며)

위기에서 새로운 기회로

어머니 걱정하지 마세요.

난 죽지 않습니다.

난 절대 죽지 않고 내 꿈을

이룰 것입니다.

제1부

죽음을 딛고 일어서서

내가 사람의 방언과 천사의 말을 할지라도 사랑이 없으면 소리 나는 구리와 울리는 꽹과리가 되고 내가 예언하는 능력이 있어 모든 비밀과 모든 지식을 알고 또 산을 옮길 만한 모든 믿음이 있을지라도 사랑이 없으면 내가 아무 것도 아니요 내가 내게 있는 모든 것으로 구제하고 또 내 몸을 불사르게 내줄지라도 사랑이 없으면 내게 아무 유익이 없느니라.

(고린도전서 13장 1절-3절)

01 수술을 받고 나서

"스물아홉 살, 이제 한창 피어날 꽃 봉우리가 채 피기도 전에 시들어 버리면 어떡합니까! 하나님, 제발 이 아이 좀 살려 주세요"

허리가 아파 엎드려 잠이 들었다가 내 등을 어루만지며 기도하는 어머니의 기도소리에 잠이 깨다. 한 밤중이었다. 어머니는 한 숨도 주무시지 않고 아픈 내 등허리에 손을 쓰다듬으며 기도하고 계셨다.

서울대 병원에서 스물아홉 살에 왼쪽 신장절제 대수술을 받았을 때 담당 의사를 비롯하여 주위의 모든 사람들은 내가 오래 살지 못할 것이라 생각했다. 신장절제수술도 물론 큰 문제이지만, 신장을 망가뜨린 결핵균이

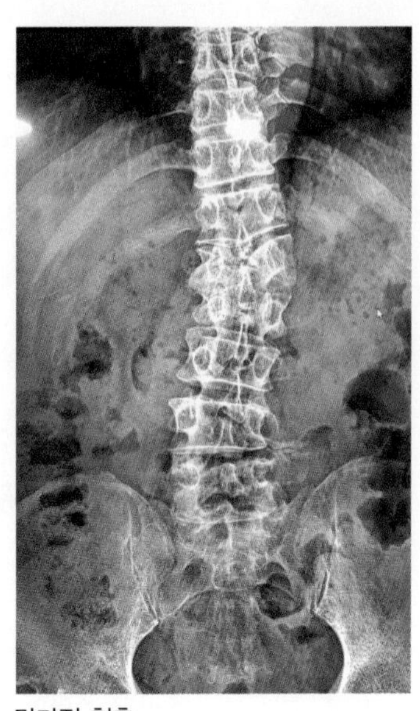
망가진 척추

척추에 전이되어 척추가 이미 다 무너진 상태였기 때문이다. 신장수술 후 허리가 아파서 매일 누워 지내며 찜질을 해야만 했다. 육신의 고통은 그것으로 그치지 않았다. 그 후 5년 후 왼쪽 귀에 염증이 생겨 뇌로 전이 되고 있었다. 어릴 때부터 앓던 중이염을 제때에 치료하지 못하여 20여년이 지나 심해져 염증이 뇌로 침입하기 직전이었다. 빨리 수술하지 않으면 생명이 위태롭다하여 서울대병원에서 수술을 하였다. 수술 중 많은 염증을 제거하는 과정에서 안면신경을 건드리게 되었고 그로인해 입이 돌아갔고 밥을 먹으면 밥이 입에서 줄줄 흘러내렸다. 다시 3년 후 염증은 코에서 발생했다. 이것도 빨리 수술하지 않으면 뇌로 전이될 심각한 지경이란다. 코는 충주에 있는 대학병원에서 수술하였다. 이렇게 약 11년에 걸쳐 3차의 수술 과정을 통하여 항생제와 소염진통제를 장기 복용한 결과 나는 여러 가지 아픈 증세가 몸의 이곳저곳에서 발생하는 심각한 환자가 되었다. 한 쪽을 치료하기 위한 약은 다른 장기에 나쁜 영향을 끼쳤다. 항생제와 소염진통제의 장기 복용에 의하여 위가 약해져 음식물을 소화시키지 못하여 툭하면 죽을 끓여 먹든가 소화제를 입에 달고 살았다. 소염제로 인해 장내 세균이 모두 죽어 심각한 대장질환이 발생하였다. 설사와 변비가 교차 반복하였고, 지독한 변비로 인해 억지로 변을 보다가 항문의 핏줄이 터져 치질이 생기다. 치질의 통증과 불편함은 말로 다 표현할 수가 없을 정도다. 약을 많이 먹어 간에 나쁜 영향을 미쳐 시야가 흐려지고 때로는 눈물이 나오지 않아 눈꺼풀이 닫히지 않아 벌겋게 충혈 된 눈을 감지도 못하는 고통을 겪었다. 찬바람만 불면 피부가 건조하고 가려워서 피부과를 수시로 드나들어야 하였고 피부과의 약은 독하여 또 다시 위장과 대장질환을 야기하였다. 고등학교 때 유도하다 다친 왼쪽 무릎이 도져 정형외과와 한의원, 물리치료실을 20년 째 다니던 중이었다. 그러던 터에 3번이나 대 수술을 받는 가운데 내 몸은 만신창이가 되고 매일 이 병원 저 병원 찾아다니는 병원나그네가 되었다. 월요일부터 토요일까지 매일 과를 변경해 가며 병원을 찾아 다녔다. 29세 때 첫 번째 수술을 받은 후부터 28년 동안 내과, 안과, 피부과, 정형외과, 이비인후과, 항문외과, 한의원 물리치료실 등을 전전긍긍하며 치료받으러 다녔다. 내 몸은 질병의 종합센터가 되었다.

내가 지금 하고자 하는 말은 궁색한 내 과거를 밝혀 동정을 구하자는 게 아니다. 29세 때에 신장절제수술을 받은 후 인생의 한계상황 속에서 죽을 것만 같은 고통을 겪던 연약한 환자가 수많은 질환의 고통을 믿음으로 이겨내고 지금까지 41년 동안 생명을 연장 받아 죽지 않고 건장하게 살아남았다는 말을 하고 싶은 것이다. 뿐만 아니라 건강한 사람도 가기 힘든 지구촌 오지를 다니며 가난과 질병으로 고통당하는 사람들을 위로하고 치료하는 일을 지금도 하고 있다는 점을 소개하며, 누구나 하나님 안에서 살고자 하는 의지와 선한목표를 갖고 굽히지 않고 굳세게 나아가면 나처럼 반드시 건강도 회복하고 보람된 인생을 살 수 있다는 내 인생의 놀라운 신앙체험을 보여주고자 하는 것이다.

이글은 내 머리로 생각하여 쓴 글이 아니다. 연약함에도 불구하고 신앙의 힘으로 내가 직접 걸어 다니며 발로 쓰고 몸으로 쓴 글이다. 글 솜씨가 부족해서 문장이 좀 투박하지만 나의 바램은 혹시 정신적이나 육체적으로 혹은 경제적으로 고난을 당한 분들이 있다면, 이 글을 읽는 동안 큰 용기를 갖고 다시 새로운 인생에 도전하는 삶을 사시길 바라는 마음이다.

"당신이 간절히 원하면 신의 에너지가 당신을 도와줄 것입니다."

02 죽을 준비 좀 하게 해 주십시오

"어머니 걱정하지 마세요. 난 죽지 않습니다. 난 절대 죽지 않고 내 꿈을 이룰 것입니다."

절대로 포기해선 안 된다. 포기하면 뇌에서 몸의 각 세포로 상황종료명령이 내린다. 그러면 정신과 몸은 서서히 쇠약해지고 머지않아 무기력해지고 죽음에 이르게 된다. 어머니는 내가 곧 죽을 것이 염려되어 걱정하고 기도하셨지만, 나는 절대로 죽음을 생각하지 않았다. 내가 수술하고 집에서 누워있는 모습을 보고 마음 여리신 작은 매형님은 눈물을 흘리며 마치 나의 인생이 다 끝난 것처럼 불쌍히 여기셨다. 그러나 나는 전혀 내 자신을 불쌍히 여기거나 죽음을 생각한 적이 없다. 나는 모든 걸 잃고 비록 누워서 지내지만, 내 자신을 불쌍한 존재나 인생을 실패한 자로 생각해 본 적이 없다. 대신 신에게 바짝 매달렸다. 마치 공중곡예사가 허공에서 상대편에게 몸을 날려 던지듯이 나는 내 몸을 통째로 신에게 던져 맡겼다. 누구나 절박한 상황에 처하면 믿음도 좋아지고 마음도 순수해 진다.

평소에 믿음 없던 나는 이제 체면불구하고 신에게 내 자신을 모두 맡겼다. 죽으나 사나 나는 하나님의 것이었다.

당시 정년퇴임하고 교회에 전념하시던 가까이 사시던 친구 아버지를 따라 매일 교회예배에 참석하였다. 맨 앞자리에 앉아 찬송을 크게 부르며 목사님의 눈이 뚫어질 듯 쳐다보며 설교를 경청하며 은혜를 받았다. 개인기도할 때 마다 신에게 간절히 기도했다.

"하나님, 제가 지금 죽을 것을 생각하니 죽을 준비가 너무 안 되었습니다. 죽을 준비를 좀 하고 죽게 하여 주십시오"

죽는 건 두렵지 않았다. 세상에 태어나서 아무것도 한 것 없이 젊은이가 병만 앓다가 죽는다는 것이 안타까울 뿐이었다.

03 침대를 박차고 일어나

가난과 질병은 인생을 포기하게 만드는 게 아니다. 가난과 질병은 극복할 대상이다. 가난은 부자가 되기 위한 세상지혜를 얻고 훈련할 수 있는 기회이며, 질병은 건강한 사람이 되기 위한 영적지혜를 터득할 수 있는 기회이다. 하여 가난과 질병은 새로운 인생으로 가는 기회이다. 가난하다고 생을 포기하는 자는 부자가 될 기회를 놓치는 것이다. 병이 들었다고 인생을 포기하는 자는 건강하고 행복할 기회를 놓치는 자다. 모든 고난은 인간을 더욱 단단하게 한다. 바위 위에서 모진 갈증과 더위와 추위와 눈보라를 이겨내고 자란 소나무를 보라! 얼마나 단단하고 아름다운 모습인가!

나는 침대를 박차고 일어났다. 결핵으로 무너진 척추의 통증이 매일 나를 괴롭히지만 누워만 있는 다고 고쳐질 병이 아니었다. 매일 교회를 다니고 성경을 읽으며 나의 영을 맑게 하였다. 그리고 통증을 좀 잊어 보려고 피아노 학원을 다녔다. 당시 나는 30세의 성인이었지만 어린이들이 배우는 바이엘 1번부터 열심히 배웠다. 그러나 음악에 소질이 없고 아픈 허리 통증 때문에 오래 앉아 있기가 힘들어 연습을 할 수가 없었다. 하여 도무지 피아노 실력이 늘지 않았다. 그래도 포기하지 않고 비가 오나 눈이오나 하루도 빼놓지 않고 열심히 피아노 학원을 다녔다. 허리가 아파서 연습이나 복습은 하지 못하고 학원수업만 간신히 하였다. 내 딴에는 열심히 하였지만, 안 되는 건 안 되는 거였다. 처음 피아노 배우는 초등학생이 바이엘을 3개월에서 6개월이면 마치는 것을 나는 24개월 동안에 간신히 마쳤다. 피아노 선생은 나를 불가능한 사람이라 생각했을 거다. 그러나 실망하지 않았다. 나는 피아노 잘 치는 것이 목적이 아니고 통증을 잊어 보려고 정신요법으로 다녔기 때문이다.

다른 일이 생겨 피아노학습을 그 정도로 그만두게 되다. 그런데 피아노를 잘 치진 못해도 한 가지 얻은 것이 있다. 전에는 클래식 음악을 아무리 들어도 좋은 줄 몰랐다. 그런데 2년 동안 피아노를 배우고 나선 연주는 못해도 음악을 듣는 청음능력이 생겼다. 클래식 음악이 서서히 들려오기 시작했고 한 참 듣다 보면 음악이 영혼을 울리는 것처럼 좋다. 지금은 클래식 음악 들을 때가 가장 기분 좋고 마음이 평안하다. 무엇이든지 열심히 하면 목표한 성과를 거두지 못하더라도 하나라도 건지는가 보다.

04 말이 씨가 되어 돌아오다

"세상에 못난 놈! 남자 자식이 갈 데가 없어 신학대학을 가냐!"

1972년 고등학교를 졸업하고 우리는 대학을 가기 시작했다. 친구중 하나가 신학대학을 갔다는 소식을 듣고 나는 괜히 흥분하여 소리쳤다. "정신 나간 놈 갈 데가 없어 그런 델 가느냐!"고 주위에 있는 친구들에게 화를 내며 소리쳤다. 그 당시 나는 여러 가지 운동으로 육체적으로 매우 건장하고 민첩하였으며 칼을 들고 달려 드는 사람도 막아낼 수 있는 담력과 강력한 호신술을 연마한 유도선수였다. 그러나 영적으론 매우 교만하고 메말라 있었던 거였다. 그런 나의 정신 상태는 이미 내 몸에 질병이 틈탈만한 충분한 여지가 있었던 거였다. 영적인 눈이 멀고 물질만능주의 생각에 사로잡혀서, 전혀 물질과 관계없는 세계를 간다는 친구의 생각이 한 참 뒤떨어진 사고로 생각되어 그런 말을 한 거였다. 가난한 집안에서 태어나 자란 나는 영적 세계에 대하여는 전혀 문외한이었고 늘 물질제일중심의 정신으로 살아야 했다. 게다가 당시 나는 너무 인문학적 소양이 부족하였다. 기독교의 문명사적 공헌을 알지 못하였고, 한국 초기기독교인들의 민족애 정신으로 대한독립을 이루게 된 사실도 관심이 없었다. 신앙이 인간의 정신건강에 큰 도움이 된다는 사실은 물론 몰랐으며 역사적 예수와 성서의 내용을 전혀 알지 못하던 때였다. 하여 기독교도 무속종교나 마찬가지로 인간이 만든 여러 종교중의 하나일 뿐으로 생각했었다.

운명은 짓궂게도 내 나이 31세에, 수술을 받고 2년이 지난 후, 전혀 예상하지 못한 사건이 발생하다. 말이 씨가 되어 돌아왔다. 신학을 간 친구에 대한 나의 책망이 있은 후, 꼭 10년이 지나서 그 친구가 신학을 마치고 내 고향 충주에 보란 듯이 그것도 내가 사는 근처의 교회에 부임해 왔고 그 때 나는 10년 전에 그렇게 멸시한 그 친구 앞에 병든 몸을 이끌고 나타나게 되었다. 다행이도 그 친구는 내가 자기에게 호되게 책망한 것을 모른다. 왜냐하면 그 친구와 나는 고등학교시절 한 번도 나와 한 반이 되어 본 적이 없고 대화한 적도 없기 때문이다.

"신은 우리의 일거수일투족, 우리의 말과 행동을 하나하나 듣고 보고 계신다. 특히 우리가 신을 모독하는 말을 할 때 신은 더욱 귀담아 들으신다."는 사실을 나는 육신의 큰 고통을 겪고 난 뒤에야 깨 닫게 되었다.

내가 흉을 본 친구는 목사가 되어 나를 위해 설교하고 기도해 주고 나는 병든 몸으로 그의 성도가 되어 성경을 배우고 하나님께 기도하며 내 목숨을 연장해 달라고 기도하다. 아! 이 얼마나 짓궂은 운명의 장난인가!

“주여, 이 무지(無知)한 자를 용서하여 주옵소서. 한 치 앞을 내다보지 못하고 신을 모독한 이 죄인을 용서하여 주옵소서.”

친구목사는 지혜로운 부인을 얻어 예쁜 자녀를 두고 행복한 신혼의 목회를 꾸려갔고, 나는 직장도 잃고 결혼도 못한 병든 노총각으로 그의 교회에 다니며 기약 없는 나날을 보내었다. 마치 고삐 풀린 망아지가 붙들려와 다시 고삐에 매인 것과 같은 신세였다. 10년 전 그렇게도 당당했던 나는 아픈 허리를 만지며 부끄럽고 창피한 줄도 모르고 그의 교회를 다녔다. 그러던 어느 날 친구목사가 나를 외롭게 느꼈는지 나의배우자를 위하여 기도하자며 기도제목을 2부 작성하여 하나는 자기를 주고 하나는 나의 성경책에 붙여 놓고 함께 기도하자고 하였다. 하여 나는 배우자를 위한 4가지 요건의 기도제목을 2부 작성하여 하나는 친구목사에게 주고 하나는 나의 성경책에 붙여 놓고 기도하였다. 그리고 몇 달 후 어떤 이의 소개로 한 여인을 만났는데 그 여인은 신기하게도 내가 4가지 요건을 붙여 기도한 것을 그대로 갖춘 여인이었다. 하여 망설이지 않고 그 여인과 결혼을 하게 되었다. 신앙생활하며 처음으로 체험한 신비롭고 놀라운 기도응답이었다. 나에게 노여움을 당했던 하나님은 나의 모든 잘못을 용서하시고 내 기도를 응답해 주신 것이다. 하나님은 용서의 하나님이셨다. 그리고 더욱 놀라운 사실은, 결혼 후 30여년이 지나 내가 선교사로 나간 후 얼마 지나서 나의 큰 형수에게 들은 이야기인데, 우리 집사람이 시집와서 개척교회하며 고생하는 모습을 보고 안쓰러운 마음을 가지니, 우리 집사람이 큰형수에게 "앞으로 우리 남편은 세계를 다니며 크게 선교사역을 할 분이다"라고 하면서 오히려 행복한 모습을 보여서 말도 안 되는 소리를 한다고 픽 웃었다는 것이다. 당시 나는 선교사가 될 생각은 눈곱만큼도 없었는데 그리고 집사람에게 선교사로 나간다는 이야기를 한 번도 한 적이 없는데 어떻게 집사람이 그런 말을 했는지 이해가 안 간다. 물론 집사람도 나에게 선교사로 나가자 거나 그런 의향을 조금도 보인 적이 없다. 아마 성령께서 우리 집사람의 마음을 잠시 움직이셨던 것 같다. 결혼 후 37년이 지난 지금에서야 어렴풋이 느끼는 것은, 하나님은 당신의 선교도구로 사용하시기 위하여 나를 택하시고 지금의 부인도 만나게 하신 것 같다. 나의 인생이 내 계획대로 되는 것 같지만 실은 하나님의 손바닥 안(전9:1)에서 맴돌고 있는 것이었다.

05 당신은 신학교 가면 좋겠소!

수술하고 집에서 요양 중이라 별로 할 일이 없어 늘 친구네 교회에 가서 시간을 보냈다. 친구목사는 교제하는 걸 좋아하고 학생들과 청년들을 잘 다루어서 조그만 교회이지만 늘 학생과 청년들이 교회에 와서 법석이었다. 성경공부도 하고 음식도 만들어 먹고, 할 일 없이 투병 생활하던 나에겐 친구교회에 가는 일이 유일한 행복의 시간이었다. 교회를 잘 모르는 사람들은 교회가면 밥 먹여 주냐며 비아냥거리지만 교회가면 밥은 물론 밥보다 더 중요한 것을 먹여주었다. 사회에서 낙오되고 실패한 자들에게 교회는 큰 안식처이다. 교회에 가면 우리가 알지 못하던 영적세계에 관하여 알게 되고 우리와 함께 하시는 하나님과 성령을 체험하고 그로 인해 큰 힘을 얻기 때문이다.

그렇게 교회에서 힘을 얻으며 살던 어느 날 오후 친구목사를 만나러온 구세군 교회의 사관(목사)을 우연히 교회 정문 앞에서 만나게 되었다. 키가 조그마하신 그 분은 나를 보자마자 대 뜸 하시는 말씀이 "당신 신학교 가서 목사 되었으면 좋겠어요." 하는 게 아닌가! 마치 점쟁이나 예언가처럼! 그 당시 나는 교회는 다니지만 신학교에 갈 것은 조금도 생각해 본 적이 없다. 비록 몸이 아파 쉬고 있는 중이라도 내 마음속엔 직장을 잡으면 잡았지 목사가 될 생각은 꿈에도 생각해 본적이 없다. 10년 전 친구가 신학교 가는 것을 호되게 꾸짖던 내가 신학교를 간다는 것은 전혀 말이 안 되는 일이었다.

그 사관님은 다짜고짜로 나를 당신의 구세군교회로 데리고 가더니 내가 묻지도 않았는데 신학교에 대하여 일장연설을 하시다. "구세군 신학교는 모든 학비가 면제이고, 신학생은 모두 기숙사에서 생활하는데 기숙사비도 무료일 뿐만 아니라 신학교에 가려면 부부가 함께 가야 하므로 신학교 가기 전에 결혼도 해야 하는데 '구세군신학교'를 간다면 좋은 여자도 소개해 주겠다. 어떠냐?" 그분은 어째서인지 처음만난 나를 설득하려고 애쓰셨고 나도 마음이 좀 움직였다. 신학교도 가고, 결혼도 하고, 공부도 공짜로 한다는 말에 직장도 잃고 요양 중에 있는 노총각이 어찌 마음이 움직이지 않을 수 있을까! 하여 그 주간부터 구세군교회를 출석하며 나의 앞날에 대해 기도하기 시작하였다. 그분이 시무하는 교회에 출석하면 너무 설득당할 것 같아서 우리 집에서 가까운 구세군교회를 찾아서 다니기 시작하였다.

06 우리 집에 좀 올라 와

우연한 기회에 우연한 사람에 의하여 운명이 바뀔 수 있다. 그러나 실은 영적세계에서 보면 우연이 아니고 모든 것은 신의 섭리에 의하여 이루어지는 필연이다. 이 세상에 우연은 없다. 모든 건 필연일 뿐이다.

수술 후 충주에서 요양하면서 서울 사시는 작은형과 약 2년 동안 소식 없이 지내던 중이었다. 형이 오랜만에 전화를 하였다.

"우리 집에 좀 올라와! 얘기할 것이 좀 있으니."

형이 불러서 상경하여 형님 댁을 방문하였다. 형이 대뜸 하는 말이, 요즈음 무엇을 하며 어떻게 지내느냐 묻다. 구세군교회에서 신학교 보내준다고 해서 기도중이라 했더니, 그럼 2년제 구세군신학교를 가지 말고, 4년제 정규신학대학을 가란다. 형님의 동서가 감리교회의 권사인데 그분의 말을 들어보니 "감리교신학대학이 역사와 전통이 있고 훌륭한 신학대학이라고 하니 그곳을 가라. 그러면 내가 모든 학비와 기숙사 비를 대 주겠다." 교회도 안다니는 형이 동서에게 얻어 들은 것이 있으셔서 나에게 신학대학을 추천하셨다. 하나님은 때론 불신자를 통하여 택한 자를 부르기도 하신다.

형의 말을 듣고 바로 예비고사(학력고사)를 보기 위하여 상경하여 형님 댁에서 지내며 청량리 대학입시학원에 등록하여 6개월간 열심히 공부하였다. 고등학교를 졸업한지 10년이나 지나서 고등학교 공부가 만만치 않았지만 열심히 공부하였다. 시험 볼 때가 다되어 신학대학에 입학원서를 내려고 충주지방 감리사에게 추천을 받으러 갔더니 감리사님(최재성목사)이 내 나이가 많으니 이왕이면 철학과에 원서를 내란다. 당신이 목회를 해 보니까 철학을 먼저 배우고 나서 신학을 배우는 게 좋겠다는 것이다. 마침 감리교 신학대학에 이번에 처음으로 철학과가 생겼으니 그리 지망하라며 추천서를 써 주셨다.

07 유단증 가지고 와 봐!

인간은 동물과 달리 '의지'가 있다. 강한 의지가 있으면 병든 자도 살아날 수 있다. 예수께서도 환자를 치유하시기 전에 "네게 무엇을 하여 주기를 원하느냐?(눅18:41)" 물으시며 환자의 '의지'를 먼저 살피셨다. 아무리 훌륭한 의사라도 환자가 포기하고 살고자 하는 '의지'가 없으면 환자를 고치기 힘들다. '의지'는 다른 말로 하면 믿음이고 신앙이다. 절대자를 믿고 의지하는 신앙은 인간이 상상할 수 없는 초월적 힘을 발휘한다. 믿음은 초월적 에너지가 생겨나게 한다.

우리가 입학할 당시에는 신학대학에 체육학점이 필수였고, 체육학점을 이수할 수 있도록 체육교수가 배정되었다. 체육교수로 오신 분은 마침 유도 5단의 전직유도선수였다. 하여 그분은 다른 운동은 안 가르치고 체육시간에 유도만 가르쳤다. 아마 신학대학에서 유도를 가르친 학교는 감리교신학교 뿐일 것이다. 대학원건물 지하에 유도 매트리스를 깔고 낙법을 가르쳤다. 약 200여명의 신학생을 교수 혼자 가르치기엔 역부족이었다. 유도 수련시간에 누가 유도한 사람 있으면 앞으로 나와 보라고 해서 나갔다. 유도가 몇 단이냐 물어서 3단이라 했더니 믿지 못하겠는지 유단증을 가져 오라시다.

실은 나는 초등학교 때부터 육상경기 선수를 하였다. 백 미터 달리기와 넓이 뛰기 선수를 하였으며 충주시 전 초등학교 학생들이 모여서 대회를 하는 '충주시연합체육대회' 때는 전체 선수의 대표로 앞에 나가서 '선서'를 하기도 하였다. 고등학교시절엔 유도를 열심히 하여 유단자가 되었고 고등학교 졸업 후에는 잠시 충주시 소속 유도선수도 하였다. 체력적으로도 누구에게도 뒤지지 않는 야무진 체력이었다.

일주일 후 교수님께 단증을 가져다 보여 드리니 그제야 믿고 나를 조교로 삼으셨다. 체육교수님이 욕심이 많으셨다. 연약한 신학생들을 데리고 전국대학 유도대회에 출전하길 원하셨다. 나는 키는 작아도 고등학교 시절 힘으로는 누구에게도 져 본적이 없다. 1번에서 30번까지의 학생들은 내 양팔에 매달려 턱걸이를 할 정도로 나는 체구에 비해 매우 힘이 세고 건강하였다. 나는 친구들 중에서 건강의 심볼이었다. 아마 어릴 때부터 형들이 하는 아령이나 역기를 따라 해서 힘이 생겼나보다. 그렇게 건강하던 내가 29세에 신장절제수술을 받고 그리고 척추가 문드러진 다음부터는 옛날의 힘을 발휘할 수가 없었다. 그리고 난 당시 신학교 다니면서도 늘 약을 복용하는 환자였다. 그러나 신학대학생 중에 정식으로 유도를 한 학생이 없어서 내가 주장이 되어 팀을 이루어 시합을 나갈 수밖에 없었다. 허리가 아파서 힘이 받쳐주지 않아 제대로 경기를 치루지 못했다. 그럼에도 불구하고 전국대학 유도대회 B팀에서 단체부 2등을 했다. 꼴찌는 면했다. 당시 KBS 전국뉴스에도 나왔다. 나의 의지가 마침내 해내었다. 믿음은 마음으로 믿기만 해서는 안 된다. 믿음(신념)대로 실천해야 한다. 예수께서도 "네 믿음이 너를 구원하였다(눅18:42)" 하셨다.

08 내가 이층 침대 쓸게

고등학교 졸업 후 11년 만에 신학교에 입학하였으니 동기생들과 나이가 11살에서 12살 정도 차이가 났다. 기숙사에서는 한 방에 2층 침대를 두 대 놓고 4명이서 사용하였다. 대부분 아래층은 선배나 나이든 학생이 쓰고 위층은 후배나 나이 어린 학생이 쓰는 게 보통이다. 하여 나는 나이가 많으니 1층을 쓰란다. 그러나 나는 자원해서 2층을 쓰기로 하였다. 왜냐하면 앉아서 공부하면 허리가 아파서 천장이 가까이 있는 2층 침대에서 천장에 철사를 매어 책을 매달아 놓고 누워서 읽기 위해서다. 천장에 영어사전을 매달아 놓고 누워서 공부하니 허리도 덜 아프고 단어 외우기도 좋다. 그런 식으로 꾸준히 영어공부를 하였다. 그 바람에 영어원서도 읽게 되었고 나중에 대학원 논문도 영서를 직접보고 쓰게 되었다. 그 이후 목회를 하면서도 영어공부를 게을리 하지 않았다. 미국으로 유학 갈 형편도 못되고 지방에서 목회를 하니 영어가 필요 없을 텐데, 어디에 써먹으려고 왜 내가 자꾸 영어공부를 하는지 그 당시엔 내 자신도 몰랐다. 그냥 열심히 할 뿐이었다. 그런데 시간이 지나고 선교사가 되고 보니 이제야 깨닫게 된다. 선교사로 보내시려고 하나님이 미리 준비시키신 것이었다.

우리는 어딘가에 몰입해 있으면서도 몰입하게 되는 원인을 모르는 경우가 종종 있다. 그러다 그 이유를 알게 될 즈음 되면 벌써 오랜 시간이 흘러간 다음이다. 이런 영적 움직임을 바로 바로 깨달을 수 있으면 누구나 현자가 될 수 있다. 이제야 나이가 들고 나서 조금씩 영적으로 좀 눈이 뜨이는 것 같다.

영의 세계에 민감해지려면 연습하고 습관을 들여야 한다. 하나님의 미세한 음성은 그저 들리지 않는다. 겸손하고 온유한 마음으로 예수님의 말씀에 몰두할 때 영의 음성이 들려온다. 영의 세계는 4차원의 세계이다. 우리가 경험하고 살아 온 세계와 전혀 다른 세계이다. 과학은 이런 미지의 영적세계를 하나 하나 밝혀내어 우리가 알아들을 수 있는 언어나 숫자로 표기하는 과정 중에 있다. 과학은 이제 겨우 몇 프로 정도를 알아내고 그것을 삶에 적용할 뿐이다. 요즈음 디지털 과학은 놀라운 발전을 하여 영적 신비의 세계에 좀 가까이 다가가는 느낌이다.

09 형 이거 한 번 넣어봐!

1979년 내 나이 29세 때에 신장을 절제하고 2년 동안 꾸준히 약을 먹은 후 내 몸에서 결핵균은 온전히 사라졌다. 그러나 독한 약을 2년 동안 먹은 결과 내 몸의 여러 장기에서 이상 증상이 생겨 신학교 다니면서도 늘 여러 가지 통증에 시달렸다. 그 중에 하나 나를 불편하게 괴롭힌 것은 치질이었다. 변비가 생겨 변을 잘 볼 수가 없는데다 치질까지 있으니 간신히 변을 보고 나면 화장실이 피범벅이 되고 항문에선 찢어질 듯 한 통증이 왔다. 그리고 통증이 심하면 잘 앉을 수도 없다. 무엇이든 그렇겠지만 치질 역시 겪어보지 않은 사람은 그 고통을 모른다. 이런 와중에 치질 동지가 생겼다. 나보다 다섯 살 아래인 예비역 친구다. 언제부터인지 우리는 서로가 치질이 있음을 알게 되고 서로 치질정보를 교환하며 애환을 나누며 동지의식으로 친해졌다. 과 친구들은 그를 ㅈ치질로 불렀다. 그의 치질은 개인을 넘어서서 우리학과 공동체의 관심사가 된 것이다. 나도 장난 끼로 그를 ㅈ치질로 불렀다. 나도 심한 치질환자이기 때문에 친하다는 의미로 호칭한 거다. "야-! ㅈ치질!"하고 부르면 그가 화가 나서 인상을 쓰다가도 금방 웃으며 농담으로 받아들이다. 그는 참 마음이 온유하고 착한 동생이다. 어느 날 그가 나를 부르며 중요한 긴급 정보를 알려준다.

"형 이리와 봐 이거 좋은 건데 하나 줄까?" "먼데?" "유명한 한의사가 만든 건데 이거 아주 효과가 좋대 나도 사용해 봤는데 진짜 효과가 있더라고." 하며 그가 가늘고 길쭉한 진한 밤색의 쥐똥처럼 생긴 조그만 환을 내게 보여준다.

"어디 가서 쥐똥을 주서 와서 야단이냐!"

"형 이거 쥐똥 아니야 이거 한 번 거기 넣어 봐"

하나에 천 원씩 한다는 것을 나를 위해 몇 개 준 성의를 생각해 하나 넣어 봤다. 약 효과가 있는 것 같다. 그러나 가격이 비싸서 내 형편으론 큰 부담이다. 하여 난 내가 평소에 사용하는 프레파라손 H좌약을 계속 사용하였다. 그러나 그때만 해도 ㅈ 치질은 명석해서 화학약품으로 만든 약을 멀리하고 유기농약품을 선호한 것이다.

동변상련이라고 우리는 나이 차이는 많지만 매우 가까운 사이가 되었다. 우린 가끔 남이 없는 데서 비밀스러운 치질통을 이야기하며 서로의 애환을 나누는 친한 사이가 되었다. 동지가 있다는 건 행복한 일이다. 우리는 치질로 맺어진 우정의 동지다. 그렇게 비화학요법을 쓰던 그는 이제 치질을 완치했단다.

10 민주화의 투사들 앞에 참회하며

내가 신학공부를 하던 1983년-86년까지는 민주화운동과 그를 저지하는 전경대원들로 인해 매일 데모와 체류탄이 터지는 때였다. 1961년 5.16군사정변으로 등장한 군사정권은 1979년 10월 26일 박정희의 사망과 함께 붕괴되었다. 이를 틈타 전두환과 노태우를 중심으로 한 신군부 세력의 집권이 가시화 되었다. 민중운동 및 반(反)군부세력들은 한국의 민주주의가 신군부의 집권으로 인해 더욱 후퇴하고 억압될 것을 우려하여 이를 저지하기 위해 민주화운동을 시작하였다. 이러한 활동들은 1980년 5월 초에 절정에 이르러 서울을 비롯하여 전국에서 집회와 시위가 광범위하게 전개되었다. 광주에서는 5월 초부터 전남대와 조선대 학생들의 주도로 시국성토대회가 연일 개최되었다. 학생들은 5월 14일부터 광주 도심으로 진출하였고, 시민들과 대규모 가두 정치집회를 개최하는 등 다양한 형태의 활동을 전개하였다. 이 사건으로 인하여 수많은 사람들이 희생되었다. 2001년 12월 18일을 기준으로 확인된 피해자는 사망 218명, 행방불명자 363명, 상이자 5,088명, 기타 1,520

명으로 총 7,200여명에 이른다.

이러한 난리 통에 우리대학이 위치한 서대문에도 연일 체류탄이 터지고 그 냄새와 연기는 학교교정에 까지 퍼져 숨을 쉬기가 어려웠으며 많은 감신대생들도 민주화 대열에 참여하였다. 그런데 나는 이런 국가위기의 때에 한 번도 민주화를 위하여 데모에 참여하지 못하고 몸이 피곤하고 아프다는 핑계로 수업만 끝나면 침대에서 누워 지냈다. 실은 나의 역사의식이 부족한 탓도 있다. 당시 나의 신앙은 그저 내 몸의 병을 고치기 위한 일념이었지 민족을 섬기고 이웃을 섬기신 예수님과 같은 헌신적 희생정신이 부족한 상태였다. 지금 생각하면 그 때 민주화를 위하여 고난당한 이들과 함께하지 못한 것이 늘 죄송하다. 마음속으로 깊이 참회하며 민주화 영령들의 영원한 안식을 위해 기도한다.

11 너 영어 좀 할 줄 아니?

나는 훌륭한 신학자들의 여러 신학적 연구과정을 높이 사고 존경한다. 하여 신학교 다니는 동안 세계적으로 유명한 많은 신학자들의 신학사상을 공부하고 저서들을 탐독하였다. 그리고 현장목회에 나와서는 그동안 학습한 신학훈련으로 나의 신앙을 정리한 후, 예수의 생애와 삶에 초점을 맞춰 실제로 예수처럼 살지는 못하더라도 흉내라도 내려고 노력하였다. 신약성서 복음서에서 예수께서 보여주신 삶을 표본으로 삼아 나의 삶 속에서 예수의 삶을 살아내는 것이 내가 목회하는 동기다. 물론 불트만의 '공관복음전승사'와 같은 성서연구 서적들을 통하여 복음서의 사실적인 면과 삽입되고 전승된 부분들도 충분히 학습하고 인지하였다.

대학원시절 논문을 써야 하는 시기에 당시 한국감리교단 종교철학분야의 석학 세 분, 변선환박사, 김흥호 할아버지, 이정배박사에게 논문심사를 의뢰하고 석사논문을 쓰기로 작정하다. 주심 변선환 박사를 찾아갔더니 대뜸 하시는 말씀이 "너 영어 좀 할 줄 아냐?" 하시는데, 네가 감히 나에게 논문을 쓰려하느냐는 듯 가소롭다는 말 같기도 하고 겁주는 말 같기도 하였다. 강의실에서 열정적으로 재미나게 강의하시던 모습만 보아왔던 나는 그분이 그렇게 냉정하고 엄하신 줄은 미처 몰랐다. 비록 당시에 나의 건강상태는 좋지 않았지만 난 어릴 때부터 운동으로 단련된 몸으로 도전정신이 몸에 배어 있었다. 당당하게 대답하였다.

"사전만 있으면 다 이해할 수 있습니다"

"그래, 그럼 너 종교철학을 전공했으니, 내가 주는 존 캅의 저서와 아티클로 존 캅의 불교를 정리해 봐! 하며 원서를 몇 권 던져 주셨다. 그리고 석사학위는 한 사람의 신학자만 잘 연구해도 대단한 수확이야. 제목은 '존 캅의 불교신학에 대한 한 고찰' 로 하고 소제목은 네가 알아서 정하여 써 와!"하시며 직접 변박사님이 자필로 위와 같이 제목을 써 주셨다.

당시 감리교 신학대학교 대학원에는 '종교철학' 전공이 없어서 조식신학으로 학위를 받았지만 내가 논문 쓴 것은 실제로는 '종교철학 석사학위' 논문이었다. 위 제목을 만족시키는 논문을 쓰려면 화이트헤드의 과정철학를 이해해야 하며 선불교에 대한 깊이 있는 통찰이 있어져야 하다. 변박사가 주신 영문원서와 그간 내가 준비한 책들을 차에 싣고 충주 남산 밑 과수원의 농막을 빌려 약 한달 동안 논문을 열심히 썼다. 다 쓴 원고

지를 싸들고 변박사님을 찾아 갔더니 변박사님이 한 참 논문을 훑어보시더니 왈,

"이 논문 누가 써 준거니?"

"누가 써 줄 사람이 있어요. 내가 썼지요."

"그래?, 그럼 심사 날 오라"며 논문심사일을 정해 주시다. 심사 날, 학장이신 변박사님 방으로 들어가니 철학자 김흥호 할아버지와 이정배 박사가 내 논문 복사한 것을 여러 군데 접어서 질문할 준비를 해 가지고 오셨다. 심사가 시작되자 이정배 박사가 처음으로 질문하다. "불교에 신학이라는 말을 붙일 수가 있느냐?"고 질문하시다. 하여 내가 그에 대한 대답을 하려고 하는데, 변박사님이 나의 답변을 끊으며, "자, 지금부터 모두 노코멘트 하십시오. 그리고 이 논문을 일점일획도 고치지 말고 그대로 출판하도록 하시오." 하며 심사위원들에게 마치 경고하듯이 말씀하셨다. 그러자 김흥호 할아버지도 이정배박사도 아무 질문도 못하시고 그냥 심사를 정지하고 싱겁게 논문심사가 끝나다. 나로서는 시원하게 잘 끝나서 당시엔 좋았지만, 가끔 생각나는 것은 그 때 두 분이 내 논문에 관하여 무슨 질문을 하려고 그렇게 많이 접어 오셨나 하는 생각이 종종 들다. 여하튼 그렇게 하여 한국교회의 현장목회자로서는 내가 제일처음으로 '불교(Buddhism)로 석사논문을 쓰게 되었으며 그

후 불교국가 스리랑카에 선교하러 가서 불교의 승들과 관계를 갖는데 큰 도움이 되었다. 지금 생각하니 이도 역시 하나님이 나를 훈련시키는 과정이었음을 깨닫게 되다.

그 후 약 1년이 지난 후, 충주 남부교회에서 여름성경학교 강습회 하는데서 우연히 감신대 학생을 만나게 되었다. 그리고 그 학생이 내 이름을 알아보고 하는 말이 변교수님이 수업에 들어오셔서 "너희 선배중 이강무라는 사람이 충주에서 목회를 하는데, 요 근래에 들어서 가장 잘 된 논문을 썼다"고 내 자랑을 하시어 내 이름을 기억하고 있었단다. 그리고 내 논문이 잘 되어 전국신학교에 모두 보내도록 했다며 너희들도 읽어 보라고 했단다.

그리고 한 1년 지났을까? 강원도 고성에서 목회하는 종철과 후배 목사가 협성대학교 대학원에서 석사논문을 쓰려고 도서관에서 책을 뒤지다가 내 논문을 봤다고 전화를 하였다. 그제야 내 논문이 전국신학대학에 배부된 것을 확신하게 되었다. 신학 공부하던 8년 동안 늘 투병생활하며 신음 신음하던 내가 이만한 논문이라도 쓴 것을 스스로 대견하여 말해보는 거다. 외국에서 박사학위 받은 사람들에 비하면 아무것도 아니지만 늘 아파서 고생하던 나에겐 이도 쉽지 않은 일이었다.

12 세계 철학자들 앞에서 발제하다

그리고 얼마 지나지 않아 한신대 철학과 김상일 박사님을 만나게 되다. 원주에 강의가 있어서 오셨다는 소식을 듣고 뵈러갔다. 그 때 나는 충주에서 교회를 개척하여 목회를 하고 있었다. 김상일 박사님은 연세대학교 신학과 출신으로 미국 클레어몽트 신학대학에서 존 캅 박사 밑에서 '불교(Buddhism)'로 박사 학위를 받으시고 내가 종교철학과 학부생일 때 종철과 주임교수로 감신대에 오셔서 불교학 개론을 강의 하셨다. 그분은 심성이 온화하시고 덕이 있으셔서 많은 학생들이 좋아하였다. 그런데 안타깝게도 몇 몇 감신출신 교수들의 알력으로 감신대를 떠나 한신대에 가서 철학을 가르치던 중이셨다.

내가 김상일 박사님의 스승인 존 캅 박사의 불교를 정리하여 석사논문을 썼으므로 김박사님께 내 논문을 보여 드리려고 논문을 가지고 원주로 가서 만나 뵈었다. 김박사님이 한참 내 논문을 훑어보시더니 "이 논문 미국의 존 캅 박사님에게도 보내시오"하는 것이다. 하여 "주소도 모를 뿐만 아니라 그 분이 한국말을 모를 텐데 보내면 이해를 하시겠느냐" 물으니 "미국 대학 주소는 내가 이메일로 보내 줄 것이니 염려 말고 보내시오. 그리고 그분의 제자들 중에 한국학생이 많으니 보내면 그들이 번역해 줄 것이오." 하여서 내 논문이 미국 클레어몽트 대학에까지 보내지게 되었고 그것을 연으로 아래와 같이 존 캅 박사를 직접 만나는 계기도 되었다.

세계 화이트헤드 철학회, 발제를 마치고

그 후 한 1년 후쯤 되었을까? 김상일 박사님이 전화를 하셨다.

"한국에서 '세계 화이트헤드 철학회'가 있는 데, 약 60여 국가에서 100여 명의 '화이트헤드 철학회' 철학자들이 모인다. 그리고 그 학회의 총회장이 존 캅 박사이고 나는 한국지부 지부장이다. 그 때 미국에서 존 캅 박사도 오실 것이니 그 때 와서 당신이 석사논문으로 쓴, '존 캅의 불교신학' 을 발제를 좀 하시오!"

"그걸 내가 어떻게 세계석학들 앞에서 영어로 발제를 해요?"

"괜찮아요, 결론 부분만 간단히 하면 돼요!"

그 때 어느 호텔에서 모였는지 지금 기억은 나지 않지만 나는 열심히 영어로 준비해서 발제를 하였다. 순서에 따라 오픈 세미나와 주제발표를 마치고 10개의 파트로 나누어서 주제별로 발제를 하는 시간이 되었다. 김상일 박사님이 존 캅 박사님을 모시고 내가 발제하는 방으로 오셔서 내 바로 앞에 앉아 열심히 내가 하는 '존 캅의 불교신학' 에 대한 발제를 들으신다. 그리고 내가 발제를 모두 마치자. 존 캅 박사님이 두 손을 들어 한참 박수를 쳐 주시다. 내 콩글리쉬가 통했나보다. 내가 존 캅 박사의 입장에 대하여 비판적인 입장을 폈는데도 좋게 받아 들이셨나보다. 존 캅 박사님을 모시고 나가며 김상일 박사님이 나에게 "시골 목회자가 언제 그렇게 영어공부를 많이 했어요?" 하며 나의 영어를 칭찬해 주시다. 실은 내가 영어실력이 있어서 잘 한게 아니고 발제 내용을 번역해 놓고 실 수 하지 않으려고 많은 리딩 연습을 한 덕분이다. 아무튼 세계석학들 앞에서 큰 실 수 없이 잘 마쳐서 보람이었다.

그렇게 하여 이 시골교회 목사가 세계 철학자들 앞에서 화이트헤드 과정철학에 영향 받은 과정신학의 입장에서 '기독교와 불교와의 대화의 가능성' 에 관하여 발제를 하였다. 비록 시골 목사이지만 세계에서 모여든 과정철학자들 앞에서 발제를 할 수 있었다는 것은 나로선 잊지 못할 영광의 시간이었다. 내 몸이 연약한 것에 너무 매이지 말고, 두려워하지 않고(사41:10) 바른 정신으로 앞을 향하여 믿음으로 준비하고 굳세게 정진하는 자에게 크고 놀라운 기회가 열린다. 이는 믿음의 큰 능력(데후1:11)이다.

13 죽을 준비를 하기 위해서

몸이 성치 않은 나로서는 8년(목원 2년 포함) 동안의 신학수업이 고된 훈련이었다. 신학을 마치고 개척목회를 시작하였다. 내가 신학교를 간 목적은 '죽을 준비를 하기 위해서'이다. 29살에 대 수술을 하고 집에 앉아 죽을 생각을 하니 무언가 시도해 보거나 해 놓은 것 없이 그냥 죽는 것이 너무 안타까웠다. 하여 하나님께 간절히 기도했다. "하나님 제가 죽을 준비를 좀 하고 죽게 해 주십시오." 죽음이 두려운 게 아니고 이 세상에 태어나 아무것도 해보지 못하고 죽는 게 안타까웠다. 내가 생각한 죽을 준비는 예수님처럼 살아보고 죽는 것이다. 헐벗고 굶주리고 가난하고 병든 자들을 돌보며 사셨던 예수님처럼 박애의 정신으로 잠시라도 살아보고 가는 것이다. 그런 기회를 주시면 열심히 한 번 해 보겠습니다 하고 기도하였다.

충주 남산 밑에 지하를 세 얻어 교회를 개척하고 창립예배를 드리는 날이다. 예배당을 깨끗이 정리정돈하고 손님 맞을 준비를 마쳤다. 예배시간이 아직 많이 남았는데 이른 아침 손님이 왔다. 내가 충주제일교회에서 교육전도사로 사역할 때 보았던 거지부부다. 그들은 주일예배시간이 되면 늘 교회에 왔으나 몸에 악취가 나서 예배당엔 못 들어오고 까치발을 떠고 유리창에 얼굴만 들이밀고 내가 인도하는 준비찬송소리에 맞추어 흥얼대던 거지부부다. 그들이 내가 개척한다는 소식을 듣고 반가워 제일먼저 찾아온 것이다. 그리고 전도사니까 눈치를 보지도 않고 악취가 나는 옷을 그대로 입고 깨끗이 정리해 논 맨 앞좌석에 와서 앉아 싱글벙글 좋아한다. 그 다음서부터 들어오는 손님들은 악취가 나서 킁킁대며 이상야릇한 표정을 짓다. 그래도 거지부부는 아랑곳하지 않고 떳떳이 앉아 있다. 믿음대로 되고, 기도한 대로 되었다. 내가 평상시에 늘 하던 말, '헐벗고 굶주리고 가난한 자들을 돌봐야지' 하였더니, 바로 그런 분이 제일 첫 손님으로 오셨다. 아마 예수님이 그 모습으로 오셨는지도 모른다. 그리고 앞으로도 예수님은 줄곧 그런 모습으로 내 앞에 다가오실지도 모른다. 감사하는 마음으로 창립예배를 잘 마쳤다.

14 교회차를 구입하다

한 명의 창립멤버도 없고 목회경험도 없는 전도사가 교회를 개척하였으나 개척정신으로 열심히 하는 바람에 여기저기서 청년들이 모여들어 작은 지하예배당을 채워 개척교회치곤 제법 잘 되었다. 당시 충주의 큰 교회 몇 교회를 제외하곤 내가 섬기는 개척교회의 청년숫자가 제일 많을 지경이었다. 게다가 중동지역에서 사업을 하다 돌아오신 집사람의 친구 김현정씨와 그의 남편 송영태씨가 교회에 등록을 하고서 부턴 장년들도 생겨나 비교적 교회의 모습을 갖추기 시작하다. 당시 송영태 선생은 나보다 나이가 4살이나 연배이고 키도 크고 덩치도 큰 미남형이며 외국경험이 많아 청년들에게 매우 인기였다. 하여 우리는 그분을 가끔 청년들 친교모임에 초청하여 그분이 사우디 지역에서 험한 산길을 20시간 이상 자가운전하며 겪었던 경험이야기를 들으며 마치 서부영화를 보든 듯한 즐거움에 빠지기도 하였다. 1년 후 김현정씨는 우리교회에서 집사직분도 받고 큰일을 감당하였다. 남편 송선생님은 교회에 차가 없는 것을 보고 교회차량구입을 위하여 12인승 승합차 신형 구입비 전액을 헌금하였다. 당시 그 금액은 16평짜리 남산 아파트를 살 수도 있는 큰 금액이었다. 우리교회는 개척한지 얼마 안 되어 새 차량도 운행하는 기쁨을 누리게 되었다. 그 당시만 해도 작은 교회에서는 차를 살 엄두도 못 내던 시기에 우리 교회는 송영태 김현정집사 가정의 헌금으로 새 차를 구입한 것이다. 약 30년이 지난 후 지금 생각하면 김현정집사 부부의 헌신은 보통사람들이 감히 할 수 없는 큰 헌신을 하셨다. 당시 그분들은 서울에서 내려와 아파트도 사지 못하고 전세로 살던 형편이었다. 그럼에도 불구하고 그 큰 금액을 아파트 사는 데 보태지 않고 교회차량구입을 위하여 헌금하였다는 것은 보통사람이 할 수 없는 결단이었다. 당시 김현정 집사는 어느 날 이곳에 남편의 친구가 한 명도 없으니 나와 당신 남편과 '친구'가 되면 어떻겠냐고 제의 한 적이 있다. 그런데 그 당시 나는 나보다 4살이나 많고 외국경험이 많은 송선생님은 나에게 존경스러운 형님이 되실 분이지 감히 나의 친구가 될 분으로 생각할 수 없었기 때문에 승낙할 수 없었다. 그런데 시간이 흘러 내 나이 70이 되고 보니 10살 차이도 충분히 친구가 될 수 있게 되었다. 그리고 외국에서 생활하다 보니 친구라는 개념은 동년배에만 사용하는 말이 아니고 친한 사이에 사용하는 말로 겨우 7살 먹은 어린아이도 나에게 친구라고 하다. 나는 지금도 여전히 송선생님이 부족한 나와 친구가 되길 원하신다면 나는 그분과 인생노년의 다정한 친구가 되고 싶다. 오랜 동안 만나지 못해 지금 그분들이 어디에 사는지 한 번 만나보고 싶다. 김현정 집사님과 송선생님은 나의 개척교회 시절 하나님이 보내신 큰 축복의 통로였다. 나는 중보기도 할 때마다 잊지 않고 늘 그 가정을 위해 감사와 축복 기도를 드린다.

15 안 되는데요!

친정 홀어머니를 모시고 사시는 중년부인이 개척교회에 나오셨다. 남편이 없어 혼자 벌어먹고 사시는 분이란다. 어느 날 그 집사님이 쉬는 날이 생겨, 심방을 갔다. 안방 아랫목에 누가 누워 있는 것 같아 누구냐 물어보니, 남편이란다. "남편이 없다더니 웬 남편이요?" "중풍이 걸려 매일 누워만 있어 부끄러워 없다고 했어요." 개인택시 운전기사였는데, 매일 술을 즐겨 마시다가 중풍이 걸려 몇 달째 누워 지낸단다. 그분의 눈빛을 보니 아직 생기가 있다. 팔과 다리를 움직여 보니 잘하면 일어날 수 있을 것 같다. 그 다음날부터 그 집으로 출근을 하였다. 부인은 일터에 가고 친정엄마가 풍이 들어 누워있는 사위를 돌보며 집을 지킨다. 일으켜 앉혀 놓고 기도를 하고 팔다리를 주물러주고 마사지도 해 주었다. 풍이 걸렸다고는 하지만 아직 다리나 팔이 마비되거나 오구라 들지도 않았다. 내 생각 같아서는 열심히 근육운동을 시키면 일어날 것 같은 느낌이 들다. 매일 가서 운동을 시켜 드렸다. 누워있는 환자를 억지로 일으켜 세워 창문틀을 잡고 앉았다 일어 섰다를 반복해서 시켰다. "앉으세요." 하면 해보지도 않고 지레 겁을 먹고 "안 되는 데요." "안 되는 데요"를 거듭 말하면서도 내가 어깨를 껴안고 일으켰다 앉혔다 하면 간신히 나를 의지해 반복 동작을 하시다. 간신히 나를 따라 동작은 하면서도 입에선 계속 "안 되는 데요." "안 되는 데요"를 반복해서 말하며 포기하려고 하신다.

실제로 안되는 게 아니고, 그분의 마음이 안 되는 걸로 결정한 것이었다. 그래서 그의 뇌에선 동작을 중지하고 누워 지내는 걸로 입력된 것이다. 가족들도 정말 안 되는 걸로 생각하고 있었던 거였다. 부인조차도 포기한 상태였다. 이럴 경우 그냥 내버려 두면 정말 누워서 일어나지 못하는 수도 있다. 보통 사람들도 방에 누워서 수개월 동안 근육운동을 하지 않으면 근육에 힘이 빠져 걸을 수가 없다.

예수님께서도 중풍병자를 일으켜 세우시기 전에 네가 낫고자 하느냐?(요5:6)고 환자의 의지를 먼저 테스트 하셨다. 환자 본인이 안 된다고 생각하면 안 되는 것이다. 그러나 살려는 의지가 있으면 큰 죽을병이 아니면 살 수 있다. 질병뿐만이 아니다. 많은 사람들이 시도해 보지도 않고 안 된다고 생각한다. 하여 그런 사람들은 늘 생각만 하고 해보지도 않고 포기한다. 실패가 두려워 시도조차 하지 않는 자는 무한경쟁의 시대에 살아남을 수 없다. 실패는 잘못도 아니고 부끄러운 것도 아니다. 실패를 많이 해 본 사람만이 바른 길을 찾아낼 수 있다. 자기가 실패한 것을 당당하게 말할 수 있는 사람이야말로 진짜 용기 있는 사람이고 성공할 수 있는 사람이다.

매일 연습을 시켰더니 이젠 "안 되는 데요"란 말을 하지 않으신다. 사지가 멀쩡하고 체력도 아직 야위지 않은 상태라 식사만 잘하고 꾸준히 근육운동을 하면 스스로 일어서 걸을 것 같다. 약 1주일 정도 집에서 훈련을 마친 후 내일서 부터는 밖에 나가겠다고 환자의 장모에게 환자가 신을 신발을 좀 사다 놓으시라 부탁하였다. 다음날 왔더니 신발을 사다 놓지 않으셨다. 왜 사다놓지 않았느냐 물으니 "목사님이 농담으로 하시는 말씀인줄 알았어요. 저 등신이 어떻게 걸어 나가요!" 하시다. 꼭 사다 놓으라 부탁하고 다음날 다시 방문하였다. 이번엔 정말 고무신을 사다 놓으셨다. 환자에게 고무신을 신겨 겨드랑이로 환자를 껴안고 계단을 한 발작 한 발작 간신히 내려갔다. 2층 집이라 다행히 한 층만 내려가면 밖이다. 1층 아파트 앞 화단에서 종이컵에 흙을 담게 하였다. 그리고 환자의 한쪽 손에 들려 그것을 그의 방 텔레비전 위에 올려놓게 하였다. 그리고 부인이 저녁에 퇴근하고 오면 "내가 1층에 내려가 주워 왔다"고 말하라고 시키다. 저녁에 퇴근하고 돌아 온 부인이 텔레비전 위에 뭐가 있는 것을 보고는 이게 뭐냐고 남편에게 물으니 남편이

"모르겠는데. 그게 먼데?" 라며 되물었단다. 기억하지 못하였던 거다. 하여 친정엄마한테 물으니 "저 등신이 목사님하고 1층 화단에 내려가 퍼온 흙이다"라고 말하니, 딸이 깜짝 놀라며 정말이냐고 몇 번이나 물으며 깜짝 놀라더란다. 매일 아랫목에 누워만 있던 남편이 밖엘 나갔다 왔다는 말이 믿어지지 않았던 거다.

그렇게 걷기훈련을 시작하여 불과 2개월 만에 그분이 절뚝거리며 교회에 출석하였다. 교인들에게 이 분이 과거에 운전을 잘 하는 개인택시 운전기사였다고 소개하고 교회 차의 운전을 해보게 하였다. 교인들을 가득 태우고 그분이 시동을 걸게 하였다. 승차한 모든 교인들의 시선이 모두 그의 손으로 간다. 그분이 자동차의 시동을 걸자 마자 곧 시동이 꺼진다. 다시 그분이 시동을 걸려고 키를 돌리자 드르륵 하는 소리가 들리더니 또 시동이 곧 꺼진다. 교인들이 그러면 그렇지 하며 실망하는 눈치다. 나는 낙심하지 않고 몇 번 반복하여 시동걸기를 시도하도록 하였다. 한 대여섯 번 하더니 정말 이번엔 시동이 걸렸다. 차가 앞으로 나아가기 시작한다. 몇 미터 정도는 불안하게 가더니 그 후에는 천천히 무리 없이 운전을 잘한다. 과거에 모범택시 기사의 실력이 나온 것이다. 그렇게 하여 그 분이 교회 차의 운전 봉사자가 되어 주일과 수요일 마다 차량운행을 하셨다. 함께 지내다 보니 그분은 심성이 매우 고운 분이었다. 술이 그분을 한 때 그렇게 망치게 한 것이지 그분은 태생이 선하고 좋은 분이었다. 그분이 일어서게 된 것은 어느 한 사람의 노력에 의한 것이 아니다. 부인과 가족들의 끊임없는 응원과 기도 그리고 자신이 일어서겠다는 강한 의지에 의한 것이었다. 하고자 하는 긍정적인 마음과 의욕이 있으면 누구나 할 수 있다. 그러나 마음속에 안 된다는 부정적인 생각을 품으면 정말 안 된다. 바울은 늘 긍정적인 마인드로 살았다. "내게 능력 주시는 자 안에서 내가 모든 일을 할 수 있다(빌4:13)"며 당당하게 자신에게 주어진 사명을 잘 감당하였다.

16 나에겐 감사하고 행복한 길

나의 남은 인생은 고난당한 자들과 동행하겠다고! 그것이 바로 예수님처럼 사는 길이고, 그것이 바로 죽을 준비를 하는 것이라고 생각하고 목회를 시작했더니 자연히 그런 분들과 가까워지다. 목회에 경험이 많은 선배목사님들은 "다 소용없는 일이여, 그래 받자 당신만 고생하고 남는 것은 아무것도 없으니 헛김빼지 마"라고 충고하시다. 고난당한 자를 일으켜 세워 살 수 있도록 해 줄 수 있으면 좋겠지만 그러나 그렇게 하지는 못하더라도 잠시라도 그런 분들의 옆에서 동행하는 것만으로도 그들에게 힘이 되지 않겠는가!

어느 날 70대 할머니가 40대 아들을 데리고 오셨다. 어릴 때부터 잘 아는 분이다. 자식을 낳을 수 없어 고아원에서 하나 데려다 키웠는데 너무 애지중지하여 키워 마마보이를 만드시고 말았다. 열심히 키우고 결혼시켜 손자까지 보았지만 술중독자가 되어 매일 술만 마시고 가장으로써의 구실을 하지 못하다. 뿐만 아니라 어머니는 결혼한 아들을 늘 어린아이처럼 감싸고 돌아 몇 년 전 부인이 더 이상 그런 분위기 속에서 함께 살 수 없어 이혼하고 헤어졌다. 신혼 첫날밤부터 시어머니가 문 옆에서 물수건을 들고 지키고 있다가 "애야 다 끝났니? 물수건 여기 있다." 하며 시중을 든다나! 그런 식으로 결혼 10년이 넘도록 아들을 애기처럼 돌보고 있으니 어느 부인인들 참고 살 수가 있을까!

그 아들이 부인과 헤어지고 난 후 더 심한 술 중독자가 되어 매일 술만 먹고 잠만 자는 걸 되리고 나한테 오셨다. 모든 사람들이 다 안 된다고 그런 사람 받지 말라하였다. 술 중독자는 고치기 힘들지만 그렇게 생각 없이 다 큰 자식을 껴안고 있는 마마가 있는 한 더욱 고치기 힘들다고! 난 안될 줄 알면서도 그 인생이 불쌍해서 함께 하기로 했다. 교회에 일거리를 만들어 함께 일하며 칭찬해 주기도하였다. 그럴 때 마다 신이 나서 며칠간은 술을 안 먹다가 또 다시 몰래 먹는다. 멀리 갈 일이 생기면 함께 차를 태우고 여행 삼아 되리고 다녔다. 그럴 때 마다 그 할머니는 아들이 먹을 것을 모두 챙겨 함께 따라오신다. 실은 아들이 문제가 아니고 어머니가 문제인 것이다. 부인은 이혼하여 따로 살고 어머니가 아들을 돌보며 사시는데, 주정뱅이 아들이 아침에 일어나면 70이 넘은 노모가 참기름에 계란노른자를 넣고 꿀과 깨소금 가루를 뿌려 먹이고, 좀 시간이 지나면 과일과 우유를 먹이고, 맛있는 고기반찬을 만들어 때마다 어린 아기 먹이듯이 먹인다. 그렇게 먹여 놓으면 그 아들은 몰래 밖에 나가 술을 잔뜩 퍼마시고 취해서 어딘가 쓰러져있다. 그러면 다시 노모가 찾아서 데리고 온다. 그러기를 십 수년째이다. 그 다음 날 술이 깨어 엄마에게 두 손 싹싹 빌며 이제 다시는 안 먹을 테니 요번 딱 한번만 소주 한 병 사주라 애걸한다. 그러면 노모는 약속을 꼭 지키라며 "그럼 이 번 한 번으로 끝이다"하며 한 푼씩 준 것이 수십 년 그렇게 하였으니 그의 부인인들 배겨날 수가 있고 나 또한 어떻게 그를 위한 목회적 돌봄을 할 수 있겠는가! 그래도 나와 함께 지내면 며칠씩 내가 시키는 일도하고 나와 함께 멀리 여행하느라 며칠씩 술을 못 먹게 되는 경우도 있어 얼굴색이 좋아지고 생기가 돌기도 하였다.

그런데 그와 항상 함께 할 수 없게 되었다. 선교사로 파송 받아 출국하게 되었기 때문이다. 필리핀 선교사로 나가서 몇 년이 지나고 잘 만나지 못하는 사이 그가 운명하였다는 소식을 들었다. 죽은 아들보다 불쌍한 이는 그 아들 하나 바라보고 사신 노모다. 90이 넘으셨을 그 할머니는 지금 어디서 무얼하고 계시는지! 아들이 먼저 갔으니 얼마나 슬프실까. 이제 아들 걱정은 그만 하시고 잠시라도 좀 평안히 사셨으면 좋겠다.

헐벗고 굶주리고 가난하고 병들고 술중독이나 아편중독 된 사람들과 동행하는 일은 아무 이득도 없는 부질없는 고생길이다. 그러나 그런 길을 걸으신 분이 예수님이고 그렇게 사시다 결국은 죄인으로 몰려 십자가에 처형당하셨다. 고난당한 이들과 함께 하는 삶은 결국엔 예수님처럼 십자가의 고통 외에 아무것도 얻는 것 없이 배척당하는 길이다. 그러나 벌써 죽었어야 할 사람이 생명을 연장 받아 살고 있으니 이 길이 나에겐 너무나 감사하고 행복한 길이며 목회의 길이라 생각한다. 물론 교회를 크게 부흥시키는 목사들이 훌륭하지만, 아무도 돌아보지 않는 불쌍한 영혼을 돌보는 일도 중요한 목회라 생각한다 (마10:42).

17 노깡에서 잡니다

벌써 20년이 지난 일이다. 참 세월이 빠르게 흐른다. 2001년 12월 초 어느 날 오전 충주 호암지 호수를 산책하고 있었다. 겨울이 시작되고 약간 쌀쌀하여 두꺼운 옷을 입어야했다. 한 노인이 산비탈 양지바른 잔디밭에 앉아 양말을 말리고 있다. 연못에 빠지셨나? 웬 양말을 말리느냐 물으니,

"물에 빠진 게 아니고 양말을 빨아 말리는 중입니다"

"집이 어딘데 여기서 양말을 빨아 말립니까?"

"집은 없고, 충주역 뒤편 논 가운데 물내려가는 노깡이 있는데 거기서 잡니다"

"거기서 자면 춥지 않아요?"

"양쪽 노깡 입구를 막고 바닥에 보루박구를 깔고 자면 괜찮아요."

옷을 깨끗하게 입어 거지라고 생각을 못했는데 깔끔한 거지 아저씨였다.

"밥은 어떻게 먹고 사세요?"

"식당에 다니면서 얻어먹든가 아니면 돈이 생길 경우 라면을 사다 먹어요."

"노깡에 라면 끓일 기구나 냄비가 있어요?

"없어요"

"그럼 어떻게 끓여요?"

"라면 봉지를 뜯어 물을 붓고 스프를 뜯어 넣어 둔 후 약 30분 정도 지나면 라면이 불어 그걸 먹으면 돼요"

환경이 사람을 지혜롭게 만든 다더니 주어진 환경에 적응하며 잘도 사신다. 사정을 듣고 보니 매우 딱하여 그냥 넘어갈 수가 없다. 그 때 거지 아저씨의 나이가 60세였고 나는 49세였으니 나에게 거지 아저씨는 늙은 노인으로 보였다. 늙은 노인이 추운겨울에 논 한가운데 있는 노깡에서 잠을 잔다니 그냥 못들은 체 할 수 있는 일이 아니다.

우리 교회에 함께 가자고 하였다. 당시 우리교회는 좀 발전하여 지하교회를 벗어나 호암지 아파트 옆의 지상교회로 건물을 사서 이전한 상태였다. 교회에는 주방도 따로 있고 보일러도 깔린 방이 있다. 아저씨의 성은 유씨였다. 유 아저씨를 데리고 가서 교회 주방시설과 방을 보여주며 여기서 살면 겨울에

춥지도 않고 냉장고에 먹을 것도 있으니 맘 놓고 해먹고 싶은 대로 해 먹으면 된다고 여기서 사시라 하다. 그러자 유아저씨는 맘에 드는지 망설이지 않고 교회에서 지내기로 하셨다. 평소 성경공부시간에 교인들에게 늘 불쌍하고 가난한 사람들을 돌보아야 한다고 가르쳤다(마10:42). 거리에 앉아 손을 내밀고 한 푼 달라는 걸인이 오늘 우리 앞에 나타난 천사일지도 모르니(히13:1-3) 늘 자기보다 불쌍한 사람을 섬기는 마음으로 살라 가르쳤다. 이는 나의 말이 아니고, 신약성경 히브리서의 말씀이고 주님께서는 이를 직접 삶으로 실천해 보여주셨다.

주님은 가난과 질병의 퇴치를 평화의 시작으로 보셨다. 예수님은 공생애 3년 동안 거의 가난과 질병퇴치를 위하여 사셨고 그를 위하여 기적과 이적을 행하셨다. 가난과 질병이 만연하는 한 평화는 있을 수 없다. 가난과 질병은 단순히 그것으로 끝나지 않는다. 가난과 질병은 도적을 양산하고 폭동을 야기한다. 지금 세상은 코로나19 전염병이 전 세계에 유행하여 각 나라마다 방역과 예방과 치료를 위하여 전력을 다한다. 부자나라에서는 발 빠르게 백신을 개발하고 투여하여 예방과 치료에 박차를 가하며 자신 있게 극복할 수 있다는 자신감에 들떠있다. 그러나 후진국들은 경제적으로 어려워 백신을 맞을 형편이 못되어 수많은 사람들이 손도 쓰지 못하고 죽어가고 있다. 그로인해 경제가 마비되어 가난과 전염병으로 저개발 국가 여러 곳에서 부분적으로 무정부 상태가 이루어지는 곳도 있다. 코로나19 전염병은 개인만의 문제가 아니고 한 국가만의 문제도 아니다. 우리 온 인류가 함께 극복하고 박멸해야 할 문제이다. 이러한 세계적 위기의 때에는 종교도 이념도 철학도 질병퇴치를 위하여 하나로 뭉쳐야하다. 그 길이 인류평화를 위한 길이다.

지금 후진국에서 코로나19로 인하여 발생하는 가난과 질병을 그대로 방치하면 도적과 폭력으로 발전할 것이고 그런 무질서 행위는 국경을 넘어 선진국으로 옮겨 갈 것이다. 그렇게 되면 전 세계는 공황상태가 될 것이다. 그러기 전에 우린 후진국민들과 더불어 함께 사는 마음으로 이 위기를 공동으로 해결해야 할 것이다.

내가 유아저씨를 돕는 것은 단순히 걸인 한 명을 돕는 게 아니다. 이는 교인들에게 신앙교육하는 예수신앙 실천운동이며 인류의 평화를 위한 작은 평화의 걸음이다. 교인들에게 유아저씨를 잘 대접하라고 부탁하였다. 교인들은 누구나 심성이 참 착하다. 그래서 교회 다니나 보다. 유아저씨를 거지로 취급하지 않고, 위하여 옷도 사오고 반찬도 해오고 이모저모를 잘 살펴준다. 유아저씨 생일이 되면 소고기 미역국도 끓이고 생일케이크를 사와서 둘러 앉아 축하노래도 불러준다. 나도 받아보지 못한 호사다. 유아저씨는 원래 깨끗한 분이라 교회에 와서 1주일 이상 지나니 전혀 거지 모습이 아니다. 옷을 깨끗이 입고 매 시간마다 예배에 참석하고 교인들이 하는 대로 성경읽기도 따라하신다. 별로 할 일이 없으니 매일 방에 앉아 성경만 읽어서 일주일이면 성경을 300장 이상씩 읽어 1년에 성경을 세 번씩 완독하시어 교회에서 성경을 가장 많이 읽는 성도가 되셨다.

추운 겨울 오전에 유아저씨가 어떻게 지내시나 가 보았다. 보일러도 켜지 않고 그냥 앉아 성경을 보고 있다. 유류비가 비싸서 아끼느라 그러는 줄로 생각하고 유류비 걱정 말고 보일러를 따뜻하게 돌리라 했더니 보일러를 돌리면 자기는 덥고 몸이 근지러워 못 산단다. 밤에도 보일러를 틀지 않고 보로박구 한 장만 바닥에 깔고 싸늘한 방바닥에 이불도 덮지 않고 그냥 주무신단다. 그래야 시원해서 잠이 잘 온단다. 수십 년 동안 온돌이 없는 노깡이나 땅바닥에서 자버릇해서 그런가보다. 그렇게 지내도 감기가 걸리지 않는 걸 보면 대단한 체력이다. 그래서 산짐승들도 추운 겨울 산속에서 견디어 내는가 보다.

거지와 술중독자 등 문제 있는 자들이 여기저기서 모여 든다. 남들은 내가 성과도 나지 않는 바보 같은 목회를 한다고 생각할지 모르지만 난 왜 그런지 이런 일이 피곤하거나 귀찮지 않고 즐겁고 감사하고 행복하다. 내게 새 생명을 주신 분도 계신데 이정도야 일도 아니다.

18 하와이 '하가이 연구소'에서

2003년 하와이에 있는 '하가이 연구소'에서 교육을 받은 적이 있다. 존 E, 하가이(John Edmund Haggai) 박사는 고급 리더십 훈련을 위한 하가이 연구소의 설립자요 대표이며 그의 미국 아시아 동료들과 함께 제 3세계 복음화를 위해 상대적 문화적 복음전도법으로 제 3세계 저명한 기독교 리더들을 위해 훈련을 제공할 연구소를 하와이 마우이에 설립하였다.

그의 저서 「미래는 진정한 리더를 요구한다」에서 건전한 리더십의 기술적인 것뿐만이 아니라 그리스도를 닮고자 하는 리더에게 완벽한 특성들을 강화시켜 줄 수 있는 철저하고도 상당한 지적인 요소도 제공하고 있다. 성경적 리더십 훈련에 관여하는 사람들에게 있어서 그의 저서 "미래는 진정한 리더를 요구한다"는 매우 필요한 도구이다. 그러나 존 E, 하가이 박사는 저술로만 리더쉽 교육을 말하지 않는다. 그는 미 대륙 조지아주 아틀란타에 살면서 먼 하와이 섬 마우이에 '하가이 연구소'를 설립하고 매년 몇 차례 전 세계 차기 지도자를 초청하여 무료로 강의를 제공한다. 한 기수 수업을 운영하기 위하여 약 3

억 원의 비용이 드는데 이를 위하여 매 번 헌신자를 물색하여 후원하게 한다. 우연히 나도 이 리더쉽 과정에 참여하게 되었다. 참가비 60만원을 송금하니 당시 왕복 150만원 상당의 마우이 항공권을 보내주며 그 외 숙박비를 포함하여 모든 교육비는 무료이다. 헌신자가 모두 부담하기 때문이다. 열심히 돈 벌어 이렇게 좋은 일에 헌신하는 분들은 참 훌륭하고 보람되게 사는 분들이다. 우리 기수를 위하여 헌신한 분은 가족과 함께 입학식 때 참석하여 우리들과 사진도 찍고 식사도 함께 나누고 갔다. 공부도 하고 하와이 여행도 할 수 있어서 나로서는 횡재를 만난 기분이었다. 수업기간은 2003년 10월 3일부터 10월 31일

하와이 '하가이 연구소' 동기생들

까지 4주간이었다. 나의 기수는 SESSION 471 & 472 두 기수가 함께 공부하였으며 27개국에서 50명의 교육생이 참석하였다. 대형 풀장을 갖춘 호텔식 건물에서 모든 식사를 무료로 제공받으며 27개국에서 온 얼굴색과 문화와 언어가 다른 사람들과 교제를 나누던 일들은 지금 생각하면 너무나 환상적이고 즐거운 추억이다. 세계 각 처의 훌륭한 교수나 리더들을 강사로 모시고 강의를 진행하므로 강의의 질은 말할 것도 없이 우수하지만 그보다도 나에게 좋았던 것은 27개 국가에서 모여든 사람들과 4주간의 친밀한 교제였다. 우리는 수업을 마치고 나면 모두 함께 수영도하고 쇼핑도하고 관광도 하며 매우 친한 사이가 되었다. 목사들만 모이는 줄 알았더니 사회 각처에서 일하는 크리스천 지도자들을 초청하여 차세대의 리더로 교육하는 곳이었다. 저개발 국가에서 온 사람들은 거의가 자기 나라에서 성공가도를 달리는 사람들이었다. 크리스천 정치인, 의사, 변호사, 사업가들이었고 목사들도 좀 있다. 저개발 국가는 참가비가 부담되어 목사들은 많이 참석하지 못한 것 같다. 그래도 솔로몬 아일랜드나 블랙아메리카의 아이티 같은 매우 가난한 나라에서 온 목사들이 있었는데 그들은 정부나 후원자의 지원을 받아서 왔단다. 정부에서 차세대 지도자로 세우기 위하여 보낸 것이다. 저개발 국가에서 온 분들은 이 교육을 마치고 나면 진급에 매우 유리하단다. 인도에서 온 한 공무원은 이곳에서 리더십교육을 받고 나면 승진하는데 높은 점수를 받을 수 있다며 대단한 긍지심을 갖고 있었다. 실제로 그 때 함께 교육받은 인도의 조셉 프레디는 그 후 승승장구하여 지금은 직장의 CEO가 되었으며 지금까지도 나와 페이스북을 통하여 자주 교제를 나누는 절친이 되었다.

선진 한국에서는 이 교육 받았다고 해서 아무데서도 알아주거나 인정해 주는 곳이 없다. 그러나 나 스스로 얻은 수확은 매우 크다. 그 때 함께 교육받은 세계 각처에서 온 동기생들과 18년이 지난 지금까지 자주 페이스북 메신저를 통하여 교제를 나누며 때론 선교적 목적으로 왕래하기도 하기 때문이다. 세계 27개국에서 훌륭한 리더들로 활약하고 있는 사람들을 친구로 두고 있다는 점은 열방선교를 위하여 나의 뿌듯한 보람이며 자랑이다. 그리고 지금 생각해 보니 이 모든 훈련과정은 나를 선교사로 파송하기 위한 하나님의 계획가운데 이루어진 일이었다. 나는 소외된 사람과 함께 하기 위하여 목회를 선택했지만 그때까지만 해도 해외 선교에 대하여 한 번도 생각해 본 적이 없다. 그러나 시간이 지나고 보니 이 훈련을 마치고 나서부터 나는 자주 가난한 나라의 소외된 사람들을 돌보기 위하여 홀로 해외 단기선교를 다녀온 거였다. 아마 하나님은 내가 국내의 가난한 사람들보다는 저개발 국가의 가난한 사람 돌보는 게 더 시급하다고 생각하신 것 같다. 사람이 마음으로 자기의 길을 계획할지라도 그의 걸음을 인도하시는 이는 따로 있었던 거였다(잠16:9).

19 세계적인 침구사 구당 김남수 옹을 만나고

초등학교시절부터 고등학교 때까지 운동으로 다져진 건강한 체력을 지닌 나는 내 건강이 무너지리라고는 전혀 생각지 못했다. 그러다 29세 때 대수술을 받고 난 후부터는 매일 병원과 약국을 찾는 신세가 되었다. 몸의 면력력이 약해질 대로 약해져 1년이면 6개월 동안 감기를 앓아 어떤 때는 매 식후 감기약과 항생제를 합하여 한 움큼씩 약을 먹어야했다. 매일 그렇게 많은 약을 먹는 것은 너무나 큰 고역이었다. 그렇게 많은 약을 먹고도 하나뿐인 나의 신장이 여태껏 버티는 것을 보면 전에 나의 기본체력이 대단히 튼튼했던 모양이다. 성경은 물론이고 동의학을 공부하고 보니 이 모든 병은 내가 자처한 병이었다. 모든 병은 마음에서부터이고, 탐욕과 오만과 자만이 나를 병들게 하였던 것이다. '죄의 삯은 사망(롬6:23)' 이었다. 나는 나도 모르는 사이에 죽음의 길 한 복판을 걷고 있었다. 대수술을 받은 29세 당시 나는 내 자신이 영적으로 큰 죄인인지도 몰랐다. 그러나 무조건 하나님한테 매달리면 고쳐주시겠지 하는 단순한 생각으로 염치도 없이 안 가던 교회를 찾아 나갔다.

나중에 알고 보니 이는 내가 발 빠르게 잘 대처한 행동이었다. 신앙은 없어도 감은 있어서 하나님께 매달리는 센스는 있었던 거다. 하나님은 나의 과거를 묻지 않으시고 나를 있는 모습 그대로 용서하고 받아 주셨다. 죄의 삯은 사망으로 끝나는 것이 아니고 '하나님의 은사는 그리스도 예수 우리 주 안에 있는 영생(회복)' (롬6:23)이었다. 이 사실을 한참 후에야 성서를 통독하며 알게 되었다. 그 당시 죽음이 문턱에 다가 온 시점에서 예수께 바짝 매달린 것은 정말 내가 판단을 잘한 것이었다. 죽음이 유보되고 난 아픈 몸을 이끌고 신학대를 가게 된 것이다. 앞에서 다 말한 것이므로 다시 반복할 필요는 없고 나는 29살에 첫 수술을 하고 그 후 약 29년 동안 매일 약을 먹으며 환자로 살았다는 점을 밝히고 싶은 거다. 그러고 보니 내가 살아 온 인생의 숫자가 묘한 의미를 말하는 것 같다. 인생 제1기 29년은 건강하게 지낸 기간, 제2기 29년은 질병으로 인한 고통의 기간! 그리고 59세 부터는 모든 약으로부터 해방되고 아픈 이들을 돌보는 치유사가 되었으니, 나의 인생 제3기는 '고통당한 자들과 동행의 기간' 으로 봄이 어떨까?

대 수술을 하느라고 항생제를 수년간 복용하니 염증은 제거되나 그로인해 몸의 여러 기관에서 문제가 생기고 그로인해 온몸이 구석구석 쑤시고 안 아픈 데가 없다. 허리의 통증은 기본

이고 약을 많이 먹어 위장에 탈이나 소화가 안 되어 늘 소화제를 복용해야 했으며 귀, 눈, 피부 가려움, 설사, 변비, 치질, 어깨 통증 등등. 이루다 그 때의 고통을 열거할 수가 없다. 당시 충주에서 개척목회를 할 때, 미건 의료기에서 의료기 침대를 팔기 위하여 무료로 체험하는 곳이 있었다. 아침부터 70세가 넘은 노인들이 줄을 서서 대기하다가 표를 얻어 입장하여 무료시술 받는 곳에 찾아가 나는 노인도 아닌 사람이 그 틈에 줄을 서서 무료시술을 받고 다녔다. 이런 식으로 목회를 하면서도 매주 월요일에서 토요일까지 병원엘 다녔다. 그 당시에는 의료보험카드가 전산으로 되지 않아 조그만 노트를 사용하였다. 한 번 가면 병원에서 왔다 갔다고 기록을 하는데 나는 너무 많이 병원엘 다녀서 그 노트를 1년에 몇 번씩 바꿔야했다. 이렇게 병원과 약국을 약 29년을 다니면서도 난 뜸과 침을 받아 볼 생각은 전혀 해 본 적이 없다. 운 좋게도 내가 서울대병원 외래 내과를 다닐 때는 대통령 주치의가 나의 담당 의사였다. 그렇게 훌륭한 의사 분에게 치료를 받는 중인데 한국에서 그 보다 어디 더 용한 곳이 있겠는가!

그러다 우연히 둘째 형님이 계신 제천청풍 별장에 갔다가 구당 김남수 옹이 텔레비전에 나오셔서 침구 시연하는 모습을 보게 되었다. 걷지도 못하는 사람들이 침을 맞고 금방 일어서 걷는 신비스런 모습을 보고, 당시 은퇴하고 쉬시는 형님에게 "형님 저런 거나 배워서 봉사하면서 지내시지요."하니까 그 옆에 계신 형수님이 "삼촌이 형님보다 더 꼼꼼하니 배워서 자기 병도 고치고 아픈 교인들 있으면 고쳐주면 좋겠네요." 하시는 게 아닌가. 나는 형님에게 배우라고 권면은 했을지언정 내가 배울 생각은 전혀 해본 적이 없었다. 그런데 그날 밤 잠을 자는데 형수의 말이 자꾸 머릿속에서 맴돈다.

'배워서 자기 병도 고치고 아픈 교인들도 고쳐주면 좋겠네요.' '배워서 자기 병도 고치고 ---' '배워서---' '배워서---'

하루도 빠짐없이 수년간 약을 먹던 나이기에 혹시나 하는 마음이 들었다. '정말 한번 배워볼까' 당시 부인과 아이들이 교육문제로 서울 서초동 처가에 있던 중이라 마침 잘됐다. 다음 주 바로 청량리 근처에 있는 구당 김남수 옹을 찾아갔다. 그곳에 가보니 김남수 옹께서 혼자 가르치시는 게 아니고 교육청으로부터 '평생교육기관'을 허가받아 설립한 정식 사설교육기관으로 교수가 30여명이나 되는 큰 학교였다. 내가 100차로 등록했으니 내 전에 수백 명의 학생들이 이미 교육을 받고 간 것이다. 아마 지금은 500차도 넘었을 것이다. 다른 반은 어땠는지 몰라도 우리 반의 학생수준은 대단했다. 현직 대학교수가 2

스승 구당 김남수옹과 함께

분, 강남에서 자영업을 하시는 사업가, 고위공무원 퇴직자, 대기업 퇴직자, 교장 출신, 간호사 출신, 재야 운동가 출신 등 쟁쟁한 분들로 이분들은 모두들 생활이 넉넉한 분들이지만, 노후에 자원봉사하며 지내려고 배우는 거였다. 우리는 방과 후 함께 모여 스터디하고 때로는 요법사 시험 준비를 위하여 동국대 동료교수실에 가서 구릅 스터디도 하다가 남산에 벚꽃 놀이도 가며 노년이 다 되어 젊은 대학시절처럼 즐거운 배움의 시간을 보냈다. 12개월 동안 수업을 마치고 요법사 시험에 합격하여 자격증을 받으면 모든 과정이 끝나므로 봉사실습을 안 해도 되지만 난 요법사 자격증을 받고 더 열심히 봉사실을 다니며 수련을 쌓았다. 당시에는 전국에 약 30여 개의 봉사실이 있었다. 국회봉사실, KBS 봉사실, 선릉 마사회 봉사실 등을 다니며 약 3년 동안 열심히 수련을 쌓았다.

그리고 그 때부터 내 인생에 새로운 터닝 포인트가 되었다. 그동안 약 29년 동안 매일 병원에 다니며 약을 먹어야 했던 나는 뜸을 약 2년 받은 후부터는 전혀 병원에도 안가고 약도 안 먹게 되었다. 수십 년 동안 매일 병원을 다니던 자가 병원을 안다니는 것은 상상도 할 수 없는 기쁨이요 축복이었다. 약을 안 먹으니 나의 위장이 얼마나 편한지 모른다. 음식을 먹을 때마다 소하가 안 되어 늘 신경 쓰던 내가 지금은 전보다 훨씬 늙은 나이인데도 아무거나 주는 대로 잘 먹고 소화도 잘 시킨다. 독한 아메리카노 커피도 설탕이나 프림 없이 거침없이 마실 수 있게 되었다. 정말 나에겐 기적 같은 일이 아닐 수 없다. 하여 난 그 때부터 내가 기도한대로 본격적으로 가난한 나라의 오지를 방문하여 병들어 고통 받는 자들을 위하여 기도하고 치료해 주며 평소에 내 꿈이던 '죽을 준비'를 하고 있다.

지나고 보니 내가 인생의 터닝 포인트를 맞이하게 된 데는 나의 작은 형님이 큰 역할을 하셨다. 신학교 가는 것도 그분

때문에 가게 되었고, 침뜸 의술을 배운 것도 그 분 때문에 배우게 되었기 때문이다. 나는 기도할 때마다 하나님의 사역을 위하여 크게 헌신하신 작은형님 가정을 위하여 늘 감사하고 축복하며 기도한다.

20 생각지도 못한 감사패 그리고 다시 만남

코로나 사태로 선교지에서 철수하여 국내에 들어와 대기하던 중 얼마 전 이삿짐을 정리하다가 오래전에 받은 감사패를 보고 옛날 생각이 났다. 벌써 21년이나 지난 이야기이니 정말 세월이 빠르게 흘렀다. 당시 나는 충북 충주에서 목회를 하면서 틈틈이 시간 나는 대로 글을 써 기독교 인터넷포털사이트 '뉴스앤조이'에 '이강무의 종교와 문화'라는 제목으로 매주 1회 글을 올린 적이 있었다. 글의 내용은 앞으로 머지않아 한국에도 많은 외국인 이주노동자들이 들어 올 것이고 또한 외국에서 한국 농촌으로 시집와서 사는 사람들도 많이 생겨나게 될 것이며 그로인해 한국사회는 자연히 여러 종교와 문화가 함께 공존하는 '종교다원문화사회'를 이루게 될 것이라는 점을 염두에 두고 '다원주의 사회 속에서 어떻게 기독교가 살 수 있을까?' 라는 주제로 선교적 열정에서 쓴 글이었다.

그러나 지금도 그런 경향이 있지만 그 당시는 '다원주의'라는 용어를 사용하기만 해도 그런 목사는 잘못된 목사로 생각하는 기독교 신앙인들이 많았다. 내가 다원문화사회를 원하는 게 아니고 앞으로 세월이 흐르면 내가 원하지 않아도 자연히 다원문화사회가 형성될 것이며, 그런 사회가 도래하였을 때 우리 기독교인들이 어떻게 그들과 함께 큰 갈등을 격지 않으며 예수님의 박애정신으로 서로 사랑하고 용서하고 화해하며 살 수 있을까를 고민하는 글이었지만, 나의 뜻을 이해하지 못하는 사람들은 내가 마치 기독교를 폄하하는 다원주의자인 것처럼 나의 글을 오해하였다.

하여 내가 인터넷 신문에 글을 올리면 나의 글을 지지하는 사람들과 반대하는 사람들이 내 글을 놓고 서로 격렬하게 다투는 댓글을 달았다. 나의 글을 반대하는 사람들 중에는 입에 담지도 못할 욕설을 퍼부어 대기도 하였고 그러한 욕설댓글에 화가 난 나의 지지자들은 그에 질세라 그들과 마찬가지로 흥분하여 그들에게 막말을 하며 싸웠다. 나는 아무 대꾸도 안하고 그저 그들이 싸우는 댓글만 읽었으며, 여전히 새로운 글을 써서 매주 올렸다.

그러다 어느 날 보지도 못하고 알지도 못하는 사람으로부터 전화를 받았다. 그 분은 감리교 충북연회 청장년 연합회 회장이라고 자신을 밝히며, 자기네들이 준비하는 산상집회에 나를 초청하고 싶다는 것이다. 충북전체의 청장년 연합회는 범위가 넓고 커서 나는 회장이라는 분이 어느 지역에 사는 분인지도 모르고 한 번도 만나본 적이 없어 나를 어떻게 알게 되었냐고 물으니 인터넷 신문에서 나의 글을 읽고 영적으로 많은 깨우침을 받았단다.

마침 그 때 우리 교회에는 선교적 차원에서 필리핀 원주민 프레디 목사를 초청하여 3개월 동안 EMS 어린이 프로그램을 지원하고 그에게 한국목회와 교회를 체험시키는 중이었다. 하여 프레디 목사에게 좋은 경험도 되게 할 겸 청장년 연합회 산상집회에 그를 데리고 가서 설교를 하도록 하였다. 나의 설교를 듣는 것 보다는 외국에서 온 젊은 목사가 청장년들에게 더 도전적인 메시지를 줄 것 같아서이다. 그날 나는 통역만 하였을 뿐인데 설교를 마친 후 청장년 선교회 임원들이 모두 나에게 다가와 감사하다며 미리 준비하여 만들어 온 감사패를 주는 것이다. 하여 내가 설교한 것도 아닌데 나에게 웬 감사패를 주느냐 했더니, 오늘 설교 때문에 드리는 것이 아니고 그동안 인터넷을 통하여 글을 써 주신 것에 대하여 감사한다고 아래와 같은 내용의 감사패를 주었다. 내가 평소에 알았던 분들도 아니고 그리고 더더구나 그분들을 대상으로 글을 쓴 것도 아닌데 일면식도 없는 나에게 감사패를 준다니 상상도 못한 일이며 이는 마치 하늘에서 나를 위로하고 격려하기 위하여 이들을 시켜서 하는 일 같았다.

감 사 패

충주소망교회 **이강무** 목사

목사님께서는 청장년 선교회 충북연회 연합회를 특별한 관심과 아낌없는 사랑으로 감싸주시고 인터넷을 통한 살아계신 하나님의 말씀을 열과 성을 다하여 전달하였을 뿐 아니라 다원주의 사회 속에서 기독교가 살 수 있는 비전을 제시하고 영적으로 깨어있는 청장년으로 이끌어 변화 받게 하심에 감사하여 청장년 선교회 충북연회 전 회원들의 뜻을 모아 이 패에 담아 드립니다.

2001. 12. 15.

충북연회 감독 **김종문** 목사
충북연회 청장년 선교회 연합회 회장 **박종수** 권사

나는 인터넷에 글을 게재하면서 나의 글에 반대하는 사람들의 댓글을 생각하며 가끔 마음이 상하고 많은 실망을 하기도 하였었다. 하여 그 글 때문에 감사패를 받는 다는 것은 상상도 못하다가 상을 받으니 내 마음은 무척이나 기뻤고 그동안 마음 아팠던 것이 일순간 사라졌다. 그 글은 충북인 들만 보는 지역 인터넷 신문이 아니고 전국망 인터넷 포털사이트에 올린 글인

데 어떻게 충북연회 청장년들이 그곳까지 들어가 내 글을 읽게 되었는지 모르겠다. 그리고 나의 글을 읽은 많은 사람들이 나의 글을 오해하여 욕설 댓글을 달기도 하는데 이 사람들은 어떻게 하나같이 일면식도 없는 나의 글을 지지하고 칭찬하며 나에게 상을 주려는 마음을 갖게 되었는가 말이다. 하여 나는 지금도 그 때 생각을 하며 이 감사패가 나에겐 그 어느 상보다도 가장 귀한 상이라고 생각한다.

그 후 20년의 세월이 지난 후, 내가 지금 거주하는 치악산 강줄기 옆 시골의 아파트에는 내가 염려했던 대로 이미 저개발국가의 외국인 여성들이 시집을 와서 자녀를 낳아 학교에 보내는 모습을 흔히 본다. 그런데 그들 자녀와 외국인 엄마는 하나같이 무슨 큰 죄를 지은 사람들처럼 늘 고개를 숙이고 걸어가다가 마주치는 사람을 만나면 피하듯이 서둘러 지나가는 모습을 보며 20년 전 내가 걱정하던 모습을 현장에서 목격하게 되었으며 이들을 그리스도의 박애정신으로 끌어안아야 할 책임과 의무가 우리 그리스도인들에게 있음을 절실히 실감하였다.

그리고 그런 생각을 하며 지내다가 우연히 20년 전 청장년회원들과 있었던 일을 다시 기억하는 계기가 생겼으며 이는 지금 내가 이 글을 쓰게 된 동기이다. 나의 선교를 후원하는 세르반테스 선교회 후원회장(이재익목사)이 제천 동산교회로 부임(赴

任)하게 되어, 내가 코로나로 국내에 머무는 동안은 1개월에 한 주 그 교회로 출석하기로 하고 그 교회에 갔다가 뜻밖에 생각지도 못한 20년 전 나에게 감사패를 준 충북연회 청장년 연합회 회장을 만나게 되었으며 그분은 현재 그 교회의 시무장로로 섬기고 계심을 알게 되었다. 어떻게 이런 만남이 이루어 질 수 있단 말인가! 말로 다 표현할 수 없지만, 나의 신학사상을 이해하고 상을 주신 분을 다시 만나게 된 것은 나에겐 너무나 놀랍고 신기한 일이었다. 이 일은 우연히 일어난 일로 생각할 수도 있지만 나는 결코 우연이라 생각하지 않는다. 하나님은 이미 종교다원문화사회가 이루어진 지금의 한국사회에서 지속적으로 기독교가 건재(健在)하며 이 사회를 잘 섬기기 위해서는 전에 내가 인터넷에 올렸던 것과 같은 메시지와 삶이 절실히 필요한 시대가 되었다는 점을 박 장로님과의 만남을 통하여 주시는 하나님의 암시(暗示)라 생각한다.

그러나 하나님께 죄송하지만, 나는 이미 나이도 많아 전과 같은 글을 쓸 만한 열정도 없고, 지금 내게 주어진 선교계획과 준비로 바빠서 그런 글을 쓸 여유도 없다. 열정적인 새로운 젊은 목회자가 나타나서 나를 대신하여 그 복음운동을 지속해 주길 기도할 뿐이다. 그리고 그런 글을 쓰지 않는 또 다른 이유는, 전에 쓰던 내 글의 주제가 너무 신학적이고 무거운 내용이

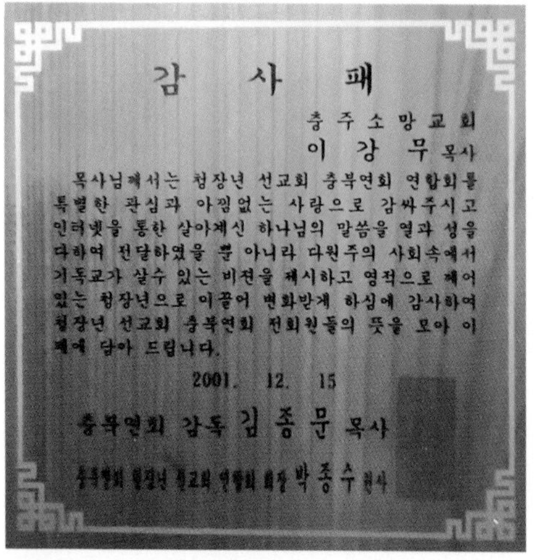

감 사 패

충 주 소 망 교 회
이 강 무 목사

목사님께서는 청장년 선교회 충북연회 연합회를 특별한 관심과 아낌없는 사랑으로 감싸주시고 인터넷을 통한 살아계신 하나님의 말씀을 열과 성을 다하여 전달하였을 뿐 아니라 다원주의 사회속에서 기독교가 살수 있는 비젼을 제시하고 영적으로 깨어 있는 청장년으로 이끌어 변화받게 하심에 감사하여 청장년 선교회 충북연회 전회원들의 뜻을 모아 이 패에 담아 드립니다.

2001. 12. 15

충북연회 감독 김 종 문 목사

충북연회 청장년 선교회 연합회 회장 박 종 수 [illegible]

감사패

라 찬성하는 입장과 반대하는 입장에 서 있는 사람들이 서로 헐뜯고 너무 격렬하게 논쟁을 하고 싸우는 것을 보며, 내가 괜히 착한 신앙인들을 싸움시키는 것 같아서 지금은 그런 무거운 주제로 글을 쓰지 않고 그냥 선교지에서 일어나는 일상의 이야기만 일기 형식으로 쓰고 있다. 하여 이 책에 기록한 글들은 모두 선교지에서 헐벗고 굶주리고 가난하고 병들어 삶에 지치고 어렵게 사는 사람들과 함께 살았던 나의 행복한 선교이야기들이다.

지금은 이미 아득한 과거가 되어버린 지난 21년 전에 나의 진보적 신학사상을 이해하고 지지하며 나에게 감사장을 주어 격려해 준, 충북연회 청장년 선교회 연합회의 모든 회원들을 진정으로 주안에서 존경하고 사랑하며 지면을 통하여서나마 지난날을 회고하며 깊은 감사를 드린다.

21 전인교육 영성프로그램

교회교육의 가장 중요한 것은 성경교육이다. 하여 나는 초보신앙인들이 성경에 관한 기본 진리를 잘 이해할 수 있도록 여러 자료들을 참고하여 직접 우리 교회 실정에 맞는 성경교재를 만들어 주일예배 이외에는 그것으로 기초성경교육을 시켰다. 또한 교회의 기능과 역할은 성경말씀을 통하여 인간을 교육하고 양육하여 하나님의 사람으로 온전하며 모든 선한 일을 행할 능력을 갖추도록 하는 곳이다(딤후3:16-17). 다른 말로 말해 교회는 이 세상에서 쓰임 받는 성도들이 되게 하기 위하여 전인신앙훈련(Holistic Human Faith Training)을 하는 곳이다. 하여 한국에 처음 복음을 들고 들어왔던 선교사들도 당시 경제 문화적으로 매우 열악한 삶을 살던 우리 민족과 사회를 돕기 위하여 학교와 병원 등을 설립하였고 계몽운동을 주도하기도 하였다.

나는 개척교회를 시작하면서 교인들의 전인교육을 위하여 성서적 관점에서 여러 가지 프로그램을 개발하여 성도들에게 적용하였다. 그 중 몇 가지만 예를 들면, 성서적 행복한 가정생활을 위하여 '부부의 날' 을 기획하여 매년 1회씩 시내에서 제일 아름답고 분위기 있는 전원지역의 예식장을 빌려 모든 가정이 깨끗한 예복을 차려입고 참석하여 1부 예배를 드리고 2부 순서로 가족별로 앉아 공동식사를 하며 가족별 발표회를 가졌다. 발표회 시간에는 부부가 순서대로 무대에 올라가서 노래도 부르고 자녀들이 나와서 장기자랑도 하며 온 교우들이 웃음꽃을 피우며 기쁘고 행복한 축제를 벌였다. 호텔식 뷔페음식을 차려놓고 가정별로 앉아 화목한 축제를 하는 그 날은 모두가 기다려지는 즐겁고 행복한 날이었다.

매년 1월 1일이 되면 전교인을 태우고 눈길을 헤치고 달려 강원도 태백산 산골짜기에 위치한 공기 맑고 고요한 '예수원' 을 찾아 가서 1박하며 공동체 훈련과 영성훈련으로 새 해를 시작하였으며, 그리고 또한 눈이 가장 많이 오는 1월 중순경에는 전교인의 자녀와 부모를 데리고 충주에서 한 참 떨어진 강원도 대관령 스키장에 가서 높은 산에서 스키를 타고 함께 스릴을 체험하며 생사고락을 함께 하는 교우간의 신앙공동체 삶을 체험하였다. 이런 행사는 아이들뿐만 아니라 젊은 부부에게도 멋진 추억이 되었다. 스키를 타러 가는 날이 가까워 오면 아이들은 물론이고 젊은 부모들의 마음이 더 설레어 기다렸다. 행사 전날 저녁에 교회 사모는 밤새도록 교인들이 먹을 맛있는 샌드

위치를 큼직하게 손수 만들어서 눈이 내린 대관령 고갯길에서 차를 멈추고 차안에서 나누어 먹으며 행복한 겨울여행을 하였다. 여름에는 바다와 강을 그렇게 교인들을 데리고 다니며 처음 교회생활 하는 초보 신앙인들이 교회에 잘 정착하도록 최선을 다하여 영성훈련과 공동체 신앙훈련을 하였다.

또한 앞으로 인터넷 망(Net)을 통하여 영토적 국경에 구애받지 않고 함께 소통하며 살게 되는 지구촌의 시대가 오면 무엇보다도 자신의 정체성을 중요하게 여기는 풍조가 생길 것을 예상하여 크리스천으로서의 자아발견과 자아계발에 힘썼다. 세계인이 함께 어울려 소통하는 그런 지구촌 시대에서는 나의 주체성이 없든지 나를 모르면 세계인들 앞에 내 놓을 것이 없을 것이라는 점을 염두에 두고 가장 한국적이고 가장 나다운 것을 갖출 수 있도록 성경을 통하여 교육 하였다. 앞으로 세계인들과 함께하기 위해서는 '대한민국의 기독교인' 이라는 긍지심과 분명한 정체성이 있어야 세계인들에게 자랑하고 보여줄 것이 있을 것이라 생각하여 매년 1회씩 토착화 신학에 관심 있는 목회자나 학자들을 교회로 초청하여 강연회를 하였다. 그리고 마침 우리 교회에 내가 전도한 성도 중에 국악학원을 운영하는 부부가 있어서 그분들에게 가사를 주어 '국악 찬송' 을 작곡하도록 하여 강연회 때에는 국악찬송을 불렀으며 주일 예배 때도 가끔은 가야금에 맞추어 국악찬송을 부르기도 하였는데, 우연히도 그것이 시발점이 된 것처럼 차차 전국 각 지역의 여러 교회에서 국악 찬송하는 성가대들이 속속 생겨나기 시작하였다. 선교사가 되어 해외에 나가보니 우리나라 국악기에 맞추어 찬양하는 국악찬양은 서양 악기로 연주하는 오케스트라 찬양단 이상으로 인기가 있다.

그리고 급속도로 다가오는 미래 정보화 사회(Information society)를 대비하여 전교인이 세 가지를 배우도록 권면하였다. 그것은 컴퓨터, 운전 그리고 영어회화이며 이는 미래사회에 꼭 필요한 것으로 교회에서 적극 장려하였다. 그 당시에는 지금처럼 집집마다 차가 있지 않은 시절이라 교회의 사모가 운전을 배울 생각은 전혀 하지도 못하고 있다가 교회 프로그램에 맞추어 타의에 의해 운전을 배우게 되었는데, 그 후 30년이 지난 오늘까지 그 때 배운 운전 실력으로 자가 운전하며 일상생활에 스스로 큰 도움을 받고 있다.

그리고 어린이들에게는 집중적으로 영어성경교육을 실시하였다. 지금부터 30여 년 전만 해도 인구 20만 명 정도 되는 작은 중소도시 충주에는 교회 내에서 어린이들에게 영어성경을 가르치는 곳이 없었지만, 나는 EMS(English Mission School)을 개강하여 어린이들이 영어로 성극을 준비하여 1년에 4회씩 영어성극 경진대회를 열었다. 그리고 아이들이 영어에 자연스럽게 접하도록 하기 위하여 스리랑카, 필리핀 그리고 브라질에서 영어를 잘하고 목회도 잘하는 목회자들을 초청하여 어린이들과 자연스럽게 어울리도록 하였으며 교회 주변의 사람들을 위하여 대민영어무료 강습회도 실시하였다. 당시 개척교회의 예산으로 외국인 목사를 국내에 초청하기 위하여 왕복 항공료와 체류비 그리고 돌아갈 때 수고비까지 주는 것은 쉬운 일이 아니었지만, 교회어린이들의 영어교육을 위하여 기쁨으로 나의 사례비 전액을 재투입하였다. 그 결과 EMS 영어공부에 참여하던 한 가정 두 아이의 부모가 미국에 이민을 가야겠다는 동기부여가 되어 지금은 이민을 가서 두 아이를 잘 공부시켜 미국에서 안정된 보금자리를 꾸미고 잘 살고 있다. 그 가정은 서울에서 사업에 실패하여 충주에 와서 공장 노동자로 일하며 10평도 채 안 되는 비좁을 곳에서 네 식구가 힘들게 살다가 교회에 와서 미래에 관한 큰 비전을 갖게 되고 미국 이민까지 가게 되었다.

바야흐로 지금은 30년 전에 내가 교인들에게 말한 대로 정보화 사회가 되어 SNS(Social Networking Service)를 통하여 핸드폰 어플을 이용하여 은행업무, 상품매입매출, 자료제출 등 거의 모든 업무를 핸드폰 하나로 해결하는 컴퓨터시대가 되었으며 나 같은 경우는 세계 29개국에 흩어져 사는 크리스천 외국인 친구를 사귀어 자주 페이스 북을 통하여 선교를 위한 정보교환과 소식을 서로 나누고 있으며, 코로나로 지금 한국에 머물고 있는 동안에도 선교지의 스텝들과 인터넷 통신망으로 영어로 통화하며 원격으로 선교업무를 잘 이루어 가고 있으니 30여년 전에 교인들과 함께 시작한 컴퓨터와 영어와 운전교육이 실제 선교현장에서 잘 활용되고 있는 셈이다.

어느 듯 세월이 유수와 같이 빠르게 흘러갔고 돌이켜보니 이 모든 일들은 한 사람을 선교사로 보내기 위하여 하나님께서 세밀하게 훈련시키시는 과정이었음을 깨닫게 된다. 나는 전혀 선교사로 갈 마음도 생각도 없었으나 외국인 목사를 초청하고 그들을 전국에 있는 지인 목사네 교회에 데리고 다니며 설교통역을 하는 등 일련의 모든 일들이 나를 선교사로 보내기 위하여 하나님이 철저하게 훈련시키고 준비시키신 것으로 생각된다. 수술 후 내 몸 구석구석 여러 가지 아픈 증세로 일주일에 6일동안 각종 의원을 찾아다니며 치료를 받으면서도 열심히 최선을 다하여 목회를 하였던 과거를 생각하면 모두가 내게 능력주시는 하나님의 도우심이 아니면 감당 할 수 없는 일이었다. 선한 목표를 가지고 꾸준히 노력하고 달려가는 자에게 하나님은 어려운 여건과 환경에도 불구하고 늘 함께 동행 하셨다.

* 앞으로 이어지는 2부와 3부의 글은 모두가 하나님의 은혜 가운데 선교지에서 이루어진 나의 선교이야기이다.

예수님이 오늘 이 세상에
다시 오신다면
아마 이곳에도 꼭 다녀가실 것 같다.
이들 앞에선 사치도 필요 없고,
부족한 것이
부끄러울 필요도 없다.

제2부

예수님의 분부를 따라서

목회하며
해외 단기선교사역

까왁 마을(필리핀, 세르반테스)

예수께서 이 열둘을 내보내시며 명하여 이르시되 이방인의 길로도 가지 말고 사마리아인의 고을에도 들어가지 말고 오히려 이스라엘 집의 잃어버린 양에게로 가라 가면서 전파하여 말하되 천국이 가까이 왔다 하고 병든 자를 고치며 죽은 자를 살리며 나병환자를 깨끗하게 하며 귀신을 쫓아내되 너희가 거저 받았으니 거저 주라 너희 전대에 금이나 은이나 동을 가지지 말고 여행을 위하여 배낭이나 두 벌 옷이나 신이나 지팡이를 가지지 말라 이는 일꾼이 자기의 먹을 것 받는 것이 마땅함이라

(마태복음10:5-6)

지금서 부터는 저자가 한국에서 목회를 하면서 단기로 해외에 선교 나갔던 나라들의 선교이야기를 연도순으로 올린 것이다.

01 미얀마, 갈레뮤(2005년)

개요 미얀마의 헨칸코 목사를 알게 된 것은 지난 2002년 필리핀 바기오의 침례신학대학교에서다. CMS영어선교 교사들과 세미나 참석차 그곳을 방문하게 되었는데 이분이 거기에 신학박사 학위를 받으려고 유학을 와서 만나게 되다. 미얀마는 불교국가이고 또한 매우 가난한 나라인데 거기까지 학위를 받으러 온 것을 대단하게 여기고 큰 관심을 갖게 되다. 그 후 그로부터 학비가 모자란다고 메일이 올 때도 있고 어떤 때는 고국에 있는 아들이 심한 병이 걸려 수술을 해야 되는데 돈이 없다고 호소하기도 하는 바람에 조금씩 힘닿는 데로 도와주었다. 그러다가 그가 졸업하고 미얀마로 돌아간 다음부터는 아예 내가 설립하여 섬기는 아시아미션센터(AMC)의 미얀마 지부장이 되어, 2005년 3월 23일에서 4월 3일 까지 12일 간 그의 사역지를 다녀왔다.

돌이켜 보니 그 때 단신으로 미얀마를 다녀온 것은 꿈만 같다. 그 땐 내가 아직 침과 뜸을 접하지 않은 상태라 매일 약을 먹는 처지였다. 처음으로 동행인도 없이 혼자 해외 단기선교 나가면서 이메일만 받고 그냥 찾아간 것도, 허리도 성치 않고 위장도 온전하지 않은 가운데 길도 험한 곳을 왕복 6일간 쉴 틈도 없이 달려야 하는 곳을 비좁은 고물 만원버스와 조각배를 번갈아 갈아타고 다녀 온 점 그리고 처음으로 원고도 없이 영어설교로 갈레뮤 지역의 교회연합집회까지 하여 큰 은혜를 끼친 점 등등 모든 일들은 성령의 도우심이 아니고는 이루어 질 수 없는 일들이었다. 지면상 당시 선교일지를 모두 올릴 수 없어 몇 개만 선별해서 올린다.

갈레뮤에서 첫째 날 저녁
2005년 3월 27일 주일

성령님께 의지하여

오늘 아침 갈레뮤에 내리기 전에 보트 안에서 갑자기 헨칸코 목사가 나에게 예정에도 없던 설교를 부탁한다. 하여 준비할 시간도 없는 데 어떻게 설교를 하느냐 하였더니 그냥 평소에 하던 설교 아무거나 하란다. 이미 일주일 전에 광고가 나가서 어쩔 수 없단다. 양곤에서 3일전부터 나와 함께 버스와 보트를 번갈아 갈아타며 줄곧 내 옆에 앉아 오면서 얼마든지 이야기할 시간이 있었는데, 그동안 아무 말도 없다가 갑자기 부탁을 하니 당황하지 않을 수 없다. 서둘러 호텔에 여장을 풀고 식당에 가서 저녁식사를 마치고 교회에 가니 조그만 교회에 입추의 여지도 없이 많은 사람들이 몰려와 문 밖 길가에 까지 늘어서 있다. 헨칸코 목사를 따라 건물 옆으로 돌아 뒤로 가서 예배당에 들어가니 맨 앞좌석에 낮에 보트에서 만난 신학생들이 찬양하려고 옷을 말끔하게 차려입고 미리 와서 대기하고 있다. 오늘 내가 설교하게 되었으니 시간되면 교회에 와서 특송 좀 해달라고 부탁했더니 미리 온 것이다. 마치 부흥강사가 데리고 다니는 전속 찬양대원들처럼 말이다. 회중들은 이미 준비찬송으로 찬양의 열기가 온 교회를 꽉 채운다. 난 나도 모르게 십자가를 향하여 의자에 꿇어 앉아 소나기 같은 눈물을 펑펑 쏟다. 왜 눈물이 나는 줄도 모르겠다. 그냥 막 눈물이 쏟아지며 감사가 넘친다.

"하나님 오늘 제가 처음으로 영어설교를 하는 데, 2박 3일 동안 쉬지 않고 버스와 배를 타고 오느라 지쳐서 아무 준비도 못했습니다. 말씀을 주십시오." 하며 막 눈물을 흘리는 데 두려운 마음은 하나도 없고 기쁘고 감사한 마음만 넘치고 오히려 자신감이 넘쳐난다. 하여 일어나 의자에 앉아 알지도 못하는 그네들이 부르는 복음송을 박수를 치며 장단을 맞추었다. 슬금

갈레뮤, 집회를 마치고

슬금 나를 보며 찬송을 부르던 성도들이 내가 박수를 치자 더 신이 나서 온 교회가 축제의 분위기로 바뀌어 지다. 그야말로 성령의 불바다가 되어가고 있다. 이정도 되면 이제 말씀 전하는 것은 어렵지 않을 것 같다. 냉랭한 곳에서 말씀 전하기가 어렵지 이쯤 되면 "믿습니까!" 한마디만 외쳐대도 "아멘"하고 합창으로 회중이 화답 할 그런 분위기다.

헨칸코목사의 사회를 시작으로 여러 팀이 나와서 특송을 부르다. 청년 팀, 어린이 팀, 그리고 개인적으로 나와서 부르는 사람 등 한 20여분 특송을 부른 다음에 오늘의 특별 출연자로 오전에 배에서 만난 신학생들의 특별찬양이 시작될 때는 정말 장내가 은혜의 도가니가 되었다. 이렇게 하여 내가 설교할 차례가 되다. 헨칸코목사가 통역을 하다. 내가 설교를 시작하며 "이렇게 만나게 되어 반갑다"고 인사를 하다. 그리고 헨칸코가 통역하는 동안에 다음 말할 문장을 머릿속으로 생각하다. "여러분의 마을이 매우 깨끗하고 아름답다"고 말하고 또 헨칸코가 통역하는 사이에 생각해 두었다가 "여러분의 음식, 특별히 국수는 정말 너무 맛있다"라는 식으로 말을 이끌어 가니 말이 되었다. 통역을 하는 사이에 다음 말할 것을 생각 해 두었다 말하니 별로 어려운 게 아니다. 그냥 보통 때 대화하듯 하면 되었다. 영어설교가 별거 아니었다.

하여 한국어로 설교하듯이 설교하였다. 오랫동안 불교에 젖어 온 사람들에게 어려운 신학적 설교가 필요 없다. 진리는 항상 단순하고 간단한 용어로 전하는 것이 좋다. 하여 아주 기초적인 성경 진리를 전하였다. 첫째, 우리가 믿는 하나님은 모든 만물을 만드신 창조주 하나님이시며 우리는 그분을 아버지라 부른다는 사실이다. 이는 불자들을 염두에 두고 한 말이다. 둘째, 우리가 믿는 하나님은 사랑이시라는 것이다. 이는 가난과 어려움에 처한 미얀마 인들을 염두에 두고 한 말이다. 셋째, 하나님은 임마누엘의 하나님이라는 점이다. 이는 우상화 되고 화석화 된 불상을 염두에 두고 한 말로, 하나님은 지금도 살아서 우리와 함께 하신다는 의미의 말이다. 이렇게 세 가지 성경의 핵심내용을 간단하고 아주 쉽게 어린아이들도 이해 할 수 있도록 예화를 들며 설교를 했더니 사람들이 많은 은혜를 받는다. 사람들이 은혜받기 전에 통역하는 헨칸코가 너무 신나 입에 침이 튀는 줄도 모르고 좋아서 통역을 하니 나도 덩달아 신이 났다. 하여 나도 모르는 사이에 이제 막 부흥강사 흉내를 내는 거다. 원고도 없이 완전히 성령에 사로잡혔다. 팔을 내 저으며 손가락으로 사람을 가리키며 "창조주 아버지를 믿어라" "사랑의 하나님을 믿어라" "임마누엘의 하나님을 영접하라" "회개하라"고 고함을 쳤더니 맨 앞에서 구경만 하고 점잔만 빼고 있던 한 중년 남자가 내가 손가락으로 자기를 가리키며 소리를 치니 갑자기 큰 소리로 아멘 하더니 울며 통곡을 하다. 그러니까 온 교회가 갑자기 울음바다가 되다. 나보다 통역하는 헨칸코목사가 더 신이 나서 이제 내가 한 마디 하면 자기가 두 마디를 붙여서 통역을 하는 것 같다. 교회는 완전히 은혜의 도가니가 되고 밖에서 쭈뼛쭈뼛 쳐다보며 눈치만 보던 사람들도 아예 밖에서 큰 소리로 회개하며 눈물바다가 되다. 이렇게 하여 첫날은 성령께 의지하여 난생처음으로 원고도 없이 영어설교를 하였다.

매우 단순한 내용의 설교인데도 그들이 은혜를 사모해서 그런지 모두들 은혜 받았다고 말한다. 정말 나도 처음으로 경험해 보는 일이다. 사람의 능력으로 불가능한 일도 성령께서 도우시니 역사가 일어난다. 나더러 지금 또 하라면 그렇게 은혜롭게는 못할 것 같다. 어떻게 그렇게 준비도 없이 영어로 설교를 하였는지 모르겠다. 성령님의 도우심이 아니면 도저히 일어날 수 없는 일이었다. 이렇게 하여 무사히 첫 날 부흥집회를 잘 마치며 어려운 고비는 이제 넘겼구나하고 생각하다.

그런데 예배를 마치고 헨칸코 목사가 화요일 저녁은 저 목사네 교회에 가서 부흥회 하기로 했다고 하며 연합으로 참여한 교회의 목사를 가리키는 것이다. 내 허락도 없이 자기들끼리 은혜 받고 이미 약속을 한 거다. 그리고 수요일은 갈레뮤 시에 있는 모든 교회들이 연합으로 모이기로 했으니 그리 알라는 거다. 이 말을 듣고 처음엔 좀 난처해했지만 성령님께 의지하고 하기로 하였다. 한번 해 봤으니 이제 자신감도 좀 생겼다. 이렇게 하여 갈레뮤에서의 첫 날 밤은 계획에도 없었던 부흥집회를 하나님의 은혜로 잘 마쳤다.

갈레뮤에서의 둘째 날
2005.3.28. 월요일

평화로운 갈레뮤

밤잠을 설쳤지만 그래도 아침 일찍 일어나다. 아침성경묵상을 하고 기도하는 데 호텔 앞 도로에 철컥 철컥 하면서 말마차가는 소리가 들리다. 새벽 4시 정도 밖에 되지 않았는데 부지런한 분들은 벌써 일을 나가나 보다. 더운 나라 사람들은 낮엔 너무 더워서 밤과 새벽을 이용해 일하는 경우가 많다.

날이 새자마자 처음 온 선교지의 새로운 환경에 호기심을 갖고 호텔을 나서 걸어 보다. 지난 밤 내가 묵은 호텔명은 '타웅잘라트 호텔(Taung Zalat Hotel)' 이었다. 어제 너무 피곤해서 호텔 이름도 안보고 들어갔다. 호텔 정문 바로 앞은 '갈레뮤 공항' 이다. 공항이라야 조그마한 학교 운동장 같다. 비행기는 일주일에 두 번 뜬다 하다. 비행기를 타고 왔더라면 2박 3일 동안 지옥 같은 버스에서 고생안하고 바로 호텔 앞까지 도착하였겠지만 힘들게 온 덕에 생소한 미얀마 시골풍경을 보게 되어 더 좋은 경험이 되었다. 호텔 앞의 새벽녘 갈레뮤 거리는 매우 조용하고 아름다우며 거리의 풍경만 봐서는 이곳은 전혀 가난한 나라가 아니고 영국의 어느 시골마을에 와 있는 기분이다.

호텔 앞에 나 있는 도로는 이 도시의 중심도로이고 이 도로는 약 1km 시내 한복판을 가로 질러 길게 나 있다. 도로에 경계선은 그어져 있지 않지만 3차선 정도 되는 넓은 도로가 곧게 잘 뻗어 있다. 물론 아스팔트가 깔려 있고 그리고 길 양옆에는 약 200여년 정도 자란 아름드리 큰 고목들이 위용을 자랑하며 줄지어 서 있어 도로 안이 마치 공원 같다. 낮엔 시원한 그늘을 만들어 주어 아주 장관을 이루겠다. 양곤 시내에서도 이런 고목이 가로수로 들어선 것을 자주 보았는데 시골에도 이렇게 가로수를 잘 심어 놨다. 아마 영국 식민지 시대 때 심은 것 같다. 나무뿐만 아니라 도로도 그때 이미 닦아 놓은 것 같다. 요즈음 미얀마의 경제 사정이나 정부 정책으로는 시골까지 이렇게 넓게 도로를 닦아 놀만한 형편이 못된다. 도로 뿐만 아니라 도로 양 옆에 들어선 건물들은 모두 영국식 목조주택으로 대부분 3층 건물들이 한껏 멋을 부리며 서 있다. 그러나 이 중심 도로를 벗어나 양 옆 골목길로 들어가면 바로 매우 가난한 원주민들의 가옥을 접하게 되고 오직 중심도로 주변만 잘 정돈되어 있을 뿐이다.

이른 아침이지만 상인들은 매우 분주하다. 호떡가게의 호떡 굽는 모습은 마치 마술사가 마술 부리듯 하다. 세 명이 서서 각기 분담을 맡아 밀가루 반죽을 메추리알만큼 떼어 막 돌려대니까 얇게 큰 냄비뚜껑 만하게 펼쳐지다. 거기다 고물을 넣고 몇 번 접어서 기름에 재빠르게 구워내는 모습은 하루종이 그것만 구경해도 지루하지 않을 정도로 신기하고 재미있다.

한편에서는 자동차 펑크 때우는 곳도 있다. 요즘 우리나라에서는 노튜브 타이어를 사용하는 데 여기는 아직 튜브가 있는 타이어를 사용하다. 한 30여 년 전에 만들어진 차들이니 그럴 수밖에 없겠다. 펑크난 튜브를 때우기 위해 헌 튜브를 잘라 적당하게 오리고 손질한 후 접착제를 바르고 적당히 굳은 다음에 붙이는 작업을 하는데 그 옛날 우리나라 펑크 때우는 집에서

이른아침 말수레

늘 보던 모습 그대로다. 자동차 주유소에서는 주유기로 주유하는 게 아니고 드럼통에서 조그만 물 조리 같은 곳에 담아다가 그걸 들고 가서 차에 들어 붓는다.

말마차도 지나가다. 말 발바닥에는 발 아프지 않도록 철판으로 징을 박아 놓아서 말이 달릴 때 마다 철컥 철컥하고 소리가 나는 데 그 소리가 마치 음악소리처럼 듣기 좋다. 대장간에서는 말 발바닥의 낡은 굽을 갈아 주느라고 말을 세워 전에 박았던 징을 말 발바닥에서 빼내고 자라난 발톱을 깎아 준 다음 새 징을 박아 주다. 이런 모습도 한 60년 전 내가 초등학교 다닐 때 대장간에서 보던 모습이다. 마치 타임머신을 타고 1960년대 초등학교 시절로 돌아간 기분이다. 정말 멋진 풍경들이다. 고생해서 온 보람이 있다. 이런 풍경을 또 어디 가서 볼 수 있으랴!

잘은 모르지만 추측하건데 이 도시는 1886년부터 영국이 지배하고 있을 때 모습보다 조금도 발전된 모습이 없이 그대로 보존하고 있는 것 같다. 물론 도로의 아스팔트는 근래에 다시 포장했을 테고 집들도 새로 리모델링하였겠지만 전체적인 윤곽은 영국 식민지 시절의 것이 그대로 있는 것 같다. 건물을 보면 상당히 발전된 건축양식인 것 같으면서도 말발굽을 갈아 끼우고 타이어 펑크 때우는 것 등은 상당히 옛날에나 볼 수 있는 모습을 지금 그대로 보게 되니 말이다. 이런 모습을 보고 미얀마를 '시간이 멈춘 나라' 라고 칭하는가 보다.

이들은 이 나라의 수도인 양곤에서도 아직 가정에서나 음식점에서 도시가스를 사용하지 않고 나무 화롯불을 사용하다. 아파트에도 들어가면 집집마다 나무불을 때는 아궁이가 있다. 대부분 숯불을 때는 바람에 불이 자주 나다. 내가 처음 온 날 밤에도 불이 났다. 이곳은 양곤시보다 더 시골이니 전기는 물론 들어오지 않아 자가 발전하여 써야 되며, 식수는 집집마다 우물을 파고 우물물을 두레박으로 퍼서 먹다. 그리고 남자고 여자고 아랫도리는 고무줄도 없고 끈도 없는 룽지라는 둥근 천으로 몸을 휘감고 매듭을 허리춤에 집어넣은 다음 그냥 두르고 다니다. 신발은 하나같이 샌들을 끌고 다니지만 그건 더워서 그런 것 같다.

발전을 거부하는 건지 아니면 발전을 모르는 건지 하여간 우리나라 1960년대의 모습을 그대로 보존하고 있어서 나에겐 흥미롭고 좋다. 과거로 돌아갈 수 없는 옛 추억을 이곳에서 다시 체험하니 인생을 어린 시절부터 다시 살아보는 기분이다.

갈레뮤에서 셋째 날
2005년 3월 29일 화요일, 맑음

갑작스러운 특별집회

한국에서는 이름도 없는 목사이지만, 이 나라에서는 외국서 오신 목사라고 나를 오늘 저녁에 초청하여, 계획에도 없는 특별집회를 갑자기 열게 되다. 아마 하루 종일 뛰어 다니며 홍보를 했나보다. 20여명 밖에 안 모이는 작은 교회라고 했는데 교회 안팎으로 200여명 이상은 모였다. 지난 주일저녁 헨칸코 목사네 교회에서 집회했을 때 참여 하였던 목사와 성도들이 돌아다니며 광고를 많이 했나 보다.

갈레뮤에서 떠나기 전 스텝들과

사실 지난 주일저녁엔 나도 어떻게 설교를 했는지 모르겠다. 준비도 없이 성령께서 인도하시는 대로 하였는데 모든 사람들이 은혜를 받고 너무 좋아했다. 특히 헨칸코 목사가 신이 나서 통역을 얼마나 신나게 하는지 나도 옆에서 막 신이 났다.

하지만 오늘 저녁도 그렇게 잘 된다는 보장은 없다. 하여 오늘은 설교를 준비를 좀 했다. 혹시나 해서 가져간 쪽복음 자료에 나와 있는 것을 인용해 준비를 했다. 헨칸코 목사는 주일 저녁 한 것 그대로 재탕하면 된다고 하였지만 주일 저녁에 참석하였던 분들이 있는 데 어떻게 똑 같이 할 수가 있는가. 제법 공을 들여서 누가 들어도 유치한 설교가 아니라는 평을 받으려고 준비를 하다. 그리고 설교 시간에 전보다 좀 체계적으로 설교를 시작하였다. 그런데 이게 웬 일인가. 내가 들어도 설교가 딱딱해 지기 시작하고 회중들의 반응이 냉랭하다. 하여 헨칸코 목사가 통역이 어려운가 하여 내가 준비한 노트를 보고 통역을 하게 하여도 좀처럼 냉랭한 분위기가 풀리질 않는다. 하여 준비한 것을 치워 버렸다. 그리고 지난번처럼 원고 없이 그냥 하였다. 성령께 맡기고 그냥 했다. 먼저 나의 간증부터 했다. 그리고 간단하게 단순한 내용을 전달하였다. 그러자 회중들의 분위기가 조금씩 달라지고 얼굴이 펴진다. 은혜를 받기 시작하다. 금주가 부활주일이라서 부활에 관하여 증거하다. 십자가에 돌아가심에 대하여 증거 하다. 우리도 믿음으로 부활할 수 있다고 선포하다. 그러자 회중들의 마음이 움직이기 시작하더니 주일 저녁처럼 은혜받기 시작하다. 설교를 끝내고 기도 받을 분 앞으로 오라고 하고 모두 일일이 안수기도를 하다. 이어서 모두 손들고 찬송을 부르는 데 내가 영어로 아는 찬송이 있어야지. 지난 주일저녁에 불렀던 세계 공용 복음송, '할렐루야' 송을 부르고 그 다음 그 곡에 '아멘' 송을 부르고 그 다음 또 그 곡에 '임마누엘' 송을 부르며 함께 통성기도를 하는 데 온 교우들이 눈물을 흘리며 은혜를 충만히 받는 것이다. 내 실력으로 준비하여 안 되던 설교가 성령님께 맡기고 하니까 모두 은혜 받고 깨어지는 역사가 일어나다. 사실 성도들보다도 내 자신이 더욱 놀라운 체험을 하였다. 그것은 바로 성령체험이었다.

마치 초대교회 때 오순절 다락방에서 성령사건이 일어나고 서로가 다른 방언으로 말해도 통하며 은혜를 받았듯이(행2:1-47) 우리도 그런 체험을 하다. 기도하는 도중 내가 영어로 기도를 하지 않고 통역도 하지 않고 그냥 한국말로 기도하며 안수하였는데도 성도들이 눈물을 흘리며 회개하고 은혜를 받는다. 참으로 놀라운 일이다. 통역을 할 때보다도 한국말로 기도를 하는 데 더 은혜를 받다니! 이렇게 해서 화요일 저녁 집회도 은혜로이 잘 마치다.

갈레뮤에서 넷째 날
3월 30일 수요일

수요일 연합집회

오늘 저녁예배는 주일저녁보다 더 많이 모였다. 주위에 있는 침례교회들이 연합으로 모였다. 아마 내가 침례교회와 인연이 있는가보다. 신학교 가기 전에 잠시 친구목사가 시무하는 침례교회를 다닌 적이 있었는데 그때서부터 인연이 있다. 오늘은 이 지역의 침례교인들의 연합집회가 되다. 헨칸코 말에 의하면 이곳의 기독교 역사가 약 300년 정도 된다고 하며, 역사 자료집에 의하면 이들 종족 가운데 꺼인족이 있는 데 이 종족은 아주 오래전 아마 이스라엘 민족 형성기 때서부터 이미 있었던 종족이 이곳으로 이주해 온 것으로 추정하기도 하다. 이런 역사적 배경을 갖고 있어서 그런지 이들이 예배드리고 찬송하는 모습은 불교국가의 사람들답지 않게 매우 능숙하고 은혜로우며, 오히려 우리나라 성도들보다도 더 열정적으로 성령을 사모하는 느낌이다. 그런 순수한 신앙적 열정과 사모하는 마음들이 합쳐져서 오늘 이렇게 많이 모인 것 같다.

내 능력으로선 이들을 어떻게 은혜를 받게 할 도리가 없다. 이제 내가 할 수 있는 일은 전적으로 성령께 의지하는 수밖에 없다. 말씀 준비할 시간이나 자료도 없어 준비도 제대로 못했다. 그런데 이들의 사모하는 마음이 있어서 그런지 말씀을 던지기도 전에 입을 벌리고 아멘! 아멘! 하며 은혜를 사모하다. 준비찬송을 부르며 이미 온통 성령의 불바다가 되다. 하여 내가 하는 일은 성경에 입각한 아주 간단한 말씀 한 두 마디씩 던져 주기만 하는 정도다. 그런데도 이들은 그 간단한 말씀에 충만히 은혜를 받고 아멘으로 화답하며 좋아하다. 정말 이런 집회는 처음 경험한다. 어제보다도 더 쉽게 쉬운 말로, 누구나 알아 들을 수 있는 쉬운 영어로 복음을 전하는데도 회중들은 굶주린 사자가 고기를 만난 것처럼 막 말씀을 받아먹으며 은혜를 받다. 이들이 영적으로 참으로 많이 갈급하였으며 또 심적으로 많이 짓눌리고 억압당했었나 보다. 오랜만에 한을 풀어 보는 것처럼 보인다. 나의 설교로 인해 한을 푸는 게 아니고 자기들 스스로 영적으로 충만해서 한을 푸는 모양이다. 해서 오늘 집회도 아주 쉽고 은혜롭게 잘 마치다. 순전히 성령의 은혜라 생각되다.

설교를 마치고 곧 이어 오늘은 마지막으로 이곳에 머무는 날이라 한 사람씩 모두 머리에 안수하고 기도해 주다. 좀 힘들어도 그 많은 사람들을 일일이 다 안수기도를 해 주었더니 그게 또 큰 은혜가 되는 모양이다. 성령의 불로 달구어지니까 이래도 은혜요, 저래도 은혜다. 이렇게 하여 하나님의 은혜로 계획에도 없었던 연합집회를 은혜롭게 잘 마치다. 내 평생에 처음으로 성령에 이끌리어 원고도 없이 영어설교로 부흥집회를 하였다.

02 스리랑카, 모라뚜와(2006년)

개요 스리랑카에 인연이 닿은 것은 데바프리아 목사 때문이다. 데바목사는 당시 내가 시무하는 교회(충주소망교회)에서 초청하여 1995년 9월 3일부터 12월 4일까지 3개월간 우리교회에 머문 적이 있는데 그 때 그는 한국문화와 교회의 부흥에 관하여 많은 매력을 느끼고 11년 후 다시 2006년 3월에 한국으로 유학을 왔다. 조선대학인지 호서대학인지 지금 기억은 안 나지만, 그가 한국에 와서 다시 나를 만나게 되었고 그리고 나는 그해 3월 그가 자리를 비운 스리랑카 그의 교회에 가서 그를 대신해서 3개월 동안 선교목회를 하였으며 이는 그 때 기록해 둔 선교일지 중에서 일부 선별한 것이다.

한국 아줌마들의 위대한 신앙 덕에
2006. 3월 30일 목요일

어제 밤에 스리랑카에 도착해서 아직 피곤도 풀리지 않았는데 데바교회의 부목사가 나를 데리고 심방을 가다. 첫 번째 심방을 마치고 두 번째는 자기마을에 기도처가 있다며 그곳에 가면 한국에 다녀 온 신실한 청년이 있으니 만나보라며 나를 데리고 가다.

기도처 입구에 가니 건장한 체구에 키가 큰 시커먼 청년이 어설픈 한국말로 나를 반가이 맞이하다. 이름은 '아로쉬(arosh)' 이다. 자기는 전에 한국에 5년 동안 노동자로 근무하면서 예수님을 영접하였다며 한국의 아줌마들은 대단한 신앙을 가진 분들이라고 자랑하다. 그 분들은 교회에서 '아부지 하나님!!!' 을 외치며 끝까지 요란하게 매달리는 아주 신실한 분들이라며 그 분들에게 소개받아 예수 믿게 되었으며, 예수 믿고 복 많이 받아 한국에서 돈을 많이 벌어서 큰 부자가 되었다고 간증하다. 실은 자기는 군대를 탈영하여 쫓기는 신세로 몰래 한국에 입국하였는데 모든 게 하나님의 뜻으로 그곳에서 복음을 영접하고 열렬한 신자가 되었을 뿐만 아니라 한국에서 미국여자를 만나 결혼하여 지금은 미국 시민권을 갖고 풀로리다 주에 살고 있단다. 현재 직업은 스리랑카의 티크 원목을 미국에 수출하는 일을 맡고 있는 데 너무나 잘 되 미국에서 자녀도 낳고 잘 산단다. 그러면서 자기 목재소에 마련한 기도처가 너무 더워서 내일 중으로 에어컨을 설치할 예정이니 다음에 꼭 다시 오셔서 시원한데서 기도도 하시고 설교말씀도 해 달라고 하다.

자기가 한국에 처음 갈 때는 1달러도 없었지만, 한국에서 돈

미국으로 돌아가는 아로쉬를 배웅하다

많이 벌어서 지금 이 집도 자기 집이며 이 주변의 것들이 모두 자기 것이 되었단다. 한국의 열렬한 아줌마 신앙이 이를 큰 믿음의 용사로 키워냈다는 말에 큰 자긍심이 생기다. 그의 말은 계속 줄줄이 사탕으로 은혜가 넘쳐나다. 한국에서 돈을 많이 벌었다는 말을 할 때는 앞에 바라다 보이는 제재소에 있는 큰 통나무를 힘겹게 어깨에 메듯 하는 몸짓을 하여 보이기도 하다. 그렇게 힘든 일을 해서 돈을 벌었다는 의미인 것 같다. 정말로 하나님 잘 믿고 크게 출세한 청년이다. 이제 겨우 서른 살이라는 젊은이가 돈 두 많이 벌고 아름다운 백인 미국여자를 부인으로 얻어 미국 시민권을 갖고 미국 플로리다 주에서 목재

수입상 사장노릇을 하며 하나님의 용맹스러운 군사처럼 복음을 사모하고 있으니 얼마나 하나님 보시기에 예쁘고 장한 아들인가! 스리랑카에 오자마자 믿음 좋은 청년을 만나 든든하고 기분이 좋다.

데바 교회에서 첫 번째 주일
2006년 4월 2일 주일

더운 나라 사람들의 특징은 뜨거워지기 전 오전 중에 일찍 행동을 개시하는 게 일상의 습관인가 보다. 주일 예배도 오전 8시 경부터 시작하여 약 1시간 동안 기도회와 찬양 및 성경공부를 하고 9시 30분부터 다시 찬양으로 예배를 시작하여 약 11시까지 예배를 거의 마치다.

예배시간이 되자 통역을 맡은 젊은 청년이 내 옆으로 와 앉아서 예배 중에 일어나는 일들을 통역해 주고 내 설교도 통역을 잘 해 주다. 예배를 마치고 나니 데바 목사의 부인이 몇 번이나 오늘 설교가 좋았다고 하다. 그리고 집에 와서도 그녀를 방문한 현지 목사인 여동생의 남편에게까지 오늘 설교가 매우 좋았다고 자랑하다. 감사한 일이다. 내 설교가 이들의 정서와 일치하였나보다.

오후에 호숫가에 살면서 보트투어 업을 하는 젊은 성도가

스리랑카 첫예배후

초청하여 가보다. 이제 겨 22살 된 젊은이가 결혼하여 아이도 있고 제법 어른스런 삶을 살다. 이 청년은 한국인이 스리랑카에 와서 사업하는 가구공장에서 3년 동안 일한 경험이 있으며 한국 사람에 대하여 상당히 좋은 인상을 갖고 있다. 특히 자기가 모셨던 사장님을 다시 만나고 싶어 한국에 한 번 가보고 싶단다. 그 사장은 스리랑카에서 가구공장을 경영하여 돈을 많이 번 부자였는데 카지노 도박과 여자를 사귀는 바람에 모든 돈을 날려 버리고 지금은 한국으로 피신 가 있는 신세란다. 그래도 그 사장님이 자기한테 잘 해 주어서 한 번 다시 만나보고 싶단다.

저녁에 데바의 가족과 함께 이곳에 한 곳 뿐인 KFC에서 저녁을 대접하고 집에 돌아오니 누가 내 트렁크를 뒤진 흔적이 있고, 미화 300달러가 없어지다. 이곳에서 그 돈이면 공무원 1개월 월급보다 많다. 데바의 둘째 아들 친구가 낮에 내 노트북을 보자고 하여 보여준 적이 있고, 내가 다시 트렁크에 넣고 열쇠를 채운 후 열쇠 놓아두는 것을 본 적이 있는 데 그의 소행인 것 같다. 덩치가 크고 청년 같은 모습이며 상당히 말하는 것이 똑똑해 보였으나 중학생이고 이 가정에 놀러 온 손님이므로 의심하지 않았더니 이런 일이 발생하였다. 낮에 심방 갈 때 그 친구 하나만 집에 남아서 아직 집에 오지 않은 데바의 둘째 아들을 기다리고 있었고, 데바의 부인은 옆방에서 자고 있었으니 그에게 지목이 갈 수 박에 없다. 항상 단속을 잘 한다고 하면서도 이런 실수가 발생하였다. 내 돈 잃은 것보다 어린 학생이 도적질한 경험이 생겼으니 그 아이가 앞으로 어떻게 성장할지 그 아이의 영혼이 걱정된다. 열쇠를 잘 간수하지 못한 나에게도 큰 책임이 있다. 앞으론 더욱 조심해야겠다.

오늘 주일 예배도 좋았고, 호수에 갔던 일도 좋았고, 데바의 자녀들과 외식 하였던 것도 좋았는데 이런 일이 발생하다. 길에서 날치기 강도나 조심하면 되겠지 하였더니만 뜻하지 않게 집에서 이런 변을 당했다. 데바의 부인과 아들과도 서먹서먹한 사이가 되어 서로 보기가 민망한 사이가 되었다. 내일이며 이 집을 떠나 선교관 숙소로 가게 될 텐데 오늘 이런 일이 생겨 서로가 난처하게 되었다.

살인자를 심방하다
2006년 4월 11일 화요일

레니어 부목사는 오늘도 나를 하루 종일 오토바이 뒤에 태우고 심방을 다녔다. 60세가 다 된 양반이 웬 그렇게 힘이 좋은지. 오전엔 술주정뱅이 자기 친구 집을 다녀왔고, 두 번째로 저녁에는 술중독자 밀톤 페리스씨 가정을 심방하고 세 번째로는 예전에 깡패두목이었으며 살인자였던 자를 심방하였다.

'사니 밀톤 페레나' 씨는 역도산처럼 덩치가 크고 생긴 모습은 괴물 고릴라처럼 우악스럽게 생겼다. 솔직히 말해 고릴라에 옷을 입혀 논 모습과 꼭 같다. 주먹만 한 딸기코 위에 한 덩어리 엉뚱한 흉한 살 첨이 하나 더 붙어 있고, 위 아랫니가 모두 빠져 양쪽 송곳니만 남아 입을 벌리고 말할 때는 코뿔소의 코처럼 양 코뼈만 보이는 듯 기가 막히게 생긴 사람이다. 내가 당도하자 문 앞에서 기다리고 있다가 큰 등치에 손을 들고 마치 나를 잡아먹을 듯한 자세로 고릴라가 양손을 벌리고 대들 듯이 맞이한다. 이런 자를 처음에 제압하지 못하면 안 되겠기에 단

과거 해적두목에 살인자였던 페레나씨

번에 눈과 호령으로 제압을 하였다.

사실 내가 한창 유도와 검도로 몸을 단련하던 청년시절엔 이런 덩치는 별것 아니었다. 키가 약 1미터 90센티 정도 되고 몸무게가 약 100키로 이상 나가는 거구도 나에게 잡히면, 요리조리 그의 가랑이 밑으로, 옆으로, 뒤로, 꺾기로, 누르기로, 조르기로, 마지막에 한판 메치기로 들어가면 10분도 안되어 요리가 되어 풀죽은 푸줏간 고기처럼 되어 버리곤 하였었다. 그런데 이런 나이 먹은 사람이 아무리 고릴라 같이 생겼다고 내가 눈 하나 깜짝하랴!

그가 손을 들고 할렐루야 하고 골리앗 같은 음성으로 나에게

다가오자. 내가 못 본 척 하였더니 계속 손을 들고 가까이 다가오며 시커먼 얼굴의 주먹 딸기코 밑에 양 송곳니를 드러내고 껄 껄 웃으며 '할렐루야' 를 외친다. 할렐루야를 외치는 소리가 마치 큰 입을 벌리고 잡아먹으려고 달려드는 고릴라의 모습 같다. 하여 계속 아무 말도 하지 않고 다가가서 냅다 손을 잡고 머리를 짓누르며 '할렐루야' 하고 크게 소리치니 그가 깜짝 놀라 무릎을 꿇고 '할렐루야' 하며 응답을 하므로 우리의 상견례가 끝나다. 깡패하고는 그렇게 인사하는 거다.

레니어 목사가 예배드리기 전 먼저 그에 대하여 소개하는 데 그는 전에 살인자였다는 거다. 역시 예상했던 대로다. 그러고 보니 꼭 살인자처럼 생겼다. 게다가 그는 이 앞바다에서 해적 노릇을 하며 살았다는 거다. 그러고 보니 꼭 해적같이 생겼다. 그리고 부인을 둘씩이나 얻어서 그의 별명이 아브라함이라며 두 부인 이름은 사라와 하갈이라고 소개하다.

겉으론 험상궂게 생겼으나 성경을 보고 기도를 하고 대화를 하다 보니 그는 괜찮은 사람이었다. 험악한 곳에서 두목생활을 많이 한 사람답게 대담한 성격이었고 호탕한 성격이었으며 넓은 아량을 지닌 사람이었다. 그리고 지금은 순수하게 복음을 받아들여 하나님 말씀에 순종하며 새로운 인생을 사는 거듭난 사람이었다. 말씀으로 잘만 다듬어 지면 크게 쓰임 받을 수 있는 사람이었다. 하여 레이니 목사에게 자꾸 그의 과거를 들추지 말고 현재를 보라고 하였다. 과거가 중요한 게 아니고 지금 현재가 중요하다고.

쓰나미 마을–아루곳다 빌리지
2006년 4월 30일 주 일

먼저 번 장거리 오토바이를 타고 난 후 약한 내 허리에 통증이 생긴 것을 알게 된 레니어가 아로쉬에게 말한 모양이다. 아로쉬가 바쁜 가운데도 직원과 함께 자기 차로 나를 픽업하러 왔다. 아로쉬는 데바교회의 교인은 아니지만 말씀을 사모하는 열렬한 청년으로 이곳에선 한국교회가 낳은 신실한 '한국산 크리스천' 이라 불린다. 그리고 그는 한국 목사인 나를 만나는 것을 가장 기분 좋은 일로 생각하고 내 일이라면 발 벗고 나선다.

아로쉬의 승용차로 약 30분 걸려 오늘 저녁 지역예배를 위해 찾아간 곳은 파나두라(Panadura)시 아루곳다(Aruggoda) 빌리지에 있는 쓰나미 마을이다. 5시 30분경에 도착하였는데 벌써부터 교인들이 모여 찬송을 부르며 뜨거운 분위기다. 데바목사가 섬기는 교회의 부목사나 평신도 지도자들은 어딜 가든지 열정적으로 복음을 위해 희생하는 모습이다. 데바목사가 한국 유학중이라 자리를 비워도 전혀 교회에 문제가 없겠다. 오늘 심방한 지역의 담당 부목사인 쁘리얀까(Priyanka)는 주일 오전 예배 때도 목이 터질 듯한 열정으로 찬송과 기도를 인도하더니만 언제 이곳에 와서 벌써부터 목소리 높여 찬송과 기도로 은혜를 끼친다. 가끔 밤에 나의 숙소에 와서 나를 지켜주는 쁘리안따도 여기에서 봉사하는 것을 알게 되었다. 먼저 번 쁘리가 집에 간다고 하더니만 아마 그의 부모님도 쓰나미 피해자로 여기에 와서 사시는 가 보다.

이곳 사람들은 데바 교회가 있는 모라뚜아 지역의 해변에 살던 사람들이다. 2년 전 전세계를 경악케 한 쓰나미 참사를 당한 후 이곳으로 피난 이주하게 되었다. 땅값이 비교적 싼 곳을 찾아오느라고 이 먼 곳까지 이주해 온 것이다. 22채의 가옥을 마주보게 짓고 함께 이곳에서 공동우물을 사용하고, 공동 목욕탕을 사용하는 등 공동체 마을을 형성하여 예수중심으로 살아가는 신앙공동체를 이루었다. 기독교인이 불과 3% 밖에 되지 않는 불교국가에서 기독교 신앙공동체를 이루는 것은 쉬운 일이 아니다. 이곳 사람들은 쓰나미 참사를 당하여 많은 고통과 쓰라림을 당하였지만 지금은 차차 모든 것을 잊어 가며, 하나님의 은혜 안에서 새로운 희망의 세상을 꿈꾸며 서로 돕고 격려하며 잘 살아가고 있다.

이곳은 마치 '성별된 성역' 처럼 느껴지기도 하며 우리가 때

쓰나미마을 원로

론 고난당할지라도 하나님은 또한 피할 곳을 주시는 사랑의 하나님을 발견하게 된다.

전깃불이 들어오지 않지만 캄캄한 밤을 수많은 반딧불이 대신 마당을 밝히며 날아다닌다. 마치 하늘의 별들이 땅 가까이 내려와 이 마을을 축복하는 것 같다. 예수님이 오늘 이 세상에 다시 오신다면 아마 이곳에도 꼭 다녀가실 것 같다. 이들 앞에 선 사치도 필요 없고, 부족한 것이 부끄러울 필요도 없다. 많이 배운 것이 자랑스러울 것도 없고, 못 배운 것이 부끄러울 것도 없다. 이곳의 부목사는 학교도 안 다닌 사람이지만 성령의 은혜로 목회를 잘하고 있다. 자랑할 필요도 없고 창피할 필요도 없는 그저 있는 모습 그대로 서로 도와가며 살고 있다. 이곳에 머물면 그 어느 곳보다 나의 마음이 편할 것 같다. 하여 레니어 목사에게 이곳에서 지낼 수 있도록 내 심방 스케줄을 조정하여 짜 줄 것을 부탁하였다.

슬럼가 방문
2006년 5월 26일 금요일

우비를 쓰고 레니어와 오토바이로 빗속을 달려 약 5km 콜롬보 방향으로 가다가 우측 골목으로 들어서 일반 마을을 지나니 가난한 사람들이 사는 빈민촌락이 나타나다. 한 참 헤매다가 물어물어 찾아 간 곳은 인디카 목사가 맡고 있는 시바 쿠마라(Siva Kumara)씨 가정이다. 약 2평정도 되는 판잣집에 남루하게 사는 모습이 거지 소굴이나 다름없다. 이는 가스배달원으로 일

레니어목사와 심방 중

하고 부인도 맞벌이를 하는 데 아직 귀가하지 않았다고. 예배 드릴 분위기도 되지 않아 기도만 해주다. 두 번째 방문한 집은 니란티(Niranthi) 자매의 가정이다. 이 자매는 이제 겨우 33세인데 자녀를 다섯이나 두었다고. 남편은 어데 갔느냐니까 8년 전에 죽었다나. 그럼 이 자매가 25살 되던 해에 세상을 떠났다는 말인데 그러면 도대체 몇 살에 결혼을 했단 말인가. 레니어가 계산을 한참 하더니 16세경에 결혼한 것 같단다. 지금 결혼해도 크게 늦지 않을 나이인데 너무 일찍 결혼하여 과부가 된 후 다섯 명의 자녀를 혼자 양육하느라고 정말 찢어지게 가난하게 사는 구나. 침대 하나에 온 가족이 모두 매달려 잠을 자야 될 정도로 좁은 공간에서 살고 있다. 앉을 자리도 없어 서서 기도해 주다. 사진을 처음 찍어 보는지 너무 좋아한다. 다음에 꼭 인화하여 주어야겠다.

돌아오는 길에 레니어가 일러주다. 이곳은 위험한 곳이라고 마약중독자, 술 중독자, 살인자들이 사는 곳이라고. 그 말을 듣고 생각해 보니 니란티 자매도 입이 시뻘건 게 뭐 마약 같은 것을 복용하였던지 아니면 씹는담배를 먹었든지 한 모양이다. 그래도 가끔 교회를 나온다니 변화되어 잘 살기를 바라며 기도해 줄 수밖에.

스리랑카를 떠나며

2006년 6월 26일 월요일

내일이면 3개월간의 스리랑카 선교사역을 마치고 인도로 떠나게 되다. 오전 중 항공사에 전화하여 비행시간 다시 컨펌하다. 비행기 발차 시간은 변함없이 내일 오후 3시로 재확인하다. 오후에 AMC 인도담당 간사 보이시로부터 온 이메일을 확인하다. 보이시가 나의 메일을 잘못 이해하여 7월 3일 임팔에 도착하는 것으로 알고 있어, 내일 바로 임팔로 갈 것이라고 국제전화 하여 알려주다. 보이시는 외출중이고 동생이 받다.

AMC스리랑카 상임위원

저녁에 아로쉬 채플에 모여 떠나기 전 마지막으로 AMC 스리랑카 선교단 상임위원회 회의를 하고 실넷 위원이 마련한 송별회 겸 저녁식사를 함께 하다. 저녁 식사 후 미국으로 돌아간 아로쉬로부터 안부 전화 오다. 내가 오늘 스리랑카를 떠난 다는 말을 듣고 일부러 안부전화 한 것이다.

이곳에서 공항까지 교통편이 마땅치 않아, 공항까지 타고 가려고 레니어를 통하여 며칠 전에 예약해둔 렌터카를 재확인 하라고 어제부터 몇 번이나 레니어에게 말하였으나 그는 자기 친구이니 염려하지 말라하더니만, 나를 픽업하기로 약속한 측에서 저녁 늦게야 연락을 주며 내일 갈 수 없다고 연락이 왔다.

공항 갈 택시를 오늘 밤까지 예약하지 못하였는데 내일 아침에는 잘 될는지 의문이다. 레니어에게 무얼 맡기면 이런 일이 생겨서 문제다.

시간이 참 빠르게 흐르다. 여기 처음 왔을 때는 3개월이 언제나 가나 생각했었는데, 금세 지나고 떠나야 할 시간이 오다. 아무도 모르는 생면부지의 생소한 나라에 처음 와서 많은 사람을 사귀고 또 어렵게 사는 많은 사람들을 주님의 말씀과 사랑으로 위로해 주고 가게 되니 마음이 뿌듯하다. 많은 사람들의 이름과 모습이 오래도록 기억에 남을 게다. 무엇보다도 잘하든 못하든 레니어가 항상 나의 그림자처럼 따라 다니며 보좌해 준 것에 감사하고, 미국 아로쉬의 모친 실넷 여사님이 항상 갈 때마다 맛있는 음식을 대접하여 나에게 즐거운 식사시간을 마련하여 주셔서 너무 고마웠고, 그리고 중학교 다니는 그의 딸 씻주미, 남편을 잃은 후 자녀를 모두 멀리 떠나보내고 실넷 여사의 집에 와서 잔일을 도와주며 함께 사는 스리야니, 그리고 부인에게 배신당하고 자살하려다 아로쉬를 만나 그 집에 와서 살게 된 구마라, AMC선교단 상임위원 제럴드 목사, 서기 틸리카라트네 목사 그리고 오피스의 멘디스, 그동안 오피스에서 함께 지냈던 데바 모친 마미, 오피스의 와세나는 한달 근무하고 다른 곳으로 자리를 옮겼고, 그리고 무엇보다도 늘 가족처럼 대해 준 이웃집 식구들이 오래도록 잊지 못할 분들이다. 다리미도 빌려주고, 모시남방 풀 먹일 때 풀도 끓여주고, 특송 준비할 때 반주로 도와주고, 치즈 스프레드가 상할까봐 당신 집 냉장고에 보관해 두었다가 아침마다 꺼내다 주셨다. 그리고 약간 엉뚱한 데가 있는 랑그나, 그는 날마다 한국에 가고 싶어서, 때론 기도 받고 싶어서, 나를 자주 방문 하였고, 여자를 사귄지 2주 만에 결혼하여 이젠 그 부인과 함께 한국에 가게 해 달라고 부탁하였다.

비나 사모의 쓸데없는 질투로 인하여 2주간만 데바 교회에서 설교 하고 매주 다른 교회를 가게 되었지만, 비나도 사과하는 마음으로, 지난 밤에 오피스에 와 보니 티스셔츠와 남방셔츠를 선물로 사다 놓고 갔으니 어찌 그를 계속 미워 할 수 있으랴. 그리고 아침 조깅시간마다 만나는 허브 죽을 파는 18세 된 어린청년, 그는 내가 이곳을 떠나기 약 2주전부터 매일 아침 나를 볼 때마다 며칠 남았다고 남은 날을 카운트 하며 헤어지기를 아쉬워하였다. 그리고 쓰나미 희생자들의 마을, 그리고 그동안 심방 다녔던 모든 가정들, 이들이 모두 주마등처럼 머릿속을 스쳐가며 3개월의 시간을 돌아보게 하다. 3개월이 얼마 안 되는 기간으로 여길 수도 있지만 이곳에서 한 일들을 생각하니 상당히 많은 일을 한 바쁘고도 긴 시간이었다. 그러나 떠나려 하니 어제 온 것 같은 데 금방 떠나는 것 같아 아쉬운 마음도 들다. 잘 있어라! 스리랑카여! 그리고 이곳에서 만난 모든 이들이여. 이제 천국에 가서나 만나게 될 것 같다.

스리랑카에서 인도로
2006년 6월 27일 화요일

새벽 4시 좀 넘어 기상하여 짐 싸기 시작하다. 레니어가 5시 좀 넘어 일찍 오피스에 와서 대기하였다가 공항에 갈 렌터카를 다시 예약하러가다. 구마라가 나 떠나는 것이 너무 서운한지 먼 곳에서 일찍 와서 짐 싸는 것 계속 지켜보다. 이웃집 부인과 할머니가 헤어지기 섭섭해 하시며 선물을 들고 오시다. 아마 남방셔츠인 모양이다.

사무실 직원 멘디스 그리고 구마라, 마미에게 마지막으로 기도해 주고 안수해 주다. 그들도 돌아가며 나를 위해 기도해 주다. 약속시간 보다 조금 늦었지만 레니어가 택시를 잘 렌트하여 와서 그것을 타고 공항에 도착하여 별 어려움 없이 출국수속을 잘 마치다. 3시간이나 여유시간이 있어 공항 내에 있는 인터넷 센터에서 이메일 확인하다. 인도 보이시로부터 이메일이 오길, 오늘 오시면 임팔에서 입국을 허락하지 않을 것이니 출국날짜를 연기하여 7월 3일에 오란다. 이미 탑승수속을 마치고 비행기를 기다리고 있는데 어찌하랴. 급히 보이시에게 국제 전화하니 보이시는 없고 아버지가 받으며 오늘 임팔에 입국할 수 없으니 며칠 켈커타(콜카타로 이름이 바뀌다)에 있는 친구와 함께 머물다가 오라고하여 난 인도가 처음 가는 길이고 캘커타에 친구도 없다고 하니, 당신 친구 투탕이 캘커타 공항에서 나를 기다리고 있단다.

이게 무슨 말인가! 3개월 전 스리랑카로 선교를 떠나기 전부터 인도의 선교파트너 투탕을 만나기 위해 누차 국제전화를 하였었지만 전화번호가 변경되어 통화할 수 없었고, 여러 번 이메일로 연락을 시도 했지만 이메일 주소도 바뀌어 연결이 되지 않았다. 하여 스리랑카에 와서 가까운 곳이니 우편으로 편지를 붙이면 일주일 정도면 받아 볼 수 있을 것이라 하여 편지를 부치고 한 달을 기다려도 연결이 되지 않아 요번 기회에 투탕을 만나는 것은 어려울 것으로 생각하였었는데 '투탕' 이 나를 캘커타에서 기다리고 있다니!

아마 먼저 번 약 한달 전 보이시가 임팔정부 공안당국으로부터 나의 신분에 관하여 재차 요청을 받고 여권 사본과 비자, 나의 부인 이름과 아버지 이름 그리고 인도친구 이름과 주소 전화번호를 적어 보내라 하여, 그 때 친구이름을 '투탕' 으로 적어 보내고 그의 인도주소를 적어 보냈더니, 그 때 보이시 아버지가 투탕에게 연락을 하였었나보다.

인도 가는 김에 꼭 만나고 싶었던 투탕이 나를 캘커타 공항에서 기다리고 있다니 너무 기쁜 일이다. 하여 보이시 아버지에게 그의 전화번호를 알아내어 즉시 국제전화를 하니 잘 못된 전화번호인지 받질 않다. 시간이 되어 비행기를 탑승하고 첸나이를 향하다. 첸나이 행 젯트 에어라인은 경비행기라 그런지 높게 비행하지 않아 육안으로 멀리 사라지는 스리랑카를 계속 보라볼 수 있다. 스리랑카에서 인도는 매우 가까운 곳이구나. 스리랑카가 시야에서 사라지자 얼마 안 있어 바로 인도가 보이기 시작하다. 멀리 왼쪽으로 인도 땅이 보이는 것으로 보아 잘은 모르지만 인도 동쪽해안으로 비행하는 것 같다. 1시간 10분 정도 비행하니 인도 첸나이 시가지가 시야에 들어오다. 상공에서 본 첸나이 도시는 상당히 깨끗하고 건물이 질서 있게 들어서고 아름다우며 도로가 잘 정리된 모습이다. 사람이든 자연이든 멀리서 보면 모두가 깨끗하고 아름답게 보인다 그러나 가까이서도 그렇게 보이기는 쉽지 않다. 늘 가까이 지내면서도 아름다운 모습으로 보일 수 있는 성품을 갖추면 얼마나 좋을까! 주님의 말씀으로 잘 숙성된 사람만이 거리에 관계없이 늘 그윽한 박애의 향기를 드러내리라.

처음으로 인도 땅을 밟게 되다. 공항에 내리자마자 바로 첸

나이 국제공항 옆에 있는 국내선 공항으로 갔다. 캘커타로 갈 국내선 비행기 티켓을 사기 위해서다. 줄지어 서서 기다렸다가 약 20분 만에 국내선 티켓을 구입하다. 1시간 후에 비행기가 발차하므로 곧 바로 체크인 해야 할 시간이다. 하여 투탕에게 전화할 시간을 갖지 못하다. 투탕에게 전화하여 캘커타에서 만나자고 연락이 되어야 오늘밤 객지 초행길에 고생하지 않을 텐데, 캘커타 가는 비행기 탑승 수속이 바빠 공중전화기 부스 찾을 시간이 없어 바로 탑승수속을 마치자마자 젯트에어 국내선에 탑승하였다.

첸나이 공항 매표소 앞에서 알게 된 젊은 인도 청년 샤린드

4년 후 2010년 다시 만난 투탕

라 싱(Shailendra Singh)이 계속 친절하게 나를 도와주다. 짐 부치는 것도 도와주고 내 옆자리로 표를 끊어 함께 앉아주다. 그리고 약 2시간 후 캘커타 공항에 도착하자 그 친구가 바쁜 가운데도 공중전화기 부스까지 안내하고 전화비용까지 대 주며 투탕에게 전화연결을 시도하다. 몇 번 시도하였으나 전화기 부스의 전화기가 나쁜지 돈만 물어주고, 다시 임시 전화국 같은 곳으로 가서 전화하다. 누구와 연결이 되는 것 같더니 젊은 친구가 투탕을 바꿔 달라고 한 후 한국에서 온 '파스터 리' 라는 분과 통화를 원하느냐고 묻더니 그 쪽에서 바꿔 달라는 소리가 들리다. 3년 전에 하와이에서 들었던 투탕의 목소리가 전화기 속에서 아련히 들려오다. 마침내 투탕과 기적적으로 연결되었다. 그렇게 만나려고 애를 썼던 그를 이렇게 쉽게 만나게 되다니 꿈만 갔다.

공항 대합실에 앉아 우두커니 투탕을 기다리고 있는 데 누가 내 등 뒤에서 머리를 살짝 터치한다. 돌아보니 투탕이다. 약속 시간보다 일찍 왔다. 너무 반가워 투탕이 나를 끌어안다. 처음 오는 어설픈 이국땅에서 이렇게 친구를 쉽게 만나게 되니 투탕은 모두가 하나님의 뜻이라며 반가워하다.

투탕은 오늘 아침부터 캘커타 공항에 나와 입국하는 사람을 일일이 살피며 나를 찾기 위하여 하루 종일 기다렸단다. 보이시 아버지로부터 전화를 받길, 스리랑카에서 이 목사가 오는데 그가 오늘 임팔로 오겠다는 이메일을 받았으나 오늘 임팔에 입국할 수 없으니 어떻게 해서든지 그를 캘커타 공항에서 만나 임팔로 오는 비행기를 타지 못하도록 하라는 연락을 받고, 투탕은 내가 스리랑카에서 오후 3시에 출국하는 것도 모르고, 오전 8시부터 미리 캘커타 공항에 나와 나를 기다렸던 거다.

실은 투탕은 캘커타에 살지도 않고 이곳에서 비행기로 약 2시간 반 정도 떨어진 보이시와 같은 임팔지역에 사는 데 지난주 금요일부터 우연히 이곳에 올 일이 생겼고 이렇게 나를 만나게 까지 되었단다. 모두가 나를 만나게 하기 위한 하나님의 예정된 계획이라며 투탕이 매우 좋아한다. 정말 하나님만 믿고 알지도 못하는 곳을 그리고 입국할 수 없다는 곳을 항공기 티켓을 바꿀 수 없어 무조건 출발하였더니 여행길에서 처음 만난 청년이 자상하게 안내를 해주고, 이렇게 투탕도 만나게 되었다. 실은 보이시와 그의 부친을 만나는 것보다 투탕을 만나는 게 나에겐 더 기쁜 일이다. 투탕은 친구로 만나는 것이고 보이시 가족은 선교적인 업무로 만나는 것이기 때문이다. 그런데 나도 아직 보지 못한 나의 간사 보이시의 아버지가 나의 친구 투탕과 잘 아는 사이라는 것도 참 신기한 인연이다. 인구가 13억 이상이나 되는 어마어마하게 큰 나라에서 내가 아는 사람은 딱 두 사람이고 이들은 각각 다른 입장에서 알게 된 사이인데 그 두 사람이 서로 아는 사이라니 참으로 신기한 일이 아닐 수 없다. 이건 분명 나의 인도선교를 위하여 하나님이 오래전부터 계획하고 계셨던 시나리오일 것이다. 하나님의 사건은 늘 이렇게 초인간적 사건으로 우리에게 다가온다. 마찬가지로 세계 인구 약79억 명 가운데 우리가 만나는 사람은 우연히 만나게 된 것이 아니고 모두가 하나님의 섭리가운데 만나는 것일 것이다. 그 만남의 관계를 우연으로 여기지 말고 하나님과의 관계 속에서 필연으로 생각하고 관계를 잘 이루어 갈 때 하나님은 그 관계를 통하여 하나님의 일(축복)을 이루실 것이다.

투탕의 안내로 호텔에서 보내온 차를 타고 밤길을 약 10분 정도 달려 어느 조그만 호텔로 가다. 우리나라 여관 같은 조그만 곳이다. 투탕과 오랜만에 지난 이야기들을 하며 함께 같은 방에서 잤다. 이렇게 하여 처음 방문하는 인도의 하루도 아무 불편함 없이 주님의 은혜 가운데 시작되다.

03 인도, 임팔, 마니푸어(2006년)

개요 | 스리랑카에서 3개월 동안의 선교활동을 마치고 2006년 6월 28일 처음으로 인도를 방문하였다. 이번에 방문한 인도 북동부 마니푸어 지역은 중국, 미얀마, 부탄, 방글라데시 등 접경지역 국가와의 공안문제로 외국인이 입국하는 것이 상당히 까다롭다. 하여 이번 스리랑카-인도 선교여행을 가기 전에 이미 한국에서 인도에 있는 보이시 간사와 여러 차례 연락을 주고받았고 스리랑카에서도 여러 차례 시도를 하여 간신히 입국하게 되었다. 뜻하지 않게 친구 투탕 목사를 콜카타 공항에서 만난 것은 큰 기쁨이었다. 그는 하와이 '하가이 연구소' 동창생으로 나와 각별히 친하게 지낸 친구이다. 전에 몇 번이나 연락하다가 두절되었는데 이번에 뜻하지도 않게 만나게 되고 인도 북동부 마니푸어 지역의 강폭피 마을에 있는 그의 집과 사역지 까지 방문하고 그곳에서 3일간 머물게 되어 큰 기쁨이었다. 투탕목사는 이번에 아프리카에 세미나가 있어 자기 집에 나와 함께 가지는 못하였지만 임팔 공항에 까지 나와서 나를 픽업한 그의 부인의 친절한 배려로 그의 목회

지에서 잠시 머물며 선교적으로 많은 체험과 감동을 받았다.

그리고 내가 독일인 후원자와 섭외하여 짓고 있는 임팔지역의 AMC 어린이 집을 방문하였다. 그곳 역시 신기하게도 나의 친구 투탕이 있는 곳에서 가까운 지역이었다. 건축이 완공되면 보이시 간사의 부친이신 씻호우 씨가 퇴임 후에 어린이 집을 운영할 것이란다. 이곳에 와서 알고 보니 보이시 아버지는 이곳 기독교 교파 중에서 가장 큰 침례교단의 감독이시다. 나의 이곳 선교를 위하여 하나님은 기독교계의 큰 지도자를 미리 예정하여 두신 것이었다. 잠시 그곳에 머무는 동안 씻호우 감독과 그의 부인 그리고 자녀들의 나에 대한 친절한 사랑은 잊지 못할 아름다운 추억이며, 15년이 지난 지금까지도 씻호우 감독은 물론이고 그의 자녀들과도 페이스북으로 연락하며 선교적 교제를 잘 이루어 가고 있다.

AMC 어린이 집에서 설교하다
2006년 7월 8일 토요일

보이시의 부친 씻호우씨가 이곳 임팔 지역 침례교 감독이라서 투탕 목사와도 잘 아는 사이였음을 비로소 알게 되었다. 씻호우 감독과 보이시 간사 그리고 가족들과 함께 어린이집 신축 현장에 갔다. 내가 이번에 인도 임팔에 온 주목적은 바로 이곳을 방문하기 위해서였다. 오전 11시경에 도착하니 신축현장 주변의 마을 사람들과 어린이 들이 모여 있다. 지금 이 지역에는 고아들이 7명이 있는 데 이들은 하루빨리 어린이 집이 완공되어 새 집에서 살고 싶어 한단다. 부모 없이 친척집에 얹혀 사는 아이들이라 많은 어려움이 있는가보다. 어린이 집은 건평 약 200평 크기로 이 지역에서 가장 크게 짓는 것이며 8월 중에나 완공하게 될 것 같단다.

일하는 분들이 아직 공사 중인 방 하나를 치우고 의자를 들여놓아 마을 사람들이 앉도록 자리를 마련하고 먼저 하나님께 예배를 드리다. 건물이 이미 반 정도 건축되었지만 기공예배나 마찬가지다. 이 어린이 집은 내가 섬기는 AMC에서 독일 후원자와 연결하여 짓는 것이므로 씻호우 감독이 특별히 설교를 나에게 맡기고 대신 그 분은 통역을 하다. 설교는 시골사람들과 아이들이 알아듣기 쉽게 몇 가지 주제만 생각하고 그냥 원고 없이 하다. 이제 쉬운 설교는 원고 없이도 할 수 있도록 스리랑카에서 3개월 동안 심방하며 훈련이 되어 어려움 없이 해 내다. 오늘의 설교를 위해 하나님께서 3개월 동안 스리랑카에서 영어설교훈련을 시키신 모양이다. 원고도 없이 설교하였는데도 통역하신 씻호우 감독이 오늘 설교가 상당히 좋았다고 평가하다. 성령께서 역사하신 모양이다. 스리랑카에서 술주정뱅이가 나에게 복음을 전해 듣고 술을 끊고 교회에 잘 나오고 있다는 예화를 하였는데, 마침 그곳에 술 중독자 2명이 가족과 함께 참석 하였었다며 그들이 오늘 설교에 많은 은혜를 받았다고 모든 게 하나님이 미리 예비하신 말씀이었다고 이야기하다. 예배 후 참석한 마을 사람들과 어린이들에게 다과를 나누어 주고 사진 촬영하고 헤어지다. 점심은 가까운 곳에 사는 씻호우 감독의 형님댁에서 대접하다. 이 분은 전직 교장을 지낸 분으로 현재 다시 조그만 사립대학을 설립하여 학원을 경영하시는 분이다.

임팔, AMC어린이집

이곳에 머무는 동안 씻호우 감독이 나를 자기 집에서 지내도록 방을 하나 내 주어서 친절한 씻호우 감독 딸들의 도움을 받으며 잘 지내게 되었다. 밤에 여장을 풀고 좀 쉬려고 하는데 '임팔지역 침례교본부 소속교회' 의 담임목사인 파오메이(Phaomei) 목사가 내일 내 설교의 통역에 관하여 상의하기 위해 왔다. 미리 만든 주보를 가지고 와서 보여주며 내일 예배순서에 대해 설명하고 내 이름이 주보 순서지에 올라간 것과 광고난에 나에 관하여 소개하고 감사 환영 인사한 내용이 적힌 주보를 보여 준다. 내일 예배는 오전 6시에 찬양을 시작하여 7시에 정식 사회를 하여 8시 30분에 모든 예배가 끝난다 하다. 교인 정원수는 약 2,000여명 정도 되고 보통 예배 참석인원은 약 1천 명 정도 된단다. 대화하다 보니 파오메이 목사는 '하가이 연구소' 동창이다. 이분은 하와이에서 훈련 받지 않고 싱가포르에서 훈련받았단다. 마니푸어 지역에 몇 명의 동창생이 더 있다며 나를 만난 것을 매우 좋아하다. 이곳까지 와서 하가이 동창생을 만나고 그가 통역까지 맡게 되니 더욱 기쁘다. 2003년에 내가 하가이 가서 훈련받고 온 것도 열방선교사역을 위해서 하나님이 미리 예정하신 것이었다.

임팔지역 침례교회에서 설교하다
2006년 7월 9일 주일

씻호우 감독은 침례교단 감독의 관사에서 살고 있다. 이 곳 감독은 관사도 있고 전용 자동차와 운전기사도 있다. 우리나라 감리교회의 감독회장보다 더 좋은 예우를 받는 것 같다. 그러나 씻호우 감독은 서민처럼 매우 검소하고 겸손하다. 이는 침례교단 목회자들의 보편적인 성품인 것 같다. 대부분의 침례교단 목회자들이 권위적이기 보다는 겸손하고 온유한편인데 이는 침례교단의 목회제도가 목회자의 성품을 그렇게 만드는 경우도 있다. 실례(實例)를 하나 든다면, 침례교단에서는 교단을

임팔지역 침례교단 감독과 임원들

총 관리 감독하는 분에게 감독(Bishop)이라는 칭호를 사용하지 않고 사무총장 혹은 비서(Secretary)라고 호칭하는데 이런 용어 사용 자체가 매우 겸손한 호칭이며, 이런 겸손한 호칭이 그 사람의 성품을 겸손하게 섬기는 목회자로 행동하게 한다. 내가 침례교단 사무총장(Secretary)을 감독이라 칭하는 것은 이곳의 사무총장이 우리나라 감리교단의 감독회장과 같은 위치라서 이해를 돕기 위하여 그냥 한국말로 '감독' 이라 칭한 것이다.

관사에서 아침에 일어나 교회를 바라보니, 오전 6시부터 교인들이 모여들기 시작하고, 6시 30분이 되니 타종하는 집사님이 예배 시간을 알리는 타종을 약 5분간 치다. 7시 경에 교회에 가니 어제 만난 파오메이 목사가 문 앞에서 기다리고 있다가 나를 안내하여 강단까지 데리고 간다. 이미 교인들은 거의 다 와서 찬양대원들의 인도로 찬송을 열심히 부른다. 약 1천여 명의 교인들이 교회를 꽉 메우고 앉아있다. 강단에는 투탕내 교회에서처럼 내 자리를 특별히 마련하여 '스피커(Speaker)' 라는 팻말을 올려놓았다. 이렇게 하는 게 대부분 외국교회들의 관습이다. 상당히 기분이 좋다.

설교하기 전 내가 한국말로 찬송가 468장 '내 맘에 한 노래 있어' 를 불러 주니 교인들이 처음 듣는 언어로 부르는 찬송이 신기한 듯 모두들 좋아한다. 통역은 파오메이 목사가 하였다.

스리랑카의 버거인 제럴드 목사만큼은 능숙하지 못하지만 그런대로 잘 하였다. 예배 후 많은 교인들이 강대상 앞에까지 나를 맞이하러 나와 말씀에 많은 은혜를 받았다고 인사하는 것을 보니 통역이 잘 되었나 보다. 오늘 예배를 녹화하라고 보이시 동생 제니한테 비디오카메라를 맡겼더니, 도중에 제니가 보이시한테 맡기는 바람에 보이시가 무비 카메라를 작동할 줄 몰라 한 컷도 녹화가 되지 않았다.

저녁 예배는 씻호후 감독의 큰형님이 다니시는 교회에 가서 설교하였다. 지난 번 기공식에 갔던 아시아 미션센터(AMC) 어린이 집이 있는 마을의 교회인데 잔디밭과 숲 사이에 지어진

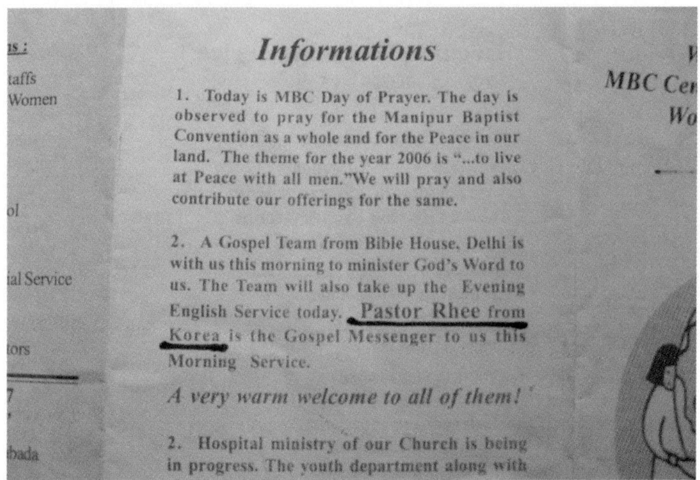

Informations

1. Today is MBC Day of Prayer. The day is observed to pray for the Manipur Baptist Convention as a whole and for the Peace in our land. The theme for the year 2006 is "...to live at Peace with all men."We will pray and also contribute our offerings for the same.

2. A Gospel Team from Bible House, Delhi is with us this morning to minister God's Word to us. The Team will also take up the Evening English Service today. Pastor Rhee from Korea is the Gospel Messenger to us this Morning Service.

A very warm welcome to all of them!

2. Hospital ministry of our Church is being in progress. The youth department along with

필자를 소개한 주보

조그만 교회가 상당히 예쁘고 아름답다. 하여 여러분들의 마음도 이렇게 예쁘고 아름다울 것이라고 격려해 주다. 저녁 설교의 통역은 씻호우 감독이 하였고, 저녁예배 후 담임목사 가정에서 저녁을 준비하여 교회 집사님들과 함께 가서 식사하였다. 마침 이 교회 담임목사의 여동생이 영어를 전공하고 현재 영어교사로 재직 중이라 앞으로 시작될 선교사 훈련센터에서 영어를 가르칠 수 있을 것이라고 씻호우 감독이 소개하다.

오늘 저녁 집회를 마침으로 4개월간의 이번 스리랑카-인도의 선교사역을 모두 마치게 되었다. 이제 귀국하는 일만 남았다. 내일 월요일 오후 2시 30분 발 비행기로 임팔을 떠나면 언제 다시 이곳을 오게 될지 모르겠다.

씻호우 감독의 대학교 다니는 딸 둘은 그동안 정이 들었는지 나와 헤어지는 것을 아쉬워하며 한국에 있는 나의 딸과 부인에게 줄 선물도 준비하고, 한국가면 자기들을 잊지 않도록 하기 위하여 비데오 촬영을 요청한다. 나에게 즉석에서 배운 한국말로 인사하는 것을 촬영해 달라며 그리고 한국 가셔도 이것 보시고 자기들 잊지 마시라고 신신당부한다. 이들은 매일 아리랑 TV로 한국말을 배워 웬만한 인사말은 할 줄 안다. 서툰 한국말로 인사하고 친해지려는 행동이 어찌나 웃기고 귀여운지! 씻호우 감독 자녀들이 참 밝게 잘 자랐다.

왼쪽 제니와 씻호우 감독 가족들

이들은 하루에 두 끼만 식사하므로, 세끼를 먹는 습관이 된 나를 위해 특별히 여러 번 음식과 다과를 챙겨주던 제니가 오래 생각날 것 같다. 아직 대학생인 제니는 별로 말도 없으면서도 은근히 마음 끌리게 하는 성품이다. 아침이 되면 남들이 다 자는 새벽시간에 내가 일어나는 데도 제니는 멀리 떨어진 자기 방에서 내 인기척을 듣고 일어나 거실에 나와 내가 먹을 음식을 요리해 준다. 가정부와 엄마가 나를 챙기는 데도 자연스럽게 나를 위해 특별히 신경을 써 준다. 조용히 아무 말도 없이 어느 날은 닭고기 스프로, 어느 날을 라면을 삶아 대파를 썩썩 썰어 얹어서 가지고 와서 아리랑 TV에서 그렇게 배웠다며 내가 맛있게 먹길 바란다. 그리고 낮에는 식사를 조금씩 하는 나를 위해 약 2시간 간격으로 차나 주스나 비스킷 등 간식을 넌지시 가져다준다. 누가 시켜서 하는 일이면 힘들어서 못할 것이다. 스스로 자진해서 나를 섬겨주는 모습이 너무 예쁘고 사랑스럽다. 이렇게 지혜롭고 부지런하고 사랑스러운 여성은 어디에서 무엇을 하든지 사람들에게 사랑받고 성공할 것이다.

"제니야 언제 한국에 한 번 오거라. 그 땐 내가 잘 대접해 주마."

＊위 선교일지를 정리하면서 오랜만에(2021년 10월 5일) 인도에 사는 제니(Jenny)와 페이스북 메신저로 문자를 나누었다. 15년 전에 제니를 만났으니 제니는 벌써 30세가 넘었고 결혼하여 딸을 둘이나 두었으며 아버지 씻호우 감독이 사시는 임팔에서 행복하게 잘 살고 있단다. 그리고 제니의 여동생 티나(Tina)는 미국 남자와 결혼하여 지금 뉴욕에서 잘 살고 있으며 그리고 나의 간사였던 제니의 언니 보이시는 결혼하여 인도의 수도 뉴델리에서 남편과 선교단체에서 근무하며 아버지 씻호우 감독은 은퇴하여 내가 후원한 AMC 어린이집에서 고아들을 돌보며 사신단다. 참으로 세월은 유수와 같이 빠르게 흘렀다. 여전히 제니와 티나는 늘 나를 기억하고 있다면서 가능하면 또 다시 만나게 되길 기도한단다.

04 미얀마, 양곤(2008년)

개요 | 이 번 미얀마 방문은 4년 전인 2004년 나 홀로 미얀마 북부 갈레뮤 지역을 단기선교 다녀온 후 두 번째이다. 2004년도에는 침례교 목사이며 AMC 미얀마 담당인 헨칸코 목사가 나를 초청하여 일주일간 그의 사역지인 미얀마 북부 갈레뮤 지역을 방문하여 집회를 인도하고 가정심방을 하였다. 그리고 이번 2008년엔 미얀마의 수도 양곤에서 목회하는 망(Mang)목사가 초청하였으며, 침구의술을 배운 후라 처음으로 해외의료선교사역을 하다. 망 목사는 스리랑카의 데바프리아 목사에 의해 알게 되다. 스리랑카 데바프리아 목사는 1995년도에 내가 한국에 초청하여 우리교회에서 3개 월 동안 머문 적이 있고 그리고 11년 후 2006년에 그가 한국으로 유학 온 적이 있는데 그 때 그와 함께 한국에 유학 와서 공부하던 미얀마의 망 목사를 나에게 데리고 온 적이 있다. 그 때부터 망목사와 인연이 되어 알고 지내다가 마침내 이번에 미얀마 양곤 시내에 개척한 그의 교회로 단기 지원 선교를 나가게 된 것이다. 이번 선교는 나의 고교동창 친구 이상복 선생이 모든 경비를 후원하였을

뿐만 아니라 함께 동행하여 뜨거운 날씨에 헌신적으로 봉사까지 하였다. 선교일정은 2008년 9월 25일부터 10일간이다.

망목사 교회의 주일예배
2008년 9월 28일 주일

오늘은 주일이다. 아시아 지역 어디를 가나 예배분위기가 열정적이 듯 망목사가 섬기는 교회도 마찬가지다. 개척한지 겨우 9개월 정도 되었지만 형제 가족 친척들이 모여 전심전력으로 모두가 복음사역에 초점을 맞추어 아름다운 교회공동체를 이루어 가는 모습이다. 멀리 1시간 이상 걸리는 곳에 거주하는 망의 조카인 여자청년 자매가 예배에 참여하여 은혜로운 특송으로 은혜를 끼치다. 그녀는 1시간 반은 걸리는 학교도 없는 시골 지역을 1주일에 한번 내지 두 번 정도 방문하여 어린이 집을 열어 주고, 주일엔 그 아이들을 교회에 데리고 나온다. 양곤강 건너 시골 마을에서 보트를 타고 오다 다시 버스를 갈아타고 힘겹게 찾아온 유치부 어린이들이 회중들 앞에 나와 시편을 낭송하고 율동과 찬송을 부르는 모습이 너무 귀엽다.

회중들이 한창 찬양의 열기가 충만할 때, 강단에 앉아서 바라보니 한 열 살 정도 된 어린 아이가 맨 앞줄에 앉아 회중들이 노래 부를 때에 열심히 열정적으로 기타 반주를 하며 분위기를

기타연주로 예배음악 반주하는 어린이

고조시킨다. 자기키보다 더 큰 기타를 혼자 가누기 힘들어 한 아이가 옆에서 기타를 잡아주고 그리고 자기는 기타를 간신히 끌어안고 치기에 처음엔 장난하는 줄로 생각하였다. 그런데 회중들의 노래와 너무 박자가 잘 맞아 자세히 바라보니 장난으로 치는 게 아니다. 낮은 음 높은음 멜로디가 바뀔 때마다 정확히 코드를 바꿔가며 진짜로 치는 거다. 그리고 함께 통성하는 기도가 시작되면 거기에 맞는 음악을 연주하려고 조용한 멜로디를 연주하다. 훌륭한 어린이 반주자이다. 너무 신기하고 대견스럽다. 아이가 입은 옷이 남루한 것으로 봐서 기타를 가르칠 만한 부요한 가정에서 자란 아이 같진 않으며, 가까운 곳에 기타를 배울만한 장소도 없을 것 같다. 그저 교회 형들이 치는 것 보고 옆에서 따라 치다가 배운 모양인데 너무 자연스럽게 잘 치는 바람에 놀랄 지경이다.

그 옆에서 키보드를 연주하는 아이는 좀 나이가든 고등학생 정도 되지만 그 또한 마찬가지로 그냥 혼자 만지다가 배운 것 같은데 제법 반주를 잘한다. 이모저모로 모여든 사람들이 개척 교회를 이루고, 이렇게 각자의 달란트로 하나님께 영광 돌리며 예배드리는 모습이 초라하기 보단 오히려 가정적이고 은혜로운 모습이다. 대형교회에서 훌륭한 찬송을 들으며 드리는 것만이 훌륭한 예배가 아니고, 이렇게 보잘것없는 건물과 시설에서 적은 숫자이지만 신령과 진정으로 드리는 예배 또한 아름다운 예배이다. 이렇게 순수하고 아름다운 영의 새싹들 앞에서 설교를 하게 된 게 너무 감사하다.

숨목사의 교회

2008년 9월 29일 월요일

오전 8시에 봉사요원들이 판다호텔에 모여 택시를 잡아타고 '망' 목사의 인솔 하에 '라이따이야' 라는 지역을 향하여 출발하다. 이곳은 양곤시내에서 서쪽으로 약 40분 정도 거리에 위치한 곳으로 고속도로 주변에 밀집하여 들어서 있는 전형적인

온 몸이 땀으로 젖고 지쳐서 잠시 쉬다

시골 농촌마을이다. 시골이지만 집들이 많아 거리마다 사람들이 붐비다. 허름한 집을 빌려 교회를 개척하고 농촌 목회를 하는 '숨' 목사의 교회에서 봉사활동을 하였다.

마을사람들이 처음에는 별 관심이 없어 하다가 한두 명 침뜸을 받은 분들이 즉시 효과를 체험하고 밖에 나가 소문을 내는 바람에 한명 두 명 계속하여 사람들이 모여 들다. 하여 '숨' 목사가 말하길, 자기가 이곳에서 7년 동안 목회를 하며 수많은 사람들에게 전도를 하려고 애써도 그들이 문을 열어 주지 않더니, 오늘은 제 발로 걸어 들어온다며 너무 좋아하다. 이곳은 전통적인 불교 지역으로 거의 모두가 불교인이다. 마을 10개 블록에 약 삼천여 명이 밀집하여 살고 있지만 교회는 오직 하나뿐이고 절은 10개도 넘다. 전도가 안 되어 고아들이나 보살피며 간신이 목회를 이어가고 있는 형편인데 오늘 처음으로 마을의 장년들이 스스로 교회를 찾아와 침뜸을 받고 교제를 이루고 가니 '숨' 목사가 너무 좋아하며 교회를 확장해야겠다며 희망으로 부풀어 있다. 뜸자리를 잡아 주었으니 내가 없어도 쑥만 있으면 목사 혼자서 얼마든지 뜸을 떠 줄 수가 있다고 하니 더욱 좋아하며 교회를 크게 확장하여 아예 환자 치료실을 별도로 만들어 놓았으면 좋겠다하다.

나를 포함하여 여섯 명이서 하루 종일 쉴 틈도 없이 밀려오는 환자들을 돌보다. 이곳의 환자들은 주로 중풍병자와 피부병 환자가 많다. 침뜸을 받자마자 어떤 이는 다리가 좋아졌다하고, 어떤 이는 팔이 좋아졌다하고, 어떤 이는 피부병으로 가려워 매일 못 견딜 지경이었는데 가려움이 없어졌다고. 어떤 젊은 여자는 위가 나쁘고 잇몸이 헐어 고생하는데 침뜸을 받고 즉시 트림이 나고 치통이 가라앉아 너무 신기해하며 내일 다시 한 번 더 치료받고 싶다하다. 하나같이 기적 같은 체험에 놀라워 이웃에 가서 소문을 내는 바람에 슬금슬금 환자들이 몰려오다. 결국 모두 치료해 줄 수 없어 18명만 간신히 해 주고 나머지 분들은 내일 양곤 교회에서 환자들을 돌보게 되니 그리로 오라고 상담접수를 받던 망 목사가 환자들에게 광고한다.

이곳에서 목회하는 '숨' 목사 또한 어려운 가운데도 선한 일을 도맡아 하다. 고아 아이를 둘이나 양자로 택하여 기르고 있는데, 이제 겨우 돌도 지나지 않은 양자 아이를 끓어 안고 밥을 씹어 먹이며 귀여워하는 목사부인의 모습이 얼마나 천사와 같이 아름다운지! 저녁식사 후 컴컴한 밤이 되어 귀가하는 길에 교회에서 운영하는 고아원에 잠시 들리다. 고아 7명의 아이들이 젊은 여자청년 선생님의 돌봄 아래 매우 명랑하고 밝게 잘 자라고 있는 모습이 엿보이다. 손님이 오셨다고 노래와 율동을 보여 주는데 어린아이들이 매우 잘한다. 자기 언어도 아닌 영어 노래를 어찌 그리 잘 배웠는지. 기타 치는 아이의 손놀림과 몸짓 그리고 잡음 없이 깨끗이 음처리 하는 모습은 정말 너무 잘해 안쓰러운 마음이 들 정도다. 누구한테 그렇게 노래와 율동을 잘 배웠느냐고 물으니 기타를 치며 지휘하던 아이를 가리키며 그한테 배웠단다. 13살 된 아이가 그렇게 훌륭하게 지도를 할 수 있다니! 하여 넌 누구에게 기타를 배웠느냐고 물으니 목사님에게 배웠단다. 다들 재능이 대단하다.

누구나 환경에 지배를 받게 되고, 변화하는 환경에 대처하며 살아가는 자생능력을 갖게 마련인가보다. 어릴 때부터 부모 없이 사는데 익숙한 아이들이라 스스로 살아가야 된다는 결심이 서 있는지 모두 한 결같이 밝고 맑은 마음으로 힘차게 살아가는 모습이다. 그러나 어린 고아 아이들이 그렇게 당당하게 살아가려는 모습이 왜 그리 안쓰러운 지!

이렇게 하루가 지나가고 오늘은 정말 녹초가 되었다. 너무 피곤하니 염치도 부끄러운 것도 없어지다. 어제도 내 몸에 뜸을 못 받았으니 오늘은 꼭 받아야만 피곤이 풀릴 것 같다. 주위에 여러 사람이 있어도 상관하지 않고 윗도리를 벗고 뜸을 떠 달라고 할 수밖에. 뜸을 뜨고 나니 금방 다시 활력이 살아나다. 난 이제 되었는데 간호보조원들이 문제다. 하루 종일 쉬지도 못하고 봉사하느라고 피곤하고 힘든 건 마찬가진데 여자들이라 여러 사람들 앞에서 쉽게 뜸을 받을 수도 없으니! 말없이 헌신하는 여자들의 인내와 헌신과 모성애는 어디에서든지 공동체를 이루어 나가는데 보이지 않는 큰 힘으로 작용한다.

침뜸 마니아가 된 교인들

2008년 10월 1일 수요일

오늘은 '수웨비타' 라는 시골 마을로 봉사 나가기로 예정되어 있었으나 몸이 피곤하여 도저히 갈 수가 없어 오전 중 호텔에서 좀 쉬고 점심 식사 후 오후에만 봉사하다. 내가 쉬고 있는 동안에 망 목사가 아침 일찍 그 곳에 가서 노인 몇 분만 모시고 오고 오늘은 주로 스스로 찾아 온 분들만 받다.

사랑과 긍휼의 마음으로 봉사하면서 종교나 국가나 민족을 구별할 필요는 없다. 오늘은 특히 불교인 들이 많이 왔다. 미얀마의 종교사회 분위기는 불교인의 숫자가 90% 이상이다. 부자들은 거의 불교인들이고 기독교인들은 겨우 5% 미만이고 그것도 거의가 가난한 자들이나 병든 자들로 구성되어 있다. 그러기 때문에 이곳에선 불교인들에게 기독교인들이 무시당하는 경우가 많다. 오늘은 불교인 중에 잘 사는 분이 한 분 오셨다고 통역하는 '룬' 이 알려 준다. 그 분은 교회에서 운영하는 선교센

전통의상을 입고, 이선생, 망목사 부부

터 근처에 사시는 분으로 평소에 교제도 안하고 약간 교인들을 무시하는 경향이 있는 분인데, 치료 받고 간 불교환자가 소개하여 스스로 찾아 오셨다. 중년이 넘어서는 나이지만 영어도 잘 구사하는 엘리트 여성이라 통역도 필요 없이 정성껏 치료해주었다.

미얀마 인들은 한국 사람들보다 침뜸을 더 좋아하는 것 같다. 모두가 좋아하니 자기는 건강하여 전혀 치료받을 필요가 없다고 말하던 '망' 목사도 오늘은 죽는 시늉을 하며 '나도 눈도 나쁘고 기침도 자주 한다' 며 옷을 벗고 침대에 누워 해 달라고 사정이다. 이대로 일주일 정도만 더 봉사를 하면 하루에 백명 이상 환자들이 몰려올 거라며 망 목사가 신이 났다. 이제 서서히 미얀마에 '치유선교' 의 바람이 불기 시작하는가 보다. 벌써부터 가지도 않았는데 언제 또 오시느냐 묻는 이가 있으며, 스텝들은 남은 '뜸 쑥' 을 서로 갖고 싶어 한다.

오늘은 공식적인 봉사활동을 모두 마치는 날이라 미얀마의 전통의상인 '룬' 을 입고 출근하였다. 이 옷을 입은 당사자인 나는 좀 쑥스러운 기분이 들지만, 바라보는 미얀마 인들은 전혀 어색하지 않은 눈초리로 자연스럽게 바라본다. 치마가 이렇게 시원한 줄 몰랐다. 그래서 날씨가 더워도 긴 치마를 입고 다니는가보다.

밀려오는 환자들
2008년 10월 3일 금요일

초진자 세 명만 보면 된다하여 오전 중에 마치고 오후엔 좀 쉬었다가 내일 방콕으로 떠날 준비를 좀 하려 하였더니 '망, 목사가 욕심을 내어 한명 두 명 더 받다가 13명이나 보게 되었다. 나를 포함하여 7명의 스텝들이 점심 먹을 시간도 없이 간식으로 때우고 오후 3시나 되어 간신히 마쳤다. 며칠 안 되었지만 우리들의 치유사역에 관한 소문이 조금씩 퍼져 나가기 시작하여 오늘은 제법 이 지역에서 하이클래스에 속한 분들이 오셨다. 고등학교 교장을 지내신 분 그리고 군과 공무원으로 계셨던 분들도 다녀갔다. 군부독재 정권에서 군과 공무원은 상당한 신분으로 인정되고 존경받는 직업이다. 교장선생님 이셨던 분은 치료 받은 후 다음 주부터 교회에 출석하기로 결정하시다. 그리고 두 번 이상 오시는 분들은 모두가 좋아졌다는 자랑을 잊지 않다. 중풍이 걸려 왼쪽을 잘 못쓰시는 '망' 목사의 장인은 차츰 나아진다며 너무 좋아하신다. '숩' 목사가 시무하는 라잉따야 지역에서 온 여자환자는 영어교사인데 먼젓번 치료받고 치주염이 거의 사라졌으며 통증을 느끼지 않고 턱 떨리던 것이 안 떨린다며 특별히 또 시간을 내어 왔다. '망' 목사 역시 치료를 받은 후 몸이 전혀 피곤하지 않다하다. 며칠 동안 나를 수행

하느라고 너무 바빠서 하루 한두 시간밖에 잠을 자지 못했는데도 피곤한줄 모르겠다며 신기하다는 표정이다. 그는 처음엔 받을 생각도 않더니만 이젠 침뜸 마니아가 되었다. 그의 부인은 남편이 치료를 받은 후 얼굴이 상당히 좋아졌다며 자기도 받기 위하여 마지막 기회를 놓치지 않기 위해 생후 두 달 된 아기를 집에 맡겨놓고 왔다. '망' 목사의 동생도 입맛이 없고 온몸이 아프고 몸이 마른다고 찾아오고. 그러다보니 망목사네는 친가 처가 한사람도 빼놓지 않고 모두 다 치료를 받았다. 이렇게 밀려오는 환자를 다 받다가는 내 몸이 감당을 못할 지경이다. 그동안 쌓였던 피곤이 극도로 밀려온다. 이럴 때 뜸이라도 뜨면 피곤이 풀릴 텐데 정작 어디가든 내 자신을 위해서는 뜸 받기가 쉽지 않다. 간신히 서둘러 끝내고 가방을 싸들고 빠져나와 3시는 넘어서 스텝들과 식당에 가서 주린 배를 채우고 아쉬운 석별의 시간을 갖다.

더 이상 또 다시 만나기도 힘들고, 더 이상 또 다시 사랑할 수도 없는 이들을 사랑하고 떠나는 이의 마음이 얼마나 아픈지 당해보지 않은 이 어찌 알 수 있으랴! 골고다 언덕의 십자가에 매어 달리셨던 예수께서 사랑하는 이들을 다시는 만날 수 없는 이별의 순간에, 함께 하던 정들었던 사람들을 너무도 사랑했기에, 당신을 십자가에 매어 단 자들까지도 헤어지기 아쉬워하시

봉사를 마치고 양곤 깐도지 호수공원에서

며 그들의 죄까지 용서해 달라고 기도하셨던 심정을 조금이나마 이해 할 것 같다.

그동안 함께 수고했던 이들의 이름을 불러본다. 환자를 상담하여 진료 할 수 있도록 영어로 차트를 만들어 주며 이번 봉사의 모든 진행과 관리와 통역을 맡아 준 '망' 목사, 늘 무거운 내 가방을 들어 주며 옆에서 사진촬영을 열심히 해 주었던 신학대 영어강사인 '깜' 목사, 간호보조원으로 말없이 수고하며 환자들에게 통역을 해준 '룬' 그리고 '리앙', '딤', 늘 친절하게 다가와 챙겨주었던 딤의 언니 평신도 청년선교사 '누암'! 특히 딤과 누암에게 부탁하고 싶은 게 있다. 거듭 말하였지만 어린 나이에 몸도 연약한 사람이 금식한다고 밥 굶지 말고 잘 챙겨 먹을 것! 증세로 봐서 폐결핵이 있는 것 같으니 둘 모두 꼭 병원에 가서 체크해 볼 것! 너희들의 다정하고 친절한 행동은 나뿐만 아니라 많은 이들에게 사랑받고 훌륭한 인생을 살아낼 수 있을 것이다. 꼭 건강 조심하고 행복하게 잘 들 살아라! 마지막으로 나의 존경하는 친구요 동역자 이상복선생! 시종일관 묵묵히 함께 하여준 친구의 헌신으로, 요법사 자격을 취득한 후 첫 번 째 해외선교사역을 은혜와 풍요와 감사 가운데 잘 마치게 되었다. 이 모든 헌신자들에게 하나님의 크신 위로와 격려가 있으시길 기도하다.

*2008년 10월 5일 새벽 2시 20분. 방콕, PJ 워터게이트 호텔에서 적다.

05 필리핀, 팜팡가(2009년)

개요 필리핀은 1994년부터 수차례에 걸쳐 단기선교를 다녀오다. 그리고 2002년 9월 23일부터 11월 29일까지 70일 간은 필리핀 프레디 목사를 한국에 초청하여 내가 시무하는 교회에 체류하며 한국목회를 체험하도록 배려하다. 이번에는 내가 침구의술을 배우고 난 후 2009년 3월, 5년 만에 다시 필리핀을 방문하여 프레디 목사 안내로 다시 전에 갔던 루손섬 중북부 팜팡가 농촌지역의 의료선교 한 것을 기록한 선교일지에서 지면 관계상 며칠분만 선별하다. 내가 생각했던 것 이상으로 놀라운 치유효과가 나타남으로 인해, 나를 비롯하여 나를 도와 수고한 모든 스텝들이 성령의 역사를 체험하는 계기가 되다. 특별히 영국에서 필리핀 고향으로 휴가 온 전직 간호사 에미씨가 이번 치유사역의 슈퍼바이저 역할을 하며 놀라운 체험을 하고 영국에 돌아가면 나를 초청하여 영국인들도 치료해 주고 싶다하다.

벼를 베러 가야 하는 처녀
2009년 3월 4일 수요일

오늘부터 본격적으로 봉사활동이 시작 되었다. 니닝 할머니 집사님 댁에서 묵는 바람에 아침 식사 전 할머니를 집에서 먼저 치료해 드리다. 오전 9시부터 슈퍼바이저(에미씨) 1명, 상담접수원(데이지) 1명, 그리고 3명의 간호보조원(밀라, 이나, 릴링) 들이 어제 준비한 임시 진료실에서 나를 열심히 도와 환자들을 케어해주다. 오늘 오신 환자들 중에서 특히 놀라운 변화를 체험한 이는 상담접수를 맡은 '데이지'의 모친이다. 70세가 넘은 노인으로 오랫동안 팔이 올라가지 않고 아파서 고생하시다 소문을 듣고 오신분인데 치료를 받고 나서 곧 팔을 잘 움직이게 되고 통증이 사라지게 되니 자신은 물론이고 간호보조원들과 다른 환자분들이 놀라움을 금치 못하다. 그리고 그 외 환자들도 어제 난생처음으로 침뜸치료를 받았지만, 모두가 신통한 체험을 하고 대단히 만족해하는 모습이다. 오늘은 처음이라 많이 치료해 드리지 못하였지만 내일은 소문을 듣고 더 많은 분들이 찾아올 것이 예상된다. 이번에는 시간 조정을 잘 해서 내 몸을 돌보며 해야지 그렇지 않으면 내 몸이 망가질 것처럼 시작도 하기 전에 몰려오는 피곤을 감당할 수가 없을 것이다. 어제 먼 곳에 여행을 다녀오느라고 너무 지친모양이다. 그러나 피곤해도 조금도 싫은 느낌이나 의무감으로 하는 건 아니다. 몸은 좀 피곤해도 아픈 이들을 돌볼 때 마다 내 마음은 늘 기쁘고 새로운 힘이 솟는다.

오늘은 일찍 끝내고 봉사자들과 이런 저런 이야기를 하다 보니 두 명의 봉사자가 내일은 출근하지 못하고 대신 다른 자매들이 봉사하러 온다고 일러준다. 이유인즉 내일은 논에 가서 벼를 베어야 하기 때문이란다. 나이가 30세 정도나 된 과년한 처녀가 시집도 안가고 섭씨 30도를 오르내리는 땡볕에 벼를 베러 가다니! 하도 기가 막혀 농장이 있느냐고 물으니 자기네 농장이 아니고 품을 팔러 간단다. 건강하고 예쁘게 생긴 아가씨가 주일 예배시간에는 찬송인도로 그렇게 은혜를 끼치더니 연약한 여자의 몸으로 힘든 남자들이나 하는 농사일 품을 팔러 간다는 말을 들으니 내 코끝이 갑자기 찡하다. 일당은 얼마나 받느냐 물으니 얼마 안 된다고 부끄러워하며 말하는데 겨우 200페소(한화 약 5000원)를 받는단다. 젊은 아가씨가 하루 종일 땡볕에서 일하는 것에 비하면 말도 안 되는 금액이다. 헌데 그것도 현금으로 받는 게 아니고 곡물로 받으니 그걸 받아다 팔아야 돈이 된다나! 그러한 힘든 일을 함에도 불구하고 늘 찬송하고 기도하며 주어진 현실을 불평하지 않고 성실히 살아가는 자매의 뒷모습이 너무 대견스럽다. 저렇게 생활력이 강하니, 한국에 시집온 필리핀 여자들이 억척같이 잘 사는가 보다.

스텝들이 긍지심과 자부심을 갖다
2009월 3월 5일 목요일

전쟁터에 임시로 지어 논 야전병원처럼 허름한 교회건물과 오래전에 대나무로 지은 낡은 사무실에 침대 4대를 겨우 설치하였지만, 오늘부터는 제법 손발이 맞아 질서 있게 아픈 이들을 돌보다. 데이지(상담접수원)가 출입구 옆 책상에 앉아 일일이 환자들과 상담을 하여 차트를 작성하고, 영국에서 온 간호사 에미(슈퍼바이저)씨가 내 옆에 그림자처럼 따라 다니며 통역도 하고 시중을 들어준다. 그리고 각 침대마다 간호보조원들이 붙어서 더워서 땀을 뻘뻘 흘리면서도 환자들에게 뜸을 잘 떠 준다. 나는 침만 주고 나면 경험이 많은 수퍼바이저 간호사 에미씨의 리더로 모든 일을 자기들끼리 알아서 잘 하다. 일하는 질서가 잡히니 환자들이 몰려오더라도 잠시 진료소 밖 망고나무 그늘에 앉아 커피 한 잔 을 마시며 쉴 수 있는 여유도 생기다. 교회마당에 느티나무처럼 크게 우거진 망고추리에 시퍼런 망고가 주렁주렁 열렸다. 익지 않은 망고는 작은 토마토와 양파를 썰어 함께 섞어 그 위에 생선간장 쏘스를 부어 섞은 후 밥에

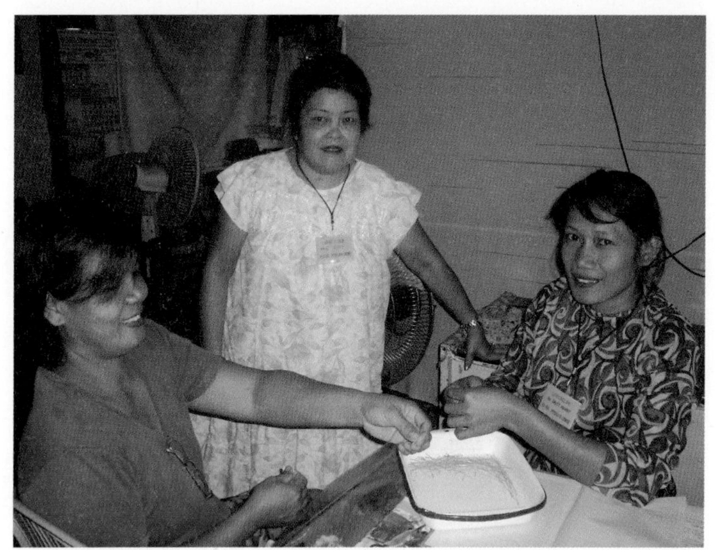
가운데 수퍼바이저 에미씨와 스텝들

조금씩 넣어 비벼 먹으면 밥맛이 꿀맛이다.

내 입술이 부르트고 몸은 쉬기를 원하는데 쉴 틈도 없이 진행하다간 내가 먼저 지쳐 도중하차 할지도 모르겠다. 다행히 모든 면으로 경험이 많고 리더쉽이 있는 슈퍼바이저 '에미' 씨가 나를 잘 보좌해 주어 힘들어도 잘 감당하다. 그녀는 내가 쉴 모양을 보이면 뚱뚱한 체구에 상관없이 민첩하게 숙달된 간호사의 경험으로 내가 쉬도록 도와준다. 망고 추리 그늘에 앉아 좀 쉬고 있으면 내가 피곤한 것을 금방 알아차리고 커피나 과일을 곧 시켜 오던가 아니면 손수 자기가 만들어 가지고 온다.

58세나 된 그녀는 오랜 간호생활이 몸에 배어 자연스럽게 나를 잘 보좌해 주니 뜻하지 않은 지원병을 얻은 나는 흐뭇해하며 점잖게 일만 할 수 있게 되다.

오후엔 이곳의 대지주 니닝할머니까지 나오셔서 여기저기 둘러보시다가 마당에 내가 잠시 쉬는 곳에 오셔서 내 앞에서 흥얼흥얼 춤을 추시며 좋아 하시다. 니닝 할머니는 이곳에서 부귀와 권세와 수많은 자손들을 거닐며 행복을 누리는 분으로 마치 추장과 같은 권세 있는 분이며, 오래전부터 이곳의 나의 팬이며 후원자이시다. 어제까지만 해도 무릎이 아프다고 집고 다니시던 지팡이를 내 던지시고 두 손을 번쩍 들고 좋아서 춤을 추어 보이시는 모습은 나로 하여금 큰 보람을 느끼게 하였다. 오래전에 죽을 수밖에 없던 내가 다시 살아서 이렇게 아픈 이들을 돌보며 산다는 것이 꿈만 같다. 내 생명을 연장시켜 주시고 이런 일을 맡겨주신 하나님께 감사하며 늘 즐겁고 기쁜 마음으로 환자들을 돌보다.

오후 늦게 끝날 쯤 해서 조금 전 교회 안에 마련된 침대에서 치료받던 한 노인이 사무실에 들어와 좋아서 두 손을 들고 기쁨을 감추지 못하시다. '에미' 씨가 즉시 통역을 해 주길, 전에 들리지 않던 귀가 들린다고 너무 좋아하신다고! 하여 내가 하나님의 은혜라고 말했더니 주위에 있던 스텝들이 모두 그렇다고 손뼉을 치며 좋아하다. 어제는 팔을 못 움직이시던 할머니가 팔을 움직이게 되었고, 오늘은 할아버지의 귀가 들리게 되다니! 날마다 이렇게 한 건 이상 놀라운 변화가 일어나니 수고하는 스텝들도 긍지심과 자부심을 갖고 보람을 느끼며 열심히 봉사하다. "주여! 부족한 저를 살려 주시고 당신의 도구로 사용해 주시니 감사합니다." 오늘까지 산 것만 해도 감사한데 이렇게 봉사할 수 있는 기회까지 생기니 얼마나 감사한 일인가!

맹인이 눈을 뜨다니!
2009년 3월 10일 화요일

이내 마음속으로 그 환자가 다시 오길 기대하였다. 앙상하게 마른 몸에 배만 불뚝 튀어나온 그녀의 배가 혹시 가라앉았을까 하는 기대감에서다. 두 번째의 초진환자를 맞이하고 나서야 기다렸던 그녀가 자기언니의 부축을 받고 들어서는 모습이 보이다. 이어 에미씨가 앉혀 놓고 따갈로그로 무어라고 몇 마디 묻더니 할렐루야를 소리치며 감사하다는 말을 연신하다. 그녀가 지난밤 변을 보고 배가 꺼졌나보다 하고 마음속으로 나도 기뻐하며 에미씨에게 어떤 변화가 일어났는가 물어보니, 에미씨가 신이 나서 좋아하며 그녀의 눈이 보이게 되었다고 자랑을 하다! 하여 그녀가 맹인인 줄 몰랐었다고 하니 에미씨가 어제 분명히 맹인이라고 소개하였다며 왜 딴소리를 하느냐고 그녀의 특유의 큰 목소리로 나를 나무라듯이 말하다. 너무 바쁘다 보니 난 차트만 보고 치료하느라고 눈을 뜨고 있는 그녀가 차마 맹인일 줄은 꿈에도 생각지 못하였었다. 맹인이 눈을 뜨게 되다니! 아무리 침뜸이 좋다지만 어떻게 맹인이 눈을 뜰 수 있단 말인가! 내 상식으론 이런 일은 불가능한 일이다. 혹시 신이 개입하시면 가능할까?

자세히 사연을 듣고 보니 그녀는 처음부터 맹인인 것이 아니었고, 2개월 전 아이를 낳고부터 앞을 보지 못하게 되었단다. 하여 그 후론 계속 남들이 부축하여 다녔고 맹인이라고 호칭하였단다. 아마 가난하고 게다가 몸이 너무 허약한데다 나이도 많은 여인이 아이를 낳고 몸조리를 잘 하지 못해 눈이 보이지 않게 되었나보다. 그러면 그렇지 그녀는 몸이 너무 허약하고 영양이 부족하여 일시적으로 눈이 보이지 않게 된 거였다. 그러나 계속 이런 상태로 수개월이 지나가면 시신경이 완전히 망가지게 되어 정말 진짜 맹인이 될 수도 있다.

그녀는 나의 음성을 듣자, 때까치같이 바싹 마른 몸에 왕방울만 한 눈을 크게 뜬 채 눈물을 펑펑 쏟다. 힘이 없어 고맙다는 말도 못하고 눈만 멀거니 뜨고 눈물을 하염없이 흘리다. 보이지 않던 눈이 조금이나마 보이게 되어 형용할 수 없는 기뿜으로 울고 있는 그를 다시 침대에 뉘어 놓고 정성껏 치료해 주었다.

나의 관심은 처음부터 눈이 아니고 변을 보게 하는 것이었다. 그녀의 배는 어제와 다름없이 그대로 불러 있다. 만일 계속해서 변을 보지 못하고 장속의 가스를 배출시키지 못하면 생명에도 위험하기 때문이다. 그리고 그녀도 처음부터 변비 때문에 이곳을 찾은 것이었다. '좌복결'에 침을 놓다. 호침 하나가 다 들어가도 통증을 느끼지 못한다. 하여 호침을 다섯 개나 그 주위에 꼽아보아도 통증을 못 느끼겠단다. 아마 대장이 거의 마비되다시피 한가보다. 비상수단으로 파라핀 요법을 쓸 수밖에! 파라핀요법은 구당선생님의 가르침이 아니다 내가 여기저기서 배운 민간요법이다. 간호원에게 파라핀을 준비시키고 뜨거운 촛농을 '좌복결' 부근에 그냥 막 무자비하게 부어 대다. 보통사람이라면 뜨거워 죽는다고 소리 지를 텐데 그녀는 오히려 기분이 좋다고 하다. 그 쪽 신경이 아예 마비된 모양이다. 그렇게 하여 오늘은 변을 잘 볼 수 있도록 특별한 관심을 갖고 치료하였다. 내일 다시 오면 본격적으로 눈에 관한 혈 자리를 잡아 주어야겠다. 내일만 봉사하면 이곳을 떠나 귀국해야 하는데 그녀의 치료과정을 모두 지켜보지 못할 것이 아쉽다!

드디어 그녀가 해냈다

2009년 3월 11일 수요일

오늘은 이곳 빰팡가에서의 봉사를 모두 마치는 날이다. 오전으로 이번 봉사활동을 모두 종료하고 그동안 수고한 스텝들과 교회에서 차로 약 30분 정도 걸리는 '산미그엘' 이라는 읍내로 종무파티 겸 송별파티를 가다. 지저분한 도시 주변과 음식점 분위기에 비해 음식은 비교적 맛있는 편이다. 각자 식성에 맞는 대로 골라 맛있게 먹으며 즐겁게 종무파티를 하다. 그동안 정말 모두 너무 바쁜 시간을 보냈다. 걸어서 약 30여분이나 되는 먼 곳에서 햇빛이 쨍쨍 내리 쬐이는 뜨거운 날씨에 도보로 걸어와 봉사한 이도 있고, 어린아이를 데리고 와서 하루 종일 봉사한 이도 있다. 어디가나 헌신적으로 나를 따라주는 이들에게 얼마나 고맙고 감사한지!

즐거운 파티를 하면서도 자꾸만 내 마음엔 어제 왔다간 변비환자만 생각났다. 변을 보지 못해 배가 남산만큼 부어 오른 그녀가 먹지도 못하고 얼마나 고생하고 있을까! 오늘 다시 한 번 마지막으로 더 치료해 주고 싶었는데 왜 안 왔을까? 갑자기 그녀의 집을 방문하고 싶어졌다. 식사 후 대원들을 데리고 가까운 슈퍼에 들러 그녀가 먹을 만한 것들을 푸짐하게 골라 샀다. 과일도 사고 그리고 에너지를 보충해 주기위해 코코아와 밀크도 샀다. 장보는 걸 잘 몰라 '에미' 씨에게 그녀의 몸조리를 위해 무엇이든지 풍부하게 사라고 했다. 아이를 출산하고 너무 먹지 못해 실명하기까지 이른 그녀가 너무 불쌍하고 안됐기 때문이다.

교회에 도착하자마자 편안한 옷으로 갈아입고 스텝들과 곧 그녀의 집을 심방갔다. 빰빵가의 푸르고 드넓은 들판 저 멀리 저녁노을을 바라보며 긴 논두렁을 지나고, 또 카라바우들이 노니는 시골 동네를 지나 물어물어 찾아갔다. 약 40여분 동안 걸어 도착한 그녀의 집은 예상한 대로 농가 한 구석 후미진 곳에 판자로 대충 지은 허름한 집이었다. 집에 들어서니 아이들이 바글바글하다. 나이 40세에 벌써 자녀를 7명이나 두었으니---. 단칸방에 들어설 틈도 없이 아이들로 꽉 찬 기분이고, 그녀는 한 모퉁이에 정신없이 쓰러져 누워있다. 아이들이 손님이 왔다고 깨워도 대꾸할 힘이 없는지 그냥 아무 말도 못하고 누워만 있다. 내게 가장 궁금한 것은 그녀의 복부이다. 변과 가스를 배출하지 못해 고생하던 그녀의 복부가 나에겐 가장 큰 관심거리가 아닐 수 없다. 누워 있는 그녀의 배를 만져 보았다. 그런데 이게 웬 일인가. 딴 사람처럼 그녀의 배가 푹 꺼져 있는 게 아닌가! 어제까지만 해도 그렇게 많이 부어올라 있던 배가 하루 만에 푹 가라앉다니! 그녀의 자녀들이 말하길, 오늘 아침

두 달 만에 처음으로 환자 스스로 변을 보았단다. 조금도 아니고 한 대야 정도를 쏟아 내고는 힘이 없어 다시 정신없이 쓰러져 아무것도 먹지 못하고 저렇게 누워만 있다는 거다. 바싹 마른 배에 바가지 하나 올려놓은 것처럼 불쑥 부어올라 있던 배가 모두 들어간 것을 보고 나는 물론이고 따라갔던 스텝들이 모두들 놀라고 신기해하며 좋아하다. 침뜸요법과 파라핀 요법이 먹혀 들어간 것이다. 아무리 관장을 해도 빠지지 않던 배가 단 이틀간의 요법으로 빠지다니! 정말 놀라운 일이다. 나도 처음 겪어 보는 임상경험이다. 침뜸요법과 강력한 파라핀 요법이 장활동을 활성화 시켜 오래된 변비환자의 배변활동을 도와줄 수 있다는 임상경험을 하게 된거다. 이제 그녀는 살았다. 몸조리만 잘 시키면 사는 건 문제없다. 정말로 기쁘고 뿌듯하고 감사한 나의 마음을 어떻게 표현할 수 있을까! 이도 또한 위에 계신 분의 특별한 은혜라고 생각할 수밖에 없다. 우리 봉사단의 뜨거운 관심과 사랑 그리고 그녀의 믿음이 하나님의 기적을 이루어 내었다. 하나님의 기적은 그저 일어나지 않는다. 믿음과 피흘림의 헌신이 있는 곳에 하나님의 영은 함께하신다.

잠시 기다렸다가 그녀를 간신히 깨워 의식을 차리게 한 후 침을 놓고 뜸을 떠 주니 기운이 좀 돈다고 모기만한 목소리로 대꾸하며 좋아하는 기색을 보이다. 스텝들에게 물을 좀 끓이라

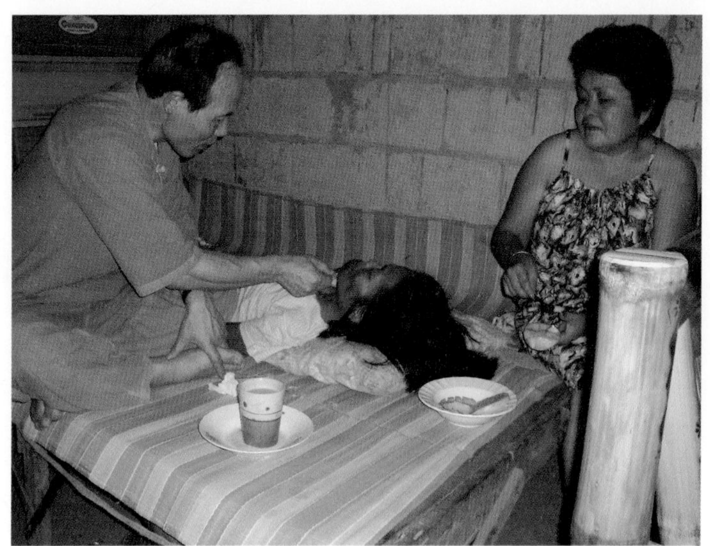

변비환자에게 밀크를 먹여주다

고 부탁하다. 더운 나라이지만 환자에게는 끓여 먹여야 탈이 없다. 사들고 간 코코아 밀크를 뜨거운 물에 한잔 타서 한 숟갈씩 입을 축여주다. 옆에서 '에미' 씨가 가끔 망고를 깎아 잘 익은 살을 조금씩 떼어 입에 넣어주니 잘 받아먹는다. 가난한 형편에 식구가 많아서 생전 밥 이외엔 먹어 볼 생각도 해 보지 못한 것을 입에 대니 입맛이 당기는가보다.

누워 있는 그녀의 입에 코코아 밀크를 한 숟갈씩 넣어 주다가 앞에서 지켜보고 있는 '에미' 씨와 옆에 서 있는 스텝들에게 다음과 같은 질문을 느닷없이 던져본다. 무거운 분위기를 환기시킬 겸 해 본 질문이지만 농담이 아니고 매우 신학적인 질문이다.

"하나님이 어디 계시나요?"

"하늘에 계십니다"

"노"

"내 마음에 계십니다"

"노"

옆에 있던 스텝들이 모두 귀를 쫑긋 기울이고 나와 '에미씨'와의 대화에 관심을 기울이다. 그럼 정답이 무어란 말인가? 하늘에도 안 계시고, 마음에도 안 계시면 하나님은 어디 계시다는 건가? 모두 의아한 듯이 나에게서 무슨 대답이 나올까 기대하다. '에미' 씨도 약간 당황해 하는 모습이다. 두 번이나 답을 하였는데도 "노"라고 대답하니 자기도 이제 더 이상 다른 답을 말하지 못하고 나의 눈치만 살핀다.

나는 다시 환자의 입에 숟갈로 코코아를 떠 넣으며 다음과 같이 답하였다.

"하나님은 지금 신음하며 누워있는 불쌍한 이 여인의 모습으로 내 앞에 와 계십니다"

그제야 모든 스텝들이 고개를 끄떡이다. 난 준비하지도 않았던 말을 계속 성령에 이끌린 듯 다음과 같이 이어갔다.

"하나님은 우리를 찾아 오셔서 만나고 싶어 하시며 늘 우리 주위에 와 계시지만, 우리는 그분을 피하여 다른 곳에 가서 울며불며 하나님을 만나게 해 달라고 졸라대기만 할 때가 있습니다!"

"하나님은 멀리 계시지 않습니다. 항상 내 주위에서 나를 만나기를 원하시고, 나와 동행하길 원하십니다!"

"희생이 없이 말로만 하는 하나님에 관한 증언은 신앙이라기보다 샤머니즘입니다"

난 묻지도 않는 말을 혼자 열을 내고 지껄이며 나의 스텝들이 들으라고 외쳐댔다. 계속 나를 따라 다니며 수고한 이들에게 격려의 말은커녕 교훈하고 나무라듯이! 나도 모르겠다. 왜 그 순간 그런 말이 튀어 나왔는지.

어느 날 서울에서 한 환자가 봉사를 받고 난 후, 다음에 다시 목사님을 만나 신앙상담을 좀 하고 싶다는 거다. 이유는 요즈음 하나님을 꼭 만나고 싶기 때문이라고. 난 아무 대답도 없이 몸을 돌봐 주기만 하였지만, 속으론 정말 다시 만나기 겁난 사람이라 생각했다. 내가 어떻게 하나님을 만나게 해 줄 수 있으며, 또한 저분이 하나님을 만난들 알아 볼 수나 있을까! 특히 축복이나 받아 보려고 찾아다니는 분들에게 어찌 내가 하나님을 만나게 해 줄 수 있을까!

환자의 큰딸에게 금일봉을 전하고 엄마에게 맛있는 것 많이 해 드리라고 신신 당부하며 심방을 마치고 나오니 이미 해는 넘어가고 까만 밤하늘에 둥근 보름달이 팜팡가 평야위에 아름답게 떠서 마치 우리를 축복이나 하듯 어두운 시골 밤길을 밝혀 준다. 옛날 시골길을 걷던 고향 생각이 난다. 언제 다시 또 이곳을 올 수 있을지. 아마 이제는 다시 오지 못할지도 모르지만 스텝들에게는 서운해 하지마라고 또 오겠다고 하다.

밤길을 걸으면서도 변비환자의 모습이 내 마음을 떠나지 않는다. 며칠만 더 있을 수 있어도 그녀를 좀 더 보살펴 주고 갈 수 있을 텐데---.

우리가 걷는 까만 밤하늘에 이상한 현상이 나타난다. 둥근 달 옆에 또 다른 달이 두개나 더 떠 있다. 눈을 비비고 다시 보아도 마찬가지다. 옆에 있는 스텝들에게 물어봐도 그들도 달이 세 개로 보인다하다. 이상한 일이다. 무슨 현상에 의해서 달이 세 개로 보이는 것일까!

“정말 이상한 일이다. 무슨 징조인지 알 수가 없다!”

“주여! 오늘도 우리를 당신의 치유의 도구로 사용해 주시고 생명을 살리는 일을 하게 하시니 감사합니다.”

하나님은 이 여인을 만나게 하시기 위해 이번에 나를 이 먼 곳까지 보내셨나보다. 아니 하나님은 수고한 우리들을 꼭 만나고 싶으셔서 마지막 날 우리를 이곳에 인도하셨나보다.

06 중국, 대련(2009년)

개요 2009년 7월 중국대련으로 해외의료선교를 가다. 생각보다 무척 발전한 중국모습에 매우 놀라다. 이곳 현지 가정교회 목회자인 조선족 K전도사의 소개로 한족(漢族)마을에서 교회를 개척한 중국본토인 가정에서 중국인을 상대로 전도하며 치유사역을 이루다. 한국인이 중국에 들어와 선교하는 것은 금지돼 있다. 중국 당국의 감시가 매우 심하여 조선족 가정을 방문하는 것은 조심스러워 조선족 전도사가 자기 교회에서 우리를 받지 못하고 중국 본토인들의 한족(漢族)가정교회를 소개한 것이다. 보안상 봉사자들의 이름을 밝힐 수 없어 성만 영어로 표기하다.

발등이 썩어 들어가는 화상환자
2009년 7월 23일 목요일

우리가 인터넷을 통하여 숙소로 예약한 영화콘도는 중심가에 있어 시내 주변을 돌아보기에 적당한 곳이다. 국제전화로 통화만 몇 번 하여 알게 된 이번 봉사활동을 안내할 조선족 K

전도사를 로비에서 처음만나 잠시 내 소개와 일정을 이야기 한 후 곧 택시를 잡아타고 목적지를 향하여 달리다. 대련 시내를 통과하여 국제공항을 지나 약 30분이 걸려 도착한 곳은 '신자이즈' 라는 곳으로 역시 이곳도 대련시에 속하는 곳이다. 아담하게 5층으로 잘 지은 아파트 건물의 1층 한 채를 세내어 살림집으로 쓰며 주일은 가정교회로 개방하여 예배를 드리는 한족 가정교회이다. 몇몇 환자들이 내가 온다는 소식을 듣고 오전 7시부터 기다리고 있다. 이곳의 담임자인 G여자전도사의 통역을 통하여 간단히 인사와 침뜸에 관한 소개를 마친 후 바로 봉

요리하는 한족 남자

사를 시작하다. 통역을 맡은 G전도사는 30대 주부로 조선족이면서 한족과 결혼한 분으로 한족을 전도하기 위하여 한족가정교회를 담임하고 있다.

현지에 와 보니 조선족 2세들은 가끔 한국말을 어설프게 말하듯이 중국말도 중국인이 듣기에는 완벽하게 말하지 못하는 부분이 있었고, 중국에 살지만 중국 문화와 풍습을 따르지 않고 전통한국풍습을 따르고 있다. 그들은 정확히 말해 한국인도 아니고 중국인도 아니었다. 중국소수민족 가운데 가장 우수한 민족이라는 긍지심이 있지만 반면에 한족이 아니라는 면에서 분명한 민족적 정체성을 갖지 못한 분들이었다. 그럼에도 불구하고 조선족에게 당신은 한국인이냐? 아니면 중국인이냐? 물으면, 당연히 중국인이라고 대답한다. 그들은 중국소수민족 중 조선족일 뿐이지 그들 자신은 전혀 한국인이라 생각지 않고 있었다. 이 점을 많은 한국 사람들이 착각하고 있다.

중국의 한족 사람들은 남자가 주방 일을 하는 게 전통이란다. G전도사의 남편은 중국인(한족) 남자들이 그러듯이 부인이 말하지 않아도 스스로 부엌일을 하다. 봉사자들을 위한 식사준비는 물론이고 간식도 준비하여 중간 중간 잘 내왔다. 무뚝뚝하고 강하게 생긴 남자가 고분고분하게 음식을 만들어 대접하는 모습이 우리정서상 잘 어울리지 않지만 그네들은 아무 부담도 없이 남자가 만들어 주는 음식을 자연스럽게 잘 받아먹는다. 이를 본 함께 간 한 여자봉사자는 앞으로 다시 태어난다면 한족 남자와 결혼하고 싶다는 농담을 하다. G전도사는 여자이지만 가사에 신경 쓸 일이 없으므로 목회사역에만 전념해도 된다며 남편의 외조에 매우 만족해하는 모습이다. 각 나라마다 서로 다른 생활문화는 색다른 생활방식을 만들어 내고, 사람들은 그 패턴에 따라 삶을 살아간다. 어느 문화가 더 우수하거나 열등하다고 평가할 수 없다.

첫날부터 심한 환자가 왔다. 오늘 특별한 환자는 화상환자이다. 대부분 침으로는 화상환자를 치료하지 못할 것으로 생각하나 나의 스승 구당 김남수 선생님은 화상침의 세계적인 권위자이다. 화상을 침으로 치료하면 온 얼굴이 뜨거운 물에 데인 환자일지라도 수술하지 않고도 원래의 얼굴을 그대로 복원할 수 있다. 치료 후에는 오히려 전보다 더 깨끗한 피부가 돋는다. 오늘 만난 환자는 6개월 전에 뜨거운 방바닥에 발을 데인 것을 빨리 치료하지 못하여 상처부근이 덧나고 염증이 심해져 살이 썩어 들어가는 중이다. 상처가 그냥 겉보기에도 너무 심하다. 그대로 내버려 두면 얼마안가 더 이상 살이 썩어 들어가지 않도록 발목을 절단해야 할 지경이다. 수십 개의 침을 상처부위에 조밀하게 꽂아도 이미 신경이 마비되어 통증을 느끼지 못한다. 뜸을 좀 크게 수십 장을 떠도 거의 통증을 못 느껴 콩알만큼 크게 떠도 뜨겁지 않다하여 정말 밤톨 만하게 크게 몇 번을 떠도 별로 통증을 못 느낀다. 유침 후 30여분이 지나 발침하니 그제야 썩은 듯 한 상처부위에서 피가 좀 흐르고 누런 진물이 흘러내리니 환자가 매우 시원하다고 만족해한다. 이번 중국 방문은 이 환자를 위해서 하나님이 나를 보내신 모양이다. 이 분은 특별한 직업도 없이 날품 팔아 겨우 가정을 꾸려 나가는 가난한 분인데 다리를 못 쓰게 되어 큰 걱정이란다. 이 분을 집중적으로 치료해 드리기 위해 남은 이틀 동안 매일 오시라 신신당부하였다. 이분을 통하여 치유의 역사를 행하실 하나님의 능력과 사랑이 기대된다.

배꼽 빠지게 웃겨주는 서툰 한국말

2009년 7월 25일 토요일

이번 중국사역은 중국을 처음 방문하는지라 봉사활동이 위주가 아니고 리서치 차원에서 삼일만 봉사하기로 하여 오늘은 그 세 번째 날로 봉사활동 마지막 날이다. 한족인 G전도사는 이번 봉사지역의 가정교회 담임자로서 열심히 초진자를 접수하며 진료상담카드를 잘 작성해 놓다. 그녀는 조선족이지만 어릴 때부터 한족학교에 다니며 중국친구들을 사귀고 중국말만 해버릇 하였고 결혼도 한족인과 하여 가끔 한국어 표현이 틀릴 때가 있어 재미있다. 그녀가 작성해 놓은 한 차트를 보니 아래와 같이 적어 놓았다.

'47세 여자환자 : 모가지가 아프다. 애 날 때 배 갈랐음. 난소 내버렸다.'

'나이 많은 사람 = 큰 것' 이라 쓰고

'나이 적은 사람 = 작은 것' 이라 쓰다.

'남편이 가끔 부인 말을 안 듣고 술을 먹을 때 ; 지랄하고 자빠졌다' 로 말하다.

그녀의 이런 표현을 접한 다른 조선족이나 한국봉사자들이 우스워 죽겠다고 배꼽을 잡고 웃어대면 그녀는 왜 그러는지 영문도 모르고 멍하니 처다 보다가 '지랄한다' 는 게 나쁜 표현이냐고 묻다.

한번은 한쪽 방에서 봉사하던 한국인 간사와 조선족 봉사자들이 킥킥 웃는 소리가 나서 왜 그러나 알아보니 서로의 언어를 알아 듣지 못하여 발생한 웃기는 사건이었다. 한국의 K간사가 환자치료를 위해 담아둔 뜸쑥 통을 찾느라고 한족 환자와 한족 봉사자들이 뜸뜨고 있는 방에 들어갔다. 중국말을 못하니, 그냥 통을 찾는 흉내를 내며 '통! 통! 통!' 하고 몸짓을 하며 그들에게 통을 찾는 시늉을 했다나! 그러자 한국말을 모르는 한족 봉사자들이 한 목소리로 '브텅! 브텅! 브텅!' 하더라는 거다. 그들은 한국인 봉사자가 '통, 통, 통' 하는 소리를 '텅, 텅, 텅' 하는 말로 들은 거다. '텅' 이라는 말은 '통증을 느끼다(뜨겁다)' 라는 중국말이고 '브텅' 이라는 말은 '통증을 느끼지 않는다는 말(안 뜨겁다)' 이다. 한국인 간사가 쑥통을 찾으며 '통' 이라고 한 말을 중국인들은 지금 자기에게 뜸을 받고 있는 환자가 '뜨거워하느냐?' 는 의미로 '텅' 이라고 말한 줄로 알고, 그들은 환자가 뜨거워하지 않고 잘 참는다고 대답하느라 '브텅' ! 하고 말한 거였다. 이 말뜻을 알아듣지 못한 한국인 간사는 중국인들이 봉사하고 있는 환자 침대 주의를 자꾸 더듬거리며 통을 찾느라고 '통, 통, 통' 하며 통이 어디 있느냐 물었고, 한족 봉사자들은 그럴 때마다 '브텅, 브텅, 브텅' 하며 환자가 괜찮아 한다고 대답하였던 거다. 허지만 이들은 말이 서로 통하지 않아 계속 '텅하면 브텅하고' , '텅 – 브텅' , '텅 – 브텅' 하며 뜸을 뜨다가 멈추고 계속 그 말만 주고받고 있었으니 이를 어쩌랴! 나중에서야 조선족 전도사에 의해서 서로 말이 통하지 않은 것을 알고 서로 쳐다보며 배꼽이 빠지도록 웃을 수밖에!

한족에게 시집간 조선족 구전도사가 남편에게 '지랄한다'는 표현을 사용하여 그게 잘 못된 말임을 알려주기 위해 내가 갈 지(之)자를 종이에 써 보이고 술 취한 사람이 갈지자로 걷는 모습을 해 보이며 비틀거리며 걸으니 갑자기 모든 사람들이 내가 하는 바보짓을 보고 한바탕 웃음보를 터트리다. 분위기도 바꿀 겸 좀 웃겨보자고 한 행동이다. 한 번 호탕하게 웃는 게 우리들의 건강에 얼마나 큰 도움이 되며 즐거운지 모른다. 우리가 추구하는 전인치유는 영과 혼과 육 전체를 치유하는 것을 지향하므로 마음치유를 우선으로 생각하며 환자들에게 다정하고 진솔한 관계로 다가갈 때 더 큰 치유효과를 가져올 것으로 기대한다. 이는 예수님이 환자들을 사랑으로 다정하게 대하시며 그들과 함께 더불어 사시며 마음과 몸과 영혼을 치료하셨던 모습을 본으로 하는 것이다.

이렇게 봉사자들과 하루 종일 웃고 즐기며 환자를 돌보니 힘든 줄도 모르게 하루가 금방 지나가고 어느 덧 밤 여덟시가 지났다. 오늘 특별한 환자는 폐질환으로 한쪽 폐를 잘라낸 분이다. 이분은 G전도사 남편의 절친으로 침뜸을 매우 받고 싶어 하였지만, 교회 다니라고 할까봐 걱정이 되어 망설이고 있었다. 상관없으니 오라고 하였더니 부인과 함께 치료받은 후 너무 감사하여 그 자리에서 예수를 영접하는 '영접기도'를 받았

중국대련, 봉사를 마치고 스텝들과

고, 나중에 한국에 와서 전화로 물어보니 그 주간 주일예배에도 출석하였단다.

G전도사 남편이 시간마다 맛있는 식사와 간식을 준비하여 주는 바람에 한족들의 음식체험도 잘하였고, 봉사자들이 말없이 땀 흘려 수고하는 바람에 이번 봉사활동도 짧지만 성공리에 잘 마쳤다. 환자들이 많아 그들은 내일도 더 하고 싶어 하지만, 우리의 일정도 있어 더 이상 하기 힘들 뿐만 아니라 무엇보다 힘든 것은 환자용 침대가 없어 꾸부리고 앉아서 치료를 하다 보니 내 허리가 너무 아파 도저히 더 이상 못하겠

다. 하나님의 뜻이라면 또 다음 기회가 주어질 것으로 믿고 아쉬운 석별의 정을 나누다. 나중에 꼭 다시 오시라는 신신 당부를 들으며.

07 필리핀(2010년)

인천-앙헬레스-민도로 섬-앙헬레스-라스피나스-인천

개요 이 사역은 2010년 1월 8일부터 1월 29일 까지 21일 동안 행한 필리핀 치유선교사역이다. 11년이 지난 후 책을 펴내기 위하여 옛날에 써 놓은 선교일지를 읽다보니 당시 내 나이는 59세였고 몸이 아파서 30년 동안 병원에 드나들며 매일 약을 먹던 환자로서 대단히 힘든 일을 하였다. 허리가 매우 취약하고 매일 온 몸이 쑤시고 아파서 늘 통증에 시달리던 내가 어떻게 그렇게 먼 거리를 20일 동안이나 강행하였는지 지금 생각하니 놀랍기도 하고 꿈만 같다. 신(성령)에게 붙들리지 않고는 불가능한 일이라 생각된다.

당시 나의 건강으로선 충주에서 인천공항까지 3시간 동안 버스를 타고 그리고 공항에서 약 3시간 동안 지체하였다가 밤 늦은 시간 필리핀 앙헬레스 공항에 도착한 것만 해도 힘든 일이었을 텐데, 도착한 그 날 새벽부터 강행한 것도 보통일이 아니고, 앙헬레스에서 민도로 섬까지는 육로와 해로를 합하여 편도 약 10시간 이상 걸리는 거리를 다녀왔으며, 그냥 다녀 온 것이 아니고 그곳 산악지역을 방문하여 망얀 부족을 치료하고 왔으니 그 일도 지금 생각하면 쉬운 일이 아니다. 다시 10시간 이상 걸리는 앙헬레스로 다시 돌아와 팡팡가 그리고 피나투보 산의 아이따 산족을 방문하고 그리고 다시 마닐라 근처 라스피나스 시 빈민촌에 가서 봉사하였던 선교일지를 읽으며 그 힘든 일을 어떻게 그 짧은 기간에 몸도 허약한 내가 감당할 수 있었는가 생각해 보면 이는 나의 손을 잡고 가신 성령의 힘이 아니고서는 감당해 낼 수 없는 일이었다.

1) 세족봉사

2010년 1월 10일 일요일

필리핀 루손섬 중북부 잠발레스에서

서둘러 아침식사를 마치고 아침 7시 앙겔(할)레스에서 잠발레스를 향하여 가는 우리 일행은 우측 편에 아련히 보이는 피나투보 산을 바라보며 어린아이처럼 부푼 가슴으로 마냥 즐겁기만 하다. 일행 중 몇 사람들은 처음 만나게 될 필리핀 현지인들에게 인사라도 한마디 하며 다정하게 대하기 위하여 운전하는 선교사님에게 급하게 따갈로그어로 인사하는 법을 배우느라 열심이다.

"마간당 우마가 포" (아침인사) 좋은 아침입니다. 여러분.

"마간당 하픈" (점심때 인사)

"마간당 까" 너 예쁘다.

1시간 정도 달렸을까? 필리핀의 경제특구이며 아름다운 바다를 끼고 있는 수빅시에 들어서며 톨게이트를 지나게 되었다. 금방 따갈로그어로 인사를 배운 일행 중의 한 분이 현지인에게 써 먹을 좋은 기회가 왔다. 그분은 이때다 하고 빨리 차창을 열고 매표소의 여직원에게 금방 배운 것을 써 먹어 본다.

"마간당 우마가 까!"

갑자기 배우느라고 중간에 배운 문장과 나중에 배운 문장이 범벅이 되어 이상한 말이 나오고 말았다. 그가 말한 따갈로그어를 구태여 해석해 본다면 "안녕하냐, 좋은 아침아!" 이다. 매표소 직원은 이상한 말을 듣고 웃어야 될지 말아야 될지 망설이다 끝내 웃음을 참지 못하고 폭소를 터트리고, 차 안에서도 그 말을 듣고 한바탕 웃음보가 터졌다. 이렇게 오늘도 웃음으로 뇌 속의 베타 엔돌핀 분비를 촉진시키며 즐거운 마음으로 아침을 열었다.

현지인들과 주일예배를 마치고 점심을 먹게 되었다. 식사 봉사요원들이 교회 의자를 치우고 식탁을 준비한 후 넓은 바나나 잎을 테이블보 대신 깔아 놓고 거기에 밥과 반찬을 그릇에 담지 않고 직접 가져다 놓는다. 그리고 반찬과 밥을 뒤섞어 비빈 후 빙 둘러 앉아 현지인들처럼 숟가락을 사용하지 않고 손으로 먹는 법(부들 파이트 Boodle Fight)을 즉석에서 배워 손으로 비빈 밥을 집어 먹은 점심이 왜 그리 맛있는지! 스리랑카나 인도 사람들과 지내며 그들이 손으로 밥을 먹어도 한 번도 내 자신이 손으로 먹어본 적이 없었는데, 이번에 선교사 사모님의 권고로 처음으로 현지인들의 식사 체험을 하며 손으로 먹어보았다. 스리랑카에 갔을 때 그곳의 사람들이 빈부귀천 따지지 않고 모두가 손으로 밥을 집어 먹기에 왜 숟가락을 사용하지 않느냐고 물으니 수저로 밥을 먹으면 먹은 것 같지 않다고 하더니만 내가 직접 먹어보니 정말 수저로 먹는 것 보다 훨씬 맛이 있다.

교회가 개척된 지 얼마 안 되어 교인구성이 거의 젊은이와 어린아이들이다. 하여 별로 환자들이 없을 것처럼 보였으나 이들을 대하고 보니 건강상태가 모두 엉망이다. 20-30대 젊은 사람들의 질병이 우리나라 60-70대 노인들이 갖고 있는 질병을 모두 지니고 있다. 가장 많은 증세는 오줌이 잘 안 나온다는 환자들이고, 젊은이들이 몸의 신체구조가 뒤틀어져 정상이 아닌 사람들이 많았다. 어떤 예쁜 처녀는 오른쪽 등 뒤가 튀어나

오고 어깨가 좀 기울어졌다. 그리고 어떤 남자 청년은 3개월 전에 노동일을 심하게 하고 왼쪽 어깨 부위에 계란 만한 종기가 생겼는데 가라앉지 않는다고. 그리고 자녀를 둘 낳은 30대 초반의 여자는 오줌이 잘 안 나올 뿐만 아니라 아침이면 다리 종아리 부분이 아파 걷질 못한다고! 곁으로 봐선 건강해 보이고 아름다워 보이는 젊은이들이 상담을 해보니 모두가 환자들이다. 아마 영양결핍과 환경오염 특히 석회수를 음료로 사용하는 점과 대기오염으로 인한 후유증이 큰 원인인 것 같다. 한창 열심히 살아갈 나이에 직장도 없이 아픈 몸을 돌봐야 하는 젊은이들이 너무나 측은해 보인다. 현지교회의 젊은 사모가 뜸뜨는 법을 열심히 옆에서 배우더니 내가 권하기도 전에 자기가 먼저 매일 아픈 이들을 교회로 불러 뜸을 떠 주겠다고 작심한다. 하여 모든 치료는 마음치료가 중요하니 뜸을 뜨기 전에 기도회로 모여 함께 기도하고 성경보고 예배를 드린 후 전지전능하신 하나님의 치유하시는 성령의 능력을 사모하라고 일러주다.

오늘 치유사역을 시작하기 전부터 가장 관심을 갖고 기도로 준비한 것은 '세족봉사' 다. 세족봉사를 맡은 이들이 예배당 강대상 앞 정 가운데 세족에 사용할 의자와 대야와 물을 갖추어 놓고 환자접수를 한 분들에 한하여 치료하기 전에 경건한 마음으로 세족봉사를 하였다. 그냥 흉내만 내는 게 아니라 정말로

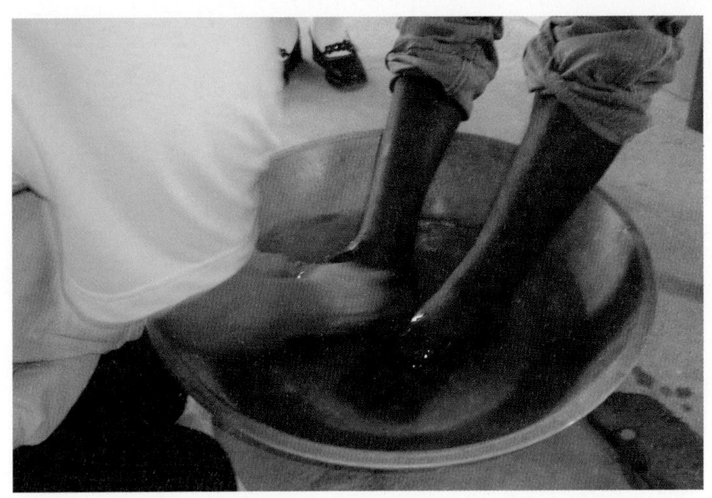

잠발레스 세족봉사

주님의 따뜻한 정을 나누기 위해 그들의 발 앞에 꿇어앉아 정성껏 기도하고 발을 씻겨 주니 세족을 받는 분들이 감격스러워한다. 제일 처음으로 세족을 받은 80세 곱사 할아버지는 평생 처음으로 남에게 발 씻김을 받아 보셨는지 세족식을 하며 하염없이 흐르는 눈물을 감추지 못하신다. 남보다 더 유난히 더러운 할아버지의 발을 맑은 물에 담가 놓고 꼭 잡고 기도하고 정성껏 주물러 드리며 깨끗한 수건으로 발을 씻겨드릴 때 그 할아버지는 아마 평생 처음으로 인격적인 대우를 받으시는 것 같다. 어깨를 무겁게 흐느끼시며 할아버지의 내면으로부터 터져나오는 눈물은 지난날의 모든 서글펐던 일들을 다시 생각하고,

회개하고, 감격하고 그리고 모든 것을 감사로 승화시켜 용서와 용납과 화해의 마음으로 변하는 눈물이었을 것이다. 기침도 심하게 하시고 몸이 굽어 똑바로 누울 수도 없으신 분이라 제대로 치료를 해 드리지 못하였지만 그래도 우리가 할 수 있는 한 최대한 잘 섬겨 드리려고 노력하였다. 몸의 상태로 봐서 그리 오래 사실만한 분은 못되지만 사시는 그 날까지 건강하게 사시다가 하나님의 품에 평안히 돌아가시길 다함께 기도드렸다. 이번 세족봉사의 모든 아이디어 제공과 준비와 주관은 이상복 선생이 하셨다.

*우리 일행은 4일 동안 루손 섬 앙헬레스 지역 치유사역을 마치고 민도로 섬으로 이동하였다.

2) 민도로 섬, 망얀 부족의 장날
2010년 1월 15일 금요일

오늘은 마침 일주일에 한 번 열리는 망양(MangYan)족의 장날이다. 깊은 산속마을에서 자기부족들끼리만 어울려 원시적인 삶을 사는 마을을 방문하는 것만 해도 매우 가슴 벅찬 일인데 그들의 전통 민속시장을 돌아볼 수 있다는 것은 더욱 흥미로운 일이다. 어제 앙헬레스에서 민도로섬의 김내성선교사 센터까지 오느라고 새벽 4시에 일어나 10시간 이상 자동차와 여객선을 번갈아 타며 하루 종일 힘들었던 일을 생각하면 오늘 오전은 좀 쉬는 게 좋겠지만, 원주민들의 시장은 오전 일찍 열어 곧 닫힌다하여 아침을 일찍 먹고 그네들의 시장이 열리는 바이트(BITE) 마운틴 골자기를 향해 우리 일행은 김내성 선교사의 지프니를 타고 바쁘게 달렸다. 약 1시간 산속 골자기 깊은 곳을 달려 도착한 곳은 만살레이(Mansalay)타운에 속한 하윌리(Hawili)라는 망얀족 산속마을이다. 이곳은 김선교사의 부인 로이다(Loida)씨의 고향이다. 김선교사가 12년 전에 이곳에 교회를 개척하였으며 이 마을 아래 개울가에 오늘 시장이 열린다.

산속부족마을에 도착하자마자 나는 디카를 무비로 돌려놓고 이들의 풍물시장은 나중에 보기로 하고 마을길을 따라 계속 끝까지 올라가 보다. 이들 마을에 가면 무언가 생소한 원시문화의 소재가 잡힐 것만 같은 느낌이 들어서다. 길을 따라 조금 올라가니 망얀족의 전통 가옥들이 나타나고 한 허름한 가옥에 아이 몇 명이 밤부하우스 벽에 난 구멍을 통하여 안을 열심히 들여다보고 있다. 무슨 일이 있나 안으로 들어가 문을 열고 보니 두 평 남짓한 조그만 방에 아이들이 바글바글 모여 더 이상 앉을 자리도 없이 비좁게 앉아 비디오를 시청하고 있다. 밖에서 틈사이로 보는 아이들은 미처 들어가지 못해 자리를 잡지 못한 아이들이었다. 너무나 실망이다. 누가 이 마을에 이런 걸맞지 않은 문화시설을 설치하였단 말인가! 이 아이들은 지금 문명인의 노예가 되는 학습을 하고 있다는 사실을 알까? 이 곳 아이들은 도시 아이들이 보는 영화를 보면서 신기하고 즐거워 할지 모르지만 내 마음은 왠지 답답하고 무언가 잘못되어 가는 것을 본 기분이다.

문명의 맛을 본 이상 이곳의 원주민 아이들은 이제 평온하고 아름다운 산속마을의 동요와 동화를 더 이상 아름답게 생각하지 않을 것이다. 도시의 아이들이 가지고 노는 장난감과 그들이 입고 있는 옷을 입고 싶어 할 테고, 형편상 그러지 못하는 자신들의 입장을 알게 되면 도시인들과의 비교의식에 사로잡혀 스스로 가난하고, 불쌍하고, 미개하다고 생각하지 않겠는가! 그렇게 되면 이들은 가질 수 없는 것들을 바라보며 좌절하고 실망할 것이 아닌가! 이들에겐 그동안 아무 부러울 것이 없었을 것이다. 배가 고프면 산에 가서 주저리주저리 열리는 열대과일을 먹고 싶은 것을 따 먹던지 땅에서 캐어 먹으면 되었다. 10년 전만 해도 옷을 전혀 입지 않고 살던 이들이 문명인들이 방문하며 불쌍하다고 옷가지를 가져다주는 바람에 옷을 입기 시작하였다고 김선교사는 말한다. 문명인들이 가져다주는 옷이 어른들의 경우엔 그동안 오랫동안 벗고 지낸 습관 때문에 너무 불편하여 아랫도리는 전혀 가리지 못하고 위에 티셔츠만 입고 다닌다. 그리고 더 이상 비싼 돈을 들여 옷을 살 수 없기 때문에 얻어 입은 옷이 발기발기 다 떨어져 못 입을 때까지 거지 중에도 상거지처럼 입고 다닌다. 세탁하는 것도 모르며 안다고 해도 세제도 없고 물이 충분하지 못하여 할 수도 없는 처지이라 옷을 한 번 입으면 다 떨어질 때까지 수백 번이고 냄새가 나는 옷을 그대로 입고 다닌다. 차라리 아무것도 걸치지 않고 음부만 가리고 전처럼 그냥 살면 더 편하고 깨끗해 보일 텐데 문명의 때가 묻어 더 더러워 보인다.

문명에 익숙해질수록 그들은 산속 물건을 내다 팔아 장사라도 하여 돈을 마련하고 도시로 나가길 꿈꿀 것이다. 그들이 도시로 나가면 경제 형편상 거지나 사는 무허가 판자촌 이외엔 살 형편이 못된다. 평생 거지가 뭔지도, 가난이 무엇인지도 모르고, 서로 별로 경쟁도 하지 않고 낮에는 야자수 그늘에서, 밤에는 수없이 쏟아지는 초롱초롱한 별들을 바라보며, 아름다운 꿈을 꾸며 산속마을에서 살 던 이들이, 도시에 나가게 되면 왱왱거리는 트라이시클과 지프니가 뿜어내는 소음공해와 매연공해에 시달리며 생 거지생활을 하게 될 것이다. 그리고 도시인들 보다 몸이 왜소하고 몸에서 많은 냄새가 나 도시인들로부터 따돌림 받거나 멸시당할 것이다. 그렇게 사는 것 보다 그냥 옛

훈도시만 입는 망얀부족 성인들

모습 그대로 유지하며 산속에 머물러 산다면 오히려 그들의 삶은 도시인들에게 볼만한 문화상품이 되어 도시인들이 찾아와 더 많은 풍요를 가져다 줄 텐데 그것을 깨닫지 못하고 그들은 지금 도시문화에 매료되어 거지 생활을 꿈꾸게 되었다.

진정으로 인간을 존중한다면, 우리의 시각으로 다른 사람들의 문화를 이해하고 판단해서는 안 된다. 비록 문화와 관습과 전통이 우리와 다를지라도 상대편의 시각에서 그들의 문화를 이해하고 존중해야 한다. 음부만 간신히 가리고 다니는 남자들의 모습이 우리의 시각으로 보니 추하게 보일뿐이지 그들에겐 아주 자유스러운 복장이다. 만일에 외계인이 나타나서 우리가 입은 옷이 유치하다고 외계인 방식대로 우리의 옷을 만들어 입힌다면 얼마나 불행한 일이겠는가! 기성세대들은 젊은 여자들이 속옷이 보일정도로 너무 짧은 치마를 입고 다니는 모습이 염려되어 단속하고 싶어 한다. 그러나 음부만 살짝 가리고 아무 옷도 입어 보지 않은 산속부족마을 할아버지의 입장에서 보면, 그들의 자녀들이 아래 위 긴 옷을 입고 다니면 오히려 마음이 불안하고 야단치고 싶을 것이다. 우리가 생각하는 윤리관은 상대적인 것이지 절대적인 것이 아니다. 윤리관은 상황과 장소에 따라 다르다. 이를 상황윤리라 한다. 내 윤리관의 잣대로 상대편을 재어선 안 된다. 특히 여러 문화가 함께 공존하는 다원문화시대에 문화의 상대성을 잘 이해해야 우리는 진정으로 산속 부족민들을 무시하지 않고 동등한 입장에서 존중하며 친구가 될 수 있을 것이다.

원주민들의 생활상을 보면서 미개하다느니 구석기 시대 사람 같다는 식으로 표현하는 것을 조심해야 한다. 아담과 하와는 벌거벗었으나 전혀 부끄러운 줄을 몰랐다. 죄를 짓고 나서부터 부끄러움을 알게 되었다. 원주민들은 자기들의 벗은 모습을 부끄러워하지 않는다. 아직 그들의 마음은 순수하다는 의미다. 우리의 시각으로 원주민들의 삶을 해석하거나 도우려 하지 말았으면 좋겠다. 만일 그들을 돕기 원한다면 통역관을 세워 그들이 원하는 것만 채워주었으면 좋겠다. 선교하는 일도 그렇다. 그들에게 우리의 문화를 전해주려고 안간힘을 쓰지 말고, 그들이 오랫동안 지켜온 전통문화를 존중하며 그들의 고유한 문화 속에서 영원하신 하나님을 바라보도록 도와주었으면 좋겠다.

장날이라고 그들이 펼쳐 놓고 파는 물건들을 보기만하고 그냥 지나치기가 미안해 슬리퍼 하나를 샀다. 망얀족 장터에서 파는 물건들은 거의가 망얀족들이 생산한 물건이 아니고 도시에 사는 장사꾼들이 도시의 상품을 가져다 원주민들에게 파는 물건들이다. 역청과 같이 산속에서만 나는 고유한 물건이 있으면 우리의 마음을 더욱 흥미롭게 하고 몇 가지 더 사올 수도 있었을 텐데 그런 토착물건은 없고 거의가 도시사람들이 쓰는 물건이라 아쉬웠다. 풍물시장에는 윗도리만 입고 아래는 음부만 아슬아슬하게 가리고 허리에 칼을 차고 다니는 전통복장을 한 이들이 더러 있다. 아직도 원주민의 원형을 조금이나마 간직하며 보여주고 있는 그들의 모습이 신기한 볼거리다. 문명인들이 가져다 준 비디오를 시청하며 자란 젊은이나 아이들은 거의가 도시문화에 매료되고 종속되어 도시인들이 가져다주었거나 시장에서 사온 값싼 옷을 입고 다닌다. 그럼에도 불구하고 그들의 옛 문화와 전통을 버리지 않고 맨발에 옷을 입지 않고 허리에 칼만 차고 다니는 노인이나 장년들의 고집스런 모습은 그나마 원주민들의 정체성(Identity)을 보여준다. 아직도 그런 고집스런 기성세대 때문에 이 마을에 볼거리가 있어 많은 문명인들이 찾아온다는 사실을 망양부족 젊은이들이 이해하였으면 좋겠다.

이 마을을 방문하기 전 지난밤에 이제 겨우 스무 살이 조금 넘은 선교사 부인 로이다와 몇 마디 나눈 적이 있다. 그녀가 지금 사는 집(선교센터)과 시집오기 전에 살았던 망양부족의 집하고 어느 집이 더 살기 편하냐고 다그쳐 물으니 처음엔 모두 좋다고 하다가 나중엔 자기가 태어나고 자란 산속 마을의 집이 더 좋단다. 지금 그녀가 사는 집엔 가정부가 2명이나 되어 청소와 세탁, 주방 일, 아이들 기르는 일까지 그들이 맡아해 주고, 약 70여 평 되는 가옥(선교센터)에 큰 거실과 손님방 그리고 자기가 쓰는 방이 별도로 있고, 수세식 화장실은 물론이고 수영장까지 갖추었다. 집 앞에는 수백구루의 망고나무가 심겨져 있고 멀리 호수가 보이고 말들이 유유히 풀을 뜯는 모습이 바라다 보이는 대단히 아름다운 곳에 지어진 집(선교센터)이다. 그녀의 입장에서 보면 호화 저택이다. 그녀가 시집오기 전에 살았던 원두막과 같은 다 낡은 밤부하우스 밑엔 돼지들이 똥오줌을 싸며 사람들과 함께 사는 곳이다. 샤워 실도 부엌도 제대로 갖추지 못한 곳이다. 그런데도 그녀는 그곳이 지금 사는 곳 보다 편하며 좋단다. 그리고 그렇게 사는 망양부족들은 모두가 행복하다고 묻지도 않은 말까지 답한다. 문명이란 무엇인가! 계속 발전하고 변화하는 새로운 문명이 과연 우리의 생체리듬을 위하여 정말 좋은지 깊이 생각해 볼 여지가 있다.

산속마을 유치원아이들이 사용하는 조그만 밤부하우스 교실에 식탁을 붙여 놓고 원주민 환자들을 받았다. 한 노인분이 침과 뜸을 뜨며 뜨거워하는 모습을 보고 모였던 많은 사람들이 슬그머니 꽁무니를 빼고 하나 둘씩 달아난다. 그들이 두려워하는 모습을 보고 있던 김선교사가 노인 옆에 누워 직접 자기 몸에 뜸을 떠 보이는 시범을 보이고 나의 친구 이선생도 웃통을 벗고 시범을 보였다. 그러자 부족의 한 젊은 청년이 망설이며

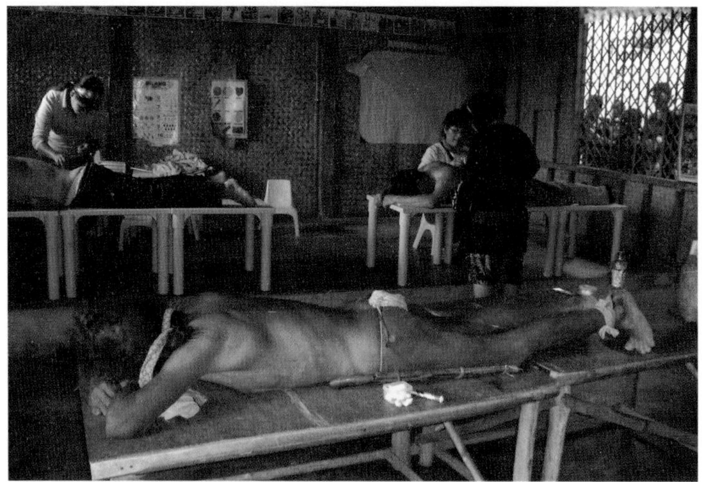

훈도시만 입은 원주민 치료 장면

두려워 하다가 자기도 하겠다고 결심하다. 그 청년에게 침을 놓은 다음 뜸을 한 장 떠 주니 뜨거워 고통스러운 표정을 짓는다. 하여 다른 곳에는 더 작게 하여 가볍게 한 장씩만 떠 주고 마치니 참을 만 한가보다. 그 후 자기들끼리 무슨 말이 오갔는지 젊은이들이 한명 두 명 늘기 시작하다.

지난 주일에 방문한 루손섬 팜팡가 잠발레스지역 청년들과 달리 이곳 민도로섬 망얀부족 청년들은 거의 대부분이 허리 통증을 호소한다. 20대 젊은이들이 허리 통증을 호소하는 이유는 무엇일까? 요통은 신장과 관계된 것이고, 또한 신장은 무절제한 방사에 의해 무너질 수 있다. 이들이 요통이 심한 것은 20도 안 된 젊은 나이에 특별한 직업도 없고 산속에서 놀 거리도 없으니 지나치게 합궁을 많이 한 탓이 아닐까 생각되다. 30세 여성이면 약 8명의 자녀를 두는 게 보통이다. 그리고 반찬이 없어 소금을 너무 많이 섭취하는 것도 신장이 나빠지는 하나의 요인으로 여겨지다. 병원이나 약국 신세를 져보지 않은 이들이라 그런지 치료를 받은 후 모두 금세 몸이 가벼워졌고 허리가 아프지 않다고 좋아하며 자꾸 친구들을 데려 오다. 시간상 밀려오는 환자를 모두 받을 수 없어 도중에 마칠 수밖에 없었다. 이런 상황을 옆에서 지켜보던 김선교사가 앞으로 이곳에 학교와 병원을 세울 예정인데 그렇게 되면 와서 도와달라는 부탁을 하다.

＊우리 일행은 4일 동안 민도로 섬 망얀부족의 치유사역을 마치고 다시 베이스캠프로 사용하는 루손 섬 앙헬레스 양선교사 댁으로 돌아왔다.

3) 다시 찾아온 민도로의 김선교사
2010년 1월 21일 목요일

이번 필리핀 봉사활동의 제1선교캠프인 루손 섬 앙헬레스 지역에서 마지막으로 봉사하는 날이다. 첫날부터 쉬지 않고 사역하는 바람에 대원들이 매우 힘들어하였지만 그런대로 잘 견뎌내며 2주 동안의 사역을 모두 잘 마치게 되다. 오늘은 다른 날 보다 아침부터 더 바빴다. 아침식사 전 어제 밤에 도착한 민도로 섬의 김내성 선교사를 한 번 더 치료해 주다. 김 선교사는 민도로에서 치료를 받고 난 후 갑자기 몸이 좋아지는 걸 느끼고 우리가 필리핀을 떠나기 전에 치료를 한 번 더 받기 위하여 먼 길을 마다않고 찾아온 것이다. 어제 아침 오전 7시에 민도로 섬을 출발하여 버스와 배를 번갈아 갈아타며 약 10시간이상 걸려 우리가 저녁 먹을 때 쯤 앙헬레스에 도착하여 우리와 함께 식사를 하고 밤에 자기 전에 치료를 받았다. 이 분은 전에 풍을 한번 맞은 적이 있어 걸음걸이가 불편하고 말할 때 발음을 잘 하지 못하여 말을 어눌하게 하였었다. 그러나 우리가 민도로에 4일 동안 머무는 동안 3번 치료를 받고 금방 많은 효과를 보았다. 그리고 우리 일행이 민도로를 떠나 온 후 그를 만나는 사람들마다 눈에 보이게 달라졌다는 말을 들었단다. 하여 욕심이 생겨 우리가 필리핀을 떠나기 전에 한 번 치료를 더 받고 싶어 그 먼 곳을 달려온 거다. '지성이면 감천이다' 고 이런 열정이 있으면 누구나 반드시 큰 효과를 보게 될 것이다.

김선교사는 우리가 민도로에 있을 때부터 우리의 치유사역에 만족하며 이 치유사역이 민도로 섬에서 지속되길 소원하였다. 학원사역을 위하여 고등학교와 대학교를 설립하기 원하는 분이 있는데 그분과 협력하여 병원도 설립하고 치유선교사역도 하였으면 좋겠다는 의견을 나눈 바 있다. 이미 수만 평의 논과 밭을 확보하고 자립선교를 위하여 영농을 시작하고 있는 터이라 그가 맘만 먹으면 그리 어렵지 않은 일이다. 특히 산속에 사는 망양부족들을 위하여 하는 일이라면 더욱 쉽게 일이 추진되리라 생각한다. 김선교사는 나에게 확답을 받고 기쁜 마음으로 아침 식사 후 곧 볼일을 보러 마닐라로 떠났다.

오전 9시부터 그동안 치료받았던 앙헬레스지역 선교사들 부부가 열심히 예약한 시간에 맞춰 왔다. 양선교사의 사모님께서 매일 일일이 전화로 환자들에게 예약시간을 알려 주어 질서 있게 오늘도 하루 일과를 잘 마쳤다. 양선교사의 말에 의하면, 처음에 한국의 김집사로부터 침술선교를 온다는 소식을 듣고 그리 달갑지 않게 생각하였었단다. 일반 의료선교 같으면 와서 치료를 해 주고 비싼 약을 주기 때문에 약 받는 재미로 많은 사람들이 몰려오지만, 침술은 여기 저기 다니며 한 번씩 치료해주면 그 때 뿐이고 약도 주지 않아 별 흥미를 느끼지 않을 것이라고 생각하였었단다. 그리고 이곳 사람들은 침에 대해서 잘 모르기 때문에 두려워하는 사람들이 많아 이런 저런 고민을 하다가 받아들이게 되었는데 치료를 받은 분들이 하나 같이 몸이 좋아지는 체험을 하고 좋아하여 침뜸의 효력에 대하여 다시 한번 실감하게 되었고, 뜸은 술자가 돌아가도 계속 스스로 뜸을 뜰 수 있으므로 지속적으로 환자 스스로 치료를 할 수 있다는 점에서 많은 매력을 느꼈다하다. 그리고 여러 군데 다니며 한번씩만 치료해 준 것 보다는 양선교사 센터에 캠프를 차리고 치료받은 환자를 연속으로 2-3회 이상 반복 치료해 준 것이 매우 효과적이었다는 평을 하다.

침과 뜸의 효과와 뜸뜨는 방법을 배우기 원하는 몇몇 선교사님들에게 마지막 강의를 마치고 마을 어귀에 있는 까르멘빌레 커피숍에 가서 그분들이 마련한 저녁을 먹으며 지난 2주 동안에 있었던 일들을 이야기 하며 잠시 즐거운 교제시간을 갖고,

앙헬레스 선교사스텝들

센터에 돌아와 피곤을 풀기위해 나 먼저 뜸을 받고 잠시 누웠다가 너무 피곤하여 그만 그대로 잠이 들어버렸다. 나에게 먼저 뜸을 해 주고 자기도 받으려고 기다렸던 분은 어떻게 하셨는지 미안한 마음이다.

＊우리 일행은 앙헬레스 베이스 캠프를 완전히 떠나 한국으로 귀환하기 쉬운 마닐라 공항근처 라스피나스 시의 김선교사 선교센터로 이동하여 그 지역에서 며칠간 예배 및 봉사활동을 하였다.

4) 예수왕국마을
2010년 1월 24일 주일

오후 1시가 되니 뜨거운 더위를 헤치고 어린이 들이 임시 예배당으로 꾸민 연립주택 마당에 모여들기 시작한다. 제일 어린 아이는 4살이고 제일 큰 어린이는 15살이다. 설교할 차례가 되어 말씀을 전하기 전에 먼저 점심은 먹었느냐고 물어보니 하나같이 먹고 온 아이가 없다. 예수그리스도는 길이요, 진리요, 생명이라고 전하였다. 너무 어려운 말인 것 같아 다시 '예수는 빵이라' 고 말하였다. 아이들이 환호성을 치며 좋아한다. 배고프고 어린 아이들에게 가장 시급하고 중요한 문제는 빵이다. 어른도 마찬가지다. 빵의 문제가 해결되지 않으면 체면도 권위도 땅에 떨어지고 만다. 어제 바타안에서 오는 길에 대원들이 어린이들을 주려고 사온 옥수수를 센터의 자매들이 정성껏 삶아 가지고 왔다. 하나씩 나누어 주니 반만 먹고 가슴에 숨겨두는 아이가 있다. 알고 보니 집에 있는 동생을 주기 위해서였다. 그 말을 들으니 가슴이 뭉클해진다.

예배 후 아이들의 거주지역인 빈민촌 뿔로(pulo) 마을을 방문하였다. 마을 어귀에 요즈음 선교센터에서 살고 있는 메리제인의 아버지가 서너 살 된 두 아이를 안고 길목에 앉아 있다. 일터에 나간 부인이 돌아오길 기다리며 점심도 먹지 못하고 앉아 있다가 우리를 보고 힘없이 반가운 표정을 짓는다. 아마 일 나간 부인이 오면 주리고 허기진 배를 좀 채울 수 있을까 해서인가보다. K선교사의 말에 의하면 59세인 메리 제인의 아버지는 어느 날 다 쓰러져 가는 막사 부엌에서 맹물을 끓이고 있었다고. 그날은 딸의 생일이었고 딸을 위해 무언가 해 주어야 되는데 해줄만한 것이 아무것도 없어 그저 맹물만 끓이고 있었다고. 그 모습을 보고 K선교사가 그 날부터 메리제인을 센터로 데리고 와 밥을 먹이고 학교에도 보내 주었다고. 메리 제인은 뼈저리게 가난한 가정에서 자랐지만 가난은 그 아이를 지혜로운 아이로 성장시켰다. 하여 그 아이는 센터에 오는 날부터 공부도 열심히 하고 센터 식구들의 시중도 잘 들고 찾아오는 손님들에게 많은 칭찬도 받는다고.

거지 소굴이나 다름없는 뻘로 마을에 들어서니 쓰러질 듯한 판잣집들 사이의 좁은 골목길에서 술주정뱅이가 대낮부터 취한 모습으로 횡설수설하며 우리의 앞길을 막는다. 그가 서 있는 뒤편엔 비좁은 틈에서 아이들이 조그마한 당구대 같은 것 위에 장기 알 같은 동그란 원판 모양의 물체를 올려놓고 당구 치듯이 그것을 치며 노름을 하고 있다. 어린아이들이 실제로 돈을 걸고 노름하는 모습은 난생처음 보는 일이다. 화장실 시설이 제대로 되어있지 않고, 다닥다닥 붙어있는 판잣집들 사이로 흐르는 시궁창에는 대소변 냄새와 쓰레기 썩는 악취가 합쳐져 이상야릇한 고약한 독소가 코를 찌른다. 그런 역겨운 냄새를 맡으면서도 그 곳에서 살아야 하는 그들의 심정이 얼마나 괴로울까! 왜 이들은 이 지경이 되었으며, 왜 하나님은 이런 지옥 같은 세상에서 사는 이들을 보시고 침묵하시는가!

남자들은 대낮임에도 크게 할 일이 없어 여기저기서 술판을 벌인다. 눈동자는 이미 초점을 잃고, 흐느적거리는 몸을 가누며 잡담을 하다가 우리가 쳐다보면 부끄러운지 술을 몸 뒤로 감추기도 한다. 아무리 천하게 살아도 인간에겐 양심과 자존심이란 것이 있어 수치스러운 점을 남에게 들키고 싶지 않은가보다. 조금 지나가니 여자들이 마작 같은 것을 땅바닥에 넓게 펴 놓고 십여 명은 되는 사람들이 밭일을 하듯이 앉아 열심히 노름을 하고 있다. 가난한 자기네끼리 노름을 하여 돈을 딴 들 얼마나 따겠으며 그게 무슨 소용이 있는 건가! 서로 눈을 부라리며 친구의 돈을 탐하지 말고 그냥 차라리 얼마 안 되는 돈으로 서로 사이좋게 나누며 살면 어떨까하는 마음이 든다. 조금 지나가니 트럼프를 하며 노름하는 젊은 여자들도 있다. 처음엔 오락으로 하는 줄 알았더니 실제로 주머니에서 쌈지 돈을 꺼내 주고받는 모습이 보인다. 시궁창 물가에서 빨래하는 여인들, 담배를 입에 물고 노름하는 젊은 여자들, 술 먹느라 횡설수설하는 남자들---, 이런 팀들이 한두 곳이 아니고 마을 구석구석 여기 저기 가는 곳곳마다이다. 아이들은 아이들대로 어른들은 어른들 대로 자기들끼리 노름을 하던가 아니면 술을 먹으며 몽롱한 망아지경의 상태이다. 간혹 집에서 힘없이 집을 지키고 있는 할머니와 몇 몇 아기 돌보는 여자들 외에는 남녀노소 거의모두가 노름 아니면 술이다. 가난한 사람들이 모여 사는 난민공동체라기보다는 말로만 듣던 카지노 도박장 같은 느낌이 든다. 카지노는 호화로운 설비와 분위기가 특징이라 이곳과 비교가 안 되겠지만 노름을 하고 술로 흥청거리는 모습들은 같

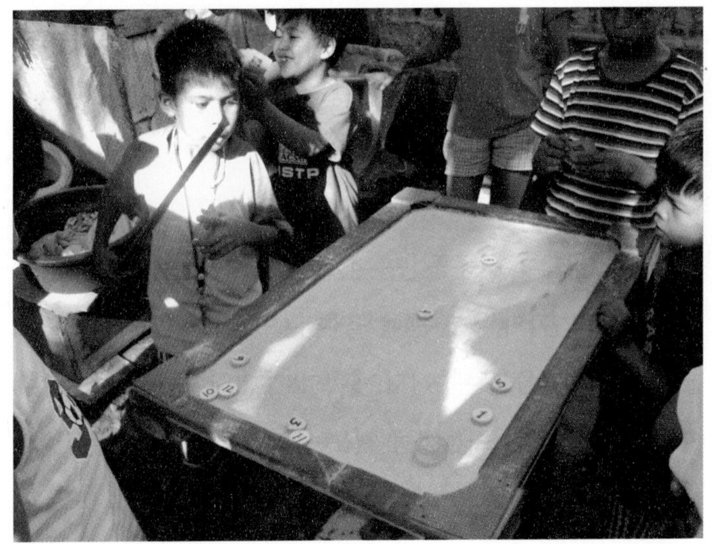

노름하는 아이들

은 내용이 아닐까! 그러나 주린 배를 조금이나마 채워보겠다고 노름하는 이들과 더 많이 배를 채워보겠다고 카지노를 애용하는 분들과는 차원이 다르다.

안내하는 분에 의하면 마약을 하는 사람들도 많고 얼마 전에는 마약하는 사람들과 경찰이 총격전을 하여 세 명이나 이곳에서 사살 당하기도 하였다고. 그리고 이들은 특별한 직업이 없으므로 도둑질을 일삼기도 한다고. 술이나 마약을 하는 이유 중의 하나는 너무 배가 고픈 것을 잊으려는 마음에서 하는 경우가 많다고.

뒷골목으로 들어갔다가 정문으로 나오게 되었다. 마을 입구에 마을 이름을 알리는 아치형간판이 있는데 그곳에 뜻밖의 글이 쓰여 있다. '예수왕국마을' (Christ the king subdivision)이라는 표지판이다. 상당한 의미와 상징성이 내 마음에 다가온다. 마을 표지판은 정부기관 바랑가이에서 세웠을 것이다. 뿔로마을 주민들은 자체적으로 그런 아치를 세울만한 경제적 여유도 없는 사람들이다. 그러면 당국에서는 어떤 의미로 그런 이름을 이 마을에 붙였을까! 너무 불쌍한 사람들이라 예수님이 특별히 좀 돌보아 주셔야 되는 지역이라는 의미에서 일까? 아니면 정부로서는 통제 불가능한 사람들이기 때문에 예수님이 친히 통제해야만 되는 곳이라는 의미일까? 아니면 예수님이 특별히 관심 갖고 불쌍히 여기는 곳이라는 뜻일까? 어찌하였든 오랜 기간 동안 천주교 신앙이 몸에 배인 종교 문화적 발상으로 생겨난 이름으로 추측된다.

사실 예수 당시 사회상황을 보면 예수께서는 이들처럼 가난한 사람들을 찾아 다니셨다. 당시 성전중심의 종교지도자들과 유대나라를 식민지화한 로마행정부의 관료들이 멸시하고 천시하였던 무리들을 예수께서는 특별한 관심을 갖고 영문 밖 빈민들을 만나러 다니셨다. 그러자 그런 불가촉천민들과 함께 거하시는 예수를 못마땅하게 여긴 그들이 예수를 중상모략하기 시작하다. 그들은 마침내 예수가 천민들을 꼬여 로마행정부에 대항하는 반정부 운동을 한다는 정치범의 죄명을 씌워 십자가에 처형하도록 만들었다. 실제로 예수를 처형하도록 모략을 꾸민 장본인은 물론 하나님을 믿는다는 유대종교 지도자들과 유대교신자들이었다. 자기들의 권위에 도전하는 행동을 하였기 때문이다. 우리는 이러한 역사적 상황을 바르게 인식하고 예수 제자로서의 삶을 살아야 한다. 그렇지 않으면 또다시 예수를 죽이는 성전무리들의 반열에 서게 되는 수가 있다. 교회라는 거대한 조직과 회중을 치리하기 위한 막강한 교리와 규범은 예수의 삶을 살아내는데 아무런 의미가 없다. 헐벗고 굶주리고 병들고 가난한 사람을 외면하고 자기만 잘 살기 원하던가 아니

예수왕국마을 표지판

면 자기가 속한 공동체만을 위해 사는 모습들은 모두 예수를 죽인 성전무리들의 반열에 서는 것이나 마찬가지다.

뿔로 마을뿐만 아니라 필리핀 전역에 가난과 질병으로 허덕이는 이들이 너무도 많다. 소위 하나님을 믿는 천주교 국가라는 나라에서 이렇게 불쌍한 이들을 방치하고 있는 것은 정부의 잘 못 보다도 천주교 지도자들과 신앙인들의 책임이 크다. 진정 그들이 하나님의 사랑을 전하는 사람들이라면, 무엇보다 이렇게 한 울타리 안에서 함께 살면서 상처받고 헐벗고 굶주리며 사는 사람들을 외면해서는 안 된다. 교리적 입장에서 천주교회를 공략하려고 전시체제를 갖추는 일부 개신교회도 마찬가지다. 개신교회나 선교사들은 교리적 논쟁을 앞세워 천주교회를 비난하려 들지 말고, 진정한 주님의 사랑을 실천하기 위하여 먼저 이런 불쌍한 이들을 위해 희생하고 결단해야 할 것이다. 모든 피조물은 하나님이 창조하신 것으로 믿고 고백할 진대 우리 모두는 함께 잘살기 위한 예수님의 박애주의 정신에 초점을 맞추어야 한다.

지금까지 가난하고 어렵게 사는 사람들을 무수히 많이 보아왔다. 갑자기 바다가 뒤집혀 밀려오는 파도로 가족과 고향을 잃고 멀리 외딴곳에 가서 무리지어 사는 스리랑카 쓰나미 난민들, 흙으로 집을 짓고 땅만 파먹고 사는 인도북부 마니푸어 산골자기의 원주민들, 하루 두 끼만 먹는 것도 전혀 양념도 없이 풀을 끓여 먹고 간신히 목숨을 연명해 가는 미얀마 북부 갈레뮤 시골 사람들, 필리핀 피나투보 산 계곡에서 옷도 안 입고 산열매와 산짐승만 사냥하여 먹고 사는 아이따 부족민들, 그리고 이번 민도로 섬에서 마났던 망얀부족들 등 등. 가난하게 사는 사람들을 무수히 만났지만 오늘 만난 예수왕국마을 사람처럼 쓰레기 더미위에 비만 피할 수 있는 허름한 판잣집을 지어 놓고 술과 마약과 도박과 섹스로 하루 일과를 보내는 사람들은 처음이다. 어른들의 모습을 닮아 머리에 피도 안 마른 아이들조차도 머리를 맞대고 입에 담배를 물고 노름에 정신이 없으니! 어차피 가망 없는 인생 될 대로 되라는 심산이가! 골목골목마다 눈에 초점을 잃은 술 취한 사람들이 우리가 지나가는 모습을 보면서도 노름을 하던가 술을 먹느라 정신이 없다. 이들을 나무래야 되는가 아니면 이들을 방치하는 국가를 나무래야 되는가! 이들의 부모가 잘못인가 아니면 이들 자신이 잘못인가. 하늘이 잘못인가 아니면 땅이 잘못인가!

이렇게 사는 이들을 조금도 정죄하고 싶지 않다. 나도 당장 먹을 것 입을 것이 없으면 저들과 조금도 다를 바 없을 것이다. 이들은 이들 나름대로 목숨이 붙어있는 한 재미있게 살아보려고 몸부림치는 모습일 게다. 이들도 직장을 가질 수 있고, 돈이 있고 먹을 것이 풍부하고 훌륭한 집이 있다면, 얼마든지 여가를 즐기며 남도 도와주고 품위 있게 인생을 살 것이다. 문제는 가난이다. 가난의 문제를 해결해야 한다. 불쌍한 자들의 잘못된 행동을 나무라기 전에 우린 그들의 불행한 환경을 개선시켜 주지 못하는 것을 반성해야 한다. 예수운동은 생명운동이다. 영혼을 구원한다는 명분으로 호화스러운 성전에서 사치스러운 말잔치만 하지 말고 예수처럼 고난의 삶의 현장을 찾아가 피흘림이 있어야 한다. 크리스천이 된다는 것은 예수께서 삶으로 보여주신 낮아짐과 섬김을 배우는 일이요, 그분의 고난에 참여

하는 일이 아닌가. 천대받는 무리 속에서 그들과 함께 하셨던 예수, 그 천하고 낮은 사회적으로 소외당한 자들과 함께 있는, 그러면서도 그 낮은 민중들과 함께 생명운동을 해나가는 정신적인 왕국, 이 불굴의 해방정신, 영원히 사는 정신이 크리스천의 정신이 아니겠는가! 그러한 예수가 다시 부활하여 이 마을을 회복시킬 것이라는 바램에서 마을 이름을 '예수왕국'이라 부르게 된 것이 아닐까? 이 예수왕국마을에 속히 예수님의 영광이 임하길 기도하다.

08 네팔
(2010년 랑탕계곡-포카라, 2011년 푼힐-박타푸르)

개요 11년 만에 선교일지를 되돌아보니 2010년 8월 네팔 랑탕계곡을 다녀 온 것은 참으로 무모하고 위험한 트레킹이었다. 이 또한 하나님의 도우심이 없이는 도저히 살아올 수 없었던 힘든 여정이었음을 돌이켜보게 되다.

우리 AMC자원봉사 선교단원들은 2010년 1월 필리핀 선교를 마치고와서부터 8월 10일 네팔로 떠날 때까지 약 6개월 동안 매주 1회 모여 기도회를 가진 후, 높은 산을 오르며 산악훈련으로 체력단련을 하였다. 히말라야 산군은 훈련 없이 그냥 오를 수 있는 산이 아니기 때문이다. 근육운동과 심폐기능강화 운동을 통하여 전문산악인은 못되더라도 비슷한 정도까지 되도록 체력과 담력을 쌓고 필요한 장비도 하나하나 마련하였다. 등산장비도 아무거나 사용해서는 안 된다. 튼튼하고 재질이 좋은 고급제품이어야 쉽게 망가지지 않는다. 수시로 날씨가 바뀌는 산악지형에서 등산복과 등산화는 습기를 내뿜고 방수가 되는 특수 고어텍스 제품으로 마련하였다. 히말라야 산은 보통 산이 아니다. 전문산악인들이나 갈 수 있는 험악한 산이다. 일반사람들이 주말 산행하듯이 가볍게 갈 수 있는 곳이 아니다. 특히 나처럼 신장 하나가 손실되고, 척추 뼈가 문드러지고, 고등학교 때 유도하다 다쳐서 생긴 무릎 통증으로 30여 년 동안 치료 중에 있는 입장에서는 결코 쉬운 도전이 아니었다. 다행히도 네팔가기 2년 전부터 받은 침뜸치료로 수년 동안 아팠던 허리와 무릎통증이 사라졌지만 30여 년 동안 아팠던 허리와 무릎이 언제 다시 도질지도 모른다.

2010년 히말라야 랑탕계곡 등산은 내 요통과 슬통을 침과 뜸으로 치료한 후 정말로 온전히 고쳐졌나를 실험해 볼 수 있는 기회도 되었다. 거친 히말라야 산을 무사히 올라갔다 내려온다면 정말 침뜸의 효과가 대단한 거다. 랑탕계곡 마을을 거쳐 칸진곰파까지 올라가는 데만 4박 5일이 걸렸다. 매일 8시간씩 험한 산길을 오르며 도중에 랑탕마을에서 1박 2일 동안 치유봉사도 하였다. 그런데 산속에서 매일 뜸을 뜨며 관리를 잘해서 그런지 내 자신이 놀랍게도 큰 어려움이나 통증도 없이 잘 다녀왔다. 그리고 그 후 11년이 지나고 70세가 된 오늘까지도 내 무릎은 전혀 통증이 없다. 가끔 약한 통증이 올 때도 있지만 그럴 때마다 뜸을 뜨면 곧 가라앉는다.

몇 년 전 네팔 현지인 라메쉬로부터 랑탕계곡에서 들려 온 안타깝고 슬픈 이야기를 들었다. 우리가 랑탕계곡을 다녀오고

5년이 지난 후, 2015년 발생한 네팔 대지진 때, 큰 참사가 일어났다는 소식이다. 2018년 1월 30일 발행한 경인일보 '랑탕지역 대지진 참상' 뉴스에 의하면, "지진 당시 이곳에 살던 150명의 주민과 여행을 위해 방문한 트레커, 가이드, 포터 등 300명이 돌무더기 속에 묻혀 있다. 이곳에선 야크를 많이 키웠는데, 야크와 같은 가축들까지 합하면 어마어마한 숫자의 생명이 희생된 곳"이라고 설명하며 보도했다.

아! 너무나 안타깝고 아찔한 사건이다. 우리가 갔을 때 일어날 수도 있었던 사건이 발생한 것이다. 그 때 칸진곰파에서 나에게 치료받은 환자가 다음에 다시 오면 이곳에서 1박 2일 거리에 위치한 샤프루벤시까지 말을 보내겠다고 꼭 다시 오라고 말한 적이 있는데 그 친절한 나의 환자들은 어떻게 됐을까! 그리고 칸진곰파에서 쌀쌀한 이른 아침 물 한 컵 들고 나와 바위위에 앉아 귀엽게 이를 닦던 5살 어린아이는 어떻게 됐을까! 아! 정말 인생무상(人生無常)이구나. 구름처럼 왔다가 구름처럼 흘러가버리는 인생(전1:1)! 사는 그날 까지 우리 주님께서 본을 보여 주신대로 그렇게 박애의 삶을 살다 가야겠다. 그러면 우리의 육신은 죽어서 없어져도 그 사랑은 영원하리라.

2011년 다시 네팔을 방문하다. 이번엔 안나푸르나(Annapurna Mt.) 산군에 속한 푼힐(Poon Hill 3,210m)에서 고레파니(Gorepani 2,874m)를 지나 포카라(Pokhara)쪽으로 오면서 약 1주일 간 산악지역원주민 치유사역을 하고 그리고 카투만두(Kathmandu)로 돌아와 박타푸르(Bhaktapur) 지역에서 20일 동안 현지인 라메쉬의 후원과 협조로 산마을 교회에서 치유사역을 이루었다. 이곳에서도 매일 많은 환자를 치료하였지만 지면관계상 모두 생략하고 힌두교인들의 끔찍한 제사행위만 소개하며 만인에게 고발한다.

2010년 랑탕계곡-포카라 힐링미션

1) 랑탕마을을 향하여(2010년)

2010년 8월 15일, 주일. 하루 종일 비오다 개였다 반복함

라마호텔 – 랑탕빌리지

산악지역엔 날씨가 수시로 변한다. 밤새도록 쏟아지던 쓸모없는 장맛비가 창문 밖 처마 밑을 치며 송판으로 엉성하게 지은 롯지의 습기 찬 침실을 더욱 습하고 음산하게 만들더니 아침 6시가 되어도 그치지 않는다. 아직 대원들은 아무도 일어나지 않았다. 혼자 치약을 짜들고 눈을 비비며, 힘없이 떨어지는 질퍽한 아침 비를 맞으며, 따로 떨어져 있는 아래채의 주방 겸 다이닝룸에 가니 부지런한 주인아저씨가 벌써 일어나 아궁이

에 장작불을 피우고 짜이를 끓이기 위해 불 위에 양은주전자를 올려놓았다. 우리나라처럼 부엌을 방과 구별하여 따로 만들지 않고 부엌을 거실 안에 만들어 놓아 그냥 거실에서 불을 때어 요리를 하니 요리하기도 편하고 난로의 효과가 있어 실내 공기가 훈훈하여 별도로 난방시설을 하지 않아도 되겠다. 인도 북부 마니푸어 산간 마을에서 본 부엌과 비슷하다. 하긴 히말라야 산줄기가 거기까지 뻗어 나갔으니 생활양식이 비슷하겠다. 차가운 새벽공기로 인해 추운 몸을 데우려고 아궁이 불을 좀 쬐다가 빗줄기가 가늘어진 틈을 타 산에서 흘러오게 만든 급수대로 나가 양치질을 마무리하다.

오늘은 이번 '힐링미션'의 베이스캠프로 사용할 랑탕마을을 가는 날이다. 이곳을 가기 위해 이틀 전 카투만두 시내를 출발하여 무너진 험한 산길을 이틀이나 걸려 고생하여 올라왔고, 오늘 다시 하루 종일 트레킹 하여 올라가야 한다. 오늘은 주일이어서 조촐하지만 새벽에 대원들이 한 방에 모여 예배를 드리고 주일헌금을 드렸다. 헌금은 오늘 처음 만나는 불쌍한 이에게 모두 기부하기로 하다. 오전 6시 30분에 식사하고 7시에 출발하기로 예정되었지만, 비가 그치지 않고 계속 오는 바람에 대원들은 예정시간에 출발하지 못할 것으로 여기고 하루 종일 무얼 할까 궁리중이다. 그러나 나는 마치 예언자처럼, 7시가 되면 비가 그칠 것이라 말하고, 빨리 아침식사를 서둘러 먹게 하였다. 정말 7시가 되니 비가 그쳤다. 밤새도록 구중중하게 내리던 비가 그나마 나의 체면을 세워주었다.

누차 언급하였지만 내가 해외 침뜸의료봉사를 하는 데는 분명한 이유와 목표가 있다. 가장 큰 이유는 '하나님께서 내 병을 고쳐 주시면, 남은 인생 죽을 준비를 하면서 살겠다'고 기도한 것 때문이다. 나에게 '죽을 준비'는 헐벗고 굶주리고 가난하고 병든 이들을 돌보셨던 예수님처럼 사는 것이다. 국내에도 많은 환자들이 있지만 국내의료법상 침뜸 치료를 할 수가 없어 부득이한 사정으로 해외봉사를 하게 되었다.

봉사의 기쁨과 소득

라마호텔을 떠나 약 1시간 정도 걸어 조그만 리버사이드 롯지에 도착하였다. 깊은 계곡을 흐르는 가파른 강줄기 옆에 위치한 롯지의 봉당에 걸터앉아 땀을 식히며 한잔하는 커피의 맛은 맑은 공기와 조화를 이루어 한결 더 좋은 맛을 낸다. 갈 길이 멀어 커피를 다 마시자마자 먼 산 바라보며 한 숨 한번 크게 쉬고 다시 또 걷다. 이번엔 제법 큰 나무들이 우거진 울창한 숲 속을 지나가는데 멀리 숲속에서 나무를 베어 송판을 켜던 사람 중에 한 사람이 우리를 만나러 급히 뛰어 온다. 나무를 찍다 도

랑탕계곡 나무꾼 찰과상 치료

끼에 손을 다친 모양이다. 삼일 전에 다쳤다는데 약도 바르지 못해 상처가 몹시 성이 났다. 깊은 산중에서 응급치료도 못하고 고생을 하다 우리를 만나 혹시나 하고 찾아 온 것이다. 즉석에서 상처를 소독하고 나쁜 피를 사혈하여 빼내고 옥도정기를 바르고 지혈제를 바른 후 잘 싸매어 주고 소염진통제 약을 좀 주니 그제야 안심하고 한숨을 쉬며 안색이 돌며 감사하다 한다. 깊은 찰과상은 빨리 치료하지 않으면 균이 침투하여 손을 잘라야 하는 경우가 생긴다는 것을 원주민들은 잘 알고 있다.

장시간의 트레킹으로 피곤하고 지쳤던 대원들이 아픈 사람을 치료해 주고 나서, 그가 고마워하는 모습을 보자 갑자기 행복해하며 활기를 되찾는다. 남을 돕는 일은 나를 이렇게 행복하게 한다. 치유사역은 남을 치료하기 전에 내 마음을 먼저 치유 받게 된다. 이 점이 바로 봉사자들이 얻는 기쁨과 소득이다.

신이 인간의 간계를 모르실까!

점심시간이 다 될 쯤, 해발 3008m 라는 표지판이 보이고, 고다 타벨라 티베티안 롯지가 나타나다. 백두산 보다 더 높은 곳을 내가 올라오다니! 한 걸음 한 걸음 걷다보니 이곳까지 오게 되었다. 천릿길도 한걸음부터라는 말이 실감나다. 다행히 어디든지 2시간 정도 트레킹을 하다보면 조그만 원주민 음식점이 나타나고 이는 피곤한 트렉커들의 쉴만한 휴식처가 되다. 음식점에서는 주문을 받고 인원을 파악한 다음에나 요리를 하게 되므로 어딜 가나 식사를 주문하면 1시간 이상 기다려야 한다. 식사를 주문하고 기다리던 중, 마침 비가 그치고 해가 솟아 뜰의 벤치에 앉아 있으니 먼저 온 사람들과 나중 온 외국인들이 모여들어 깊은 산골이지만 지루하지 않다. 에스파니아 인들이 말을 태워 어린 자녀들까지 데리고 우리의 최종 목적지인 칸진곰파를 이미 다녀오는 중이다. 스위스인 중년 부부가 짐승 뿔로 만든 지팡이를 들고 내려오다가 나와 함께 사진도 찍다.

미국인도 지나가고 프랑스 인과 일본인도 지나가다. 높은 산으로 사방이 둘러싸여 손바닥만 하게 빠끔히 하늘 만 보이는 조그만 롯지 앞마당에 갑자기 대여섯 나라의 사람들이 함께 만나니 서로 색다른 얼굴 모습이 어울려 다국적 민족모임을 이루게 되다. 힘들게 올라 온 광이를 태우고 가파른 산길을 올라 온 말도 야생초의 꽃향기를 맡으며 흡족히 풀을 뜯으며 한가한 여유 시간을 보낸다. 이 나라 저 나라에서 온 사람들이 벤치에 앉아 이야길 나눈다. 서로 처음 만나는 사람들이지만 산에서 만나면 누구나 형제처럼 즐겁고 반갑다. 깊은 산속 동식물들만이 주로 서식하는 곳에서 사람을 만나니 어느 나라 사람인지 물을 필요도 없이 모두가 반갑다. 인류는 같은 종(種)에 속하며, 모두가 한 뿌리에서 나왔음을 실감하다. 그야말로 모든 인류는 아담의 후손으로 한 종(種)을 이루며 사는, 지구촌의 여러 피조물 가운데 하나의 동물군에 속하는 무리이다. 어느 피조물이 더 귀하고 덜 귀하다 판단할 수 없다. 신이 만든 모든 창조물은 피조물로서 모두가 동등하고 귀한 존재들이다.

3008m 라는 고도 표시는 고도 이외에 또 다른 의미가 있다. 3000m 이상부터는 짐승을 죽일 수 없다는, 이들의 관습을 지켜야 된다는 묵시적 메시지다. 그 높이에서 부턴 신이 가까이 계시기 때문일까? 아니면 신의 영역이라 그런가! 이 고지 이상

산속에서 음식을 기다리는 트렉커들

에 사는 원주민들은 고산 지대에만 사는 야크 고기가 먹고 싶으면, 짐승을 죽이지 말라는 율법을 지키기 위하여, 낭떠러지로 야크를 굴려 떨어지게 한 후, 야크가 스스로 죽으면 그를 가져다 요리를 만들어 먹는단다. 그런다고 살생한 것이 아닌가! 그렇게 행동한다고 신이 인간의 그런 간계를 모르실까? 그런데 속아 넘어가는 신이라면 어떻게 전지전능한 신이라 말할 수 있는가!

어쩌면 우리가 하는 신앙생활의 모습도 이와 비슷하지 않을까 생각하다. 눈 가리고 아웅 하는 식으로 사람들 앞에서는 잘

하면서도, 하나님이 무시로 우리를 관찰하신다는 점을 깨닫지 못하고, 사람이 보지 않는 곳에서는 함부로 산다면, 우리들의 그런 신앙행위가 바로 야크를 낭떠러지에 밀어 죽이고 자기가 죽이지 않은 것처럼 행동하는 모습과 다를 바가 뭐 있겠는가!

점심식사를 마치고, 또 다시 걷고 또 걸었다. 해발 3000미터 이상서 부턴 큰 나무들은 서서히 자취를 감추고 내 키만 한 크기의 작은 나무들만이 무리를 이루고 있다. 그 밑에는 각종 이름 모를 야생초들이 햇빛을 넉넉히 받으며 신이 나서 무리를 이루며 자라다. 내가 아는 에델바이스도 있다. 옛날 중학교 시절에 에델바이스를 말려 코팅한 것을 선물 받아 본 적이 있는데 그 후 처음으로 자연 속에 직접 자라나 꽃을 피운 생화 에델바이스를 보니 너무 반갑고 신기하다. 조금 더 높이 올라가니 키 작은 나무들은 모두 자취를 감추고, 땅바닥에 기어 다닐 듯한 아주 작은 야생초들만 있다.

어둑어둑할 무렵이 되어서야 10시간이나 걸려 드디어 랑탕 빌리지에 도착하다. 보통 트렉커들의 소요시간보다 꼭 배가 걸렸다. 우리는 이렇게 매일 8시간 이상 걸어서 올라가고 있는 중이다. 그럼에도 아직 내 무릎과 허리에 아직은 큰 이상이 없다. 나 혼자 마음속으로만 생각하며 기뻐하다. '이것은 기적'이라고! 내가 이렇게 조마조마한 마음으로 산을 오르는 것을 대원들은 모른다.

2000가구나 사는 지역이라 하여 대단히 큰 마을이려니 상상하였는데 정작 와 보니 겨우 몇 채의 롯지만 보이는 작은 마을이다. 알고 보니 산속 깊은 골짜기 여기 저기 보이지도 않는 곳에 멀리 흩어져 있는 가옥을 모두 합하여 인구를 계산한 모양이다. 하루 종일 걸어오느라 몸이 매우 지쳐 있는데, 우리가 온다는 소문을 듣고 4명의 환자가 대기하고 있다가 치료해 달라고 간청을 하니 할 수 없이 전등불도 안 들어오는 어두운 방에서 플래시를 비추며 환자를 치료 해 주다. 치료용 침대가 없으면, 허리를 꾸부리고 치료해야 하므로 허리가 약한 나에겐 너무나 고역이다. 하루 종일 걸어와서 쉬지도 못하고 약 1시간 반 동안 환자를 돌보고 나니 허리가 끊어질 것처럼 아프다. 8시는 넘어서야 캄캄한 밤에 촛불을 밝히고 저녁식사를 하였다. 식사 후 모두가 지쳐 힘든 가운데도 내 허리에 뜸을 떠 주는 분이 있는 바람에 큰 통증을 면하고 잠을 자게 되었다. 난방시설이 되어있지 않은 롯지의 침실은 너무 습하고 춥다. 두꺼운 솜이불이 있지만 세탁이 잘 안되어 고약한 냄새가 나서 덮기가 싫지만 어쩔 수 없어 덮고 자다. 침낭을 가져오려다 무거워 빼놓은 것이 이내 후회가 된다.

2) 랑탕계곡 치유사역
2010년 8월 16일 월요일, 개였다 흐렸다 함

랑탕 계곡의 아침

새벽 5시, 밤새 추워 웅크렸던 몸을 추스르고 습기 찬 이불 속을 빠져 나와, 2층 창문의 커튼을 여니, 날은 벌써 개이고 마을아래 계곡으로부터 짙은 안개가 구름처럼 밀고 올라온다. 조금만 늦었더라면 볼 수 없었을 흰 목화솜처럼 포근하고 부드러운, 눈처럼 하얀 안개가 장관을 이루며 서서히 피어올라 산을 덮기 시작하더니 금방 온 마을을 다 감싸 버린다. 이렇게 되면 먼 산 아래서 이곳은 하늘로 보일게다. 난 지금 하늘 속에 있는 거다.

지난 밤 추워서 운동복을 입고 솜이불을 목까지 푹 덮고 잤어도, 공기가 냉랭하여 아침이 되어도 여전히 겨울 같은 느낌이다. 해발 3000미터 이상의 고지에는 나무가 자라지 않아 땔감 구하기가 보통 힘든 게 아니다. 그렇다고 나무이외에 대체할 다른 난방수단도 없다. 이 마을 사람들은 땔감이 필요하면 나무가 자라는 곳까지 하산하여 간신히 구해오고, 그렇게 마디게 구해온 나무는 요리할 때나 좀 쓰고 그리고 손님들에게 식사 할 때 다이닝 룸에서 난로에나 잠시 땔 뿐이다. 그러니 각 방에 난방 시설을 갖추는 것은 생각도 못할 일이다. 그럼에도 불구하고 눈이 쌓인 겨울철에도 이곳을 찾아 드는 트레킹 족들을 생각하면 그들은 보통 강인한 사람들이 아니다. 무엇이든지 쉬운 일이 없다. 무엇을 하든지 정상을 정복하는 자는, 새로운 세계를 향한 도전의식과 모험심 그리고 피나는 고통과 노력과 희생을 감수해야 한다.

내가 구름이냐? 아니면 구름이 나냐?

올라오던 구름이 온 마을을 삼켜 버렸고, 안개는 수분을 충분히 먹어 곧 물방울이 되어 떨어질 듯하다. 이제는 아주 지척에 있는 물체만 보일 뿐 가까운 동네의 집들도 보이지 않는다. 먼 곳이 아니라도 바로 아래 산길에서도 이미 이곳은 보이지 않는 구름속이다. 아! 지금은 지척의 사람도 보이지 않고 찾을 수도 없다. 나는 지금 조금 전 저 앞에 있던 사람이 보면 구름이다. 아! 나는 지금 구름이 되었다. 내가 구름이냐! 아니면 구름이 나냐!

잠시 후 다행히도 마을을 덮었던 구름이 계곡을 타고 더 높은 곳으로 올라가며 마을에 세워 논 룽다와 타르초가 바람에 하늘거리고 그리고 그 사이로 집들이 조금씩 보이기 시작하다. 아! 이제 우리는 하늘에서 세상으로 나왔다. 그러나 여전히 짙은 안개는 골짜기와 양 옆의 산을 휘감아 산의 형체는 보이지

랑탕마을

않고, 산이 있는 부분은 마치 연막탄을 쏜 것처럼 뿌연 채로 있다. 이만한 날씨면 그런대로 만족할 만하다. 서둘러 아침을 먹고 봉사를 나가다.

라메쉬 형제가 사전에 보건소장과 협조하여 보건소 건물을 임시 진료소로 쓰기로 하여, 아침식사를 마치자마자 치료 도구를 챙겨 구름을 헤치고 마을길을 찾아 도우미들과 보건소를 방문하였다. 말이 보건소지 우리네 시골 창고보다도 더 지저분하다. 쌓인 먼지로 봐서 수년 동안 청소를 안 한 것 같다. 간호사도 없고, 시커먼 잠바를 걸치고 머리는 더부룩하게 기른 동네

머슴 같은 젊은이가 와서 자기가 보건소장이란다. 나중에 알고 보니 그는 정식 공무원이 아니고 월급도 없이 일이 있을 때 마다 조금씩 도와주는 자원봉사자였다. 이런 상황이니 누가 보건소를 청소할 사람도 없는 지경이다. 보건소 건물은 아마 정치 바람을 타고 수년전에 지어진 모양이고, 아무 약품도 없고 먼지에 쌓인 책상 몇 개만 덩그러니 있다. 명색이라도 보건소장이라고 나를 환영하고 뭔가 도와주고 싶은 모양이다. 먼지가 쌓인 서랍을 간신히 열고 뭘 끄집어 펼친다. 그리고 나보고 쓰라고 수술용 고무장갑을 내어 주다. 껴보니 하도 오래되고 낡아서 손을 넣자마자 저절로 찢어져 못쓰게 되다. 아마 수년전에 누군가 의료봉사 왔다가 남겨두고 간 모양이다. 도우미들과 환자 베드로 사용할 나무탁자와 책상위에 쌓인 먼지를 대충 털어내고 오전봉사를 시작하다. 실내엔 유리 창문은 하나도 없고 모두 송판으로 창을 만들었는데 닫으면 대낮인데도 캄캄하여 옆 사람이 보이질 않을 정도다. 이 먼 곳까지 창문 유리틀을 갖고 온다는 것은 불가능하다. 전등불도 없다. 빛이 들어오게 하려고 창문을 열어 놓으니 옷을 벗은 환자들이 추워서 견디질 못하다. 이러지도 못하고 저러지도 못하여, 문을 열었다 닫았다 하며 간신히 오전 봉사를 마치다.

어제 세수했어요

날씨가 춥고 습도가 많아서 그런가. 사람들이 대부분 몸을 씻질 않아 몸에서 고약한 냄새가 나고, 입은 옷은 마치 빨지 않은 걸레처럼 때가 더덕더덕 끼어있다. 날씨가 늘 음산하고 산속이라 햇볕이 적게 들고 습기가 많아 옷을 빨아도 잘 마르질 않아 축축한 옷을 입고 다니며 말려야 할 형편이니 샤워인들 자주 하고 싶겠는가. 몸을 잘 씻지 않는 습관은 이들뿐만이 아니라 안내를 하는 가이드 라메쉬도 마찬가지다. 그는 비즈니스맨으로 한국에도 자주 왔으며 비교적 외국에도 자주 나가고 4개 국어를 구사하며 현대문명에 익숙한 젠틀맨이다. 그런 그를 아침에 세면장에서 세면을 하고 나오다 만나서, 인사로 "세면을 하였느냐" 무심코 묻게 되었다. 물 사정이 좋지 않은 곳이라 나만 세수하기가 미안하여 그냥 인사치레로 물은 말이다. 그러자 그도 무심코 하는 말이 "어제 세수했어요."라며 아주 자연스럽게 대답한다. 처음엔 농담인 줄 알고 한 참 웃다가 다시 물어보니, 정말 어제 세수하였다고! 매일 할 필요가 뭐 있느냐고! 여기 사람들은 한 달에 한 번 하는 사람도 있고 대부분 일 년에 한 번 정도 샤워 할까 말까 하다고 자세히 이곳 상황을 설명해 준다. 매일 세수하는 내가 우스운 사람이 되고 말았다.

다른 곳은 다 지저분해도 이들의 주방만은 기가 막히게 깨끗하다. 마치 위생검열을 받기전의 군대 취사장처럼 어딜 가던지 누구네 집이던지 이들의 주방엔 반짝 반짝 빛나게 닦아 놓은 그릇들이 가지런히 놓여 있다. 기후관계로 몸은 잘 씻지 않아도 입에 들어가는 것은 청결하게 다루는 모습에 안심이 되다.

이곳 분들은 예상한대로 다른 나라 사람들에 비해 피부병환자가 많다. 어떤 부인은 온 몸에 잔뜩 종기가 나고 가려 워서 참지 못할 정도로 고통을 호소하며 찾아왔다. 병원이나 약국이 없는 깊은 산중에서 이런 경우 자기면역력으로 살아남던가 아니면 더 심해진 피부병으로 고통을 겪다 죽을 수밖에 없다. 이런 오지에서 어른이 되기까지 살아남기 위해서는 선천적으로 건강을 타고나야 한다. 이렇게 환경이 척박하고 의료시설이 없는 곳에서는 대부분 유아시절에 삶과 죽음이 결판난다. 각자 질병과의 치열한 싸움에서 승리한 자만이 살아남아 성장하고 어른이 된다. 그런 강인한 체력을 스스로 갖추지 못하면 유아시절에 모두 세상을 떠난다. 강한자만이 살아남고 약한 자는 도태되고 마는 게 이들의 운명이다. 도시문명에 사는 우리들도 마찬가지다. 빠르게 변하는 문명과 물질 만능주의의 자본주의 사회에서 무기력한 자는 살아남을 수 없다. 어쩌면 우리네 인생이 이들의 인생보다 더 험악할 지도 모른다. 이들은 건강을 돌보는 일만 잘하면 되지만, 문명사회를 살아가는 우리는 살아

랑탕마을 임시진료소

남기 위한 각종 생존경쟁 속에서 하루도 여유 없이 바쁘게 경쟁하며 살아야 되기 때문이다. 유년시절부터 대학시절을 지나고 직장을 잡을 때 까지 약 20여 년 동안 학업에 시달려야 되고, 직장을 잡으면 그 땐 승진하기 위해 항상 긴장해야 한다. 이런 저런 인생의 과정들을 생각하면, 어쩌면 산속에 묻혀 사는 이들이 더 편안한 인생을 살 수도 있다. 이들은 많이 벌기 위해 발버둥 칠 필요도 없고, 발버둥 친다고 큰 부자가 될 수도 없다. 공부할 학교도 없으니 부모와 함께 일하고 놀고, 먹고 자는 게 공부이며 인생이다. 그러나 이들의 인생을 폄하하여서는 안 된다. 이들은 이들 나름대로 분명한 인생철학을 갖고 산다. 티베트에서 이곳까지 이주해 온 이들은 거의가 깊은 신앙의 소유자 들이다. 이들은 늘 명상하고 기도하며 그들의 기도문을 외운다. 이들은 이 세상보다 더 귀한 영원한 세상에 초점을 맞추며 좁은 산속 계곡만 바라보지 않고, 넓고 위대한 큰 곳을 바라보며 산다. 그러기 때문에 이들은 물질에 초연하여 도시를 버리고 산속까지 들어와 마음을 다스리며 수도하는 마음으로 인생을 살아갈 수 있다. 이들이 마음으로 바라보는 곳은 잠시 왔다가 사라지는 썩어지고 없어질 육의 세계가 아니고 죽음도 슬픔도 없는 영원한 곳이다. 이들은 불교가 티베트에 들어와 토착화 되면서 생겨난 라마교 신자들로서 삶 자체가 종교이고, 종교가 곧 삶이다.

이들에게 있어 실존적으로 가장 문제가 되는 것은 가난하게 살지만 물질이 아니고, 바로 건강의 문제이다. 먹고 사는 것은 그런대로 산에서 들에서 나는 것으로 먹고 살면 되고, 가끔 다녀가는 트레킹 족들이 내는 비용만으로도 족하다. 하여 그들은 숙박비도 비싸게 받지 않는다. 그저 하루저녁 자고 먹는데 1-2만원이면 충분하다. 그런데 병이 들면 이건 최악의 사건이다. 강한 면역력으로 스스로 살아남던지 아니면 죽던지 둘 중에 하나가 금방 결정 난다.

한 번 치료가 뭐 큰 도움이 되겠는가?

혹자는 그렇게 생각하는 이도 있다. 그까짓 한번 의료봉사 받아서 뭐 큰 도움이 되겠느냐고! 그러나 나의 경험에 의하면 꼭 그렇지만은 않다. 한번으로도 큰 효과를 본 사람들이 많다. 그런 경우를 볼 때마다 어떤 큰 힘이 작용하는 것을 깨닫게 된다. 성령께서 역사하시는 것 같다.

76세 할머니가 부끄러움을 참고 이야기 하신 적이 있다. 실은 지난번에 목사님 만났을 때까지만 해도 기저귀를 차고 있었단다. 부끄러워 말을 안 하려다 하는 건데, 목사님 만나고 나서부터 기저귀를 차지 않게 되었다고 고마워한 적이 있다. 노인이 되면 괄약근(조임근)이 약해짐으로 인해 항문근처나 음부에 고섭작용이 약해져 자기도 모르는 사이에 요실금이나 대변실금을 하는 수가 많다. 그 노인도 그런 상태로 기저귀를 차고 다니셨는데 이제 차지 않게 되었다고 너무 기뻐 하셨다. 이런 경우 한 두 번의 침뜸치료로 탁월한 효과를 볼 수 있다.

손발이 얼음장처럼 차서 한 여름에도 버선을 신어야 하는 40대 초반의 젊은 부인이 있었다. 한 여름에도 그분의 팔에 손을 대면 깜짝 놀랄 정도로 차갑고 오싹한 기분이 들 정도다. 남이 보기엔 튼실하여 건강하게 생긴 젊은 부인인데 손발이 차서 오랫동안 고생을 하였다. 그 분도 치료받은 후 일주일 후에 간증을 하였다. 그동안 손발시림 때문에 많은 고생을 했는데 갑자기 따듯해 졌다며 신기해하고 좋아 하였다. 오랫동안 차가워 고통스러웠던 손발이 어떻게 그렇게 쉽게 나을 수 있었을까! 간단한 침뜸요법으로 이런 일이 일어났다면 믿을 수가 있을까! 그런데 그런 일이 종종 발생한다. 현대의학으로 전혀 설명이 되지 않는 초의학적 치료사례이다.

허리가 아파 심하게 고생하는 분이 있었다. 그분은 춤을 추시는 분인데 너무 허리가 아파 춤추기가 고통이라고 호소하였다. 병원에서 허리디스크로 판정받은 분이었다. 그분을 만나고 한 달은 되었을까? 혹시나 하고 궁금하여 전화를 해 보았다. 그분은 아주 멀리 사는 분인데 전화를 받자마자 반가워하며, 그 후 허리 아픈 통증이 사라졌다고 이제 더 이상 나를 만나지 않아도 되겠다며 감사하다고 한 적도 있다.

38년 동안 생리통으로 고생한 분도 그 고통이 사라지자 너무 뛸 듯이 기뻐하였다.

외국에 봉사 다니며 경험한 이러한 치유사례가 상당히 많지만, 일일이 다 열거할 수 없다. 모두 다 밝힌다면 아마 나를 뭐 잘못된 신비주의자나 광신자 혹은 정신 나간 사람으로 취급하던가, 아니면 엉뚱한 말을 꾸며대는 사람으로 오인할 수도 있을 것 같아 이루 다 열거 할 수 없다. 오직 내가 말하고 싶은 것은, 산간 오지에서 한두 번 치료를 받는 사람들도 큰 효과를 볼 수 있다는 점을 말할 뿐이다. 그리고 우리가 그들 환자들에게 주고 오는 뜸쑥으로 그들은 약 6개월 동안 서로 서로 도와가며 뜸자리에 뜸을 떠 줄 수 있다. 그런 경우 우리가 없어도 오랫동안 자기네들 스스로 치료 할 수 있으며, 우리가 형편이 되면, 그들에게 뜸쑥을 보내주는 방법도 있으므로, 지속적으로 치료하는 것이 가능하기 때문에 우리가 하는 치유사역이 '일회성 행사'로 그치는 봉사활동이라고만은 말할 수 없다.

그렇다고 모든 환자들이 다 그렇게 큰 효과를 보는 게 아니다. 대부분 보면 믿음이 강한 분들이 큰 효과를 본다. 믿음도 없이 사람을 외모로만 보고 판단하는 이들은 큰 효과를 보지 못한다. 이로 보건대 치유 사건은 믿음과 상당히 밀접한 관계가 있다. 예수께서도 대부분의 환자를 고치시고 "네 믿음이 너를 고쳤다"고 하셨다. 우리가 인생을 살아가는데 있어 신념은 상당히 중요하다. 하나의 뚜렷한 신념을 갖게 되면, 그는 일반 상식으로 이해할 수 없는 일을 종종 이루어 낼 수도 있다. 신념이 있는 자는 할일도 없이 남따라 장에 가듯 이곳저곳 기웃거리며 시간을 낭비하지 않는다. 목표를 세우고 그 길만을 걸어갈 뿐이다. 예수께서도 "겨자씨만 한 믿음만 있으면 이 산을 들어 저리로 옮기라 하여도 옮길 수 있다"고 하셨지 않은가. 내가 사람을 치유하는 신통한 능력이 있는 게 아니고, 그들의 믿음이 자신의 자연치유력(자연면역력)을 증대시켜 스스로 치유 된 것으로 생각한다. 나는 오직 도구로만 쓰였을 뿐이다.

'조금' 이라는 개념의 차이

보건소는 너무 춥고 전기가 없어 어두워 더 이상 환자를 받기가 불가능하여 숙소 옆 손님이 없는 롯지를 하나 빌렸다. 요즈음은 성수기가 아니라 마침 롯지마다 비어 있어 빌리기가 쉬웠다. 이 골짜기 저 골짜기에서 소문을 듣고 온 사람들이 모여들어 임시진료소 앞에서 기다린다. 점심식사를 마치고 쉴 틈도 없이 환자를 돌보았다. 이들은 어릴 때부터 산에서 자라 그런지 걷는 데는 이력이 난 사람들이다. 보통 두 시간 세 시간씩 힘들여 산길을 걸어 온 분들인데, 마치 옆집에서 마실 온 사람들처럼 대수롭지 않은 모습이다. 그들의 이웃에 대한 개념은 보통 한 시간 내지 두 시간 떨어진 곳에 사는 분들을 이웃이라 생각하는가보다.

무릎을 도끼에 찍혀 걸음을 걷지 못하고 수개월동안 고생하는 분이 있다고 심방해 달라는 전갈이 왔다. 얼마나 걸리느냐 물으니 조금만 가면 된단다. 한 10분만 걸어가면 될 것으로 생각했다. 잠간 다녀오려고 따라 갔더니 마을을 지나고, 들판을

무릎을 도끼에 찍힌 환자

지나고, 산을 하나 넘어, 약 1시간 정도 산길을 걸어 올라가서야 환자의 가정에 도착하였다. '조금' 이란 개념이 나의 생각과 그렇게 차이가 나는 줄 정말 몰랐다. 하루 종일 일하고 피곤하여 좀 쉬려고 하려다 '조금' 이라는 말에 따라갔다가 녹초가 될 것 같다. 그러나 퉁퉁 부어 오른쪽 무릎을 껴안고 신음하는 환자를 바라보니 피곤해할 여지가 없다. 함께 따라간 도우미들이 정성껏 치료를 도와주고, 가져간 항생제를 주며 이것으로 만족하지 말고 꼭 병원에 가라고 일러주다. 오래전에 다친 다리를 빨리 치료하지 못하여 심한 염증이 다리를 썩혀 들어갈 지경이다. 그대로 내버려 두면 이분도 다리를 절단해야 할 정도로 악화될 것이고, 그런 조치도 못한다면 염증이 온 몸과 골수에 침투하여 목숨을 잃는 수도 있다. 이 분을 보며 이곳에 사는 사람들이 다치거나 병들면 이렇게 혼자 고통을 겪다 죽어가는구나 하는 생각을 하다. 이 정도의 외상은 초기에 병원에 가서 빨리 치료를 받고 소염제를 복용하였더라면 쉽게 나을 수 있었을 텐데, 이렇게 악화될 때까지 둘 수밖에 없는 그들의 환경과 처지가 너무나 안타깝다.

네팔 정부와 국민은 요즈음 왕정체제를 벗어나 공산체제로 가느냐 아니면, 자유민주주의 체제로 가느냐 갈팡질팡 하고 있다. 국민을 이끌어 갈만한 신뢰받는 정부가 형성되지 못한 상태다. 이런 와중에 국민보건행정서비스 시스템이 깊은 산속 부족마을에 까지 미치는 건 상상도 못할 일이다. 라메쉬의 말에 의하면 2천여 명이 사는 이 마을에 동장도 없고, 이장도 통장도 없는 상태란다. 마을을 위한 주민 공동체나 위원회도 없고, 지도자나 책임자가 없으니 마을에 문제가 생기면 의논할 곳도 없이, 깊은 산중에 여기 저기 흩어져 사는 사람들이 각자 해결해야 된단다. 이런 경우엔 봉사활동을 해도 협조해 줄 사람이 아무도 없다. 그냥 우리 스스로 자원하여 롯지를 빌리고 봉사를 해 줄 뿐이지 누구 하나 고맙다는 말을 할 대표인물이 없다.

누구 한사람 차라도 한 잔 타다 줄 사람도 없다. 그저 먼저 치료만 받을 욕심으로 기다리고 서 있을 뿐이다. 그러나 주님은 '갚을 능력이 없는 사람을 도와주라' 하셨기에 우린 주님의 말씀대로 기쁘고 즐거운 마음으로 봉사한다.

※ 룽다: 경전을 적은 천 다발을 묶어 놓은 길다란 끈

※ 타르초: 경전을 적은 깃발

3) 칸진곰파를 향하여
2010년 8월 18일 수요일, 흐렸다 개였다 하다

랑탕(Langtang)–칸진곰파(Kyanjin Gompa)

랑탕마을에서 이틀간의 봉사를 마치고 최종 목적지 칸진곰파를 향하여 올라가다. 출발하기 전 롯지 앞에서 함께 기념사진 촬영을 하는데 주방장 아이(Ngawanga)도 나왔다. 이제 겨우 15세 되었다는 조그만 남자아이가 주방장이 되어 각 나라에서 오는 손님들을 위하여 요리를 하다. 한창 사춘기에 접어들어 부모의 속을 썩이든지 노느라 바쁠 아이가 요리를 제법 능숙하게 잘 하기에 대견하여 격려해 주고, 양아들 삼고 싶다했더니 그 말에 큰 관심을 갖는 것 같다. 괜한 말을 하여 어린아이가 엉뚱한 생각을 하지나 않을까 염려가 된다. 이 아이는 어디서 그리 일찍 요리를 배웠는지 주인아주머니도 요리 할 때는 그

아이에게 물어서 도와주기만 할뿐이다. 어디서든지 나이가 많건 작건 간에 자기만 노력하면 살아가는 방법은 얼마든지 있구나.

마을을 통과하여 올라가다 보니 타작하는 여인이 돌담장 밑에서 알곡과 쭉정이를 고르기 위해 자연풍을 이용하여 알곡을 고르는 모습이 옛 어린 시절을 추억하게 하다. 나의 어린 시절에도 어른들이 저렇게 곡식을 바람에 날려 가려냈었다. 그 때만 해도 탈곡기가 있어 마당에 멍석을 깔고 거기다 탈곡기를 장치한 후 벼를 올려놓고 발로 밟으면 왱왱 소리를 내며 알곡은 가까이 떨어지고 쭉정이는 멀리 떨어져 알곡과 쭉정이를 구별하기가 쉬웠다. 그러나 여기는 높은 산악지대라 탈곡기를 마련할 수 없어서 그런지 자연풍으로 그 일을 대신하다. 계곡에는 언제나 바람이 잦을 날이 없으니 탈곡기가 필요 없는지도 모르겠다. 올해는 장마가 늦은 건지 아니면 이상기온인지 8월 중순이 넘어도 계속 비가 내린다. 네팔에 와서 지금까지 하루도 비를 만나지 않은 날이 없다. 어쩌다 잠시 하늘이 갠 틈을 타서 타작하는 여인은 우리가 구경을 해도 아랑곳 하지 않고 열심히 일만하다. 언제 또 쏟아질지 모를 비를 대비해서 빨리 서둘러야 하는 모양이다. 내가 이런 오지에 와서 가장 기쁘고 즐거운 일은 저런 원주민들을 만나는 일인데 농부는 너무 바빠

추수하는 여인

눈길도 주지 않는다.

올라가던 길에 그저께 무릎 치료 받으신 분이 궁금하여 다시 또 그 집엘 들렀다. 지난번엔 움직이지도 못하고 침대에 누워만 있던 분이 너무 반가워하며 목발을 집고 위험한 층계를 가까스로 내려와 마당까지 걸어 나오신다. 지난번 치료에 큰 힘을 얻은 모양이다. 마당에 자리를 펴고 기도한 후 다시 한 번 더 치료해 드리며, 먼저 번 준 약을 먹고 좀 좋아졌다고 안심하지 말고 병원에 가서 사진도 찍어보고 제대로 치료하라고 일러준다. 염증이 생긴 후 너무 오랫동안 방치해 두어 그냥 두면 위험하니 더 아파지기 전에 꼭 병원에 가라고, 그러지 않으면 다리를 절단해야 할지도 모르다고 병원에 갈 것을 신신당부하다. 그러나 그의 가정 형편상 치료받으러 갈 병원비나 있을지 의문이고, 정상인의 걸음으로 버스를 타는 곳까지만 가도 2일은 걸어 내려가야 하는 먼 길을 가는 것도 문제이다. 크게 도와주지도 못하면서 말로만 인심 쓴 것 같아 죄송한 마음이 들다.

다시 걸어 올라가다 중간에 좀 쉬고 또 걸어 올라가다를 반복하다. 설산에서 녹아 흘러내리는 물이 작은 도랑을 이루어 졸졸졸 흘러 내려간다. 안개가 개이고 따뜻한 햇살이 비치니 마치 봄이 온 기분이다. 도랑물에 손을 대어보니 얼음물처럼 손이 시릴 정도로 차다. 땀을 좀 식힐 겸 얼굴도 씻고 손도 씻어보다. 물이 그렇게 부드러울 수가 없다. 산속에 있는 좋은 약성분이 모두 녹아 있는 기분이다. 어떤 이는 훌렁 벗고 몸도 씻었으면 좋겠다하다. 아토피성 피부염으로 고생하며 찾아왔던 분이 갑자기 생각난다. 여기 사는 분들은 이런 물에 몸을 씻으니 일 년에 한 번씩만 씻어도 되는가보다.

또 다시 가다 쉬고 가다 쉬고 하며 내내 걸어가다. 한 분이 너무 힘들어 하여 함께 천천히 걷다 보니 앞에 먼저 간 분들이 벌써 목적지에 도착하고 우리가 힘들어 하는 줄 알고 앞서 광이가 타고 간 말을 보냈다. 덕분에 말을 타고 사진도 찍으니 내가 마치 황야의 무법자가 된 기분이다. 우리는 트레킹이 목적이 아니므로 빨리 갈 필요가 없다. 어딜 가던지 그 순간순간이 가장 귀한 시간이며 장소다. 어쩌다 산길을 가다 만나는 사람이 있으면 그가 가장 반갑고 귀한 분이다. 마을 입구의 룽다와 타르초가 바람에 휘날리는 모습이 마치 어서 오시라고 인사하는 것 같다. 비가 자주오고 안개가 항상 끼어 있어 아름다운 설산을 볼 수는 없지만 수시로 모양을 변화시키는 안개 그 자체도 볼만한 경관이다. 우리를 지켜보는 산속의 모든 것들이 귀한 존재이다. 어쩌다 바위틈에서 살포시 고개를 내밀고 있는 이름 모를 꽃을 발견한 이는 너무 귀여워 한 참 바라보고 함께 사진도 찍고 간다. 우리들의 앞길엔 소음도 오염된 아무 것도 없는 신선한 공기와 꽃들과 하늘에 떠다니는 구름과 평화로운 자연의 모습들이다.

어제 밤에도 너무 피곤하여 밤새도록 끙끙대며 앓았다. 난방시설이 안 돼 있는 룸의 침대 바닥은 냉기가 돌고 몸이 오싹해졌다. 너무 써늘하여 광이와 함께 자면 덜 추울까 하고 광이를 불러다 함께 잤더니 밤새도록 이불 차내는 것 덮어 주느라고 잠을 설쳤다. 그런데 이상하게도 산길을 걷다보면 피곤한 것이 모두 사라지고 언제 그랬냐는 듯 몸이 가뿐하다. 히말라야의 산 기운은 상당한 에너지가 있는가 보다.

애벌레처럼 사는 인생

「서양의 성자로 불리는 트리나 포올러스의 '꽃들에게 희망을' 이라는 책에 애벌레의 기둥이 나온다. 정상에 오르려는 야망으로 꿈틀거리는 애벌레들이 만든 엄청나게 높은 기둥, 그들은 정상에 무엇이 있는지도 모르는 채 막연한 환상을 가지고 계속 기어오른다. 남들이 가기 때문에 그냥 따라서 가는 것, 누군가를 밟고 밀지 않으면 올라갈 수 없는 아비규환의 지옥 같은 전쟁, 일부 애벌레들은 체력이 약해 떨어져 죽고 일부는 치열한 경쟁에서 밀려 떨어져 죽었다. 한 무리의 애벌레가 앞선 경쟁자를 밀어 죽이며 겨우 정상에 올랐지만 그곳엔 아무 것도 없었다. 그냥 뻥 뚫린 하늘과 텅 빈 공간, 갑자기 어떤 애벌레가 큰 소리로 소리쳤다.

"뭐야, 여기 정상엔 아무 것도 없잖아, 어떻게 된 거지."

"조용히 해 바보야, 저기 밑에서 듣잖아. 우린 저들이 올라오고 싶어 하는 곳에 와 있는 거라고, 중요한 것은 단지 그거란 말이야"

그들은 절망과 허무, 끔찍한 상실감에 시달리며 잠시 정상에 있다가 밑에서 올라오는 다른 애벌레들에게 밀려 까마득한 기둥 아래로 떨어져 죽고 만다. 아, 그 허무함이란... 그 중에 몇 마리는 사랑을 통해 예쁜 나비가 된다. 커다란 날개를 펄럭이며 피조물의 유한함에 대항하는 유일한 무기는 사랑이라는 것, 행복해지기 위해 사랑하는 것이 아니라 사랑을 함으로 행복해진다는 것을 증명하면서.」

어쩌면 우리 인생은 애벌레처럼 사는 지도 모른다. 정상에 올라가면 아무 것도 아닌데 정상을 향하여 아귀다툼하며 사는 게 인생의 모습이 아니겠는가! 어쩌면 트렉커들도 그 애벌레와 비슷한 모습으로 히말라야를 오르는지 모르겠다. 그곳에 갔었다는 것이 중요했을 뿐 산에 오르면 인간의 탐욕과 아집이 발아래 보일 줄 믿었고 내가 알 수 없던 또 다른 세상이 존재하리라 믿었다. 하지만 그곳엔 무거운 짐을 지고 걷는 포터와 그에 의지해 편하게 걷는, 인간 세상의 계급의 질서가 여전하다. 마치 내가 살던 저 아래의 세상과 똑같이.

그러나 이곳에 정착하고 사는 티베트 인들은 그렇지 않다. 이들은 산악인들처럼 정상을 정복하기 위해, 일등이 되기 위해 이곳을 찾지 않았다. 그런 사치스런 생각은 할 여유도 없었다. 이들은 한을 품고 이곳을 찾았다. 눈보라가 휘몰아치는 한 겨울 중국인 초병의 경계가 허술한 틈을 타 가슴까지 빠지는 눈을 헤치고 이곳을 찾았다. 이곳에 오면 핍박을 받지 않고, 자유를 누리며 오순도순 살 수 있을 것이라 생각하고! 그리고 때가 되면 다시 평화의 나라를 회복할 수 있으리라는 믿음을 갖고 왔다.

해발 4천 미터 이상의 히말라야 설산을 넘어 탈출하는 도중에 손발이 얼어 떨어져 나간 사람도 있고, 산을 넘다 미끄러져 죽은 이들도 많다. 그들은 애벌레 들이 치열한 경쟁으로 기둥을 올라가듯이 힘차게 올라 왔지만, 애벌레처럼 남을 밀쳐내고 자기만 살겠다고 올라온 게 아니고, 민족의 꺼져가는 등불을 다시 밝히기 위해 서로 협력하여 행복하게 살기 위해 자유를 찾아 이곳에 왔다. 아무도 살지 않고 집도 없고 먹을 것도 없는 이름 모를 깊은 산속에 그들은 한을 품고 자유를 찾아왔다. 여기에서 이들은 무거운 바윗돌을 쌓아 집을 짓고, 돌밭을 일구어 감자를 심고, 야생 야크를 길들여 가축으로 삼아 목숨을 연명하고 있다.

세상에서 실망한 이들의 유일한 희망은 하늘이다. 이 세상 그 누가 속이고 핍박하더라도 하늘은 그러지 않을 것이란 믿음이 있다. 사방이 숨 막히도록 높은 산으로 갇혀 가슴이 답답하고 울고 싶을 때가 있어도 이들은 울지 않는다. 마음속엔 항상 의지할 신이 있기 때문이다. 이들은 힘을 모아 마을 입구엔 대형 마니차를 만들어 돌리고, 마을길에는 마니월(돌담)을 쌓고, 마을에는 룽다와 타르초로 장식을 하고 그리고 마을 가장 높은 곳에는 곰파(사원)를 지어 매일 매일 신께 기도한다. 이 산 계곡에서도, 저 산 계곡에서도, 티베트에서 피난 온 이들은 그렇게 매일 기도드리며 산다.

우리들 역시 정상을 정복하기 위하던가, 막연한 환상을 가지고 이곳을 오르지 않았다. 그 무엇을 얻으려고 이곳을 오른 것은 더욱 아니다. 그저 단순한 마음으로 예수의 박애정신을 품고 올랐다. 우리는 이곳에 대하여 사전에 아무 지식도 없었고, 이곳에 티베트 난민들이 살고 있는 것조차도 모르고 따라왔다. 여기가 그렇게 아름다운곳으로 소문난 곳인 줄도 모르고 왔다. 여기 와서 듣고서야 랑탕계곡은 고산지대를 찾는 산악인과 트레킹 족들에게 세계에서 가장 아름다운 계곡으로 이름이 난 곳임을 알았다. 그래서 세계의 많은 트렉커들이 다녀가고 각국의 방송사들이 촬영을 나오는 곳이란다. 우리나라 KBS에서도 다녀갔다고 하다. 우리는 그런 줄도 모르고 평소에 잘 아는 세르파 라메쉬만 따라서 이곳까지 왔다. 여기에서 산은 우리에게 한 번도 그 아름다운 모습을 보여주지 않았다.

몇 번 이곳을 다녀간 사람들에 의하면 이곳의 설산은 눈부시도록 아름답고 그 사이로 흐르는 계곡은 상상화에서나 볼 수 있는 아름다운 모습이란다. 날씨가 맑으면 가까이 있는 큰 산 너머로 멀리 사방의 더 크고 웅장한 설산이 마치 거울처럼 내

최종목적지 칸진곰파를 바라보며

눈앞에 바로 다가와 손으로 잡으면 잡힐 것 같은 입체감을 조성하며 아름다움의 극치를 이루는 곳이란다. 그런 장관에 익숙한 사람들은, 해도 뜨지 않고 안개만 매일 자욱한 이런 구중중한 장마철에는 이곳을 찾지 않는다. 3월이나 4월 그리고 10월이나 11월에 와서 아름다움의 절정을 만끽하고 간다. 그러나 우리는 그런데 연연하지 않고 왔기에 짙은 안개가 설산을 다 가려 한 번도 그 아름다운 자태를 보여주지 않더라도 실망한 적이 없다. 우리에게 관심은 산의 경관이 아니고 이곳에 사는 난민들이기 때문이다. 어쩌면 이들을 위해 신이 우리를 이곳에 보내셨는지도 모른다. 시즌이 지나고 아무도 찾아오지 않아 티베트 난민들이 낙심하고 있는 때에, 신은 이들을 위로하라고 우리를 이곳에 보내셨는지도 모른다. 그들의 기도를 응답하시어.

수목한계선을 지나니 관목은 하나도 없고 야생초들만이 길 옆에서 꽃을 피우며 우리를 맞이하다. 길가에 쌓아 논 초르텐을 지나 개울을 건너 한 참 더 가니 멀리 곰파가 보이고 그 옆에 마을이 있다는 것을 알려 주듯 룽다와 타르초가 우뚝 서 손짓을 하며 우리를 부르듯이 펄럭인다. 말을 타고 언덕에 오르니 칸진곰파의 작은 마을이 한눈에 들어온다. 매번 밤늦게 도착하여 잠자고 떠나기에 바빴는데 오늘은 저녁 먹기 전에 도착하여 마을을 돌아 볼 시간이 좀 있어 다행이다. 세르파가 정해 논 롯지에 도착하자마자 난로 불을 피우고 몸을 먼저 덥혔다. 감기기운과 고산증세로 대원들 중에 어지럼증으로 고통을 겪는 분도 있다.

4) 깊은 계곡 난민촌 칸진곰파

피곤하여 침대에 누워 좀 쉬다 보니 마을의 주변 경관이 궁금하여 누워 있기가 아깝다. 남들이 쉬는 틈을 타 혼자 카메라를

해발4000미터 칸진곰파 마을

들고 밖으로 나왔다. 마을은 이곳이 끝이다. 더 이상 높은 곳을 오르려면 야영을 해야 한다. 기온차가 심한 고산지대에서 야영은 전문가가 아니면 불가능하다. 산길을 따라 계속 올라가 보았다. 깊은 계곡의 강을 끼고 멀리 웅장한 산들 사이로 하늘이 빠끔히 보인다. 저 높은 산을 넘으면 바로 이들이 정붙이고 행복하게 살았던 늘 꿈에도 그리고 있을 티베트 나라이다. 이들은 저렇게 험하고 높은 산을 겨울철 눈이 쌓여 경비가 허술한 때를 이용하여 중국의 지배를 벗어나고자 탈출을 시도하였던 것이다.

멀리 아련히 야크 떼들이 풀을 뜯는 모습이 보인다. 혼자보기 아까운 모습이다. 약 100여 마리는 될 것 같은 야크 떼들이 건너편 먼 험한 산비탈에서 부지런히 풀을 뜯고 있다. 야크가 있는 곳까지 가보고 싶은 마음이 드나 곧 해가 질것 같아 바라만 보다. 한 마리의 사냥개가 야크가 곁길로 벗어나자 막 달려가 되돌아가게 하는 모습이 아련히 보인다. 주인이 없어도 제 할 일을 다 하는 사냥개가 대단히 충성스러워 보이다. 갑자기 한 마리의 야크가 마을 쪽에서 산으로 가기 위해 저 멀리서 내 앞쪽으로 오려다 멈칫한다. 대열을 벗어난 야크가 무리를 찾아가는 중인가보다. 나를 보자 방향을 바꾼다. 야크의 덩치가 너무 커 약간 무서운 마음이 들다. 그도 처음만난 이방인이 무서운지 멀리 비켜간다. 디카로 그 놈을 촬영하려니 줌이 약하여 가까이 찍어지질 않는다. 그래도 야생 야크를 가까이서 보게 된 게 큰 수확이다.

지금까지 우리는 세르파 라메쉬가 우리에게 랑탕계곡을 트레킹 장소로 추천한 이유를 자세히 몰랐다. 그냥 그가 봉사할 곳을 안내한다기에 따라왔을 뿐이다. 우리가 힘겹게 지금까지 올라온 길은 너무 황량했다. 무너진 계곡, 짙은 안개로 덮인 산, 무섭도록 세차게 성이 난 듯 흐르는 계곡물, 산사태로 무너진 위험한 길, 매일 하루도 비가 오지 않은 날이 없을 정도로 구중중한 날씨, 개화기가 지나 모든 꽃들이 지고 잎만 무성한 모습, 이러한 일련의 모든 열악한 환경의 모습은 우리로 하여금 이 계곡을 그리 아름답게 느끼지 못하게 하였고, 그저 평범한 산중에 하나로 여기게 하였다. 그래도 우린 경관에 별 관심 없이 오르고 또 올랐다. 한 참 오르다 보면 랑탕 마을이 나올 것이고, 거기엔 우리를 필요로 하는 분들이 있을 것이기 때문이었다. 우린 한 번도 경치를 탓하지 않았다.

우리에게 사명이 있었기에 우리의 목표를 이룰 수 있도록 아주 적절한 시기에 이곳으로 인도하신 위에계신 분께 감사드린다. 사실 경관만 보려고 다니면 보고난 다음 허무할 때가 많다. 소문난 잔치에 먹을 것이 없다고 경치만 기대하고 가면 큰 실망을 할 수도 있다. 우린 경치를 기대하고 온 것이 아니고 우리를 필요로 하는 사람을 만나러 왔기 때문에 어떤 열악한 환경이 주어져도 실망이 있을 수 없다. 우리가 도울 수 있는 사람이 있다면 그것이 가장 큰 기쁨이다. 그렇다고 우리가 하는 선행으로 덕을 쌓든가, 구원을 받으려는 얄팍한 수작은 아니다. 인간의 선행이 아무리 큰들 하나님 앞에서 얼마나 미미한 짓이겠는가!

산행을 하며 어쩌다 자신도 모르게 습관이 되어 빨리 걸어가면 뒤에서 포터가 '비스타레 자노스' 라고 외치다. '천천히 가세요' 란 말이다. 고산지대엔 빨리 걷는 게 금물이다. 산소가 절반으로 줄어든 고산기후에 적응하기 위해선 천천히 걸어야 하다. 그렇지 않으면 고소증세를 일으켜 쓰러지던가 도중에 하산해야 하다. 위험할 경우엔 사망하는 수도 있다. 히말라야가 우리에게 가르쳐 준 교훈은 '천천히 가는 것' 이다.

정상을 오르기 위해선 반드시 천천히 가야한다. 천천히 가는 것은 처지는 게 아니다. 새로운 환경에 적응하며 끝까지 가기 위한 전략이다. 히말라야는 이처럼 '느림의 미학' 을 우리에게 가르쳐 준다. 애벌레처럼 목표도 목적지도 종말도 모르고, 인생의 가치관도 잊어버리고, 허우적대며 올라가야 하는, 바쁜 시대를 살아가는 오늘의 일상에서 인간으로서의 정체성(Identity)을 돌아보기 위해선 가끔은 느림의 미학이 필요하다.

5) 마(魔)의 계곡
2010년 8월 21일 토요일, 비오다 개였다 하다. 죽을 뻔 하다 살아나다.

샤프루벤시(Syafrubensi,1420m)–둔체(Dhunche,2120m)–카투만두(Kathmandu, 1,400m)

지난 8월 19일 칸진곰파에서 하산하여 내려오다 라마호텔에서 1박하고 그리고 20일 샤프루벤시까지 내려 와서 1박 한 후, 오늘부턴 카투만두까지 편하게 버스로 하산하는 날이다. 7시까지 버스가 온다하여 모두 짐을 꾸려 아침 일찍 버스 타는 데까지 갔다. 대기하고 있는 버스에 한 참 짐을 싣고 있는 데 무슨 연락을 받았는지 조수가 다시 짐을 내리란다. 길이 무너져

칸진곰파에서 새벽에

차가 갈 수 없다는 연락을 받은 것이다. 내려갈 때쯤 되면 산사태로 무너진 길 보수공사가 모두 마무리 되어 편안하게 버스를 타고 갈 줄 알았더니 또 다시 허물어진 험한 산길을 걸어가야 한단 말인가!

몇 킬로를 가야 하는지 그리고 몇 분이나 걸어가야 하는지도 모르는 채 우린 그냥 걷기 시작하였다. 길은 외길이고 별 다른 방법이 없기 때문이다. 샤프루벤시 마을은 계곡 아래편에 위치하며 해발 1,420미터밖에 안 된다. 카투만두를 가기 위해서는 둔체를 통과해야 하는 데 둔체의 높이는 해발 2,120미터나 된다. 둔체까지 가기 위해서는 700미터나 더 높이 올라가야 된다는 계산이 나오다. 거기까지는 버스가 다니므로 길만 허물어지지 않았다면 시간상 별로 얼마 안 걸리는 거리다. 그러나 고도 700미터는 걷는 거리로 7키로 이상 되는 거리다. 이 거리를 걸어서 올라가려면 예측하기 어려운 많은 시간과 노력이 필요할 것이다.

이곳에 와서 하루도 맑은 날이 없었듯이 오늘도 아침부터 비가 구중중하게 내리다. 배낭에서 우의를 꺼내 입고 가랑비를 맞으며 버스길을 따라 한 시간 정도 올라가니 멀리 안개 속에 사람들이 웅성거리며 서있기도 하고 앉아 있기도 한 모습이 보

지친 영광이를 끌고 가는 엄마

인다. 가까이 가보니 포클레인이 무너진 길 보수작업을 하고, 사람들은 길이 빨리 복구되길 기다리고 있다. 복구 작업하는 것을 바라보며 거기서 한 30분 정도 기다렸을까? 도저히 쉽게 일이 끝날 것 같지 않아 지켜보던 사람들과 무너진 계곡을 간신히 지나 다시 걷기 시작하였다. 계곡을 끼고 굽이굽이 도로를 만들어 마치 뱀이 기어가는 것처럼 구불구불한 도로를 한참 올라가다보니 이 지역 사람들은 우리처럼 구부러진 도로를 따라 걷지 않고, 가파른 산을 넘어 지름길로 간다.

우리 일행도 시간 절약을 위해 그 길로 가려하는 데, 어린 영광이가 도저히 힘들어 못 갈 것 같아 그냥 길목에 서서 망설이고 있는데, 마침 오토바이 한 대가 오다. 사정을 하여 광이와 엄마를 태워 보내고 우린 가파른 산길을 질러 오르기 시작하다. 오전 10시, 너무 힘들어 산 중턱 쯤 올라 숨을 고르고 땀을 식히며 좀 쉬는 데 구름이 우리 눈 아래서 왔다 갔다 하고, 구름 한 참 아래 약 200미터 정도는 될까? 깊은 계곡 아래 흐르는 물이 가늘게 내려다보인다. 가파른 길을 빨리 올라오느라 다리가 좀 아프긴 하지만, 이상할 정도로 조금만 쉬면 곧 괜찮아지다. 참 신기한 일이다. 긴장이 되어 그런가? 여성대원들도 다리 아파 못 가겠다는 말을 하는 사람은 없다.

한참 걸어 고개로 올라서니 조금 전에 우리가 걸어오던 버스

길과 다시 만나게 되고 오토바이를 타고 먼저 올라 온 광이와 다시 합류하다. 또 다시 도로를 따라 계속 한 시간 정도 걸어가니 그제야 멀리 안개 속에 버스가 보인다. 모두가 좋아서 환호성이다. 아이들처럼 신나게 버스를 잡아타고 약 20분 정도 달리니 먼젓번 올라 올 때 출입허가서를 받았던 둔체가 나타나다. 둔체에서 승객들이 모두 내려 각자 입맛에 맞는 음식점을 찾아 점심식사를 하다. 높은 산속에도 버스길이 나 있고, 마을이 형성되고, 음식점들이 있으니 여행 다니는 사람들에겐 너무 편리하고 좋다. 점심 식사를 마치고 다시 버스를 타고 약 30분 정도 가니 또 도로가 끊겼다. 정말 갈수록 태산이다. 이번엔 아예 도로는 흔적도 없을 정도로 사라지고 산사태로 인하여 큰 계곡을 이루었다. 약 50여 명의 먼저 온 사람들이 깊이 파헤쳐진 끊어진 도로를 바라보며 건너갈 엄두를 못 내고 서서 웅성웅성하며 바라만 보고 있다.

정말 기가 막히다. 갈 때도 길이 무너져 간신히 올라갔었는데, 이건 올라갈 때와는 비교도 안 될 정도로 더 심하게 산이 무너지고 도로가 아예 없어져 버렸다. 진짜 눈앞이 캄캄하다. 이 나라는 구조대도 없고, 헬리콥터도 없단 말인가! 산을 오르는 트레킹 족들 때문에 먹고 사는 나라가 이렇게 비상조치가 되어 있지 않단 말인가! 무너진 길과 길 사이에 밧줄이라도 연결해 놓아 주면 얼마나 좋을까!

모두 기가 차서 잠시 무너진 도로를 바라보고 있는 동안 갑자기 산에서 '우르릉 쾅쾅' 하며 바윗돌들이 굴러 떨어져 내린다. 나를 비롯해 바라보고 있던 모든 사람들이 놀라서 소리를 질렀다. 잠시 후 굴러 떨어지던 바윗돌들도 멈추고 사람들의 숨소리도 멈추고 깊은 산속에 적막이 흐른다.

무너진 계곡을 물끄러미 바라보던 사람들 중에 한 용감한 의인이 조심스럽게 계곡에 한 발짝씩 길을 내며 나아가고 있을 때 또 다시 기다렸다는 듯이 '우르릉 쾅' 하는 소리와 함께 큰 바위가 세차게 굴러 떨어져 굉음을 내며 그가 건너려는 곳을 힘차게 때리고 수백 미터의 끝도 보이지 않는 계곡 아래로 쏜살같이 사라진다. 이를 지켜보고 서 있던 사람들이 깜짝 놀라 한 목소리로 "아-악!!"하고 놀라는 소리가 마치 비명소리처럼 울려 앞산에 메아리쳐 오다. 하마터면 앞서 가려던 사람에게 부딪쳐 큰 사고가 날 뻔하였다. 정말 소름이 오싹 끼친다. 우리를 빼 놓고는 대부분 이 지역 사람들인데도 험하게 무너진 길을 바라보고는 건너지 못하고 두려워 머뭇거린다. 그런데 이상하게도 정작 새내기인 우리는 아무 겁도 없이 그냥 바라보기만 하였다. 그 와중에도 우리 마음속엔 현지인들처럼 두려워하거나 불안한 마음이 들지 않았다. 무시무시한 참사의 현장을 목격해 본 경험이 없어서일까? 아니면 우리에게 특별히 평안을 끼치는 그 무엇이 있었기 때문일까? 아마 둘 다일 것이다.

항상 어디든지 용사는 있기 마련이다. 한 사람이 다시 무너진 절벽을 한 발짝 한 발짝 내 디디며 건너기 시작하다. 아직 산 위에서 바윗돌은 굴러 내리지 않고, 그는 간신히 무너진 길의 중간쯤 갔다. 만일 그 위치에서 돌이 굴러 떨어지면, 앞으로도 피할 시간이 없고 뒤로도 피할 시간이 없다. 그냥 돌에 맞아 죽을 수밖에 없는 위험한 지점에 이르렀다. 참으로 절박한 순간이다. 하늘이 도왔는가! 그 사람이 가까스로 건넌 다음에야 그의 등 뒤로 바위가 세찬 소리와 함께 굴러 떨어지고, 바위 소리와 함께 또 다시 사람들의 놀란 함성이 하늘을 찌를 듯하다. 겁에 놀란 사람들에 의하여 주위가 한 참 적막감에 휩싸이며 아무도 말하는 사람이나 움직이는 사람이 없다.

몇 분이 지나자 다시 용기 있는 한 사람이, 앞 사람이 가던 방식대로 간신히 넘어갔다. 간간이 바위가 굴러 떨어질 때는 멈추었다가 다음 사람이 가고, 또 다음 사람이 지나갔다. 한 십여 명 그런 식으로 건너간 다음 우리 일행도 건너가기 시작하였다. 세르파 라메쉬가 먼저 건너기 시작했다. 그는 힘도 세고 이곳 산에서 단련된 사람이므로 별 어려움이 없을 것으로 생각했다. 그런데 마지막 코스에 가서 두 손으로 바위를 집고 오르

무너져 내린 도로

려 하는데 발로 디딘 부분은 조금씩 무너져 내리고 손으로 잡은 바위가 위험스럽게 움찔하고 흔들리다. 라메쉬가 겁이 나 힘차게 오르려 하면 다시 또 바위가 움직여 오를 수 없다. 그 큰 바위가 라메쉬를 안고 굴러 떨어지는 날이면 라메쉬는 바로 황천길로 가는 거다. 그리고 그 다음 사람들은 아예 그 길을 더 이상 갈 수가 없는 상황이 되고 말 것이다. 요번에도 못 오르면 라메쉬의 팔에 힘이 떨어지고 아주 극한 상황이 될 지도 모른다. 라메쉬가 비지땀을 흘리며 다시 한 번 온 힘을 다해 철봉을 하듯이 힘차게 차고 오르자 가까스로 바위 위로 올라가게 되었다. 멀리서 지켜보던 사람들이 함성을 지르고 박수치며 환호하다. 이건 연극이 아니고 생과 사의 갈림길에 선 실제상황이다. 사람들이 지른 함성은 보통 소리가 아니었다. 마치 죽음을 이겨내고 살아나는 자들이 질러대는 아주 통쾌한 승리의 감격스러운 함성이었다.

그렇게 통과한 라메쉬가 자기 다음으로 몇 사람이 더 그 마(魔)의 계곡을 통과하는 모습을 지켜 본 후, 우리를 오라고 부르다. 너무 늦게 가면 또 언제 더 크게 길이 무너질지 모르므로 기회가 왔을 때 빨리 이동해야 하기 때문이다. 용감하게도 광이 엄마가 광이를 데리고 먼저 건너기 시작하다. 나를 포함하여 아직 많은 사람들이 뒤에서 위험스런 눈초리로 모자가 건너는 모습을 지켜보고 서 있다. 이상할 정도로 광이와 엄마는 겁이 없는 것 같다. 그들이 건너가는 모습을 지켜보는 나의 뒷다리가 후들 후들 떨린다. 기도하지 않을 수 없다. 절박한 순간에 다른 미사여귀가 필요 없다. 무조건 무사히 통과하게 해 달라고 기도하다.

광이가 중간 지점을 넘어설 때 엄마가 못미더워 광이의 손을 잡고 뒤를 바짝 따라 붙는다. 중간 지점을 지났다. 다행으로 바위가 굴러 떨어지지 않았다. 마지막 한 곳만 통과하면 된다. 라메쉬가 조금 전 오를 때 무너져 내릴 뻔 한 바위에서 손을 뻗치

숨죽이며 한사람씩 건너다

고 가까이 다가온 광이의 손을 잡으려 하다. 바위 바로 밑은 길이 끊어 져서 손을 잡지 않으면 어린아이 보폭으로는 도저히 뛰어 건널 수 없는 상황이다. 그 밑은 천 길 낭떠러지로 곧장 이어져 있다. 라메쉬가 뻗친 손으로 광이의 손목을 잡았다. 그 순간 광이 엄마가 혹시나 광이가 아래로 미끄러지면 어쩌나 하는 마음으로 광이를 뒤에서 잡고 놓아 주질 못하다. 언제 또 다시 산에서 바위가 굴러 떨어져 광이를 덮칠지도 모르는 아슬아슬하고 긴박한 순간이다.

엄마가 계속 아들의 손을 놓지 못하자. 라메쉬가 광이의 한

쪽 손을 꽉 잡고 잡아당기며 광이 엄마한테 잡은 손을 놓으라고 큰 소리를 치다.

"빨리 놔요! 빨리! 빨리!"

라메쉬가 숨이 막힐 듯 한 긴박한 어조로 빨리 광이의 손을 놓으라고 계속 소리치다. 광이의 한 손은 라메쉬에게 잡혀 있고, 한 손은 엄마에게 잡혀 있어 광이의 몸이 반은 공중에 떠 있는 것과 같은 모습이다. 광이의 한 쪽 발밑이 조금씩 무너져 내리기 시작하다. 깊고 시커먼 무시무시한 마의 계곡이 입을 더 크게 벌리는 듯하다. 몇 초 내에 결단을 내리지 않으면, 라메쉬도 지치고 광이 엄마도 지쳐 광이의 손을 놓칠 수도 있다. 그렇게 되면 정말 큰 일이 나고 만다. 다시 빨리 손을 놓으라고 소리치는 라메쉬의 고함소리에 마침내 엄마가 포기하고 잡았던 광이의 손을 놓는다. 순간 라메쉬가 광이를 잽싸게 끌어당겼다. 아! 광이가 무사히 건넜다. 아슬아슬한 장면을 애타게 지켜보던 사람들이 또 큰 함성을 지르다. 정말 그 때 그 긴박한 순간을 어찌 말로 다 표현할 수 있으랴! 살기 위해서 때로는 포기할 줄도 알아야 한다. 지켜보던 이들이 모두 한 숨 돌리기도 전에 다시 광이가 있던 자리에 바위가 요란한 굉음을 내며 굴러 떨어지다.

불과 몇 초만 늦었어도 큰 봉변이 일어날 뻔하였다.

이렇게 우리 일행은 무사히 그 길을 통과 하였다. 그리고 또 다시 한 참 걸어서 대기하고 있던 버스에 몸을 싣고 그냥 차 안에서 반은 기절하다시피 지쳐 떨어지고 말았다. 얼마나 지났을까 요번에 버스 바퀴가 펑크가 났다고 가지 못하여 또 한 시간 정도 길에서 지체 한 후 다시 한 참 달리다 요번에 앞에 가던 트럭이 진흙탕에 빠져 길을 막아 한 시간 정도 또다시 지체 하였다. 이렇게 법석 난리를 피워도 지구는 돌고 시간은 가고 있었다. 너무 피곤들 하여 차안에서 곯아 떨어져 자고 있는 사이 우리가 탄 차가 어느 듯 카투만두에 도착하고 있었다.

아! 하나님은 우리를 버리지 않으셨다.

어린아이가 겁 없이 바닷물을 향하여 뛰어가듯이 우린 무얼 모르고 히말라야를 왔다가, 악천후 속에서 너무 힘든 산행을 하였다. 참으로 위험한 고비를 몇 번이나 넘겼다. 이렇게 위험한 곳인 줄 알았다면 아예 이곳에 올 계획도 하지 않았을 것이다. 우리는 죽음 앞에 몇 번이나 직면했었다. 그러나 무시무시한 마의 계곡을 통과하는 그 절박한 순간에도 우린 '죽음' 에 대한 공포를 느낀 적은 한 번도 없었다. 당연히 살 것이란 생각이 우리 마음을 지배하고 있었기 때문이다. 당시엔 빨리 그곳을 벗어나고자하는 생각뿐이었다. 하마터면 죽을 뻔 하였다는 생

마침내 카투만두 시내 도착

각을 하게 된 것은 그 후 무사히 카투만두에 도착하여 호텔 침대에 누워 마음을 진정시키고 나서이다. 죽음에 관한 생각도 여유가 있을 때 가능한 일이다. 어떤 이가 살기가 너무 바빠 아플 시간도 없었고, 죽고 싶다는 생각을 할 시간조차 없었다고 하던 말이 생각나다. 너무 긴박하면 죽게 될지도 모른다는 생각을 할 틈도 없다.

이번에 몇 번의 위험한 고비를 넘기면서도 전혀 두려워하거나 실망하지 않고 꾸준히 잘 겪어 낸 우리들의 모습을 스스로 돌이켜보면서 신앙과 믿음에 관하여 생각하게 되다. 우리일행

중에는 연약한 여자도 있고 초등학생 아이도 있다. 그럼에도 우리는 마(魔)의 계곡을 몇 번이나 통과하는 험한 트레킹 코스를 무사히 잘 마치고 내려왔다. 이는 우리의 육체적 강함이 아닌 순전히 하나님의 돌보심과 그를 믿는 우리들의 정신적인 의지로 이루어진 결과라 생각하다. 우리들의 정신을 지배하고 있는 신앙의 힘은 대단한 것이었다. 우리들은 인생과 죽음에 대한 큰 철학적 사색을 하지 않았을지라도, 우리들의 몸에 밴 신앙은 이미 생사일여(生死一如)의 마음으로 살아가고 있었던 게 아닌가 생각해 본다. 그러기 때문에 어떠한 두려움 앞에서도 담대할 수가 있었던 게 아니겠는가! 피상적으로만 바라보면, 기독교 신앙이 별거 아닌 것 같아도, 꾸준히 신앙생활을 한 분들이라면, 우리들처럼 고난의 현장에 직면할지라도 담대한 믿음으로 모든 어려움을 잘 극복하리라 생각된다. 깊은 신앙심은 사람의 마음을 안정시키고 강인하게 하는 큰 힘이 있다. 우리에게 히말라야는 힘으로 오르는 곳이 아니었고 강한 의지력(정신력)과 믿음(신앙)으로 오르는 곳이었다.

절망을 극복할 수 있는 힘은 어디서 오는가?
어떻게 해야 절망에서 벗어 날수 있을까?
키에르케고르는 신에 대한 믿음을 통해서만 가능하다고 말하다.

"'절망의 반대말은 희망이 아니라 신앙이다' 신은 죽어 사라져 버려서 의미가 없을 우리의 삶을 비로소 가치 있고 영원하게 만든다. 이점에서 절망은 변증법이다. 절망은 인생을 힘들게 만들지만, 그 의미를 깨우칠 때 삶이 더 깊어지는 것과 같은 이치다. 이처럼 가장 높은 단계인 절망하여 자기 자신이 되려는 절망은 신이라는 절대적 가치와 믿음을 통해서 완성된다."

키에르케고르는 "믿음은 절망에 대한 안전한 해독제"라고 말한다. 해독제는 자신이 독에 물들어 있음을 깨달을 때에야 비로소 눈에 들어온다. 내 삶을 절망에서 이끌어 낼 "구원"은 어디에 있을까? 기독교 신자인 키에르케고르는 그 답을 믿음에서 찾았다. 우리가 그동안 믿음 생활한 것이 대수롭지 않은 듯하나, 그 믿음이 우리를 마(魔)의 계곡의 절망에서 구해냈다.

6) 다시 포카라(Pokhara)를 향하여

2010년 8월 24일- 27일까지

우리는 칸진곰파에서 랑탕계곡을 지나 카투만두까지 오기까지 장마로 무너진 계곡을 통과하느라 사투를 벌이는 바람에 심신이 매우 지쳤지만, 우리의 계획을 멈추지 않고 다음 치유사역을 위하여 포카라로 떠났다. 포카라는 카투만두에서 버스로 6시간이나 걸리는 매우 힘든 노정이지만, 우리 대원들은 비좁

포카라 임시 침뜸선교병원

은 버스임에도 불구하고 모두 기쁘고 즐거운 마음으로 포카라를 향하여 갔다. 모두들 대단한 사람들이다. 우리들의 긍정적인 마음과 힘이 어디에서 그렇게 솟아나는지 모르겠다. 포카라는 게시(KC)목사의 고향이며 그의 부인과 두 딸이 사는 곳이다. 게시(KC)목사는 현재 한국에서 공장근로자로 일하고 있다. 그는 청주시 근교에 있는 공장에 외국인근로자로 있으면서 틈틈이 신학을 공부하여 목사안수도 받았으며 본국에 돌아가면 교회를 개척할 계획인데, 침뜸을 전도의 도구로 사용하려고 나에게 2년 전부터 침과 뜸을 배우는 중이다. 그는 지난 2년 동안 매주 토요일마다 충주에 있는 나에게 찾아와 우리교회에서 1박 2일 동안 숙식하며 토요일엔 동의학(침과 뜸)을 교육받고 주일엔 영어예배에 참석하고 주일 오후엔 침뜸 실습을 하는 중이다.

이번에 우리가 포카라를 방문한 목적은 게시목사가 귀국하기 전에 침뜸의 치유효과를 마을주민들에게 알려 앞으로 게시가 교회를 개척하는데 도움을 주기 위함이다. 우리가 3박 4일 동안 포카라 파워하우스 마을에서 봉사하는 동안 게시목사의 부인 그리고 중학교와 고등학교 다니는 두 딸이 치유사역을 도와주었다. 그들은 앞으로 아빠가 와서 교회를 개척하고 침뜸치료를 하면 아빠를 도우려고 열심히 배우며 봉사하였다.

포카라는 일 년 내내 춥지도 덥지도 않은 알맞은 계절이라 그런지 대부부의 사람들이 건강한 편이다. 특별히 심각한 환자는 없고 찾아 온 거의 모든 분들이 비만환자이며 그로인해 요통과 무릎통증을 호소하는 사람들이다. 우리는 환자들을 치료하다 힘들면 가끔 밖에 나와서 멀리 웅장하고 아름답게 바라다 보이는 마차푸차레(해발6,993m) 설산을 바라보며 피로를 풀었다. 수십 킬로미터 떨어져 있는 거대한 마차푸차레 설산은 날이 맑으면 착시현상에 의하며 마치 바로 앞에 서있는 산처럼 신비롭게 보였다.

7) 힌두교 제사행위 고발(2011년)

개요 | 지난 해(2010년 8월) 랑탕지역과 포카라지역의 치유선교를 다녀 간 후 1년 만에 다시 네팔을 방문하였다. 이번엔 안나푸르나 산군에 속한 푼힐 산악지역 원주민들을 위해 치유사역을 1주일 하고 난 후 카투만두로 돌아와 함께 온 친구는 먼저 귀국하고 나만 혼자 남아 라메쉬의 도움으로 박타푸르 지역에 작은 옥탑방을 렌트하여 자취하며 20일간 산속마을 교회에서 치유사역을 하였다. 라메쉬가 자기지역 치유봉사를 위

푼힐사역을 마치고 고레파니로 떠나며

하여 나의 하우스 렌트비를 부담하고 식료품도 공급하였으며 가끔 내 숙소에 와서 김치찌개도 맛있게 만들어 주었다. 그는 한국에 약 10년 이상 왕래하였으며 한국식당도 운영한 경험이 있는 비즈니스맨으로 나와 한국에서 만난 오랜 친구관계이다. 그는 내가 높은 산속마을로 치유선교 나갈 때마다 나를 그의 오토바이에 태우고 가서 부인과 함께 봉사하였다. 치유사역 내용은 지면관계상 생략하고 박타푸르 지역에 머무는 동안 우연히 접하게 된 힌두교의 잘못된 종교행위에 대하여 기록한 아래 일기만 공개하며 만인에게 고발한다.

사악한 백정(白丁)의 나라
2011년 10월 4일, 화요일, 박타푸르에서 적다

오전 6시. 아침공양을 드리기 위하여 한 할머니가 신에게 바칠 휴대용 제사상을 한상차려 신전을 향해 분주히 걸어가신다. 가다가 길가에 있는 조그만 신상에 먼저 공양을 드리고 다시 걸어가신다. 할머니 뒤를 따라 마을 안쪽으로 들어가니 마을신전이 나온다. 이른 아침인데도 많은 사람들이 모여 신전을 둘러싸고 웅성거린다. 할머니가 사람들을 비집고 들어가 들고 온 제물로 공양을 드린다. 나도 사람들 틈을 비집고 안쪽을 들여다본다. 사람들이 북적대는 신전 앞뜰이다. 시뻘건 피가 낭자

하게 흐르고 피비린내가 몸서리쳐지게 코를 자극한다. 이미 몇 마리의 물소가 도살당하였고, 목이 잘려 아직도 피가 흐르는 물소의 머리에 향불이 피워져 신전 앞에 놓여 있다. 끔찍한 모습이다. 온 몸에 소름이 끼친다. 또 다른 물소를 잡기위해 백정의 무리들이 군중들 틈 사이로 집채만 한 물소를 끌고 신전 앞으로 나온다. 그 모습을 지켜보던 바로 내 앞에 대기하고 있는 덩치 큰 검은 물소 한 마리가 피할 수 없는 죽음을 두려워하며 겁먹은 큰 눈망울에서 눈물을 주르륵 흘리며 애원하듯 나를 바라본다. 마음이 아프다. 내가 너를 어떻게 구해 줄 수 있단 말인가. 차라리 너의 죽는 장면을 동영상으로 찍어 만방에 고발하리라!

얼굴에 시퍼런 살기가 도는 백정이 수십 명이 둘러서 지켜보는 가운데, 하늘 높이 처든 장검을 힘차게 내려치는 순간 덩치 큰 물소의 목이 반이 잘려 몸에 매달려 있고 물소는 피를 쏟으며 죽겠다고 고함을 지르며 발버둥 친다. 백정은 더욱 살기가 나서 수차례 목을 내리치며 완전히 목을 끊어 버린다. 목이 떨어지고 붉은 피가 터진 수돗물처럼 쏟아진다. 이를 지켜보던 보조 백정이 손 빠르게 양동이를 가져다 피를 받는다. 금방 한 양동이가 다 차자 그것을 신전에 들고 가 뿌린다. 살생장면을 바라보던 내 눈은 분노로 가득차고, 목구멍에선 뜨거운 화기가 돌며 정신이 아찔해 지고 팔다리가 힘이 빠지며 후들거린다. 옆 사람을 쳐다보았다. 네팔인 들은 어린아이 할 것 없이 놀라기는커녕 모두가 진지하게 바라본다. 심지어 어떤 아이는 백정이 세차게 물소의 목을 칼로 내려치는 흉내를 내 보이기도 한다. 그 아이는 아마 커서 더 사악하고 악마 같은 백정이 되고 싶은가보다. 잘못되었다. 너무나 잘못되었다. 물소 고기를 먹지 말아야겠다. 아니 어떤 고기든지 즐겨먹지 말아야겠다. 살생을 금하고, 채식을 장려하는 이들의 마음을 이해할 것 같다. 네팔 남자들이 모두 백정처럼 보인다. 피도 눈물도 없는 사악

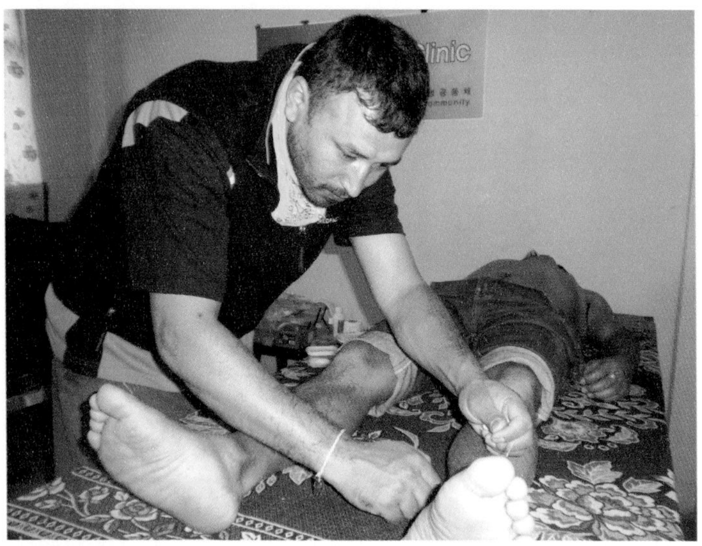

발침을 도와주는 라메쉬

한 인간들로 보인다. 라메쉬 형제는 벌써부터 이 모습을 보여주려고 자랑한 적이 있다. 살아있는 짐승을 무참하게 죽이는 살생행위를 보여주고 싶어 하였다니! 그의 속내를 알 수가 없다. 그도 역시 어릴 때부터 이런 모습을 보고 자란 백정의 후예이다. 신전 주변의 마을 온 천지가 살생하는 이들과 그를 협조하는 이들 그리고 죽인 짐승으로 신전에 제사행위 하는 이들과 구경하는 아이들로 혼잡하게 붐빈다. 마치 지옥의 처형장에 와 있는 기분이다. 한 쪽에선 죽인 물소를 볏짚을 태워 털을 끄시른다. 여러 마리의 죽은 물소들이 타는 냄새가 역겹고 연기가 온 하늘을 검게 물들인다. 한 쪽에선 가죽을 베껴내고 고기를 자르고 각을 떠 마당에 널리 펴 놓는다. 염소나 닭 같이 작은 짐승들은 쌀이나 물로 세례식을 한 후 제단 신상 앞에 직접 가져가 목을 자르고 피를 뿌린다. 제단에서부터 신전 뜰까지 피가 흥건히 흘러내린다. 지옥의 처형장과 같은 난장판, 이런 비극의 현장에서 네팔인 들은 한 사람도 안타까워하는 이 없이 진지하게 살생하든가 그를 협조하며 다사인 축제를 벌인다.

웅장하고 섬세한 네팔의 건축양식을 보며 이들이 매우 예술적인 사람들이라 여겼다. 그러나 무참히 동물을 살해하는 장면을 보고 이들은 피도 눈물도 감정도 없는 야만인이요, 잘못된 종교심에 사로잡힌 맹신도 들로 보이다. 지금 이 나라는 정치적으로 매우 뒤숭숭하고 또 다시 내전이 일어날지도 모른다는 소문이 돈다. 이런 위기 상황에 국민들은 나라는 어떻게 되든 관심이 없고 자신의 복만 구하기 위하여 아무 죽을 이유도 없는 짐승들만 곤혹을 치르게 하다. 무고한 짐승의 피를 뿌릴게 아니라 국가의 발전을 위해 자신들의 희생과 헌신과 충성의 피를 뿌려야 옳지 않은가! 우리 한국의 애국선열들은 참으로 훌륭한 분들이다. 그분들은 국가가 위기에 처하였을 때 자신의 복을 구하지 않고 국가와 민족을 살리기 위해 자신의 피를 뿌렸다. 한민족의 해방과 독립을 위하여 때론 독재에 항거하여 스스로 자신의 목숨을 버리며 피를 뿌렸다. 한국의 국가발전은 그들의 피 흘림에 의하여 이룩되게 되었다. 신께 바치는 모든 제사행위의 모본은 무고한 짐승의 피를 뿌리는 게 아니고 자신의 피를 뿌리는 것이다. 이 세상에서 가장 위대한 죽음은 인류를 위해 십자가에서 자신의 피를 뿌리신 예수 그리스도이시다. 제사종교의 완성은 내 자신이 먼저 피 흘려 죽는 것이다. 그것이 십자가의 도이다.

삼천삼백이나 되는 우상신을 섬기는 백성들, 힌두종교의 계급주의 사상, 살생을 자랑스러워하는 이들, 어린아이들조차 노름을 즐기며 외국인들을 보면 돈이나 구걸하려 하는 거지 근성, 이들이 살아남기 위한 최후의 수단은 고작 말 못하는 짐승

잔혹한 힌두교 다사인 축제 모습

을 때려잡아 신께 피를 뿌리는 행위란 말인가! 오늘 아침 우연히 보지 말아야 할 것을 너무 많이 보았다. 물이 없어 세수도 제대로 못하고 간신히 한 바가지로 설거지만 하는 물 부족국가. 산은 많지만 먹을 물이 부족해 산속 마을 사람들은 연중행사로 일 년에 한두 번 몸을 씻는다. 너무 신이 많아 어느 신을 믿어야 할지 혼란스러운 곳. 거리마다 버려진 쓰리기로 코를 찌르도록 썩는 냄새. 각종 매연과 먼지로 인해 마스크가 없이는 외출을 하지 못하는 곳. 5층 나의 옥탑 방 숙소로 오르기 위해 중간에 두 번이나 자물쇠를 열고 다시 걸어 잠가야 안심할 수 있는 곳. 철문의 자물쇠를 열다 철문에 손이치어 손톱하나가 생인손이 되었다. 아, 정말 이곳은 지옥이나 다름없다. 동굴에서만 산 이가 밝은 세상을 저주하듯 이들은 변화된 밝은 세상을 마다하고 과거와 어두움의 세력에 묻혀 사는 이들이다. 오늘 아침 살생현장을 보며 제사종교인 유대교를 박차고 나간 예수님의 착잡했을 심정을 상상해보다. 부처가 힌두교를 떠나 산으로 고행의 길을 나선 마음도 상상해보다. 채식주의자들이 육식을 금하고 채식을 고집하는 것도 일리가 있다. 왜 내가 예수를 믿어야 되는지 분명하게 알게 되고 또한 우상숭배로 혼란스러운 이 도시에 복음이 시급하다는 것도 절실히 깨닫게 되다. 내가 이런 추악한 우상의 종교를 믿지 않고 예수를 믿게 된 것이 얼마나 다행이며 큰 축복인지 감사가 절로 나온다. 예수의 십자가 대속(代贖)(the Atonement)이 참으로 엄청난 구원의 사건임을 실감하다. 이 사악한 백정(白丁)의 나라에 어떻게 복음을 전하여야 할까! 어떻게 이들이 잔학한 백정의 짓거리를 그만두게 하고 인간의 본성을 회복하고 하나님의 긍휼과 자비를 체험하게 할 수 있을까! 온 국민들이 신을 경배한다고 거리에나 집에나 관공서나 가는 곳마다 신상을 만들어 놓고 하루 종일 시도 때도 없이 신상만 보면 성호를 그으며 경배하는 이들!

남자나 여자나 이마에 시뻘건 색을 칠하고 그로인해 복을 받게 된다고 마귀처럼 하고 다니는 이들! 이들의 행위는 마치 사단의 영에 사로잡힌 무리들 같다. 심지어는 시바신의 성기가 교합된 남근석을 마을입구에 즐비하게 만들어 놓고 그 곳에 제물을 드리며 매일 제사행위를 하는 이해 못할 사람들!

오후에 전도하러 더르바르 광장(Durbar Square)에 갔다가 카투만두 대학을 다니는 여대생 두 명을 만났다. 그들은 끔찍한 살생의 행위를 어떻게 생각하나 알아보기 위해 아침에 찍은 비디오를 보여 줘 보다. 유심히 들여다본다. 아무 표정 없이 한참 열심히 본 후에 하는 말, "새크리파이스다!" 지성인이며 연약한 여대생의 입에서 살생의 행위를 보고 놀라지도 않고 당연한 듯이 새크리파이스(희생제사)라고 말하다니! 그녀들도 사악한 백정의 딸임에 틀림없다. 이들은 어릴 때부터 이런 잔악한 행위를 보는 게 습관화되어 집단불감증상태에 이른 것 같다. 왜 무고한 동물을 죽여 희생 제사를 드리는가! 그렇게 잔학하게 동물을 죽여 바치면 신이 기꺼이 받아 주실까? 이 민족은 모두가 한결 같이 잘못된 신앙과 사상에 사로잡혀있다. 잘 봐주려고 했지만, 오늘 아침 살생의 만행은 영원히 잊지 못할 사악한 백정 놈의 모습이다. 심란한 마음으로 시궁창처럼 더러운 마을 골목을 지나 내 옥탑방에 들어오다. 나도 모르게 방문을 발로 힘껏 걷어차다 스스로 깜짝 놀랐다. 얼마나 내 마음이 분노하였으면 저절로 그런 행동이 나왔을까!

09 인도, 마니푸어-콜카타(2010년)

개요 두 번째 인도방문이다. 첫 번째는 지난 2006년 스리랑카에서 인도로 넘어 왔고, 이 번 2010년엔 네팔에서 바로 인도로 넘어왔다. 8월에 네팔에 함께 왔던 대원들은 먼저 귀국하고 나 혼자만 인도로 왔다.

인도에 도착하여서는 하가이 동기생 친구 투탕이 나의 사역을 어시스트하다. 2010년 9월 2일부터 17일 까지 15일 동안 인도에 머물면서 먼저 북부 산골 마니푸어 투탕의 집에 선교 베이스캠프를 차리고 치유사역과 예배를 인도하였다. 지난 번 2006년엔 아직 침구의술을 배우기 전이라 복음만 들고 왔었고 이번엔 침구의술을 선교의 도구로 사용하다. 투탕이 이사장으로 있는 학교의 학생들과 교직원 그리고 마을 주민들을 대상으로 약 100여 명의 환자들을 돌보다.

지금은 임팔주 마니푸어 지역에 1개월 이상 머물 수 있게 되었지만, 2010년 그 당시엔 외국인은 5일 이상 머물 수 없었다. 하여 5일간만 마니푸어 지역에서 사역하고 다시 콜카타 지역으로 국내선 비행기로 약 2시간 정도 날아와서 투탕이 사역하는 콜카타 도시지역 어린이들을 돌보고 슬럼가를 방문하며 예배드리고 치유사역도하다. 다음은 슬럼가 지역의 환자들을 치료하는 동안 기록한 일기 중 일부이다.

콜카타 슬럼가
2010년 9월 14일 화요일

가난한 사람들끼리만 모여 옷도 입지 않고 벗은 채로 사는 산속 부족마을 원주민들이 이들보다는 더 행복하리라. 번듯한 부자들의 고층 아파트 밑에 간신히 비만 피할 수 있는 동물우리 같은 곳에서 사는 이들은 상대적으로 더욱 가난함을 느끼며, 좌절가운데 하루하루를 살아가다.

오늘 방문한 집의 가장인 바부할다(Babuhakdar)씨는 42세 이고 그의 부인은 25세라고 하나, 실제 나이는 알 수가 없단다. 이렇게 그들은 태어난 때를 기억할 이유도 여유도 없이 태어나자마다 가난과 고난 속에서 지금까지 살아왔다. 누구는 호강스럽게 태어나 눈앞에 보이는 고층 아파트에서 의리의리하게 사는 데 이들은 이유도 없이 영문도 모르게 가난과 질병으로 허덕이는 인생을 살고 있다. 가로 2 미터 세로 2 미터 정도 밖에 안 되는 유리창도 없는 컴컴한 움막에 사방으로 살림을 놓아 사람이 거할 공간은 겨우 가로 1미터 70센티, 세로 1미터 20센티 정도의 좁은 공간이다. 키가 큰 사람은 눕기도 힘든 이 좁은 공간에서 이들은 현재 자녀 둘과 네 식구가 살고 있다. 그 공간 안에서 식사문제도 해결해야 하므로 석유곤로와 간단한 부엌 기구가 방을 차지하다. 그들의 잠자리인 엉성한 시멘트 바닥에 환자를 뉘어 놓고 치료 하는데 옆방에서 벽에 난 구멍으로 한 여인이 쳐다보고 있다. 실은 옆방이라기 보단 옆집이라 말해야 옳다. 그 곳에 사는 사람은 이들의 가족이 아니기 때문이다. 이렇게 이들은 동물처럼 개인 사생활을 보호 받지도 못하는 공간에서 잠을 자고 가정생활을 하며 지낸다.

요즈음 한국 가정의 개를 기르는 어느 집에선 개를 위하여 미장원에 데려가고 눈이 잘 보이지 않는다고 안과에 데려가 백내장 수술을 하고 각종 영양소를 먹이며 애지중지 끌어안고 다니는데 이들은 머리 깎으러 이발소 가는 것도 사치이며 눈이 백내장 걸려도 병원에 갈 것은 상상도 못한다. 비좁은 공간에 두 사람을 뉘어 놓고 치료하자니 내 몸이 앉을 자리가 없다. 나의키보다도 낮은 천장에서 쇠로 만든 선풍기가 철망도 없이 힘차게 손님의 땀을 식히기 위해 의무를 다하고 있다. 내가 실수하여 벌떡 일어서는 날이면 내 목이 쇠 선풍기의 날개로 인해 순식간에 날라 갈 지도 모른다.

간신히 꾸부리고 앉아 치료해 주는 데 옆집에서 구멍 난 벽으로 지켜보던 아주머니가 자기도 아프다고 하소연하여 그 집에 가서도 치료해 주다. 그녀의 집에는 침대를 하나 놓았는데 그 침대 옆 벽에 난 구멍으로 쳐다보니 아까 바부할다씨가 누워있는 곳이 한눈에 보인다. 그 여인은 약 40정도 된 미망인이고 20이 넘은 아들과 딸을 데리고 혼자 산다는데 마침 고등학교 다니는 딸이 학원에 갈 시간이라고 가방을 들고 나간다. 그렇게 찢어지게 가난하여 남의 집 종살이를 하며 살면서도 자녀를 학원에 보낸다. 그래, 열심히 공부해라! 그 길만이 가난을 벗어나는 길이고 희망이며 너의 엄마가 행복할 수 있는 길이다.

콜카타 울타당가 빈민가

2010년 9월 15일 수요일

이 집의 가장 고르하달씨는 50세이고 직업은 릭셔 운전이다. 구루마에 손님을 태우고 몸으로 끌고 다니는 직업이다. 그의 집도 한 평 못되는 작은 단칸방 하나이다. 좁은 공간에서 25세 된 아들과 15세 된 딸 그리고 두 부부를 합하여 네 명이서 함께 산다. 그런데 이들은 기발한 생각을 하였다. 좁은 공간에 원두막처럼 마루를 높이 만들어 놓고, 위층은 방으로 사용하고 아래층은 부엌으로 만들어 공간을 잘 활용한다. 밤에는 아래층 부엌 바닥에도 잠을 잘 수 있다. 어린이까지 다섯 명이 방에 올라가 앉으니 나는 들어갈 틈도 없어 기도회 하는 동안 밖에 서 있어야만 하다.

남편이 먼저 치료받고 부인이 치료받는 모습을 물끄러미 바라보고 있다. 치료가 끝난 후 부인에게 소망이 무어냐 물어 보니, 참았던 눈물을 흑흑 흘리며 다른 소망은 없고 그저 남편만 건강하면 좋겠단다. 남편의 하루 평균 수입은 100루피(2600원) 정도 이고 월세는 500루피란다. 그 조그마한 집도 자기 집이 아니고 월세였구나! 매일 일만 하면 먹고 사는 건 그런대로 살아갈 수 있는데 남편이 아파 자주 일을 못나가는 게 가장 안타까운 일이라며 부인은 자기도 환자이면서 남편의 건강을 위해 걱정이 태산이다.

그 가정에 들린 둘째 날이었다. 부인이 이불 밑에서 무언가 부스럭거리더니 나에게 돈을 지켜 주려고 하다. 그 뼈저리게 어려운 가정살림을 꾸려가면서도 거저 치료받으려 하지 않는 마음이 너무 고와보이기도하고 안쓰러워 눈물이 나다. 주려는 돈을 간신히 뿌리치고 그들의 집을 나와 슬럼가의 밤길을 걸으며 많은 생각을 하다.

부자는 거저 치료해 주면, 자기에게 잘 보이려고 그런 줄 안다. 그러나 가난한 자는 거저 치료해 주면, 마음속으로 눈물을 흘리며 감격하고 감사해 한다. 그래서 주님은 늘 가난하고 의

칸을 막아 2층으로 꾸민 고르하달씨 집

지할 곳 없는 사람들과 함께 하셨는가? 대부분 가난하게 사는 사람들을 보면 착하고 순진하다. 그래서 남과의 경쟁에서 뒤지게 되고 그리고 뒤지고 나서도 시기하거나 원망하지도 않는다. 그래서 경쟁사회에서 점점 더 가난하게 된다. 그러나 예수님은 그런 가난한 자들 속에서 때 묻지 않은 맑은 영혼을 보셨다. 하여 그들을 위로하며 심령이 가난한 자는 복이 있나니 천국이 저희들의 것이다(마5:3)라고 위로하셨다. 이런 가난한 자들과 함께 하는 것은 예수님의 박애의 삶을 살아내는 것이다.

시도하고, 기대하라!
2010년 9월 19일 주일

약 40분간 버스를 타고 시내에 있는 침례교회에 가서 주일 예배에 참석하다. 인도 북부는 침례교회가 강세이다. 나는 가는 곳마다 교파를 따지지 않고 가까운 교회를 섬기며 봉사한다. 교회 입구의 슬로건이 매우 도전적이다.

"하나님을 위하여 위대한 일들을 시도하라!,

(Attempt great things for God!)

하나님으로부터 위대한 일들을 기대하라!"

(Expect great things from God!)

무엇을 시도하고 무엇을 기대하라는 말인가? 이 메시지를 교회성장이나 자신의 발전을 위해서만 받아들여서는 안 된다. 교회는 그 시대가 요구하는 것을 사명으로 알고 감당해야 된다. 그 시대의 문제점을 해결하기 위해 신앙해야 한다. 오직 자기 자신만의 영달을 위해 하는 신앙행위는 공동체의 평화와 번영을 위해 바람직하지 않다. 인도의 교회는 물론이고 많은 세계 각처의 교회와 교인들이 멋진 슬로건을 내 걸고 하나님을 위해 산다고 말한다. 그러나 진정으로 하나님을 위해 시도하고 기대하기 위해서는 자기가 속한 인류공동체 내에서 하나님의 피조물들이 서로 행복하게 잘 살 수 있는 길을 시도하고 기대해야 할 것이다.

다른 개발도상국가도들도 마찬가지 이지만 이번 인도에서 특히 문제점으로 느낀 것은 환경의 문제다. 사실 인구 13억의 인도는 후진국이 아니다. 그럼에도 거리마다 쓰레기 더미와 썩는 냄새, 우글거리는 각종 더러운 각종 벌레들. 마스크가 없이는 다닐 수 없을 정도의 지독한 매연, 잠시도 멈추지 않고 울려대는 귀가 찢어 질 듯 한 경적소리에 의한 소음공해, 대중교통 버스 안에서 조차 향불을 피워 제의행위를 하여 연기 때문에 눈을 뜨기도 힘들고 숨을 쉬기조차 힘든 경우들, 이러한 최악의 불결한 환경은 나로 하여금 충분히 지옥체험을 하게 하였다. 아마 지옥에 가도 이 이상은 아닐 것이다.

교회의 슬로건이 이런 등등의 사회적 문제점들을 예수의 사랑으로 해결하기 위한 슬로건이 되어야 하나님이 창조하신 인류를 위한 신앙의 행위가 아니겠는가! 오염되어 가는 하나님의 창조세계를 잘 지키고 보호하여 태초에 하나님이 만드신 그런 아름다운 에덴동산을 회복해 가도록 노력하였으면 좋겠다. 그런 목표를 시도하고 그리고 결과를 기대하였으면 좋겠다. 구호만 멋지고 실제로 사는 삶은 엉망이 되어도 내버려 두는 인도

교회와 성도들의 모습이 못마땅하여 생각해 본 것이다. 허나 이게 어디 이들만의 문제이랴! 모양만 좀 다를 뿐이지 오늘 지금 우리들도 똑 같이 그렇게 살고 있지 않은가! 그러면서 하늘에 복만 구하면 하나님의 마음이 어떠하실까!

10 중국, 단동(2011년)

개요 2009년 중국 대련지역 한족(漢族) 치유봉사활동에 이어 두 번째로 2011년 8월 2일부터 18일까지 중국 단동지역 조선족을 방문하다. 일부는 동북지역 관광 및 선교리서치만 마치고 8월 12일 귀국하고 나와 친구 이상복 씨는 단동에 남아 8월 18일까지 양노원에서 조선족 노인분들을 위해 의료봉사하다.

이번 조선족을 만나고 확실하게 알게 된 사실은 조선족 스스로는 한국인이 아니고 중국인이라 생각하는 점이다. 심지어 그들은 한반도에 전쟁이 나면 북한이 이기든 남한이 이기든 아무 관심이 없다는 거다. 그리고 조선족은 우리가 생각하는 것만큼 가난한 사람들이 아니고 중국 소수민족 가운데 가장 잘사는 사람들이며 그들은 중국에서 직장을 퇴임한 후 한국에 와서 다시 자유스럽게 직장을 잡을 수 있어 한국과 중국 양쪽에서 경제적 이익을 취할 수 있는 특혜를 누리는 사람들이라는 점이다. 한마디로 그들은 중국에서 열심히 잘 살고 있으며 덤으로 한국의 지원도 받아 잘 사는 사람들이었다.

조선족 양로원
2011년 8월 8일 월요일

가정교회 담임전도사에게 소개받아 방문한 사랑의 집(양로원)은 아파트 한 채를 빌려 각 방에 침대를 2-3대씩 놓고 11분의 노인들을 모시는 곳이다. 아파트 이름은 '한국성' 이고 새로 지은 아파트이며 압록강 가까이 있어 생활환경이 좋은 고급아파트에 속하는 편이다. 조선족들이 열심히 돈 벌어 좋은 지역에 한국의 이름을 표기하고 아파트단지를 이루어 사는 모습을 보니 무언가 마음이 뿌듯하고 민족적 자긍심이 생기다. 어디가나

조선족 양로원 치유사역

한국인 디아스포라들이 잘 살아 이렇게 한국이름으로 공동체를 이루어 오순도순 행복하게 살면 좋겠다. 양로원에선 교회 권사님의 아들이 원장이고 권사님은 노인들의 영혼을 돌보시는 일을 하신다. 신실하신 권사님은 말끝마다 영적 충만함이 철철 넘쳐나신다. 할머니 할아버지들도 권사님의 믿음 때문에 덩달아 수시로 찬송도 부르고 성경도 읽으며 생기가 넘치는 분위기다. 양로원이라기보다는 잠시 친척집에 모인 분들 같다. 권사님이 하시는 일은 매일 식후 기도회를 인도하시고, 식사 때가 되면 손수 밥을 지어서 노인 분들 방에 공급 하시는 일이다. 특별한 시설은 없고 가정집 같은 분위기지만 권사님의 신앙적 열정으로 노인 분을 섬기는 모습은 시설 좋은 어느 양로원보다도 더 인격적이며 가정적인 분위기다. 우리나라도 이런 식의 양로원을 허가해 주면 좋겠다.

오전 6시 숙소에서 나와 아침을 먹으려고 양로원에 들어서니 이른 아침부터 찬송소리가 울려 퍼진다. 잠도 건강해야 잘 잔다, 몸이 쇠약하면 잠도 잘 이루지 못한다. 잠이 안와 밤새도록 뒤척이던 노인들이 새벽같이 일어나 각 방에서 뒤스럭거리시며 이른 아침을 기다리시다 벌써 조반을 드시고 아침기도회를 하신다. 어느 정신의학자가 이야기하길 얼마나 건강한가 알아보려면 네 가지를 질문해 보면 알 수 있단다. 식욕, 성욕, 성취욕이 있는가? 그리고 잠은 얼마나 잘 자는가이다. 어느 할머니는 80세가 넘으셨는데도 젊고 잘 생긴 남자만 보면 가슴이 두근거린단다. 매우 건강한 정신상태다.

어느 경로당에서 할머니와 할아버지들이 늘 생기가 없고 감옥에 있는 사람들처럼 하루 종일 풀이 죽어있었다. 그래서 어느 날 할아버지 할머니를 합방을 시켜 지내게 하였더니 금방 생기가 돋더란다. 여기 사랑의 집도 할머니와 할아버지가 함께 계셔서 그런지 생기가 넘친다. 특히 할머니가 먼저 돌아가시고 혼자되신 82세 된 건강한 할아버지가 연약한 할머니의 어깨를 만져 주시며 걱정해 주시는 모습은 너무 자연스러워 민망스럽기 보다는 보기가 매우 좋다. 어린 시절 다정한 오누이가 서로 위로하는 모습 같다. 80세가 넘으면 남녀구별하지 않고 어릴 때처럼 지내도 좋을 것 같다.

치료해 드리려고 노인들의 몸을 살피니 몸에 뜸을 뜬 흔적이 보인다. 뜻밖이다. 그렇게 반가울 수가 없다. 한민족의 인준표식을 보는 듯하다. 뜸흔이 있고 한국말을 할 줄 아는 사람이니 분명히 한국민족이다. 구태여 유전자 감식을 해 볼 필요가 없다. 해외에 나와 순수한 한국인의 혈통을 가진 분들과 함께 있다는 것이 신기하고 흥분되다. 이분들은 한국에 살아본 적도 없고 물론 이민 오신 분들도 아니며 아주 오래전부터 중국에서 살며 중국문화에 익숙한 외국인들이다. 그럼에도 불구하고 몸에 뜸흔이 있으며 한국말로 대화를 하고 된장찌개를 끓여 먹는다. 그리고 찬송을 부르고 기도하며 그리스도 안에서 우리와 한 형제를 이룬다. 흥분되지 않을 수 없고 알고 싶고 묻고 싶은 게 너무나 많다.

언제부터 중국에 와서 사시게 되었는가 여쭈어보니, 거의 모두가 잘 모르신단다. 너무 오래전부터 중국에서 살고 있었기 때문이다. 고조 때부터 사신분도 있고, 늦게는 할아버지 때부터 사신분도 있다. 단동에 사시게 된 것은 대부분 자녀들이 대도시로 나오는 바람에 와서 살게 되었고 할머니 할아버지 때는 만주지역, 연길, 연해주 지역 등에 사셨다 하시다. 그렇게 오래전부터 몇 세대 살아 오셨어도 한국말을 잊지 않은 것이 신기하다. 아니 중국말보다 한국말을 잘 하신다고 하니 더욱 놀랍다. 평생을 중국에 살아도 중국말은 그저 간단한 회화정도 하신단다. 이분들이 얼마나 한국인으로서의 민족적 주체성을 갖고 사셨는가를 금방 알게 되다. 한국 말씨는 대부분 북한 말씨라 빠르게 말할 적엔 알아듣기가 좀 힘들다. 노인 분들의 윗세대는 하나같이 너무나 많은 시련과 우여곡절을 거치며 살아 오셨단다.

조선족은 동정의 대상이 아니고 선교의 대상이다
2011년 8월 9일 화요일

새벽에 일찍 일어나 준비를 하고 6시에 양로원 가서 아침식사를 마치고 8시부터 노인들의 건강을 보살펴 드리다. 그분들이 나를 부르지 않았고, 누구도 시키지 않았는데 왜 아침부터 정확한 시간을 지키며 서둘러 일하는가? 우리의 이런 모습은 구속인가? 아니면 자유인가? 스스로 좋아서 하는 일이므로 구속은 아니라 생각하다. 아무것도 생기는 것도 없고 바라는 것도 없이 즐거운 마음으로 하니 이는 진정한 자유이며 성령의 은사임에 틀림없다.

간혹 하루 종일 봉사를 하고 힘들 때면, 아무 대가도 받지 않고, 몸과 마음과 정성을 모두 바쳐 불쌍한 이들을 매일 돌보셨던 예수님께서는 얼마나 힘 드셨을까? 하는 생각이 든다. 그리고 우리가 하는 이런 봉사행위가 예수께서 보시기에 얼마나 가소로운 일이며 또한 얼마나 진정성이 있을까하는 생각을 가져보다.

나는 모든 굴레에서 벗어나 자신의 삶을 정직하고 충실하게 그리고 자유롭게 사셨던 예수와 장자를 존경한다. 목회자로 부름 받은 자로서, 할 수만 있다면, 가능한 시점까지 예수와 장자가 살아낸 그런 '자유의 삶' 을 살고 싶다. 부인이나 자녀들도

중국단동 한국성 아파트

마찬가지로 자유하며 살기를 원한다. 인생은 한번 왔다 가는 건데 남에게나 혹은 스스로에게 구속당하지 말고 자기가 하고 싶은 것 하며 인류를 위해 자유하며 살기를 원한다. 사회의 한 구성원으로서 자유함을 누리며 사는 것은 큰 용기가 필요하겠지만, 예수나 장자처럼 평화와 진리를 추구하기 위하여 자유하며 살기를 원하다. 자유는 인간이 누려야 할 가장 귀중한 특권이기 때문이다. 그러나 자유에는 책임이 따라야하다. 자기 자신에 대한 책임, 이웃에 관한 책임, 나라와 민족을 위한 책임이 따라야 한다. 그렇지 않으면 그건 자유가 아니고 방종이다.

윤재근 선생은 장자를 다음과 같이 소개하였다.

『장자는 꾸며진 것을 싫어한다. 그래서 그는 유가(儒家)를 믿지 않는다. 그는 무엇이든 꾸며서 사람을 조여 매는 것을 싫어한다. 그래서 그는 누구보다도 자유(自由)를 사랑한다. 장자가 말해주는 자유는 만물이 지닌 본성(本性)인 것을 알게 된다. 사람만 그것을 바라는 것이 아니라 만물이 모두 자유이기를 바란다는 것이다. 그러나 꾸며진 것은 자유를 소모하거나 착취해서 구속을 만들어낸다. 장자는 이러한 짓을 인위(人爲)라고 밝힌다. 인위란 무엇인가? 조롱 속에 든 새 같은 것이다. 그렇다면 무위(無爲)란 무엇일까? 수풀 속에 둥지를 틀고 사는 새일 게다. 인위는 수풀 속의 새를 잡아다가 조롱 속에 넣으려고 가지가지로 꾸미는 짓을 한다.

장자와 함께 있으면 즐거운 선물을 받는다. 그 선물이 바로 무위라는 것이다. 무위는 밝은 햇빛과 파란 하늘과 넓은 대지(大地) 같은 게다. 그 햇빛이 마음속을 밝게 비추어 투명하게 한다. 그러면 마음은 파란 하늘로 맑아진다. 마음이 밝은 햇빛을 파란 하늘로 안는 것, 이것이 장자가 만나게 하는 무위의 선물이다. 이 선물을 받으면 홀연히 망망한 대지처럼 펼쳐진다. 이처럼 무위는 사람의 마음을 자연이게 한다.

이제 왜 무위라는 것이 수풀에서 마음 편하게 사는 들새 같은 것인가를 알만할 것이다. 무위와 자연과 자유, 이들은 장자가 말하는 참다운 도덕의 보금자리이다. 물론 그것들은 따로 있는 것이 아니다. 다만 그 말들은 본래의 모습을 밝히려는 것뿐이다. 그러므로 장자가 주는 선물은 본래의 모습을 만나보게 하여 사람을 커다랗게 해주는 햇빛과 하늘과 대지인 셈이다.

자연이란 무엇인가? 소의 네 발이다. 그리고 문화란 무엇인가? 소의 코를 뚫고 걸려 있는 코뚜레이다. 이렇게 직설하는 장자를 만나면 누구나 속이 후련해질 것이다. 동시에 인간이란 존재 자체가 얼마나 앞뒤가 맞지 않는가를 돌이켜 보게 한다. 인간은 열심히 코뚜레를 스스로 만들어 제 코에 걸기를 바란다. 그러한 바램이 인간을 문화동물(文化動物)이 되게 한다. 그리고 그러한 동물인 것을 영광으로 자랑한다. 이러한 영광은 인간으로 하여금 만물을 활용의 대상으로 여기고 무엇이든 정복해야 한다는 욕망으로 치닫게 한다. 그래서 인간은 문화의 수레를 무한대로 끌고 가기 위하여 모험을 하고 투자를 하고 성취를 하기도 하고 실패와 좌절과 절망에 절어버리게 된다.

여기서 인간은 문화동물이라는 자화상을 들여다보게 된다. 그리고 코뚜레에 질질 끌려 다니는 자신을 목격하고 초죽음이 된다. 이러할 때 장자와 함께 있으면 문화의 질곡에서 풀려나는 순간을 스스로 만나게 된다. 이 얼마나 행복한 순간인가. 나의 본모습을 만나는 까닭이다.

문화의 열병이 인간을 앓게 한다. 온 심신(心身)이 만신창이(滿身瘡痍)가 되어 마음이 썩으니 살도 썩고 피가 마르니 뼛속이 아린다. 이러한 앓음 아리는 분명 문화가 기승을 부리면 부릴수록 더해만 간다. 세상은 하루가 다르게 편리하게 변화되어 간다는데 왜 인간은 점점 더 심한 통증을 감당해야 하는가? 인간의 코에다 인간이 건 문화의 코뚜레가 무겁고 굵어지는 까닭이다. 장자를 만나면 그 코뚜레를 벗어버릴 수 있는 비밀을 만나게 된다. 이것은 분명 장자가 건네주는 자유라는 선물이다.

불란서 파리에서 은행원 노릇을 하다가 어느 날 갑자기 파리를 떠나 아프리카 오지로 갔던 고갱이란 화가를 누구나 기억할 것이다. 고갱은 왜 파리를 떠났을까? 고갱의 코에 걸린 코뚜레를 벗어내려고 갔던 게다. 그것을 벗어 버리고 나면 콧구멍 속으로 거침없이 밝은 햇빛이 들어오고 파란 하늘이 내리고 대지의 숨결이 들어와 숨을 제대로 쉬게 된다. 이 얼마나 상쾌한가. 그 상쾌함을 고갱은 그림으로 남기지 않았던가. 특히 어디서 와서 어디로 가고 있는가란 제목을 붙여둔 고갱의 그림을 상상해 보라. 코에 걸린 코거리를 그 그림에서는 볼 수가 없다. 고갱의 아프리카에서 누렸던 자유는 바로 장자가 이미 알려준 그런 자유인 게다.

그러므로 장자와 함께 있으면 법이 보장해 주는 조건부의 자유가 아니라 무한대의 자유를 눈으로 보고 귀로 듣고 코로 맡고 입으로 말하게 되어 속마음이 한없고 하염없이 자유를 마시게 된다. 이러한 자유는 남으로부터 받거나 얻는 것이 아니라 스스로 맞이해야 한다. 문화의 폭풍이 불어치는 도심의 한가운데로 장자와 함께 걸어보라. 소란스러운 틈바구니에서도 자유를 한 아름 안을 것이다. 니체며 초인을 따로 부를 것이 없다. 장자가 곧 초인일 수 있음을 아는 이는 무위가 곧 사랑하는 방법임을 알게 되는 까닭이다. 코에 코뚜레를 걸고 절망하며 신음하는 현대인일수록 장자와 함께 걸으며 그의 우화를 들으면 그 무겁던 코거리는 뚝뚝 떨어져 나가고 밝은 햇빛의 파란 하늘과 넓은 대지의 숨결이 그대의 핏속으로 들어와 태초의 생명이 얼마나 황홀한 자유의 선물인가를 알 수 있게 된다. 막막할수록 장자를 만나면 니체마저도 찾아야 했던 초인이 바로 우리 곁에 있음을 확인할 수 있으니 한 순간만이라도 우리는 코뚜레와 멍에를 벗어버리게 된다.』 〈참고: 윤재근, 장자-털끝에 놓인 태산은 어이할까, 둥지, 1991.〉

윤선생이 예찬한 장자(BC369-289?)의 무위와 자유를 난 예수를 통하여 배웠다. 예수야말로 장자가 말한 무위와 자연과 자유의 삶을 사셨다. 예수께서는 당시 유대교의 율법과 형식과 관습이 만들어 낸 무겁고 굵은 코뚜레를 벗어 버리고 시원한 공기를 마시며 자유의 길을 걸으셨다. 그리고 말씀하셨다. "진리를 알지니 진리가 너희를 자유롭게 하리라(요8:32)"

누구나 말은 쉽지만 행동으로 실천하는 것은 쉽지 않다. 장자는 자유가 중요함을 가르쳤지만, 예수는 '박애로 충만한 영혼'으로 과감히 자유를 삶으로 살아내셨다. 사람으로서 어찌 그런 자유의 삶을 살아 낼 수 있으리! 과연 그분은 사람이며 동시에 신이셨다. 예수께서는 자신의 자유만이 아니라 인간에게 지워진 무거운 코뚜레를 벗기시고 참 자유의 길을 열어주셨다. 예수의 자유는 개인의 자유를 넘어서서 타자를 위한 아가페적 희생이었다. 잠시 왔다가는 인생에서 예수를 만나고 예수의 자유(박애로 충만한 영혼)를 나의 삶으로 살아낼 수 있다면 얼마나 좋을까! 예수께서 성전을 박차고 나와 헐벗고 굶주리고 병든 사람들을 만나시며 위로하시고 치료하시며 동가식서가숙 하신 것은 무위자연의 자유의 삶이었다. 오늘을 사는 사람들 중에도 만일 예수님처럼 사리사욕(私利私慾)을 버리고 소외된 사람들과 동행(同行)할 수 있다면 그 또한 무위자연(無爲自然)의 예수의 삶을 살아내는 거다. 이 길은 험하고 좁은 길이지만 예수께서 믿는 이들에게 본으로 보여주신 길이다.

오늘 겨우 두 번째 뜸을 뜨는 날인데도 노인 분들은 뜸 맛을 매우 좋아하시다. 보통사람들이 한 달 이상을 걸려야 느끼는 뜸 맛을 이틀 만에 느끼는 것은 옛날에 뜸떠본 경험이 있기 때문이다. 전혀 뜨거워하지도 않으신다. 전에 어릴 때 어른들에게 떴을 때는 대두콩알 만하게 크게 떠 곪아 터져 큰 고생을 한 경험들이 있었단다. 그러나 우리가 뜨는 뜸은 쌀알 반 크기로 작게 뜨고 3초 이내에 불이 꺼지게 되니 전혀 뜨거운 줄을 모르고 잘 참아 내신다. 조선족 전도사가 봉사하러 왔다가, 커야 치료가 된다고 콩알만 하게 노인들 몸에 뜸을 놓는다. 자꾸만 작게 뜨라고 성화를 해도 전에 가졌던 습관을 버리지 못하는가보다.

교회에 출석한지 얼마 안 되는 새 신자 분이 몸이 불편하여 전도사 소개로 양로원에 뜸을 뜨러 오셨다. 전에 초등학교 교사로 지내다 정년퇴임하신 분인데 풍을 맞아 걸음걸이와 말이 아둔한 편이다. 치료를 받으신 후 점심을 사신다하여 일행과 함께 조선족이 운영하는 삼계탕 집에 가서 식사를 하였다. 삼계탕은 중국인들의 입맛에도 맞는지 많은 사람들이 붐벼 2층에 간신히 자리를 잡았다.

식사를 하며 그분과 이런 저런 이야기를 하였다. 25년 동안 흑룡강에서 교사 생활을 하셨고, 연금을 받으므로 사는 데는

중국단동, 아침마다 기체조하는 주민들

걱정이 없단다. 자녀 둘이 한국에 가 있고 당신도 퇴직 후 별로 할 일이 없어 한국에 가서 공장에도 다니며 쉬는 날이면 서울 근교의 산에 등산을 다녀 서울에 있는 산은 거의 다 가 보았단다. 자기처럼 연금도 받고 한국에 가서 일자리를 잡아 돈을 버는 이들이 많은데 중국과 한국 양쪽에서 돈을 벌게 되니 제법 부유하게 사는 편이며 앞으로 한국 영주권을 받으려고 기다리는 중이란다.

저녁식사 후에는 젊은 원장 그리고 양로원 노인들과 함께 앉아 조선족들의 살림살이에 대하여 이야기를 나누게 되다.

옛날에는 한국 가기가 힘들었고 한국에서 벌어 오는 돈이 큰 도움이 되었으나, 요즈음은 한국 가기도 쉬워졌고 한국서 벌어오는 돈이 여기서 버는 것 보다 크게 많지도 않단다. 그리고 이구동성으로 하시는 말씀들이 조선족은 이제 가난하지 않다는 것이다. 중국에 있는 56개의 소수민족 가운데 가장 열심히 사는 종족으로 소문이 나 있고, 중국 어디를 가든지 조선족들이 열심히 살아 경제적 자립을 하게 되었다며 이제 조선족은 더 이상 동정의 대상이 아니라고 분명히 말씀하신다. 시골은 어떤가 물으니 시골은 개혁개방 정책이후 정부에서 지원을 많이 해줘 도시보다 살기가 더 좋단다. 젊은이들이 감정으로 하는 말이 아니고, 연로한 노인들이 이렇게 판단하는 것은 상당히 신뢰감이 가는 말이었다. 어려워 좀 도와달라고 연약한 말을 하면 도울 방도를 좀 찾아보려 할 텐데 별로 도움을 필요로 하지 않으니 약간 겸연쩍은 생각도 들다. 그러나 경제적인 어려움은 없으나 노인이 되어 몸이 말이 안 듣고 여기저기 아픈 것은 경제와 상관없이 실존적 고통임을 부인하지 않으셨다. 노인들은 뜸 한 점 한 점을 감사한 마음으로 받으신다. 뜸 한 점 떠 드릴 때 마다 그분들의 마음속에 한국(남한)사람들의 사랑과 정성도 전달되길 기대하며 떠 드리다. 이번에 확실히 알게 된 것은 조선족은 경제적 동정의 대상이 아니었다. 그러나 조국을 떠나 남의 나라에 살며 정신적으로 늘 허전함을 느끼는 분들로서 예수님의 사랑으로 위로하고 격려해야 할 선교의 대상이었다.

선한 일은 돈이 많다고
할 수 있는 일이 아니다.
성령의 은혜로 예수님과 같은
박애의 정신이 깃든 사람이라야
헌금하고 헌신할 수 있다.

제3부

박애로 충만한 영혼을 꿈꾸며

선교지에서 사역하며

라이스테라스 바나우에 앞산(필리핀)

나는 환상 속에서 모두들 정직하고 평화롭게 사는 세상을 봅니다.
나는 떠다니는 구름처럼 항상 자유로운 영혼을 꿈꿉니다.

깊은 곳까지 박애로 충만한 영혼을

나는 환상 속에서 밤조차도 어둡지 않은 밝은 세상을 봅니다.
나는 저 떠다니는 구름처럼 항상 자유로운 영혼을 꿈꿉니다.

영혼 깊은 곳까지 박애로 충만한 영혼을

환상에서는 친구처럼 편안하고 따듯한 바람이 불어옵니다.

나는 저 떠다니는 구름처럼 항상 자유로운 영혼을 꿈꿉니다.
영혼 깊은 곳까지 박애로 충만한 영혼을

■ 제목 | 넬라 판타지아(Nella Fantasia) ■ 작곡 | 엔니오 모리꼬네(Ennio Morricone)
■ 작사 | 키아라 페르라우(Chiara Ferrau) ■ 노래 | 사라 브라이트만(Sarah Brightman)

01 캄보디아, 캄퐁치낭(2012년)
(국제선교훈련원 현지적응훈련)

개요 나는 선교사로 나가기 전 충주에서 목회하면서 아시아미션센터(AMC)를 설립하여 앞서 언급한 바와 같이 이미 10년 이상 여러 나라(스리랑카, 인도, 미얀마, 네팔, 중국, 필리핀)에 단기 해외선교사역을 실시하고 있었다. 그런 나의 선교하는 모습을 웹사이트를 통하여 본 이재익목사(당시 서울장안원교회, 현 제천동산교회)가 어느 날 나를 만나 이야기 하던 중 나에게 선교사로 나갈 것을 권면하였고, 그것을 계기로 나는 꿈에도 생각해 본 적이 없는 선교사의 길을 가게 되다. 당시 나는 선교사로 나가려면 선교사 훈련을 받아야 되는 것도 모르다가 선교사 나갈 준비를 하면서 그 때서야 알았고 지인의 소개로 국제선교훈련원(남궁희자 원장)에서 1년 동안 선교사교육을 받았다. 그리고 교육기간 중 2012년 7월 23일부터 7월 31일까지 8박 9일 동안 '현지적응훈련' 을 캄보디아로 가게 되었으며 이 기간에 나와 직접 관련 있는 내용이 있어 그 때의 선교일지 중 일부를 여기에 싣는다.

1) 도착예배 후 현장 투입
2012년 7월 24일 화요일

지난 밤 새벽 프놈펜 국제공항에 도착하여 약 2시간을 달려 선교지로 도착한 후 약 3시간의 수면을 마치고 아침 6시에 기상하여 각자 세면 후, 오전 7시, 현지선교사를 포함하여 17명의 대원들이 도착예배를 들였다. 현지에서의 첫 예배 설교는 내가 하게 되었다. 모두들 예배당 타일바닥에 둥그렇게 모여 앉아 찬송가 350장, '우리들의 싸울 것은 혈기 아니요'를 힘차게 부르다. 성경말씀은 에베소서 6장 10절부터 20절까지 교독으로 읽다.

"종말로 너희가 주 안에서와 그 힘의 능력으로 강건하여지고 마귀의 궤계를 능히 대적하기 위하여 하나님의 전신 갑주를 입으라. 우리의 씨름은 혈과 육에 대한 것이 아니요, 정사와 권세와 이 어두움의 세상 주관자들과 하늘에 있는 악의 영들에게 대함이라. 그러므로 하나님의 전신갑주를 취하라 이는 악한 날에 너희가 능히 대적하고 모든 일을 행한 후에 서기 위함이라 --"

설교 후 모두 함께 통성기도를 하며 강하고 담대하게 악의 세력에 맞서 대항하고 그리고 예수의 긍휼과 자비를 드러내기 위하여 결단의 기도를 하였다.

캄보디아의 사회구조와 윤리도덕의 발전은 소승불교의 교리에 뿌리를 두고 있다. 현행 헌법 43조는 불교가 국가종교라고 명시하고 있고, 불교 사원은 문화 전수지이며, 교육 제공처이며, 복지 시혜처로서의 역할을 하다. 실제로 가난한 아이들은 절에서 양육을 받다. 시골에서 올라온 사람들이 갈 곳이 없으면 절에 가서 잘 곳을 구하다. 불교사원에서는 그들을 도와주고 있다. 이러한 것들이 불교와 백성들과의 보이지 않는 연결고리 역할을 한다. 과거에는 소승불교가 90-95%를 차지하고 있었지만, 최근 조사에 따르면 82%로 감소되었다하다. 이렇듯 캄보디아의 국민 대다수는 소승불교를 믿고, 정치적으로나 일상적으로나 밀접한 연관성을 맺다. 그들에게 있어서 소승불교는 이젠 '종교' 라기 보다는 '일상' 이다. 비록 최근에는 힌두교와 이슬람교, 기독교 인구의 증가로 불교 인구의 비율이 줄고 있지만 그것은 여전히 캄보디아에게 가장 큰 영향력을 행사하는 '생활 방식' 중의 하나이다. 이런 현지의 종교상황을 모르고 섣불리 전도하다간 곧 몰매 맞는 순교의 역사가 일어날 수도 있다.

아침 식사를 마치고 실제상황에 투입될 인원 15명이 3조로 나누어 각각 다른 지역에 있는 현지인 교회로 파송되었다. 교인들을 심방하고 그 마을에 전도하기 위해서다. 우리 조는 뜨르빼앙 끄러완교회와 그 지역을 맡게 되었다. 롬머(오토바이 뒤에 짐차를 달아맨 미니 차, 경운기와 비슷함)에 올라타고 논 가운데 길게 뻗어 난 정감 넘치는 적 벽돌색 흙의 비포장도로를 털털 거리며 달렸다. 붉은 벽돌색의 비포장도로는 검은 아스팔트 포장도로에 비해 훨씬 정감 넘치는 자연그대로의 멋을 자아낸다. 어디가나 하나님이 만드신 자연은 그지없이 아름다우나 사람들이 오염시켜 흉한 모습이 된다.

내가 우리 조의 조장을 맡게 되었다. 나에게 맡겨진 영적 군사는 총 5명이다. 30대 전도사 1명, 30대 목사 부인 1명, 그리고 어린이 2명과 통역을 맡은 27세 된 현지인 전도사 부인 디나 사모이다. 전도사 한 명을 제외하곤 모두가 연약한 여자들이다. 3팀 중에서 육적으로 가장 연약한 군사력이다. 영적으로 단단히 무장하지 않으면 초전에 박살나는 수도 있겠다. 이렇게 약한 병력을 이끌고 어떻게 우상이 난무하는 지역에서 영적전쟁을 치른단 말인가! 옛날이면 환갑늙은이라고 쉬어야 할 나이에 이 힘든 영적전쟁을 치루기 위해서는 신의 특별한 도우심이 있어야겠다. 털털거리는 롬머에 앉아 혼자 마음속으로 기도하고 오늘 새벽 말씀대로 하나님의 전신갑주를 취하다. 하나님이 나와 함께 하시면 내 몸에 칼이 들어와도 총알이 날아와도 문제없으리.

넓게 펼쳐진 시골 평야의 논길을 약 30분 달려 후완목사(현지 감리사)의 망고농장에 도착하다. 이곳이 아마 우리가 거하게 될 현지 캠프인 모양이다. 외국인들을 맞이하기 위하여 농장에 2층 게스트 하우스를 잘 지어 놓았다. 각자 샤워를 하고, 점심을 준비하는 동안 대원들에게 충분히 휴식을 취하게 하다. 영적전투에 임하기 위해선 무엇보다 에너지가 필요하기 때문이다. 목회경력 20년, 해외선교경력 10년. 이만하면 나도 베테랑이다. 어떻게 전략을 구상하고 작전을 개시해야 되는지 충분한 경험과 노하우가 있다. 나이는 숫자에 불과하다. 히말라야의 험한 산도 두 번이나 다녀왔는데 이까짓 거야! 그러나 자만하면 사단 마귀가 틈탄다. 항상 겸손한 마음으로 긴장하고 영적으로 무장해야 한다. 자신감은 있어야 하지만, 자만은 금물이다.

현지에서 사역하는 K선교사가 우리가 맡은 임지를 소개할 때 식수도 없고, 모기장도 없는 최고로 열악한 곳이라고 하였는데, 마침 후완목사가 지어 논 게스트 하우스가 비어 있어 사용하는 바람에 큰 호강을 할 것 같다. 뿐만 아니라 우리 팀이 가장 연약하게 보였는지 후완목사 부부가 특별히 우리와 동행하여 식사 준비하는 것을 간섭하고 함께 식사도 하다. 한국인을 여러 번 맞이한 경험이 있어 김치도 준비하고 고기와 과일을 푸짐하게 준비하여 처음부터 예상하지 못한 풍성한 대접을 받았다. 우리의 연약함을 바라보지 아니하고, 하나님의 능력을 바라보고 나아가는 자에게 항상 앞길은 열려 있다.

점심식사를 마치고 충분히 쉰 다음에 롬머를 타고 다시 마을 현장으로 출동하다. 현지인 교우가정을 심방하고 준비해간 캄보디아 언어로 된 복음송을 불러주었다. 우리 팀이 보기엔 연약한 것 같지만, 찬송가를 부르고 기도하는 면에서는 연약하지 않다. 발음이 좀 서투르지만 한글로 적은 현지어 복음송을 힘차게 부르니 현지인들도 신이 나서 따라 부른다. 명색이 목사인데 심방 가서 말씀을 주지 않을 수 있는가! 심심하면 읽으려고 메모장에 적어간 52개 문장의 영어성구가 큰 도움이 되었다. 성경본문이 손에 주어졌으니, 설교는 문제가 아니다. 적어간 성구가 이렇게 유용하게 쓰일 줄 몰랐다. 현장에 가면 설교하게 될 것을 알고 계신 하나님께서 미리 말씀을 예비해 주신 것을 생각하며 하나님의 섬세하신 배려에 큰 감동을 받다.

내가 치유사역 하는 것을 알기나 했을까? 한 가정에 들리니 신음하며 누워 있는 이가 있다. 한 젊은이가 손님이 가도 일어나지 못하고 누워 있기에 어디가 아프냐고 물으니 3일전에 뱀에 물려 힘을 못 쓰고 누워만 있단다. 이번엔 치유사역을 목적으로 온 게 아니지만 아파 신음하는 이를 앞에 두고 어찌 목자의 심정으로 가만히 있을 수 있으랴! 모두 함께 찬송하고 기도

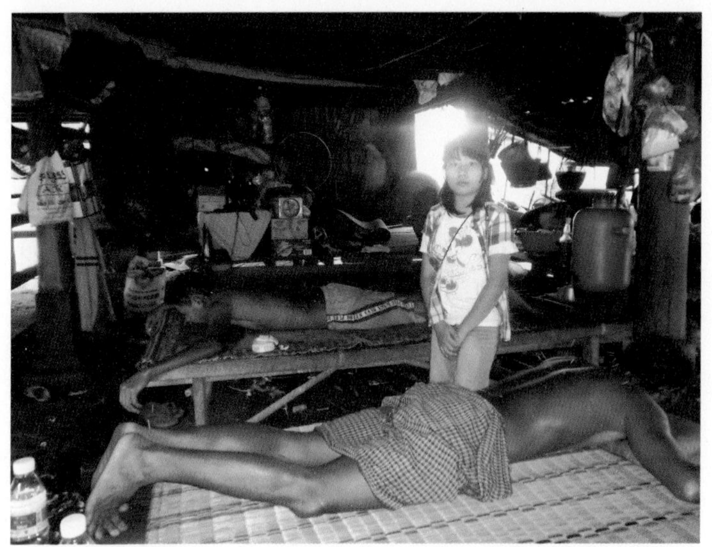

전도하다가 환자치료

하고 말씀전하며 예수의 능력으로 사단의 권세를 결박하고, 침과 뜸으로 뱀에 물린 부분을 해독시키고 더 이상 염증이 생기지 않고 열이 나지 않도록 하니 환자가 평안을 되찾다.

2) 진실로 향기로운 향내는
2012년 7월 25일 수요일

뜨거운 아열대 기후의 선교현장에서 안전한 게스트하스에서 지내며 독충들에게 시달리지 않게 됨을 하나님께 감사드리다. 옥상에 올라가니 사방에 넓게 펼쳐진 평야지대를 한눈에 바라

볼 수 있어 가슴이 확 트이고 시원한 바람이 불어 기분이 매우 상쾌하다. 더운 나라에 와서 이렇게 시원한 기분을 느끼는 것은 흔하지 않은 일이다.

캄보디아는 인도차이나 반도 북쪽 산악지역을 평풍으로 둘러치고 우측으론 메콩강의 젖줄을 끼고, 남쪽엔 바다로 열려진, 아늑한 평야지대에 자리 잡은 나라이다. 티베트에서부터 남중국해로 흘러 내려오는 긴 메콩강의 퇴적물은 캄보디아의 땅을 비옥하게 만들어 곡창지대를 형성하였다. 이러한 기름진 입지조건에서 1차 산업이 주를 이루던 과거시대에 얼마나 경제가 왕성했었을까 상상해 보다. 이곳의 망고농장도 물론 비옥한 평야지대에 위치하다. 5월경에 왔더라면 망고를 실컷 먹을 수 있었을 텐데 무성한 나뭇잎만 바라보게 되다. 계절이 바뀌어 열리지 않는 것이니 잎만 무성하다고 저주 할 수 없어 다음 기회를 위하여 축복해주다. 이곳은 열대 몬순기후라 4-5월은 상당히 덥지 만, 7월 기후는 덥기는 해도 그늘에 들어가면 시원하여 고온 저습한 느낌이 들다.

지난 밤 모두들 무성한 망고 숲속 게스트 하우스에서 일찍 단잠이 들다. 새벽에 아래층에서 찬송 부르는 소리가 들려 내려가 보니 후완목사(감리사)가 농장 식구들과 둘러 앉아 새벽기도를 드린다. 나도 참여하여 한 참 기도를 한 후, 다 마친 줄 알았더니 디나 사모가 통역하길, 나더러 갑자기 설교를 하란다. 마음의 준비도 없이 기도하러 내려갔다가 갑자기 새벽서부터 말씀을 전하라 해서 약간 당황했지만, 들고 있던 영어성경에서 본문을 정하여 간단하게 설교하였다.

예레미야 33장 3절. "너는 내게 부르짖으라, 내가 네게 응답하겠고, 네가 알지 못하는 크고 비밀한 일을 네게 보이리라." 설교하는 나보다 통역하는 디나 사모가 더 잘 하는 것 같다. 디나의 통역을 들으며 모두들 은혜 받는 모습이다. 어디든지 인물은 스스로 혼자서 되는 게 아니고 훌륭한 동역자가 필요하다. 예수께서도 훌륭한 동역자 세례요한이 앞서 가며 길을 닦아 놓지 않았던가.

3) 계획에도 없던 치유사역

황토 흙보다 약간 짙은 적벽돌을 잘게 부서뜨려 깔아 놓은 것 같은 예쁜 색의 농로는 물감으로 그린 수채화 속의 모습 같다. 그 예쁜 길 위로 우마차가 주인과 아들을 태우고 새벽일을 나간다. 그림을 그릴 줄 안다면 빨리 스케치 하여 담아놓고 싶다. 내가 먼저 그들에게 미소 지으며 우마차의 사람들에게 손을 흔들어 보이니 우마차에 탄 아버지와 아들도 미소 지으며 나에게 손짓해 준다. 나이가 들어도 모험심과 호기심은 여전하다. 이러한 모험심과 탐구심이 나를 선교지로 내 모는 지도 모른다. 눈짓으로 양해를 구하고 우마차 뒤에 넉살좋게 올라타 보다. 주인이 나를 위해 우마차를 천천히 가게 하다. 우리는 금세 한 마음이 되고 우마차 안에서 한 팀이 되었다. 우마차 위에서 바라보는 평원의 풍경은 전혀 새로운 또 다른 모습으로 다가온다. 다 같은 모습도 어디서 바라보느냐에 따라 이렇게 큰 차이가 나는구나.

미시오데이(하나님의 선교)는 2천년 동안 교회가 만들어 놓은

예쁜 벽돌색 농로를 달리는 우마차를 타고

교리를 전하는 게 아니다. 꼭 내 방식으로만 세상을 바라보는 게 아니고 상대편의 마음으로 세상을 바라봐 주는 것이다.

그리고 하나님의 마음으로 하나님이 만드신 모든 피조물들을 긍휼히 여기는 것이다. 하나님이 창조하신 선교지의 땅을 내 소유처럼 아끼고 그곳에 사는 사람들을 내 가족처럼 사랑하며 너와 내가 하나님 안에서 한 형제자매로 지내는 것이다. 선교란 대단한 것이 아니다. 그렇게 현지인과 더불어 사는 것이다. 그런 삶속에 원수가 있을 수 없으며, 불화가 생겨날 이유가 없다. 사단이란 존재는 평화를 깨뜨려버리고 불화를 조장하는 자이다. 우리들이 싸울 것은 육체 아니요, 사단의 세력이다. 우리와 비록 모습과 생활환경이 다를지라도 서로 사랑하고 이해하고 평화를 구하며 서로의 유익을 위하여 헌신하고 희생한다면 우린 그들과 함께 하나님 나라를 건설할 수 있다.

우마차를 타고 아침산책을 마치고 들어오니, 늘 말이 없는(말할 것이 있어도 언어가 통하지 않아 서로 대화 할 수 없는) 나와 동갑인 후완목사가 커피 물을 끓여와 우리 일행에게 손수 커피를 타준다. 서로 말이 통하진 않지만 그의 섬김의 행위는 백 마디 말보다도 더욱 정이 넘치는 대화이며 사랑의 교제이다. 때로는 말보다 눈짓과 몸짓으로 하는 대화가 더 진실 되고 다정할 때가 있다. 우리는 비록 말이 통하지 않더라도 마음과 마음으로 통할 수 있다. 내가 진실로 선한 마음으로 이방인을 대하면, 비록 말이 통하지 않더라도 그들에게 그리스도의 사랑을 전할 수 있다. 선교는 꼭 말로만 하는 게 아니다. 참으로 힘든 일이지만, 만일 우리의 몸에서 예수의 향기가 배어날 수 있다면 우리가 구태여 사랑한다 말하지 않아도, 그 향기로 우리의 맘을 전할 수 있다. 진실로 향기로운 향내는 민족과 언어와 사상을 초월하여 누구나 좋아하게 된다. 그렇게 예수의 향기를 발하는 자가 되어야 할 터인데 마음은 원이로되, 가끔 혈기가 동하여 썩은 냄새를 풍기곤 하니 내 어찌 곤고하지 않을 수 있으랴!

어제 우리들이 심방 가서 환자 치료한 것을 며느리 디나에게 들었나보다. 후완 목사가 커피를 마신 후 자기도 치료해 달랜다. 약간 겁을 주며 침은 상당히 아프고 뜸은 뜨거울 뿐만 아니라 몸에 흉터도 잡히는데 하겠느냐 물으니 빙그레 웃으며 한단다. 우리 일행은 커피 대접받은 것이 고마워하다 은혜를 갚을 수 있게 되어 기쁜 마음으로 정성껏 침과 뜸으로 아픈 부위를 치료해 주었다.

아침식사를 마치니 롬머 기사가 우리를 태우고 논 한 가운데 난 예쁜 색 농로를 약 15분 정도 달려 농가 한 가운데 내려놓고 달아나다. 오늘 우리에게 주어진 미션을 완수하면 그가 다시 우리를 태우러 올 것이다. 마치 전쟁터에 병력을 내려놓고 가

룸머 타고 조별로 전도 나가기

는 차량후송부대가 임무를 마치고 돌아가는 기분이고 우리는 전쟁터에 침투된 느낌이다.

누가 어떤 잣대로 캄보디아를 세계최빈국중 하나라고 말했는가? 캄보디아의 농촌 마을에 와 보니 다른 저개발 국가에서는 전혀 보지 못한 단정하고 안정된 모습이다. 가는 곳곳의 농촌마을 마다 구획정리가 잘 되었다. 마을 중심엔 넓고 곧게 뻗은 도로가 나 있고 도로 좌우로 마을이 형성되어 있으며 마을 뒤편으론 넓은 평야가 펼쳐져 있다. 각 농가는 약 300여 평 정도 되는 널찍한 직사각형 대지위에 넓은 마당을 갖추고 비좁지 않게들 살고 있다. 모든 집들이 질서정연하게 들어서 있고 집집마다 아열대 식물들이 무성하게 어우러져 있다. 요즈음 캄보디아의 열악한 경제사정에 비추어 볼 때 잘 정비된 농촌마을은 아마 전에 이 나라를 식민통치하던 제국주의자들에 의해 이루어진 듯하다. 어찌되었든 우리나라 같은 산간지역의 농촌에서는 상상도 못할 정도로 반듯하고 널찍하게 마을이 잘 구획정리되고 농지가 잘 경지정리 된 모습이다. 이런 농촌 모습은 전혀 최빈국의 호칭을 받아야 할 궁핍한 모습이 아니다. 한국 농촌에서는 잘 사는 사람들이나 살 수 있는 풍요롭고 아름다운 별장마을 같다. 집들이 좀 허름하고 그들이 입은 옷이 남루하여 그렇지 그들의 표정과 눈은 가난에 찌든 모습이 아니다. 부자가 망해도 한동안 자존심을 유지하고 살 듯이 그들의 심보는 크게 번성하였던 12세기 고대 크메르 제국시대의 자존심이 여전히 남아 있는 여유로운 모습이다. 비록 지금은 가난할지언정, 비옥한 땅이 있고 성실한 국민이 있는 한 정치만 안정되면 언젠가는 다시 그 옛날의 영화를 회복할 것 같은 느낌이 든다. 정치가 안정되려면 복음을 받아들여 예수의 박애정신으로 국민들을 사랑으로 통치하는 민주화가 일어나야 하다. 그 길이 살길이고 생명의 길이다.

"쁘레야 뜨롱 러어 나 쁘레야 뜨롱 러어 나

(좋으신 하나님 좋으신 하나님)

쁘레야 뜨롱 러어 나 뜨롱 러어 나 멀 크놈

(참 좋으신 나의 하나님)"

찬송을 부르며 오늘 처음 심방한 가정은 어제 뱀에 물리어 치료받은 가정이다. 혹시 어떻게 되었는지 궁금하여 가장 먼저 들렀는데 그가 보이질 않다. 부인이 말하길 아침 일찍 물소를 끌고 일하러 논에 나갔단다. 그가 이제 정신이 들고 힘이 난 모양이다. 우리 일행은 할렐루야를 외치며 하나님께 감사하다. 그 다음 가정은 불신자 가정인데 우리의 소문을 듣고 심방을 요청하였다. 치료를 받고 싶어서다. 우리는 그에게 설명하였다. 병을 낫게 하는 이는 하나님이시지 우리가 아니라고. 우리는 오직 도구로만 사용될 뿐이지 살고 죽는 것은 하나님의 손에 달렸다고. 처음엔 별로 대수롭지 않게 여기든 이들이 예배를 드리며 마음이 움직이기 시작하고 태도가 진지하게 변한다. 우리는 그 가정에 예수를 영접시켰다. 그들에게 주일날 교회에 나오라고 권면하였고, 그들은 그러마고 쾌히 약속하였다. 아버지에 이어 아들도 치료를 받았다. 한 사람 치료 하는데 보통 1시간 정도 걸린다. 치료시간이 오래 걸려 하은이 만 내 옆에서 통역하기 위하여 남고, 나머지 사람들은 또 다른 가정을 심방하러 가다. 하은이는 K선교사의 딸로 세살 때 캄보디아에 와서 열 살이 되도록 줄 곳 이곳에 살아서 이곳 말을 현지인처럼 잘하였다.

하은이는 참으로 총명한 아이다. 내가 한 번도 시키지 않았는데도 다음차례에 무엇을 할지 예측하고 있다가 나를 잘 도와주다. 내가 침을 놓을 차례가 되면 침을 준비하였다 주고, 뜸을 뜰 차례면 뜸을 미리 준비하였다 주고, 불을 켤 차례면 라이터를 준비하여주다. 통역할 때도 어른스러운 표현을 적절히 사용하여 통역을 매우 잘한다. 하은이를 보면서 지혜로운 사람이 따로 있음을 보게 되고 '될성부른 나무는 떡잎부터 알아본다.'는 격언이 생각난다.

우리 팀은 오전에 다섯 가정 심방하고, 오후에 여섯 가정 심방하였다. 이렇게 잠깐 왔다가는 단기선교가 무슨 도움이 될까 생각하는 분들이 있다. 그저 선교여행 정도로만 생각하여, 성장하는 아이들에게 혹은 어른들에게 가난하게 사는 모습을 보여주고 체험시키는 정도로만 생각하는 분들이 있다. 그러나 현지 목회사역자와 프로그램을 잘 짜서 현지교회의 목회와 전도에 도움이 되도록 연결시키면 비록 잠깐 왔다가는 경우라도 현지교회에 큰 격려가 되고 힘이 될 수 있다. 매년 지속적으로 올 수 있다면 현지교회의 성장에 더욱 좋은 결과를 가져온다. 현지교인들 중에는 비록 신앙심이 없더라도 매년 찾아오는 외국의 선교 팀을 기다리며 교회를 다니다가 훌륭한 헌신자로 변화되는 사람들도 있다.

심방을 모두 마치고 평가회를 하면서 우리 조원 모두들 한목소리로 치료사역이 매우 흥미로웠단다. 아마 처음 경험하는 일이라 그렇게들 생각하는가 보다. 저녁식사 후 너무 피곤하여 아래층에서 누군가 즐겁게 이야기 하는 소리가 들려옴에도 내려갈 기운이 없어 계속 침대에 누워 잠만 잤다.

전도심방 가는 길

4) 준비한 그릇대로
2012년 7월 26일 목요일

뜨러빼앙 끄러완 마을사역 3일째 되는 날이다. 바쁘다 보니 금방 3일이 지나갔다. 오늘 오전사역을 마치면, 오후에는 각자 흩어졌던 모든 팀들이 베이스캠프가 있는 깜뽕츠낭 진리교회로 다시모여 다른 임무를 부여받게 된다. 오늘도 새벽기도 하러 내려가니 어제처럼 갑자기 설교를 맡긴다. 미리 말해 주었으면 좋았을 걸 늘 갑자기 맡기는 구나. '어머니가 자식을 위하여 늘 맛있는 음식을 준비하듯 목자는 늘 말씀을 준비하고 있다가 영혼이 목마른 자들을 만나면 영의 양식으로 배부르게 하여야 한다' 는 생각을 하나님의 음성으로 듣고 열심히 말씀을 증거 하였다. 지난 저녁 성경 묵상하던 것을 회상하며 마태복음 6: 31-34 말씀을 함께 읽었다.

"그러므로 염려하여 이르기를 무엇을 먹을까 무엇을 마실까 무엇을 입을까 하지 말라 이는 다 이방인들이 구하는 것이라. 너희 천부께서 이 모든 것이 너희에게 있어야 할 줄을 아시느니라. 너희는 먼저 그의 나라와 그의 의를 구하라 그리하면 이 모든 것을 너희에게 더하시리라 --- 내일 일은 내일 염려할 것이요, 한 날 괴로움은 그날에 족 하니라"

'하나님나라 왕국 건설' 에 관하여 말씀을 전하고 모두들 한 목소리로 이 마을을 위하여 그리고 남은 선교사역을 위하여 통성기도를 드리다.

오늘 아침식사는 후완목사 부인께서 특별히 신경을 써 그동안 먹던 한국음식을 철회하고 빵과 국수로 캄보디아식 식사를 준비하였다. 아마 마지막 날이라 캄보디아 음식을 선보이고 싶었나보다. 샌드위치도 맛있고 국수도 그런대로 먹을 만하다. 오랜 동안 프랑스 지배를 받아 건축양식이나 음식이 프랑스 문화에 많은 영향을 받은 듯하다. 식사 후 부인께서 여러 가지 기도를 부탁하였다. 이곳을 괴롭히는 사단마귀의 권세를 물리치기 위하여, 정신병자들의 건강을 위하여, 그리고 며느리인 디나 사모 부친의 건강을 위하여 등 등.

이곳엔 특히 정신병자들이 많단다. 형편이 어려워 여자들이 도시로 돈 벌러 가게 되면 시골에서 올라온 배우지도 못한 어수룩한 어린여자들을 성추행하는 일이 다반사이고, 이렇게 당한 여자들은 정신병자가 되는 경우가 많단다. 이곳 농장에도 이런 불쌍한 사람들을 데려다 돌보고 있다. 하여 후완 목사(감리사)는 내가 앞으로 이곳의 환자들을 위하여 이곳에 와서 의료선교사역을 해 주길 원하다. 그렇게 해주면, 이층 게스트 하우스도 주고, 망고 농장에 병원도 지어 줄 테니 꼭 오라고 당부하다.

지금까지 우리들이 심방하고 전도하는 것을 지켜보던 후완 목사가 오늘은 기발한 아이디어를 제공한다. 교회 나오는 어린 아이들 중심으로 불신자 부모들을 심방해 달라는 거다. 그냥 무작정 아무 가정이나 방문하는 것 보다 상당히 효과적일 것 같다. 교회에 출석하는 어린이들이 약 100여명 되는 데 그 중에 몇 가정을 선별하여 심방하다. 외국인 목사가 방문해서 그런가? 비록 불신자 부모들일지라도 우리가 방문하니 모두들 반가워하다. 이들의 심성이 본래 남을 박대하지 못하는 선한 마음인 듯하다. 우리 대원들은 며칠 사이에 이제 제법 숙련된 심방요원이 되었다. 심방 가자마자 알아서 찬송을 부르고 말씀을 전하고 기도를 하고 사진 촬영을 하는 것이 일사불란하게 잘 이루어지다.

"쁘레아 어 머짜 영 러어 나
쁘레아 어 머짜 영 톰 나
쁘레아 어 머짜 영 쓰머 뜨렁 나
쁘레아 엉먼 쁘라 애 쁘루얼
쁘레아 어 머짜 영 러어 나"

"우리의 주 하나님은 아주 좋으십니다. 우리의 주 하나님은 대단히 위대 하십니다. 우리의 주 하나님은 신실 하십니다." 난 혀가 안 돌아가 아무리 따라하려고 해도 안 된다. 젊은이와 아이들이 노래 부를 때 그냥 웅얼웅얼 거리다 끝나고 말았다.

오늘 심방하던 중 너무나 불쌍한 한 가정을 방문하였다. 이제 겨우 30세도 안된 젊은 여인이 임신 한 몸으로 힘없이 세 자녀를 거느리고 서서 우리를 맞이하는데 불과 2주전에 남편이 교통사고로 사망했다는 거다. 아직 남편이 죽은 것을 실감하지 못하는 듯 덤덤한 표정이다. 내 일은 아니지만 큰 한숨이 절로 나고 어떻게 위로해야 할지 모르겠다. 그냥 안됐고 답답하기만 하다. 주위에 보니 연세 드신 어른들도 없다. 이 연약한 여인이 어떻게 혼자 힘으로 아이 넷을 키우며 산단 말인가! 웃지도 울지도 못하고 멍하니 우리를 바라보고 서 있는 그녀 앞에서 우리 일행은 찬송을 부르고 말씀을 주고 간절히 기도하였다.

"자녀들아 너희는 하나님께 속하였고 또 저희를 이기었나니 이는 너희 안에 계신 이가 세상에 있는 이보다 크심이라(요한 1서 4:4.)"

세상을 바라보고 낙심하지 말고, 하나님을 의지하며 열심히 살 것을 권면하였다. 마침 지갑에 달러가 조금 있어 손에 쥐어 주었다. 넉넉하게 주지 못한 것이 내내 아쉽다. 힘내서 잘 살라 격려하며 주일날 꼭 교회 나오라고 당부하고, 우리 일행은 그 집을 나서며 착잡한 심정을 떨치지 못한 가운에 또 다시 다른 가정을 열심히 심방하며 오전 중으로 모든 심방을 마치고 농장에 돌아와 점심식사를 하였다.

식사 후 일행이 한유한 맘으로 잠시 쉬는 중에 지난 번 아침에 식당에서 먹은 캄보디아 냉커피가 생각나 참 시원하고 맛있었다고 말했더니 옆에 있던 디나 사모가 듣고 슬며시 오토바이를 타고 한 참 후 어딘가 다녀오더니 비닐봉지에 얼음을 넣은 냉커피를 사왔다. 지난 번 식당에서 마신 바로 그 커피다. 이곳 시골에서는 전혀 먹어볼 수 없을 것으로 여기고 그냥 이야기해 본 것인데 이렇게 어려운 수고를 하였다. 모두들 비닐봉지에 담겨있는 시원한 커피를 한 봉씩 입에 물고 즐겁게 마시며 행복한 여가 시간을 가졌다.

어디든 현지인들이 사는 시골 마을에 가서 그들과 어울려 지내다 보면 새롭게 느끼는 게 있다. 그들은 도시사람들과 사는 모습이 다르고 생각하는 게 다르다. 없어도 항상 마음의 여유가 있고 가난할지언정 조그만 것이라도 있으면 함께 나눈다. 도시에서는 느낄 수 없는 순박한 그 무엇이 있다. 그들과 생활하다 보면 각박한 세상에서 잠시 잃어버렸던 선한영혼을 다시 회복하는 기분이다.

요즈음 도시의 부모들은 자녀들을 일등시민으로 키우느라

무진장 애쓰고 살면서도 노년에 그 자녀와 함께 산다는 점에 대해서는 대부분 불확실하다. 그러나 저개발국가의 현지인들은 가난하게 살지언정 여전히 노인들의 권위와 보호 속에서 평화로운 가족공동체를 이루며 행복한 삶을 이루다 늙으면 당연히 자손들이 돌보며 함께 산다.

도시인의 시각으로 보아 시골사람들의 살림살이가 불쌍해 보일 뿐이지 그들의 입장에서는 전혀 불행한 인생을 사는 게 아니다. 도시인들이 그들을 도와야 할 것들은 도시의 발전된 문명이 아니고 도시인들이 과소비하여 낭비하는 잉여소비에너지와 잉여 생산물일 뿐이다.

점심 식사 후 오후 2시경, 롬머를 타고 꼼뽕츠낭 베이스캠프로 복귀하였다. 우리 1조 이외엔 아직 다른 팀들은 도착하지 않았다. 알고 보니 우리가 가장 가까운 지역을 맡은 거였다. 아열대 지역의 우기철 기후는 예측할 수 없다. 벌건 대낮에 갑자기 심한 폭우가 쏟아지다. 폭우 속에 비를 흠뻑 맞으며 2조, 3조가 약 30분 간격으로 도착하다. 연약한 자를 도우시는 하나님께서 우리 조가 도착할 때가지 비를 잠시 멈추게 하셨나보다. 우리 올 때는 비가 전혀 오지 않았다.

평가회를 하며 우리들을 향한 하나님의 세심한 배려를 알게 되었다. 처음 봉사 장소를 정할 때, 제비뽑기를 하여 정하였다.

제비뽑기를 할 때 마침 내가 화장실 간 사이라 앞의 두 팀이 이미 제비를 뽑았고 나는 마지막 남은 것을 그냥 받은 것이 1조였다. 그리고 그 1조는 가장 연약한 사람들만 모인 조였다. 그런데 3일간의 봉사를 마치고 돌아와 사역한 이야기들을 들어보니 조편성이 그렇게 된 것도 모두가 하나님의 섭리가운데 이루어진 것이었다.

하나님은 사람들의 성향을 보고 일을 맡기셨다. 2조는 힘깨나 쓰는 건장한 청장년들로 구성되었는데 그들은 마을 사람들이 모두 논에 나가 일을 하는 바람에 심방이나 전도를 하지 못하고, 마을 사람들이 일하는 논에 찾아가서 경운기를 운전하여 모를 나르고, 모를 심는 노동을 하며 주로 몸으로 때우는 일들을 많이 했다. 잠자리도 마련되지 않아, 밤에는 시골교회 바닥에 자며 모기들과 싸우며 선잠을 자기도 했다.

3조는 기도상담사역을 하는 여자목사(필자의 부인)와 늘 기도 많이 하시는 신실한 장로님이 계시는 조였다. 하여 그분들은 낮에는 열심히 심방하고, 밤에는 교회에 모여 영적집회를 하며 많은 사람들을 변화시키고 영적으로 바르게 세우는 일을 주로 하였다. 마침 영어를 잘하는 사모도 있어 통역도 하게 되어 하나님으로부터 받은 달란트를 충분히 발휘하기도 하였다.

우리 조가 할 수 없는 사역을 다른 조들이 하였고 다른 조들이 할 수 없는 사역을 우리가 하였다. 만일 우리 조가 모심는 곳에 배정되었더라면 아무 일도 하지 못하고 구경만 하다가 돌아왔을 것이다. 우리가 하나님의 일을 함에 있어 망설이거나 염려하거나 두려워 할 필요가 없다. 무슨 일을 하든지 하나님의 영광을 위하여 쓰임받길 원하며 성실하게 계획하고 준비하면 언젠가 하나님이 적당한 곳에 사용하실 것이다. 하나님은 항상 우리가 준비한 그릇대로 쓰신다. 투박한 질그릇은 질그릇대로 사용하시고 정교한 그릇은 정교한 대로 쓰신다.

디나 사모가 평가회 때 여러 사람들 앞에서 몇 번이나 강조하여 나의 심방설교통역을 하며 많은 은혜를 받았다고 소개하다. 역시 말씀사역이 노력봉사 보다 더 효과가 있다. 의료봉사로 하루 종일 일을 하고나면 피곤함만 엄습하는데 말씀으로 공궤하니 몸도 별로 피곤하지도 않고 은혜 받았다는 말도 듣게 되다. 그럼에도 불구하고 아픈 이들을 위하여 정성껏 그들의 연약한 몸을 보살펴 주는 것 또한 중요한 일로 예수의 제자들이 감당해야 할 일이다.

02 필리핀, 세르반테스(2012년 12월)
(선교사 파송 전)

개요 지난 5월 1일부터 3일까지(2012년) 필리핀 북부 산악 지역에 위치한 일로코스 수르 주, 세르반테스 읍, 컨셉션 바랑가이에 단기의료선교 갔을 때 치료받은 사람들의 반응이 매우 좋았었다. 경찰관들 10여 명이 치료를 받고 몸이 좋아져서 시청에 까지 알려지는 바람에 10월경에 다시 와 줄 것을 요청받고 돌아왔다. 하여 약속도 지키고 필리핀 선교사로 나가기 위한 리서치도 할 겸 10월 15일에 1개월 무비자로 5개월 만에 필리핀을 다시 가서 세르반테스 시를 방문하고 깜짝 놀라다. 시에서 이미 나를 위해 보건소 2층에 완벽하게 치료실과 숙소를 마련하여 논 것이다. 하여 약 2주간 공무원들과 함께 생활하며 은혜롭게 치유사역을 잘 마치고 돌아왔다. 그러고 집에서 선교사 나갈 준비를 하며 기도 중에 있었다.

그러다 약 2개월이 지나고 해가 바뀌어 2013년 1월 4일 필리핀 세르반테스 시의회에서 정식으로 나를 초청하는 초청장과 결의서를 감리교 본부로 보내왔다고 선교국 직원이 충주에 있는 나에게 전화로 알려왔고 그 후 필리핀에서 온 '결의서'를 우편으로 나에게 보내 주었다. 그때 나는 아직 감리교 본부에서는 정식으로 선교사 파송을 받지 못한 상태였다. 그 당시의 선교일지 중 일부를 아래에 싣는다.

1) 다시 세르반테스로
2012년 10월 17일, 수요일

지난 5월 달에 세르반테스에 왔을 때 시의원들과 10월에 다시 온다고 약속하여 그 약속을 지키기 위하여 5개월 만에 다시 세르반테스를 가는 중이다. 인천공항에서 오전 8시 10분 발 필리핀 항공기를 타고 마닐라 아키노 공항에 내리니 오전 11시 10분이 되다. 세르반테스를 가려면 일단 바기오로 가야 되고 그리고 다시 바기오에서 산악길을 타고 세르반테스로 내려가야 된다. 바기오로 가기 위하여 공항택시를 잡아타고 빅토리아 라이너 터미널로 가서 바기오 행 버스표를 끊고 매점 앞에 서서 간단히 필리핀식 1식 1찬으로 점심을 때우다.

바기오는 필리핀 북부 산악지역 물류산업의 중심도시로 인구 약 35만 명이 거주하는 필리핀 산악지역에서 가장 큰 도시이다. 그리고 해발고도 1,500m의 고원에 위치하여 연평균 기온이 17.9도로 기온이 서늘하여 낮은 지역에 사는 필리핀 사람들이 동경하는 곳으로 여름휴가를 많이 가는 곳이다. 그리고 학원이 많아 한국 유학생들이 5,000명 이상 상주하는 곳이다. 버스를 타고 꼬불꼬불 산길을 빙빙 돌며 올라가 6시간 15분 만에 바기오 터미널에 도착하니 전선생이 나를 픽업하기 위하여 기다리고 있다. 전선생은 전부터 한국에서 잘 아는 사이였으며 그는 결혼생활에 실패하고 이혼 후 필리핀 와서 필리핀 여자 쉥과 재혼하여 바기오에 살고 있다. 내가 세르반테스에 처음 발을 들여 놓게 된 것은 바로 전선생의 부인 쉥 때문이었다. 어느 날 전선생이 나에게 쉥의 고향 세르반테스에 가서 의료봉사를 좀 해달하고 제안을 한 적이 있었다. 이유는 필리핀의 정서는 결혼을 하면 남자가 여자네 마을에 가서 잔치를 베풀어 주는 관습이 있는데 자기가 경제적으로 넉넉하지 못하여 처가 집에 아무것도 해 준 것이 없어 늘 마음에 부담을 지고 있다며, 내가 전선생 부인의 고향인 세르반테스에 가서 의료봉사를 좀 해 주면 자기에게 체면이 설 것 같다고 해서 그곳에 가서 의료봉사를 하느라 가게 된 것이었다.

충주 집에서 떠난 지 30여 시간 만에 전선생네 집에 여장을 풀고 밤 8시는 되어 늦은 저녁을 먹고 나니, 이곳에 오기 전부터 며칠 동안 이런 저런 문제로 피곤이 겹쳐 등허리에 담이 결려오던 것이 심하게 도져 몸을 가눌 수도 없게 되다. 미안함을 무릅쓰고 전선생에게 부탁하여 등허리에 뜸을 받고 잠을 청하다.

바기오에서 세르반테스로 이동

2012년 10월 18일, 목요일

오늘은 나의 목적지 세르반테스를 가는 날이다. 담이 여전히 풀리지 않고 너무 피곤하여 오늘 하루 쉬고 싶은 심정이다. 그러나 방학이 되어 세르반테스 친정에 먼저 가 있는 전선생 부인 쉥(Sheng)이 오늘 중으로 꼭 와야 한다고 어제 밤부터 계속 전화를 한다. 이유는 쉥의 큰 아버지가 나를 세르반테스 시장에게 소개시키려고 이미 약속을 해 놓았기 때문이란다. 쉥의 큰아버지는 세르반테스의 시의원이다. 그는 3년 전만해도 바기오 대학에서 교수로 지낸 엘리트이며 정년퇴임을 하고 고향에 돌아가 민선에 의하여 세르반테스 시의 시의원이 되었다. 그 분은 지난 5월, 내가 세르반테스에서 의료봉사를 하였을 때 치료를 받고 침뜸면역요법에 상당한 관심을 갖고 있다.

피곤하지만 기다리는 사람을 생각하여 아침 일찍 전선생의 승합차를 타고 서둘러 세르반테스를 향하여 가다. 바기오에서 그곳까지의 길은 마치 네팔의 산악지대를 가는 것 같은 꼬불꼬불한 산길이다. 한국 같으면 연식이 다 되어 폐차시켰을 승합차에 몸을 싣고 꼬불꼬불한 산허리를 돌며 약 2시간 동안 걸려 해발 2,249미터 지점 하이포인트 전망대 까지 올라갔다. 차가 힘이 드는지 제대로 속력을 못 낸다. 잠시 숨고르기를 하며 전

하이포인트 2,249m(세르반테스 가는 길)

망대에서 쉬어 간식을 좀 사 먹고 다시 서둘러 꼬부랑 내리막 길을 약 2시간 정도 달려 해발 600미터 지점, 산악지대의 한 분지에 위치한 세르반테스 읍내에 도착하니 마침 목요일 장이 서는 바람에 산동네가 어수선하고 복잡하다. 시청 앞 거리에는 장사꾼들이 장사진을 치고, 실내체육관에는 의료봉사단들이 와서 환자들을 치료해 주느라 바쁘다. 전선생의 부인 쉥의 안내로 실내체육관에 도착하니 그녀의 큰아버지 아브라함씨가 기다렸다는 듯이 마이크를 들고 전 실내체육관에 울려 퍼지는 스피카를 통하여 나를 소개한 후 나에게 마이크를 주고 인사를 시키다. 간단한 나의 인사를 마치자 내일 9시부터 침뜸 진료가 시작된다는 광고가 확성기를 타고 울려 퍼지니 여기저기 모여 있던 환자들이 횡재나 만난 듯 좋아한다. 그들 중에는 지난 5월 나에게 치료를 받아 본 사람들도 많이 있었다.

2) 이게 꿈인가? 생시인가?

실내체육관에서 인사를 마치고 나자 아브라함씨가 나를 데리고 시장님 댁에 가서 시장님께 인사를 시킨다. 그리고 다시 내가 침구진료실로 사용할 보건소로 데리고 간다. 이번에 내가 이곳에 체류하는 동안 보건소 건물 2층을 모두 침구진료실로 쓰게 되었고, 보건소 간호사들이 내일부터 모두 나의 스텝이 되어 도와주기로 하였다고 아브라함씨가 그동안에 시의원들과 회의하고 결의한 내용을 자세하게 설명해 준다. 이어 아브라함씨와 환자들을 치료할 보건소 2층으로 올라가다가 나는 순간 너무나 놀라운 것을 발견하였다. 그동안 내가 마음속으로 계획하고 그려오던 그림이 모두 그대로 현실로 내 눈앞에 보였기 때문이다.

이게 웬 일인가! 꿈인가? 생시인가! 보건소 이층 계단에 올라서니 정면 마주보이는 벽에 평소에 내가 늘 하고 싶었던 치유사역에 관한 내용을 나에게 물어보기나 한 것처럼 영어문장과 그림으로 '침구진료 안내게시 벽보'를 벽에 페인트로 그려 놓은 게 아닌가!

Welcome to the Integrative Healing and Wellness Center
(통합치료 건강센터에 오신 것을 환영합니다)
Traditional Chinese Medicine(전통중의학)
Acupuncture(침요법)
Moxibustion(뜸요법)

지난 4월에 이어 이 지역을 두 번째 방문 하게 되지만, 보건소

보건소 벽의 침구진료 안내게시 벽보

직원을 만난 적은 한 번도 없고, 게다가 이런 광고를 붙여 달라고 부탁을 한 적도 전혀 없다. 그리고 이들은 동양의술에 관해서는 문외한이고 오로지 서양의술만 공부한 의사와 간호사들인데, 어떻게 서양의사가 진료하는 보건소 건물에 이런 침뜸광고를 붙여 놓을 수 있단 말인가! 잠시 붙였다 떼어버릴 현수막도 아니고 아예 페인트로 벽에 진하게 그려 놓았다. 내가 환자를 돌보게 될 진료실도 들어가 보았다. 어디서 구했는지 침구 혈자리 괘도가 세 개나 벽에 붙어 있고, 내가 사용할 책상과 환자 침대가 가지런히 놓여있는 게 아닌가! 그리고 옆에 큰 방이 있어 내가 그곳에서 기거해도 되겠느냐고 물으니 얼마든지 사용해도 된다고! 내가 사용할 방까지 마련되다니 정말 상상도 못한 일이다. 지난 번 5개월 전 이 지역 바랑가이 컨셉션에서 봉사 할 때만 해도 침과 뜸을 생소하게 생각하던 이들이 어떻게 이런 준비를 하였단 말인가! 내가 부탁을 한 것도 아닌데 이미 침구 진료실이 마련되어 있다니! 꿈인지 생시인지 분간이 안 갔다.

그동안 선교 나가면 어떤 식으로 치유사역을 할까 혼자 고민하던 것들이 순간 모두 사라지고, 마음으로 상상하고 그렸던 그림이 모두 그대로 이루어져 있기 때문이다. '믿음은 바라는 것들의 실상이요 보이지 않는 것들의 증거(히11:1)' 라는 성경말씀이 지금 내 눈앞에서 그대로 실현되고, 상상으로 그리던 그림들이 실상으로 존재하는 것이다.

이 험한 산악지역에서 빈집을 렌트하여 밤에 혼자 자면 경호원도 두어야 될 텐데, 16명의 조산원 간호사들이 혹시 밤에 찾아오는 임산부들이 있을지 몰라, 밤이 되면 두 명씩 교대로 비상근무를 서니 경호원도 필요 없게 되었다. 지난 4월 나에게 치료 받았던 경찰관들의 오피스가 바로 보건소 옆 언덕에 위치하여 내가 잠자는 숙소를 내려다보고 있으니 치안문제도 전혀 걱정할 필요가 없게 되었다. 전혀 생각지도 못한 완벽한 경호와 숙련된 간호사들이 나의 치유사역을 협력하게 되다니! 봉사처와 숙소 그리고 나의 신변보호를 위한 경호대책 등 상상하고 계획하던 나의 생각들이 완벽하게 이루어져 내 눈앞에 현실로 다가와 있으니 정말 놀라지 않을 수 없다. 이는 기도의 응답이며 기적이 아닐 수 없다. 한국 감리교 본부에서는 나를 아직 선교사로 파송도 하지 않았는데 현장에선 이미를 나를 맞이할 준비를 모두 완료하고 있다니 정말 꿈만 같다.

사람들이 보거나 안 보거나 혹은 어떤 평가를 하거나 개의치 않고 늘 하나님만 바라보며 내가 할 일을 열심히 연구하고 계획하고 추진하였더니 하나님이 모든 것을 보고 계시다가 때가 되니 도우셨다. 하나님께서 이렇게 세밀하고 완벽하게 간섭하실 줄은 꿈에도 생각지 못했다.

"오! 주님 감사합니다. 더욱 열심히 일하겠으니 저를 당신의 도구로 계속 써 주옵소서."

* 새벽 1시에 자다가 깨어 벌떡 일어나 앉아 감사하고 또 감사하며 일지를 쓰다

3) 꿈이 현실이 되어
10월 19일 금요일

보건소 2층에 마련된 숙소에서 잠을 잘 자고 새벽에 산책 겸 시내를 돌아보고 과일을 좀 사서 보건소에 가져와 지난 밤 숙직한 직원들과 함께 아침 식사대신 먹으려고 과일 보따리를 풀어 놓으니, 어제 시의원 아브라함씨가 약속한 대로 내 식사가 이미 배달되었다. 여기 머무는 동안 숙식과 경호를 그들이 모두 책임지기로 한다드니 약속을 지킨 것이다. 이곳에서 시의원은 시행정의 견제세력이 아니다. 법적으론 그렇지만 실제로는 부와 권력을 거머쥔 시장이 자기 맘에 맞는 사람들을 모두 시의원으로 세웠기 때문에 모두가 한 통속이다. 하여 시의회 의원인 아브라함씨는 시청에서 부시장에 이어 3번째로 높은 사람 행세를 하다.

오전 9시 수 간호사가 네 명의 간호사를 데리고 나의 치유사

나를 돕는 간호사

역을 돕기 위해 이층 내 방에 와서 지시를 기다리다. 그들에게 환자 접수하는 요령과 뜸뜨는 요령을 가르쳐 주고, 직접 내 몸에 뜸을 떠 보라고 실습을 시키다. 그 동안 담이 결려도 뜸떠줄 사람이 없어 내 등에 뜸을 자주 못 받았는데 이참에 받으려는 심산에서다. 옆에 있던 전선생이 뜸뜨는 시범을 간호사들에게 보여 주고 간호사들이 따라서 돌아가며 내 몸에 뜸을 떠주다.

환자 한 명 치료하는 데 약 1시간 정도 소요되므로 매일 10명씩만 받고 오후 1시까지만 일하기로 하였다. 그렇지 않으면 내가 지칠 뿐만 아니라 나를 돕는 간호사들도 지쳐서 지속적으로 나를 도와주기가 어려울 것이기 때문이다. 또한 이번에는 치료목적이 아니고 선교지 리서치가 목적이므로 관계공무원이나 사람들 만나는 것이 더 중요한 일이므로 오후 시간을 비워놓았다. 숙련된 간호사들이라 한 번만 가르쳐 주어도 뜸을 작고 예쁘게 잘 뜬다. 그리고 스스로 남자와 여자 진료실을 구별하여 환자를 받는다. 오래전부터 함께 사역하던 팀들처럼 금방 손발이 맞아 질서정연하게 환자를 잘 돌본다. 숙련된 간호사들이라 한 번 말하면 곧 어김없이 잘 한다. 지구촌 오지 마을 어디를 가든지 이렇게 나를 돕는 스텝들이 준비되어 있으니, 하나님의 힘과 빽이 대단하다. 돈을 들여 이만한 건물을 렌트하고 간호사를 채용하고 경찰관들을 불러 경호를 받으려면 얼마나 많은 경비가 필요하겠는가! 게다가 의사면허증도 없는 사람이 가능한 일이겠는가! 하나님께 모든 걸 맡기고 선한 일을 도모하면 온 우주 삼라만상이 나의 협력자요, 나 또한 그들 모두의 것이다. 예수의 박애정신은 이런 공동체 정신의 회복이다.

"단지 꿈으로만 생각했던 것을 이루는 것이 가능하다."

가자! 홍해가 갈라지고 길이 날 것이다! 아니, 홍해는 갈라졌고 난 이미 가나안 땅에 입성해 있다. 수간호사 쳉(Cheng)의 지시에 따라 간호사들이 정위치하고 환자들을 접수하여 차트를 들고 오다. 뜸자리를 마크하고 침을 놓아주고 나면 간호사들이 환자 한 명에 두세 명씩 붙어서 열심히 뜸을 떠 준다. 환자들은 지금까지 한 번도 경험해 보지 않은 신기하고 새로운 침뜸요법을 받다. 선교사가 이 일을 하니 더욱 신기하게 받아들인다. 생전 보지도 못한 바늘을 들고 환자를 치료하는 모습을 보고 어떤 이는 마치 하늘에서 내려 온 천사 처럼 여긴다. 아니 실제로 성령께서 개입하셔서 이 일을 이루시니 그런 말을 해도 무리는 아니다. 치료하는 동안 나의 자아는 온전히 사라지고 성령의 인도함을 받는 존재가 이상야릇한 가는 바늘로 사람의 몸에 손놀림을 하면서 치료한다. 지름 0.25mm, 길이 5cm의 가는 호침이 공중회전을 하며 오른손 엄지와 검지에서 한 바퀴 돌더니 사뿐히 나비처럼 가볍게 환자의 몸에 접촉하여 시침을 한다. 환자들은 아무런 통증도 느끼지 않고, 침을 맞았는지도 모르고 가만히 누워 있다. 환자들이 통증을 느끼지 않으니, 침놓는 것을 두려운 마음으로 지켜보던 간호사들이 더욱 신기해한다.

성령에 이끌리어 이루어지는 치유의 과정에서 '나'라는 존재는 무의미해지다. '무아'요 '비아'의 상태에서 비존재가 되다. 아트만은 브라만이 되고, 오직 존재하는 이는 한 분이시다. 하늘의 신령한 기운이 자신의 피조물을 치료하는 순간이다. 하나님이 내 안에 내가 하나님 안에 거하여 친히 성령께서 주관하여 치유하신다. 이들은 기독교 국가 시민답게 신앙심이 몸에 밴 사람들이라 그런지, 목사가 하는 치유사역을 자연스럽게 영적인 사건으로 결부시켜 받아들인다. 그로인해 치유효과가 배로 일어나는 것 같다.

4) 엉겁결에 관의(官醫)가 되다
10월 22일, 월요일

나는 이곳에 오자마자 엉겁결에 이미 관의(官醫)가 되어 보건소에 근무하며 보건소에서 마련한 숙소에 묵고 있다. 꿈만 같은 사실이다. 아직 정식으로 선교사 파송도 받지 않았고 이번에는 그냥 선교지 리서치를 하기 위하여 왔다가 이들이 하자는 대로 이끌려 보건소에 근무하는 중이다.

아침업무를 시작하기 전 수간호사 쳉이 헐레벌떡 내 방에 뛰어올라와 매주 월요일마다 국기계양식이 있다고 참석하잔다. 그 때 공무원들한테 나를 인사소개 시킨단다. 나는 아직 공무원들한테 부임인사도 하기 전에 벌써 근무 중이었던 것이다. 부랴부랴 옷을 갈아입고 따라가니 시장님을 비롯해 시의원, 시청공무원들과 경찰관 그리고 간호사들이 시청 광장에 줄을 서서 국기 게양식 준비를 하다. 경찰관 두 명이 국기를 게양하자 모두 합창으로 국가를 부르고 이어서 세르반테스 시가도 부르다. 그리고 나서 시의회 의원인 아브라함씨가 앞에 나와서 내 소개를 하여 나는 강대상 앞으로 나가 "여러분들이 이렇게 국가를 사랑하고 세르반테스 시를 사랑하니 앞으로 더욱 발전할 것"이라고 공무원들을 칭찬하고 격려하였다. 그리고 나의 침뜸선교사역에 관하여 간단히 소개하고 협력을 부탁하였다. 국기게양식을 마치고 보건소에 오니 아직 9시도 안되었는데 환자들이 와서 기다린다. 한국에서 복사해 온 환자 차트가 부족하여 컴퓨터에서 뽑으려 하니 버전이 달라 출력이 안 되어 간호사들이 다시 타이핑하여 차트를 만들어 복사하고 기록하여 환자를 받다.

내가 이곳에서 일할 수 있도록 적극적으로 추진하고 협력한

벤자민 마가이 세르반테스 시장님

아브라함씨가 치료받으러 오질 않아 오후에 일과를 마치고 집으로 찾아가보니 혼자 앉아 쉬고 있다. 그는 60세나 되는 남자분이 아직도 게이로 혼자 산다. 이곳 정서상 시의원이 게이일지라도 아무도 문제를 삼는 사람이 없다. 이들은 개인의 사생활을 절대로 간섭하지 않는다. 이분은 취미도 매우 여성다워, 집을 혼자 사는 여인의 집처럼 예쁘고 깨끗하게 꾸며 놓았다. 침실의 작은 소파에는 예쁜 여자아이 인형도 앉혀 놓았다. 나이가 드니 이제 아이가 생각나는가 보다. 나에게 자녀가 몇이냐 물으며 부러워하는 눈치다.

그가 타주는 커피를 마시며 "침뜸하러 내 사무실에 가지 않겠느냐"고 물으니 기다렸다는 듯이 좋아한다. 아마 그가 제일 먼저 치료를 받고 싶었지만 체면상 말하지 못하고 내가 찾아올 때 까지 기다린 모양이다. 그는 대학교수를 지낸 학자답게 매우 열려진 마음으로 침뜸 면역요법을 선호하여 내가 다시 이곳을 오도록 큰 역할을 한 분이다. 침에 관한 영어원서도 가지고 있으나 읽어보아도 이해가 안 간다며 배우고 싶어 하다.

10월 23일 화요일

오늘은 아침 8시부터 조산원 간호사들이 보수교육 받는 날이다. 어제부터 일로쿠스 수르 주정부에서 관계공무원들이 나와 교육준비를 하느라 바쁘다. 보수교육 세미나의 주강사로 온 교수가 어제부터 나의 치유사역에 큰 관심을 보이더니, 남자 간호사인 자기 아들을 내 옆에서 돌보도록 부탁을 하다. 좀 배우도록 하려는 모양이다. 그리고 오후에는 자기도 와서 온 몸에 침과 뜸을 받고 가다.

오후엔 시의회 사무국장이 와서 치료를 받고 페이스 북 주소를 알려 주며 앞으로 페이스 북에서 만나잔다. 이런 오지에서도 인터넷을 사용할 수 있으며 이곳을 떠나더라도 페이스북을 통하여 자주 만나 소식을 접할 수 있으니 세상 참 많이 변했다. 문화영역은 이제 국토개념의 국경을 넘어서서 지구촌 사람들이 하나의 권역을 이루게 되었다. 이제 우리가 땅따먹기 할 땅은 이 좁은 지구촌이 아니고 먼 우주 별나라가 될 날도 머지않은 것 같다. 디지털 전자문명의 발전은 서서히 지구촌 사람들을 하나로 묶는 다이얼로그(대화) 시대를 열어가고 있다.

공무원들도 치료받으러 오기 시작

10월 24일 수요일

웬일인지 오늘은 여자 환자는 아무도 없고 오전부터 계속 남자 환자들만 오다. 앙상하게 뼈만 남으신 80세 할아버지가 지난 월요일 오셨다가 다시 오셨는데 몸 상태가 매우 좋아지셨다

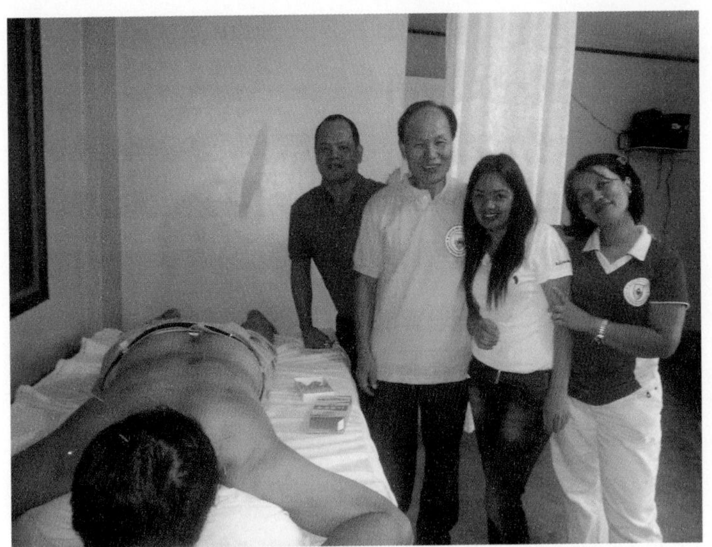

시장님 치료 ; 의사, 수간호사, 비서와 함께 진료실에서

며 바나나 한 봉지를 사 들고 오셨다. 여기는 물가가 바기오보다 더 비싼데 생활도 넉넉지 않으실 노인분이 거금을 쓰셨다. 모든 것이 무료이고 선물을 받을 수 없다며 사절하니, 할아버지가 자꾸 받으라고 권하신다. 수간호사 쳉이 할아버지께서 감사하는 마음으로 사 오신 것이니 받아야 된다고, 받지 않으면 서운해 하신다며 자기가 받아 내 방에 가져다 두다.

오늘은 비교적 이 지역의 VIP 환자들이 많이 왔다. 그래서 여자들을 오지 못하도록 사전 정리를 한지도 모르겠다. 나의 치유사역을 며칠 동안 예의 주시하던 공무원들이 치료받은 환자들의 말을 듣고 한 명 두 명 오기 시작하다. 오전엔 수간호사의 아버지인 부시장이 두 번째 오셨고, 오후엔 내가 오던 날부터 출장 가셨던 시장이 오셨다. 그리고 시의회 의원 세분이 오셔서 치료를 받으셨다.

오후 1시까지만 환자를 받기로 하였는데, 시장님이 오후에 오시는 바람에 다른 공무원들도 줄줄이 따라와서 오늘 오후는 계속 환자들을 받게 되다. 내가 힘든 것보다도 없던 일을 하느라 고생하는 간호사들에게 미안한 마음이 들었으나 오히려 간호사들이 기쁘고 즐거운 마음으로 협조해 준다. 시장님이 오시니 평소에 1층에서 자기 자리만 지키던 수간호사가 특별히 올라와 옆에 붙어서 뜸을 뜨며 도와준다. 시장님의 등 부분에 자침을 마치고 옆방에서 환자를 돌보는 중이었다. 발침을 했는데도 시장님이 곤하게 엎드린 상태로 잠을 주무신다고 수간호사가 와서 일러주며 잠을 깨울까봐 바로 누시라고 못하겠으니 내가 들어가서 깨우란다. 하여 "그 양반 죽은 거 아냐!" 하며 농담을 하니 옆에 있던 간호사들이 모두들 깔깔 웃는다. 시장님이 침대에 엎드린 상태로 곤하게 주무시는데 다가가서, 등에다 귀를 살짝 대는 시늉을 하고, "죽었나? 살았나?" 확인하는 시늉을 하니 모두들 또 한바탕 깔깔깔 웃는다. 일하다 가끔 농담을 하면 금방 피로가 풀리고 분위기가 한결 부드러워진다.

5) 이곳의 VIP들이 모두 와서 치료를 받다
10월 25일, 목요일

주정부에서 조산원간호사 보수교육 강사로 온 교수가 어깨가 결려 지난 월요일 치료를 받은 후 매우 좋아졌다며 이번엔 허리도 치료해 달라고 어제 밤부터 간호사를 통하여 부탁을 하더니 아침 7시에 아직 출근준비도 안했는데 찾아왔다. 강의가 시작되면 시간이 없어 오전 강의가 시작되기 전에 치료를 받으려는 심산이다. 이어서 그의 아들도 골이 아프다하여 두 명을 치료 해 주다 보니 숙직한 간호사가 바빠서 내 아침밥 차려줄 시간이 없었다. 간호사가 뜸을 떠 주는 사이 혹시 먹을 것이 있나하여 1층에 내려가니 벌써 간호사들이 출근하여 오전 업무준비를 하다가 바쁜 중에도 나의 아침을 차려주다.

오전에 1층 보건소 담당의사에게 찾아 온 환자들이 많이 몰려 밖에서 접수를 받을 지경이다. 그런데 이상하게도 평소와 달리 나에게 오는 환자는 한 명도 없다. 갑자기 한 명도 안 오다니 참으로 이상한 일이다. 환자가 없어 민속시장을 돌아보고 커피 한 잔 얻어 마시려고 간호사 덴을 데리고 시청 시의회 사무실에 가니 내게 치료를 받은 시청직원들이 반가워하며 맞이한다.

시의원들에게 커피를 대접 받고 잠시 쉬었다가 다시 예정에도 없는 오후 진료를 하게 되다. 연세 많이 드신 부시장님이 어

신입간호사와 의사 가우덴쇼우 씨

제 치료해 주어 고마웠다며 오지에서 직접 채취한 야생토종꿀 한 병을 선물로 들고 오셔서 치료를 받고 가셨다. 부시장은 수간호사 첼의 부친이다. 시장님이 어제에 이어 다시 오셔서 세르반테스 로고가 인쇄된 티셔츠를 선물로 주시고 치료받고 가시고, 시장님 친구와 시의원들이 치료받고 가다. 그리고 다른 지역에서 조산사 교육을 받으러 온 분들이 교육을 마치고 밀려와 여섯 명의 간호사들이 붙어서 바쁘게 환자들을 돌보다. 나중에 알고 보니 오전에 나에게 환자가 없었던 것은 오후에 시청 직원들이 받으려고 일반 환자들을 아무도 나에게 안 보냈던 거였다. 이들은 약을 먹지 않고도 치료가 되는 침구요법을 매우 기이한 의술로 생각한다.

10월 26일 금요일

오늘은 필리핀의 국경일이라 당직 근무자 두 명만 나오는 바람에 오전 중 평소보다 좀 바빴다. 점심시간이 가까워 질 무렵 간호사들이 성당에서 결혼식을 하는 데 함께 가잔다. 알지도 못하는 사람 결혼식에 가느냐고 물으니, 신부가 시청 직원이므로 모두들 간다고 나도 시청에 소속되어 있으니 함께 가야 된단다. 그들의 성화에 못 이겨 따라 갔더니 결혼예식은 이미 끝났고, 시장님을 비롯해 부시장, 시의원들이 모두들 필리핀 전통의상을 입고 와서 축하를 해 주고 기념사진을 촬영하는 중이다. 건장하고 멋지게 생긴 시장님이 그동안 나에게 두 번이나 치료를 받아 잘 아는 사이라고 내 옆으로 다가오더니 악수를 청하며 나를 데리고 결혼하는 커플에게 소개를 한 후 사진을 함께 찍잔다. 졸지에 알지도 못하는 신혼 커플과 사진을 찍다. 주례를 마친 천주교회의 젊은 신부가 내게 다가오더니 지난 주일에 한 번 본 경험이 있다고 나에게 악수를 청하고 반가워하다. 부시장과 그 외 다른 직원들도 모두들 나를 만날 때 마다 아는 체를 하다. 시청 직원들의 권유로 승합차를 타고 축하연에도 함께 갔다. 그들 거의 모두가 이번에 나에게 치료를 받은 분들이다. 시청 측의 배려로 보건소에서 기거하는 바람에 이곳의 공무원들을 거의 모두 알게 되었다.

6) 송별 파티

2012. 10. 30. 화요일

오전 중 수간호사가 내 방에 올라오더니 보건소장인 닥터 가우덴쇼우씨가 내게 치료를 받고 싶어 한다고. 그런데 침만 맞고 뜸은 안 뜨겠단다. 뜸은 뜨겁고 몸에 상처가 나므로 염려가 되는가보다. 평소에 침만 맞으려는 환자들에게 침만 맞으면 효과가 덜하니 침과 뜸을 동시에 받으라고 강조하였더니 내 의견을 들어보려고 수간호사를 보냈다.

뜸을 뜨고 안 뜨고는 내가 결정할 일이지 환자가 결정할 사항이 아니니 일단 '환자차트'를 작성해 오라하다. 잠시 후 작성한 차트를 들고 닥터 가우덴쇼우씨가 내 방에 왔다. 그의 차트를 자세히 읽어보니 B형 간염이 있고, 간경화에 고혈압까지 있다. 의사가 몸 관리를 어떻게 했기에 이 모양인가! 이정도면 중환자 수준이 아닌가! 보기엔 탄탄하고 건강해 보이는 사람이 이렇게 건강상태가 나쁘다니 믿어지지 않을 정도다. 평소에 머리도 자주 아파 참지 못할 정도란다. 의사이니 물론 이약 저 약

의사와 간호사들이 송별파티를 해주다

다 먹어봤을 것이다.

이 분은 지난 5월, 내가 이곳을 다녀 간 후, 침뜸 치료를 받은 환자들에 의하여 침뜸에 관한 효험을 듣고 나서, 침술을 배우려고 마닐라에 가서 4주 동안 공부한 적이 있다고 간호사들이 한 말이 생각난다. 얼마나 몸이 괴로웠으면 현직의사가 그런 수고를 다 했을까! 그래서 그가 가끔 나의 치료하는 모습을 등 뒤에서 바라보다가 벽에 붙어 있는 경혈괘도를 보며 내가 놓은 침 자리를 확인하기도 하였나보다. 나중에 알고 보니 벽에 붙여 논 침구경혈괘도도 그가 마닐라에서 침술 교육을 받고 와서 붙여 논 거였다. 그런 분이니 말은 안 해도 나의 치유사역에 대하여 지대한 관심을 갖고 있다가, 내일 내가 떠난다는 말을 듣고 더 이상 미룰 수 없어 차트를 써들고 찾아온 것이다. 뜸이 뜨거워서 침만 맞으려는 의사를 잘 설득하여 뜸까지 떠 주고 내가 이곳을 떠나도 뜸을 열심히 뜨라고 일러 주었다.

그리고 저녁이 되었다. 1개월 관광비자로 와서 벌써 귀국할 때가 되어 내일 바기오를 향하여 떠날 준비로 짐 정리를 하는데 아래층 주방에서 간호사들이 퇴근을 하지 않고 바쁘게 왔다 갔다 하는 소리가 들린다. 위층에서 내려다보니 시장을 다녀오는 이들도 있고, 가스레인지에 생선을 굽는 이들도 있다. 아래층에 내려가 오늘이 무슨 날이냐고 물으니, 씽긋 웃으며 나를 위해 닥터 가우덴쇼우씨가 송별파티를 준비하라고 해서 음식을 만드는 중이란다. 저녁에 의사와 간호사들이 모두 모여 송별파티를 해 주어 기쁘고 행복하게 이번 사역을 모두 마치게 되었다. 다음에 정식으로 선교사 파송을 받아 오게 되면 오랫동안 머물며 이 지역을 예수님의 박애정신으로 더 잘 섬겨야겠다.

7) 시의회에서 나를 초청하는 '결의서'를 보내오다
2013년1월 4일 금요일

지난 해 10월(2012년) 세르반테스 시에 두 번째로 단기선교 갔을 때, 시의회 아브라함씨가 나를 시장과 시의원들에게 소개한 후, 시청 측에서 나에게 보건소에서 진료를 하도록 하는 바람에 그해 5월 방문 때 보다 더 많은 공무원들과 시민들의 호응을 받으며 나의 의료선교사역이 확장되고 탄력을 받게 되었다.

전립선 비대증과 노인성 질환으로 고생하시던 연로하신 부시장님이 치료를 받은 후 좋아져서 적극적으로 관심을 보이며 내가 다시 와서 지속적인 의료봉사를 해 줄 것을 원하셨다. 하여 내 맘대로 올 수 있는 게 아니고, 내가 소속한 교단의 어른이 승낙을 하셔야 올 수 있다고 말한 적이 있다. 대부분의 필리핀 사람들이 약속을 잘 지키지 않으므로 정말로 원하면 서류상으로 약속을 하라는 의미에서 한 말이었다.

"나에게도 윗분이 계신 데 그 분이 허락을 해야 또 다시 올 수 있습니다."

"윗분이 누구십니까?"

"내가 속한 감리교단의 감독회장님이 허락을 하셔야 됩니다."

"어떻게 하면 그분의 허락을 받을 수 있습니까?"

"나를 이곳에 보내 달라고 '초청장' 을 보내면 됩니다."

"어떻게 보내면 되는가요? 주소를 알려 주십시오. 그러면 서류를 만들어 보내겠습니다."

처음에는 그냥 해 본 말인데 68세나 되신 부시장님이 너무

진지하게 내 말을 받아들이신다. 마침 옆의 내 책상에 인터넷이 열려 있어 감리교 본부의 주소를 알아내어 알려주며, 우편으로 붙이면 오래 걸리니 이메일로 보내라고 이메일 주소도 알려주었다.

그러고 나서 10월 30일 세르반테스를 떠나 바기오 J선생 집에 와서 일주일 머물다 11월 6일 귀국하였다. 그 후 약 두 달이 지나 세르반테스에 대하여 잊어갈 즈음이다. 본부 선교국 N과장이 나에게 전화를 하였다. '필리핀에서 내 앞으로 편지가 왔는데 어떻게 처리하였으면 좋겠습니까?' 하는 전화였다. 그때서야 지난 10월 세르반테스에서 부시장님과 이야기 하였던 것이 생각났다. 이메일로 보내라 했더니 확실히 하느라고 우편으로 보낸 모양이다.

"아마 나를 다시 보내 달라는 초청장인 모양이니 뜯어보고 알아서 처리하십시오"하며 전화를 끊었다. 약 20분 후 본부 선교국에서 다시 전화가 왔다. "편지를 뜯어보니 세르반테스 지자체에서 지속적으로 내가 의료봉사사역을 해 줄 것을 요청하고, 앞으로 지속적으로 지자체에서 지원하겠다는 '결의서'를 보내왔다. 이 서류는 본부에서 가지고 있을 것이 아니고 이목사님이 가지고 있어야 할 중요한 서류이니 우편으로 보내 주겠다"하다.

본부에서 등기 속달로 내게 보내온 봉투를 열어보니 세르반테스에서 보내온 공문서에 '결의서 NO. 371' 이라는 제목이 붙어 있고, 나의 의료선교사역을 돕기 위하여 시의원들이 만장일치로 가결하였다는 내용이 적혀있다. 결의서 용지 좌측에는 10명의 시의원이 사인하였고, 아래 부분엔 부시장, 사무국장 그리고 맨 밑에는 시장이 사인을 하였다. 그리고 세르반테스 시의 고무인도 찍혀있다. 누구나 믿을 수 있도록 완벽한 공문서로 '지자체 결의서' 를 보내왔다.

그 편지를 받고 약 2주가 지난 후 세르반테스 시의회 사무국장이 주한필리핀대사관에서 나에게 요구한 초청장을 이메일로 보내왔다. 그리고 금년 1월-2월 미국과 캐나다의 의료진들이 와서 의료봉사를 하는데 나도 함께 참여하여 협진 해 주었으면 좋겠다는 내용과 금년 4월 10일부터 12일까지 있을 타운축제 행사에 다른 의료봉사 팀들이 오는데 그 때도 참여 해 주었으면 좋겠다는 서신을 이메일로 보내왔다.

나를 초청하기 위한 결의를 하기 위하여 모든 시의원들을 소집하는 일은 쉬운 일이 아닐 게다. 그리고 참석한 모든 시의원들이 만장일치로 가결하는 것도 쉬운 일은 아니다. 나 역시 건강하지도 않고 젊지도 않은 나이에 마닐라에 도착하여, 루손섬 북부 험한 산악지역 산길을 낡은 봉고버스로 1박 2일을 꼬박

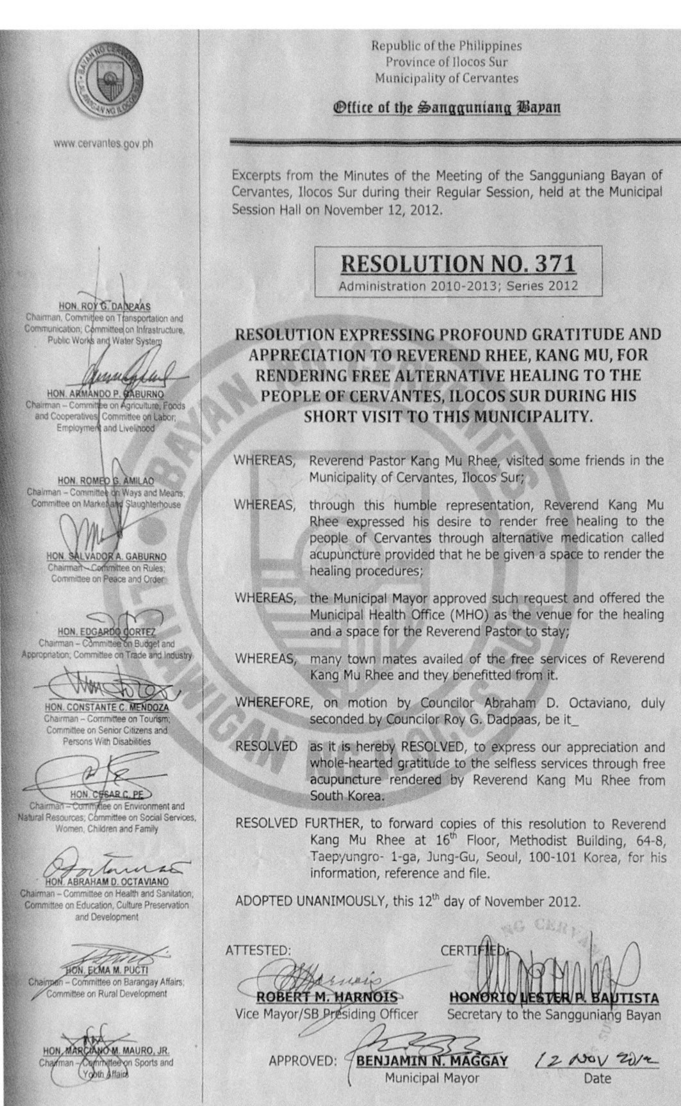
www.cervantes.gov.ph

Republic of the Philippines
Province of Ilocos Sur
Municipality of Cervantes

Office of the Sangguniang Bayan

Excerpts from the Minutes of the Meeting of the Sangguniang Bayan of Cervantes, Ilocos Sur during their Regular Session, held at the Municipal Session Hall on November 12, 2012.

RESOLUTION NO. 371
Administration 2010-2013; Series 2012

RESOLUTION EXPRESSING PROFOUND GRATITUDE AND APPRECIATION TO REVEREND RHEE, KANG MU, FOR RENDERING FREE ALTERNATIVE HEALING TO THE PEOPLE OF CERVANTES, ILOCOS SUR DURING HIS SHORT VISIT TO THIS MUNICIPALITY.

WHEREAS, Reverend Pastor Kang Mu Rhee, visited some friends in the Municipality of Cervantes, Ilocos Sur;

WHEREAS, through this humble representation, Reverend Kang Mu Rhee expressed his desire to render free healing to the people of Cervantes through alternative medication called acupuncture provided that he be given a space to render the healing procedures;

WHEREAS, the Municipal Mayor approved such request and offered the Municipal Health Office (MHO) as the venue for the healing and a space for the Reverend Pastor to stay;

WHEREAS, many town mates availed of the free services of Reverend Kang Mu Rhee and they benefitted from it.

WHEREFORE, on motion by Councilor Abraham D. Octaviano, duly seconded by Councilor Roy G. Dadpaas, be it_

RESOLVED as it is hereby RESOLVED, to express our appreciation and whole-hearted gratitude to the selfless services through free acupuncture rendered by Reverend Kang Mu Rhee from South Korea.

RESOLVED FURTHER, to forward copies of this resolution to Reverend Kang Mu Rhee at 16th Floor, Methodist Building, 64-8, Taepyungro- 1-ga, Jung-Gu, Seoul, 100-101 Korea, for his information, reference and file.

ADOPTED UNANIMOUSLY, this 12th day of November 2012.

ATTESTED:
ROBERT M. HARNOIS
Vice Mayor/SB Presiding Officer

CERTIFIED:
HONORIO LESTER P. BAUTISTA
Secretary to the Sangguniang Bayan

APPROVED: **BENJAMIN N. MAGGAY**
Municipal Mayor

12 NOV 2012
Date

HON. ROY G. DADPAAS
Chairman, Committee on Transportation and Communication; Committee on Infrastructure, Public Works and Water System

HON. ARMANDO P. GABURNO
Chairman – Committee on Agriculture, Foods and Cooperatives; Committee on Labor, Employment and Livelihood

HON. ROMEO G. AMILAO
Chairman – Committee on Ways and Means; Committee on Market and Slaughterhouse

HON. SALVADOR A. GABURNO
Chairman – Committee on Rules; Committee on Peace and Order

HON. EDGARDO CORTEZ
Chairman – Committee on Budget and Appropriation; Committee on Trade and Industry

HON. CONSTANTE C. MENDOZA
Chairman – Committee on Tourism; Committee on Senior Citizens and Persons With Disabilities

HON. CESAR C. PE
Chairman – Committee on Environment and Natural Resources; Committee on Social Services, Women, Children and Family

HON. ABRAHAM D. OCTAVIANO
Chairman – Committee on Health and Sanitation; Committee on Education, Culture Preservation and Development

HON. ELMA M. PUCTI
Chairman – Committee on Barangay Affairs; Committee on Rural Development

HON. MARCIANO M. MAURO, JR.
Chairman – Committee on Sports and Youth Affairs

초청을 위한 의회결의서 NO.371

달려가야 하는 그 먼 오지까지 비싼 항공료와 여비를 자부담해 가면서 헌신적으로 자원봉사 가는 것도 물론 쉬운 일이 아니다. 모두가 하나님의 감동이 없이는 이루어질 수 없는 일이다. 그러나 태초에 수면위에 떠돌던 하나님의 감동은 나를 싣고 바람을 가르고 바다를 건너 세르반테스 산골짜기로 운행하기 시작하였다.

세르반테스에서 온 '결의서'를 읽으며 문득 지난번 민도로 섬에서의 사역이 기억난다. 지난 2010년부터 2012년까지 3년간 매년 겨울마다 2개월 동안 민도로 섬 의료봉사 사역을 할 때 미국에서 파송 받고 오신 한국인 K선교사님을 만난 적이 있다. 그 때 나는 한국에서 교회를 섬기며 단기선교로 민도로 섬 여기저기 망얀족들이 사는 산속과 해변으로 가방을 메고 의료봉사를 하며 복음을 전할 때 이다. 미국에서 오신 K선교사님은 미국 의료진들의 협력을 얻어 약 6천여 평의 대지에 병원을 크게 짓고 미국에서 의료기구들을 들여와 멋진 의료선교센터를 건립 중에 있었다. 2010년 12월에 갔을 때는 공사가 준비 중이었고, 1년 후 2011년 1월에 갔을 때는 병원 건물이 거의 완성되어 병원을 시작하려고 행정적인 준비를 하고 있었다. 그리고 다시 1년 후 2012년 1월에 갔더니 병원을 운영하지 않고 빈 병원건물에 먼지만 잔뜩 쌓여 있다. 알고 보니 관계 당국

(시청)에서 허락을 하지 않아 병원을 하지 못하게 된 것이었다. 미국 의료진들의 후원을 받아 비싼 돈을 들여 건물과 시설을 잘 갖추었지만 시에서 허락을 하지 않아 폐가가 되어가고 있었다. 아무리 후진국이라지만, 맘대로 의료사역을 할 수 있는 게 아니다. 누구 말대로 필리핀은 되는 일도 없고 안 되는 일도 없는 나라이다. 지역자치단체의 결의를 거쳐 시장이 된다고 결정하면 안 될 일도 되게 되어 있다. 아무런 배경도 후원자도 없는 내가 세르반테스에서 의료사역을 할 수 있도록 시장님을 비롯하여 시의원들이 만장일치로 가결하여 허락하고 초청하는 것은 우연한 일이 아니라 생각한다. 하나님께서 특별히 개입하시고 도우시는 힘이 아니면 이렇게 쉽게 이루어질 수 없는 일이다.

결의서의 내용은 물론 내가 묵는 동안 언제고 숙식을 제공하며 봉사처와 협력할 간호사를 붙여준다는 의미를 포함한다. 시청에서 지원해 주지 않고 내 스스로 자비를 들여 자원 봉사할 경우에는 내 형편으로 감당하기 어려운 비용이 요구된다. 지금까지의 단기선교사역은 익명의 선한 손길들이 십시일반 헌금하여 그나마 잘 감당 하였지만, 장기 파송선교사로 나갈 경우, 매월 들어가는 많은 비용을 십시일반의 적은 후원금으로 감당하기는 쉽지 않다.

아무리 시골이라지만 나의 숙소와 봉사처 건물을 렌트하고 간호사를 두 명만 두어도 1개월 체류하는 데 운영비만 최소 300만원은 들어야 된다. 그리고 허가를 받는 것도 쉬운 일이 아니다. 그러나 시에서 협력하면 이 많은 비용을 개인적으로 부담할 필요가 없을 뿐만 아니라 이미 시설이 갖추어진 더 좋은 환경에서 허가받을 필요도 없이 자연스럽게 치유사역을 할 수 있다. 지난번처럼 시 보건소 2층을 모두 내가 사용하게 될 경우, 수간호사 1명, 사무원 1명, 간호사 12명, 조산사 13명이 나의 스텝이 되어 의료봉사 사역을 진행하게 되는 것이다.

보건소 의사 가우덴쇼우씨는 마침 나에게 치료를 받은 분이고 앞으로도 계속 치료를 받아야 할 분이므로 너무나 잘 되었다. 그리고 수간호사의 아버지 되시는 부시장님 역시 나의 환자이므로 적극적으로 협력할 것이며, 전해오는 이야기에 의하면 시장님도 내가 떠나 온 사이에 방광에 이상이 생겨 수술을 받았다니 보양차원에서 계속 뜸을 떠야 할 분이다. 나를 그곳에 소개한 시의회 의원 아브라함씨도 물론 나의 환자이다. 앞으로 그곳에서의 치유사역은 주민과 공무원들의 적극적인 협력을 바탕으로 이루어지게 되었다. 나는 몸만 가면 되게 되었다. 하나님이 함께 하신 걸로 믿는다. 그렇지 않으면 일이 이렇게 수월하게 이루어 질 수 없다.

03 필리핀, 세르반테스(2013년)
(선교사 파송심사에서의 탈락과 통과)

개요 지난 1월 4일(2013년) 감리교 선교국을 통하여 필리핀 세르반테스 시의회에서 내게 보내온 초청장을 받았다. 내가 오면 병원과 숙식을 제공한다는 시의회 결의서(No.371)인 것이다. 그리고 그 초청장을 받기 전 2012년 10월에 내가 세르반테스 시를 방문했을 때 시에서는 이미 내가 오면 사용하라고 보건소 2층을 침구진료실로 꾸며 놓았고, 거기서 약 2주 동안 환자들을 치료하고 온 경험이 있다. 나는 이제 선교지로 몸만 가면 될 정도로 모든 것이 완벽하게 준비되었다. 그런데 문제가 생겼다. 국제선교훈련원에서 12개월간의 선교사교육을 모두 마치고 선교사로 파송받기 위하여 감리교선교사 자격심사를 받는데서 내가 떨어졌다. 이유는 치유선교사로 나가려면 의사면허증을 받아 오라는 거다. 의사면허증이 운전면허증처럼 쉽게 받을 수 있는 것도 아닌데 심사위원들이 너무 무책임한 말을 하였다. 의사면허증이 없다는 이유로 선교사 심사에서 탈락되었다. 필리핀 세르반테스 시에서는 시장과 시의회 의원들이 나를 받겠다고 결의하고 '결의서'를 공문서로 작성하여 한국감리교 본부에 보내고 내가 오기만을 기다리고 있는데 선교사심사위원 측에서는 나에게 아무 것도 물어보지 않고 나를 선교사 심사에서 탈락시켰다. 당시 필리핀에서 나에게 온 공문을 받아 읽어 보고 나에게 우편으로 발송한 선교국 과장도 그 자리에 있으면서 아무 말도 하지 않아 나는 그냥 탈락할 수밖에 없었다.

하여 나는 4월 초 연회를 마치고 선교사 파송을 받지 않은 채 선교지로 갔다. 어차피 나는 지난 10여 년 동안 선교사 파송을 받지 않고 아시아 6개국을 다니며 선교한 경험이 있기 때문에 선교사 파송장이 내가 선교하는 데 별로 필요한 것도 아니었다. 그리고 선교사 파송을 받는다고 무슨 혜택이 주어지는 것도 없다. 파송을 받는다고 해서 감리교 선교국에서 선교후원비를 주는 것도 아니고, 복지나 신변안전문제를 해결하여 주는 것도 아니다.

4월 연회를 마치고 파송을 받지 않은 채로 선교지 세르반테스에 가서 시의회와 보건소의 협조로 치유선교사역을 열심히 하고 있는데 본부 선교국에서 선교사 파송에 관한 재심사가 있다고 하여 10월에 한국에 들어가 재심사를 받았더니 특별한 심사도 이유도 없이 통과 되어 결국엔 2013년 11월 3일 자로 선교사 파송을 받았다. 의사 면허증이 없는데 왜 파송하였는지

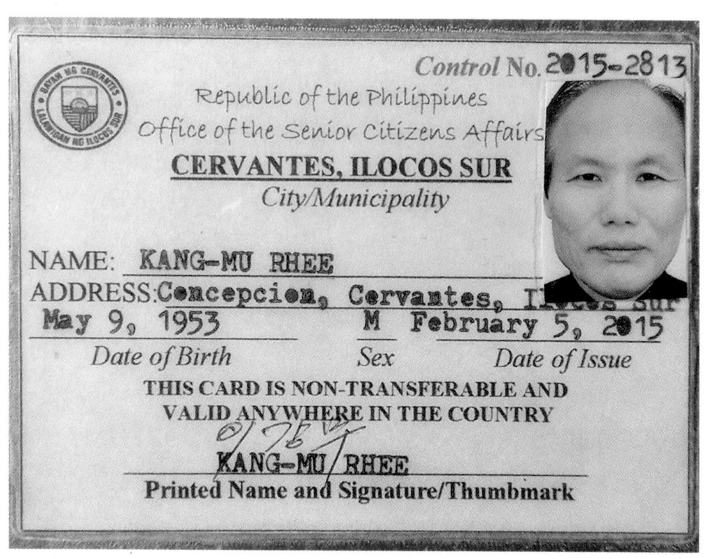
Control No. 2015-2813
Republic of the Philippines
Office of the Senior Citizens Affairs
CERVANTES, ILOCOS SUR
City/Municipality
NAME: KANG-MU RHEE
ADDRESS: Concepcion, Cervantes, Ilocos Sur
May 9, 1953 M February 5, 2015
Date of Birth Sex Date of Issue
THIS CARD IS NON-TRANSFERABLE AND
VALID ANYWHERE IN THE COUNTRY
KANG-MU RHEE
Printed Name and Signature/Thumbmark

시민증

알 수가 없다. 어차피 파송할 것을 왜 그렇게 번거롭게 하여 외국에 나가 있는 선교사로 하여금 비싼 항공료와 여비를 쓰게 하는지 모르겠다.

아래에 기록한 선교일지는 선교사 파송을 받기 전부터 세르반테스 시에 가서 그들이 제공한 병원과 숙소에서 지내며 시청 공무원들과 함께 일하고 생활한 내용을 지면관계상 몇 개만 올린 것이다. 평일에는 시보건소(RHU)에서 간호사들과 무료진료를 실시하고 퇴근 후나 휴일에는 개인적으로 선교단을 구성해서 산악지역 마을로 선교를 다녔다. 세르반테스에 있는 동안

13개의 바랑가이 전 지역을 보건소와 경찰서의 협조와 보호를 받으며 치유선교사역을 하였고 2개의 교회를 세웠으며 가난한 목회자들과 연합하여 전도집회를 하였고 서울 장안원교회(이재익 목사)에서 보내주는 의류를 빈민촌에 지속적으로 보내고 구호금을 보내는 등 그들의 가난한 살림과 영혼을 보살폈다. 하여 시에서 나에게 시민증을 주어서 필리핀 어디를 가든지 병원, 대형마트, 공항, 선박, 버스 등에서 20%의 할인을 받을 수 있게 되었으며 또한 그뿐만 아니라 의료분야의 최고 권위자에게 수여하는 '침술의학고문'을 위촉하여서 일로코스 수르 주정부의 권위 있는 의사들의 모임에 참여할 수 있게 되었다. 선교사 파송을 받지 못하여 선교사비자도 없고 은퇴비자도 없어 관광비자로 머물러 있는 나에게 이는 큰 혜택이 아닐 수 없다. 내가 하는 일이 하나님이

침술의학고문

보시기에 선하고 선교현장에서 꼭 필요한 일이기 때문에 제도적으로 나를 막아도 하나님이 모든 걸 풀어 해결하여 주셔서 막힘없이 나의 치유사역이 잘 이루어지도록 도우신 것으로 믿는다.

1) 아퍼 빌립필 가는 길
2013년 4월 14일

아퍼 빌립필 마을 입구는 읍내에서 바기오 방향으로 난 메인 도로를 차로 약 30분 정도 가면 도착할 수 있는 가까운 거리다. 이 마을 뒷산을 올라 산을 하나 넘으면 원주민 마을이 있는데, 위에 있다고 하여 아퍼 빌립필이라 부르다. 이 마을은 가깝지만 오지여서 외부 사람들이 잘 가지 않는 곳이고, 지금은 마을 사람들이 거의 산 아래로 이사 와서 살고 노인들만 몇 분 사는 곳이다. 이곳은 읍내에서 가까우면서도 오지를 체험할 수 있는 곳이라 이번에 제일 먼저 이곳을 방문 하였다.

오전 일찍 출발하였는데도 강열한 아열대의 햇빛은 민둥산 고개를 달구어 우리의 몸을 태운다. 연약한 간호사 2명만 데리고 약간의 그늘만 좀 있으면 조금씩 쉬며 약 1시간 걸려 온 몸이 땀범벅이 되어 산등성이를 타고 올라가 고갯마루를 넘어서니 개들이 꼬리를 치며 달려온다. 마을이 가까이 있다는 신호다. 마을에 들어서니 우리를 맞이하는 자는 오직 강아지들 뿐 텅 빈 낡은 빈집들이 기운 없이 우리를 바라볼 뿐이다. 빈집이 사람 사는 집보다 더 많다. 두 칸짜리 초등학교는 폐교되어 교실 안에는 여기저기 낡은 의자가 먼지 속에 흩어져 나뒹굴고, 운동장의 녹슨 농구대는 옛날을 추억하며 쓸쓸히 서 있다. 하지만 운동장 옆 울창하게 자란 망고 나무는 여전히 힘차게 잎을 날리며, 인적이 드문 곳이지만 혹시라도 손님이 찾아올까 열심히 열매를 익히고 있다가 보란 듯이 우리를 반기다.

사람은 떠났지만 자연은 늘 변함없이 제 자리를 지킨다. 우리가 모두 죽어도 자연은 그 자리를 지킬 것이다. 그리고 자연은 인간이 내 땅이다 네 땅이다 싸우며 사용하다 마구 흐트러트리고 간 지구촌을 말없이 깨끗이 정화하며 다음 세대를 또 기다릴 것이다. 대지는 모든 것을 품고 용서하고 사랑하고 다시 만들어내는 자연의 어머니이다. 가이아이다. 하여 고대 철학자들은 자연은 곧 신이라고 말하지 않았는가.

적막한 산촌에 외롭게 혼자 사시는 할머니가 문 옆에 시름없이 앉아 계시다가 다가오는 이방인을 보자 실신하듯 반가이 맞이하신다. 사람을 그리워하고 기다려 본 적이 있는가? 사람을 그리워하고 기다리다 사람을 만나면 얼마나 반갑고 눈물겨운지 경험해 본 적이 있는가! 인생살이에 가장 힘든 일은 외로움이다. 병든 것보다 더 마음 아픈 것이 외로움이다. 사랑하는 자녀와 눈에 넣어도 아프지 않을 귀여운 손주들을 모두 멀리 떠나보내고 깊은 산속에서 늙은 남편조차 없이 혼자 매일 하늘만 쳐다보며 외로움을 달래는 할머니의 그 심정을 누가 헤아릴 수 있으랴!

지팡이를 짚고 간신히 걸어오신 꼬부랑 할머니를 치료해 드리다. 사실 할머니는 치료받기보다 사람을 만나는 것이 더욱 감격이고 감사이며 행복이다. 사람을 만져보고 사람에게 만져진다는 게 얼마나 행복한 일인가. 할머니의 등을 어루만질 때마다 너무 감격하여 눈물을 흘리시다. 빈집과 폐교와 녹슨 농구대와 노곤한 노인들 모두가 더 이상의 목표와 꿈이 없이 스스로 사그라져 없어질 날만 기다리다가 새로운 사람을 만나니 참으로 반가우신가보다. 이제 얼마 안남은 인생, 도시에서 힘들게 사는 자식들에게 폐 끼치기 싫어 그냥 이렇게 살다가 가려고 빈 마을에 남아 모진 생명을 버티고 있다. 아, 이것이 이들의 인생말년의 모습이다. 아니 우리 미래의 모습도 별 도리가 없다.

젊은 간호사의 손이 노인의 몸에 닿자 노인들의 눈과 몸에서 그동안 숨어있던 엔트로피가 막 발산되는 느낌이다. 실은 이분들에게 약은 별 효과가 없다. 약도 어느 정도 면역력이 있을 때

효과를 발휘한다. 이제 곧 사그라져 없어질 고목과 같은 노인들에게 무슨 병원과 약이 소용 있겠는가. 고령의 연세에 약을 먹으면 얼마나 더 오래 살 것이며, 오래 살면 무슨 낙이 있겠는가. 약보다 더 중요한 것은 이들의 이야기를 들어줄 사람이고 대화이다. 그리고 영혼을 위로하는 말씀이다. '새 하늘과 새 땅' 에 관한 비전은 이분들에게 마음의 큰 보약이 된다. 나도 어느덧 보약을 먹을 나이가 되었다. 이 외로운 노인들을 만나는 것은 어쩌면 노인들보다 나에게 더 큰 보약이 될지도 모른다. 주는 자가 받는 자보다 더 행복하기 때문이다.

독거노인–아퍼 빌립빌 마을

의료봉사를 마치고 가며 노인들을 위로하기 위하여 이곳에 자주 와야겠다고 동행한 간호사들의 의향을 물으니 모두들 이제 다음부턴 절대 안 온단다. 간호사 올리비아는 이곳 가까운 앞산 밑에 살며, 스스로 자원하여 나를 이곳에 소개하고 동행하였지만, 아퍼빌립필 산마을 길이 이렇게 험한 줄 몰랐다며 다리가 아파 죽겠다는 시늉을 한다. 아무 볼거리도 놀 거리도 일거리도 없어 자식들조차 버리고 떠난 폐허가 다 된 깊은 산속을 젊은 간호사들이 또다시 올 이유가 뭐 있겠는가. 내가 너무 무리한 부탁을 하였나보다. 이곳 간호사들은 어릴 때부터 열악한 환경에서 강인하게 자랐어도 꼬박 한 시간 걸려 올라온 무덥고 가파른 민둥산 산길이 무척 힘 들었나보다. 게다가 하산하다가 뱀을 만나 놀라기도 했으니 더 정떨어질 일이다.

얼마나 사람이 만나고 싶었으면 처음만난 사람을 헤어지기 아쉬워 눈물을 감추지 못하시는가. 헤어지기 아쉬워하는 노인들과 작별을 고하고 더 늦기 전에 서둘러 어스름한 가파른 산길을 더듬어 내려오다. 한 아주머니가 무언가 머리에 이고 더 어두워지기 전에 가려고 서두르며 산을 올라오다 우리를 보고 무척 반가워한다. 사람을 만나는 것이 어찌 그리 즐거운 일인지, 자기 마을을 다녀온다니 매우 좋아하며 꼭 다시 오란다. 한참 내려오니 술 취한 할아버지가 컴컴한 오솔길 길목에 꺼진

플래시를 한 손에 들고 앉아 잠시 숨을 고르고 있다. 읍내에 나갔다가 기분 좋아 한잔 하셨나보다. 이분도 역시 우리를 보자 무척 반가워하신다. 이들은 모두 사람을 만나면 반가워한다. 도시에선 수많은 사람들이 스치고 지나쳐도 마네킹처럼 무표정이다. 간혹 사람에 밀려 어깨를 스치면 까칠한 눈으로 바라본다. 실수하여 젊은 여인의 몸을 스쳤을 경우 고발당하여 유치장에 가는 수도 있다. 도시인들은 사람과의 만남이 얼마나 소중하고 행복한 일인지를 모른다. 인간이라는 존재가 얼마나 사랑할만한 거룩한 존재인지 모른다.

전에는 약 400여명의 주민이 살던 비교적 큰 산마을 이었지만 지금은 겨우 노인 열대명이 사는 적막한 산속마을! 사람을 그리워하고 사람을 만나고 싶지만, 이제는 힘이 없어 산 너머 읍내까지 걸어 갈 수가 없다. 물론 차도 없고 데리고 나갈 사람도 없다. 그저 빈 마을을 지키며 행여 누가 찾아오지나 않나 눈이 빠지도록 마을 어귀를 바라보며 하루를 보낸다. 그야말로 현대판 고려장이다. 가난과 질병과 외로움으로 일상을 버티어 가는 가여운 노인들! 아무도 또 다시 그곳을 찾으려 하지 않는 폐허가 되어가고 있는 아펴 빌립필 마을에 주님의 따듯한 사랑과 위로가 있기를 기도하다.

2) 딱페오 산악마을
2013년 4월 19일 금요일

오늘 가는 딱페오는 딘웨데 웨스트 바랑가이에 속하며, 읍내에서 서쪽 해안방향으로 가는 데만 5시간이 걸리는 거리다. 새벽 4시경에 일어나 갈 준비를 하다. 정확히 5시가 되니 띠똥 간호사가 나를 부르러 왔다. 그는 유일한 남자간호사로 보건소의 힘든 일을 도맡아 한다. 하여 가장 먼 곳에 위치한 딘웨데 바랑가이를 순방하는 것도 그가 맡게 된 모양이다. 공무용 소형 지프니를 타고 간호사 두 명을 더 태우고 그리고 가는 김에 딱페오에 사는 원주민 4명도 함께 태우고 가다.

어제 오후 늦게야 간호사 세 명이 딱페오 마을에 보건진료 간다는 사실을 알았다. 하여 그들에게 나도 함께 가기로 하고 내가 가는 것을 시장님에게 보고하지 말라 하였다. 만일 시장님에게 보고가 올라가면 결재받기가 복잡해진다. 깊은 산속에 숨어 있는 반군들로부터 나를 보호하기 위하여 먼젓번처럼 경찰관들도 따라 붙어야 되고, 보건소장인 닥터 가우덴쇼우씨도 함께 가야 된다. 가우덴쇼우씨는 그런 먼 곳에 가는 것은 질색이다. 하여 만일을 대비하여 수간호사한테만 살짝 알리고 가는 거다.

캄캄한 새벽 읍내를 빠져나와 세르반테스 분지 서쪽부분을 높게 감싸고 있는 베상파스 산을 막 올라가니 우리를 환송하듯 일출이 현란한 광채를 뿜으며 까마득히 먼 동쪽 산군위로 힘차게 솟아오르다. 모두들 차에서 내려 일출의 파노라마를 보며 환호성을 지르다. 차의 엔진이 작아 가파른 오르막길에 힘이 들어 헐떡거리며 간신히 1시간 정도 가파른 산길을 더 올라가니 베상파스 고개에 도착하다. 잠시 엔진을 식힌 후 다시 서쪽 내리막길을 향하여 달리다. 유난히 가파르고 꼬불꼬불한 험한 산길이다. 우기 철이 다가와서 그런지 절벽에서 굴러 떨어진 돌과 바위 덩어리들이 길바닥에 여기저기 흩어져 진로를 방해하다. 비가 많이 오면 가파른 절벽이 더 심하게 무너져 내릴 텐데 그렇게 되면 대형 사고가 날 것 같다. 이 지역 사람들도 역시 사고에 매우 무딘 것 같다. 아니면 지방정부의 예산이 부족해 도로복구를 못하든가. 도로에 안전망 설치도 제대로 되어 있지 않고, 대중교통으로 이용하는 승합차는 거의 모두 안전벨트를 떼어 버렸다. 깊은 낭떠러지에 굴러 떨어지면 안전벨트를 착용해도 어차피 죽을 것이니 걸리적거리기만 한다고 모두 떼어버린 모양이다.

길 양옆으로 펼쳐진 웅장한 산의 기세와 금방 무너져 내릴 것만 같은 가파른 절벽에 제압당하지 않을 수 없다. 급커브에서 몇 번이나 마주 오는 차와 부딪칠 뻔 하며, 곡예운전으로 약

딱페오 가는 길

1시간 정도 내려오니 수요(Suyo)읍내를 못미처 왼쪽으로 딱페오 가는 조그만 산길이 나타나다. 이제 여기서부터는 비포장도로이고 너무 가팔라서 소형 지프니가 더 이상 올라갈 수 없어 걸어서 가야한다. 지난 1월엔 시장님과 4륜 기어차를 타고 가는 바람에 마을까지 금방 올라 갈 수 있었지만, 걸어서 가면 약 3시간이나 걸리는 먼 거리다. 장거리 트레킹에 단련된 원주민들은 아무 걱정도 없이 머리에 짐을 하나씩 이고 힘차게 걸어 올라간다. 우리도 각자 배낭을 메고 그들을 뒤따라 올라가다.

오솔길 사이로 까마득히 멀리 희미하게 보이는 봉우리가 우리가 오늘 가야하는 목적지다. 험한 산길은 봉우리를 바라보면 질려서 못 간다. 가까운 언덕만 바라보고 언덕 하나하나를 착실하게 정복해 나가야 한다. 높은 산을 오르는 것은 도를 닦는 것과 같다. 빨리 가려고 욕심 부리면 안 된다. 힘들이지 말고 천천히 호흡조절을 하며 놀 듯이 걸어야 한다. 천릿길도 한걸음부터다. 한 걸음 한 걸음 착실하게 걷는 게 상책이다. 어디든지 정상은 단숨에 오를 수는 없다. 한 걸음 한 걸음 착실하게 걸어가는 자가 정상에 오를 수 있다. 정상에 오르기 위해선 누구보다도 자기 자신에게 정직성이 요구된다. 남 눈치 볼 필요가 없다. 자기 자신의 체력을 알고 그 체력 안에서 에너지 조절을 잘 하며 꾸준히 정진하는 정직성이 도중하차하지 않고 정상에 오르는 비결이다. 히말라야 산행을 통해 체득한 지식이다.

간호사 띠똥과 출렁다리를 건넌 후 떨어진 두 명의 간호사 야나와 노라를 기다리며 잠시 쉬다. 원주민들은 무거운 짐을 이고 이미 앞서 올라갔다. 시장기가 돌아서 가져 온 간식들을 바닥에 펼쳐놓고 먹다. 이정도면 재미난 등산이요, 즐거운 선교사역이다. 힘들고 지겹다고 생각하면 이 일을 할 수 없다. 어렵고 힘든 일일수록 즐기면서 해야 한다. 어떤 이는 나의 길이 무척이나 힘들고 괴로운 일로 생각하기도 한다. 그러나 나는 그렇게 생각하지 않는다. 늘 여행하는 기분으로, 등산하는 기분으로 즐겁게 한다. 새로운 곳을 방문한다는 것은 매우 감동적이고 흥미로운 일이다. 게다가 불쌍한 이들을 돌보는 일은 더욱 보람 있고 행복한 일이다.

허리도 약하고 신장도 하나 없는 내가 나보다 나이가 40살 이상 작은 젊은 간호사들과 험한 산길을 오른다는 것은 대단한 도전임과 동시에 기쁨이며 영광이다. 두 시간 정도 올라 왔을까? 걸어온 곳을 내려다보니 처음 시작한 곳이 까마득하게 멀리 보인다. 내 허리가 정상이 아니란 걸 나는 잘 알지만 나와 동행하는 간호사들이나 의사는 모른다. 그들이 알면 연약한 나와 전혀 함께 가지 않을 것이기 때문에 비밀이다. 튼튼하지도 않은 나의 허리로 이렇게 많이 걸어 온 것이 나 스스로도 대견스럽다. 한 걸음 한 걸음이 쌓여서 이룬 결과이다. 산은 오늘 우리에게 교훈한다. 천리 길도 한 걸음부터이며, 작은 것들을 소홀히 여기지 않고 하나하나 이루어 갈 때 큰일을 이루게 된다는 사실이다.

어느 듯 하늘마을에 도착하였다. 산길을 걸어 올라온 시간은 예상한대로 꼭 3시간이 걸렸다. 미리 연락받은 바랑가이 캡틴과 이 지역 조산사(지역 보건진료소 소장)가 사람들을 동원하여 아침식사를 준비하였다. 산허리 나무그늘에 마련된 야외식탁에 앉아 아침식사를 마치고 곧 환자진료에 들어가다.

공기가 맑고 물이 좋아서 일까? 이곳 환자들은 그리 심각한 환자가 없다. 내과적인 병은 별로 없고 그저 외과적인 병이 대부분이다. 대부분 환자들이 허리가 아파서 찾아오는데 근육질이 단단하고 신체가 건장한 것으로 봐서 신장이 나쁜 것 같지는 않고, 험한 산속에서 농사일을 하며 무거운 것들을 등에 지고 오르내리느라고 생긴 허리 통증 같다. 그런 외과적인 통증은 침과 뜸이 최고다. 거의 한번만 치료받아도 완치되는 사람들이 많다. 현장에서 늘 체험하는 것이지만, 환자들을 치료할 때마다 성령께서 강권적으로 개입하시는 것을 자주 체험한다.

산이 높아 공기와 물이 맑아서인지 이 마을 사람들은 거의 장수하는 편이다. 97세 되신 할아버지가 오셨다. 전번에 뜸을 뜨고 좋았다며 지팡이를 짚고 또 오셨다. 아마 100세를 넘기고 싶으신가보다. 연세가 드셔서 폐 기능도 좋지 않으시고 당뇨도 있으시다. 당뇨환자는 상처가 잘 아물지 않으므로 조심해서 뜸을 떠야 한다. 환자의 피부가 뜸에 익숙해지기 전까지는 아주 작게 쌀 톨 반만 한 크기로 상처가 나지 않게 한번만 떠 드리는 것이 좋다.

하산 예정시간이 오후 2시이다. 늦어도 3시까지는 하산해야 한다. 그렇지 않으면 가다가 해가 떨어져 귀가하기가 힘들다. 허리 아픈 사람들이 많아서 많은 사람들이 치료를 받고 싶어

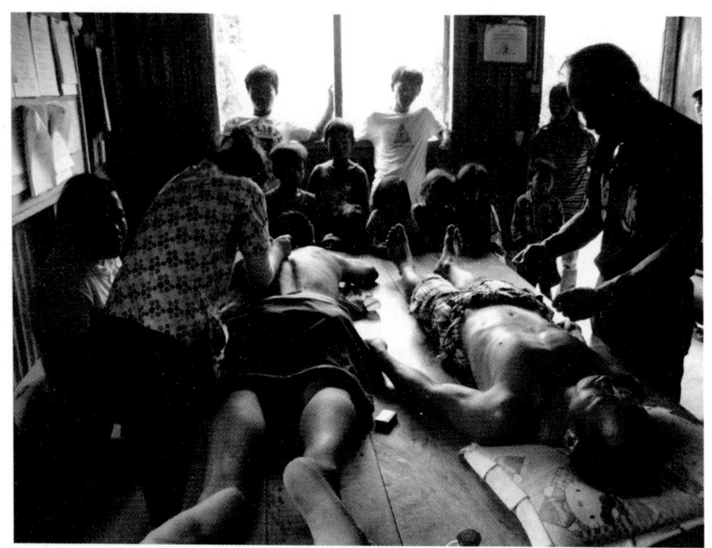

딱페우 환자치료

하지만 시간이 없어 더 할 수가 없다. 간호사 세 명이 열심히 옆에서 도와주어 그나마 열 두 명이나 치료해 주었다. 또 다음에 오기로 하고 서둘러 마을을 떠나다. 우리 차가 기다리는 산 아래까지 내려오니 오후 5시가 되다. 다시 험한 산악 도로를 아침에 오던 역방향으로 1시간 정도 올라가 베상파스 고개에서 잠시 차를 세우고 순국 기념탑에서 묵념을 하다. 이 탑은 태평양전쟁(1941.12.7.-1945.9.2.)당시 일본군이 이 높고 깊은 산속 세르반테스까지 침투해 들어 오는 것을 이곳 베상파스 고개에서 미필 연합군이 대항하여 일본군을 무찌르고 승리한 것을 기념하여 세워 놓은 기념탑이다. 그 당시 일본군 약 3,000여명 전사하였다는데 일설에 의하면 전사한 3,000명 중에 약 95%가 한국에서 강제로 징집되어 온 한국인이라는 설이 있다. 한국역사나 일본역사에 나오지도 않는 이야기이다.

못된 일본 놈들이 무고하고 선량하고 힘없는 조선인을 여기까지 데리고 와서 희생시키다니! 아찔하도록 까마득한 계곡에 아마 한국인들의 시체가 쌓였었을 지도 모르겠다. 그중에 혹시 살아남은 사람들이 있었다면 원주민들과 결혼하여 아마 이곳에 한국인의 혈통을 이어받은 이가 있을지도 모르겠다. 만일 그렇다면 내가 여기 온 것도 우연이 아닐 것이다. 이곳까지 와서 운명하신 불쌍한 영령들을 위로하고, 그 자손들을 돌보라는 하나님의 섭리가 있어서 오게 된 지도 모르겠다. 인간이 어찌 하늘의 뜻을 알 수 있으랴!

나는 희생당하신 한국인들을 위하여 묵념하였고, 필리핀 간호사들은 순국한 미필연합군을 위하여 묵념하였다. 우리들의 조상은 이유도 없이 서로 적이었지만, 지금 우리는 서로 친구가 되었다. 제국주의자들은 전쟁을 조장하여 이득을 남기고, 그 틈바구니에서 약소민족은 전쟁의 도구로 사용되어 희생제물이 되니, 전쟁은 참으로 악마의 쓸데없는 장난이다.

3) 개구리 반찬
2013.6.14. 라마간 마을

"여우야, 여우야, 뭐하니?" "밥 먹는다" "무슨 반찬?" "개구리 반찬" "살았니? 죽었니?"- - - - - "살았다!!!"

밥상머리에 앉아 갑자기 아주 먼 어린 시절 술래잡기 하며 친구들과 즐겁게 놀던 놀이가 생각난다. 손으로 두 눈을 가리고 담벼락에 이마를 대고 있는 술래를 향하여 친구들이 등 뒤에서 다가가며 위와 같이 묻는 말에 술래가 "살았다!!!"고 큰 소리로 외치면 모두들 도망가야 한다. 잡히면 술래가 되기 때문이다. 만일 반찬으로 올려놓은 개구리가 살았다면 얼마나 징그럽겠나! 그놈이 접시위에서 도망가려고 펄쩍 뛰는 모습을 생각하며 아이들은 모두 "살았다!"는 소리에 질겁하고 도망을 쳤다. 온 국민이 가난하게 살던 1960년대 나의 어린 시절에도 우린 그런 놀이는 할지언정 개구리를 밥반찬으로 상에 올려놓는다는 것은 꾸며낸 이야기 일 뿐 설마 그런 일이 있을 것이라는 것은 상상도 못하였다.

그런데 이곳의 오늘 저녁 반찬은 진짜 개구리 반찬이다. 평상시 먹는 1식 1찬의 식단에 오늘은 손님이 와서 콩 순만 차려놓기가 뭐해, 논에 가서 개구리를 잡아다가 간장으로 간을 하여 삶아 손님상에 올려놓았다. 그들이 먼저 개구리 반찬이란 말을 하지 않았지만, 좀 이상한 느낌이 들어 물어 보았더니 정말이란다. 그래도 설마하고 포크로 뒤척이며 확인을 하였더니 정말로 죽은 개구리가 사지를 쫙 벌리고 누워서 나를 바라보며 "먹으려면 한 번 먹어보라 이놈아!" 하는 것 같다. 그것을 보는 순간 속이 느글거리며 토할 것 같다. 그러나 손님대접을 위하여 일부러 차려 놓은 음식을 차마 박차고 일어날 수가 없구나. 더구나 이제 겨우 열아홉 살 먹은, 아기 같이 귀엽고 어려보이는 며느리가 차려 놓은 밥상을 어찌 마다하고 물릴 수 있으랴!

콩 순에 간장을 찍어 대충 먹고 성의를 무시할 없어 마지막으로 접시에 있는 개구리 한 마리를 골라잡아 넓적다리만 뜯어 먹고 개구리 뼈는 내 밥상 밑에서 보채는 고양이 에게 던져 주었다. 별로 먹을 것도 없는 적은 양이지만 나로서는 큰 용기를 내어 먹은 것이다. 내장이 들어 있는 상체는 차마 먹지 못하고 그냥 내버려 두었다. 그러자 그들은 내가 먹다 남은 개구리 몸체와 국물로 밥을 비벼 맛있게 먹는다. 그리고 다 먹지 않고 내일 아침에 먹으려고 아껴서 남겨둔다. 내일 아침에 또 그 모습을 봐야 하다니!

사실 나도 어릴 때 개구리 구이는 먹어 본 경험이 있다. 구이는 이것과 차원이 다르다. 우리 동네 골목입구 조그만 국수틀

개구리 반찬

집에서 아기를 낳았는데 그 당시 어린 내가 생각해도 아기가 너무 작아 보였다. 아기의 허벅지가 겨우 어린 나의 새끼손가락 굵기만 하고, 키는 어른 손 한 뼘 정도 되었다. 우린 발가벗겨 뉘어 놓은 그 아기가 인형인줄 알았다. 그런데 국수집 아저씨가 광고를 하는 바람에 알았다. 개구리를 잡아오면 한 마리당 1환을 준다 하였다. 개구리를 고아 먹이면 아이 넓적다리에 살이 붙는다고 아저씨는 아이들이 잡아오는 개구리를 1환씩에 사서 고아 먹였다. 동네 형들이 개구리를 잡아다 그 아저씨에게 팔려고 들판에 나가 개구리를 잡다가 밭에 나뭇가지로 불을 피워 그 위에 개구리를 얹어 놓고 구워 먹다가 나도 먹어 보라고 뒷다리를 하나 주는 것을 먹어 본 경험이 있다. 동네 형들과 장난삼아 구운 뒷다리 하나 먹어볼 때는 별 메스꺼움을 느끼지 못했는데, 그 놈이 밥반찬으로 자리를 잡고 밥상에 죽은 시체로 버젓이 누워 있으니 너무 징그럽다. 지난번 카왁 마을에서 야생고양이 고기를 얻어먹은 것 하며, 이제 나도 거의 원주민 수준에 이르게 되는가보다.

환자들 치료하는 유치원마당에서 아이들이 딱지놀이를 하며 논다. 어느 딱지에 쓰인 숫자가 많은지 알아맞히기 인가보다. 여자 아이가 쪽쪽 알아맞히자 남자아이가 다 잃고 다른 남자 아이가 들어 앉아 하다. 그 모습을 보며 아주 오래전 나의 국민(초등)학교 시절이 생각난다. 학교 다녀오자마자 동네 아이들과 돌담 옆에 모여 앉아 저녁 먹으라고 엄마가 부를 때 까지 계속 딱지 따먹기만 하였다. 딱지를 많이 따는 날이면 부자가 된 기분으로 밤잠도 설치곤 하였다. 이곳 삶의 풍경이 지난 2005년 미얀마의 갈레뮤를 방문했을 때처럼 나의 잃어버린 과거의 추억을 되살려 낸다. 되살리는 정도가 아니고 아예 현재를 벗어나 60년 전의 과거를 살게 한다. 이 아이들의 놀이를 보는 동안, 내 마음속엔 잠시 현실은 온데간데없고, 과거만 존재할 뿐이다. 사실 현재도 내가 현실로 인정하고 받아드렸기 때문에

라마간 마을 아이들

존재하였던 것이다. 아이들 덕분에 과거의 즐거웠던 어린 시절을 다시 한 번 더 살아보게 되었다.

친절한 개구리 반찬 환자의 가정에서 잠을 자고 이른 아침 마을을 산책하는데 뒤에서 갑자기 말 달려오는 발굽소리가 들린다. 농부가 먼 논에 가기 위하여 이른 아침 뜨거운 태양이 떠오르기 전에 서둘러 달려가는 중이다. 그 모습을 보자 이제 나의 머릿속엔 내가 살아보지도 못한 100여 년 전 조선시대 어느 부자가 사는 시골 마을길이 그려진다. 마부 아저씨 덕분에 100여 년 전의 세상도 살아 보았다.

환상의 나래를 펄럭이며 궁핍하고 어려웠던 과거 어린 시절로 돌아가 보니 그때도 전자문명의 시대인 지금 못지않게 그런 대로 재미있는 세상이었다. 문명이 발전된 현재만 재미있는 게 아니다. 의미를 덧붙이면 과거도 재미있고 우리가 사는 인생은 어디든지 살맛나고 재미있다. 이곳에 있으니 구태여 타임머신을 타고 갈 필요도 없이 그냥 제 자리에서 과거와 현재를 동시에 살게 된다. 아마 육신의 몸을 벗어던지고 영의 세계에 들어가면 지금처럼 과거와 현재와 미래를 동시에 왕래하며 살게 될 것이 아닌가!

객(客)이 주(主)가 되고, 다시 주가 객이 되는 주객(主客)미분(微分)의 상태, 성(聖)과 속(俗)을 구별하지 않는 성속일여(成俗一如)의 삶, 과거와 현재를 동시에 왕래하는 시공을 초월한 영성, 이 어찌 영의 세계에서 하나님 나라의 모습이 아니겠는가, 천년이 하루 같고, 하루가 천년 같도다(벧후3:8).

4) 아이 좀 낳게 해 주세요

일시 | 2013년 6월 25일, 화요일/장소 | 산후안 바랑가이

참여간호사 | 루이, 그레이스/사회복지사 | 제롬
치유선교사 | 파스터 리/현지 참여자 | 산후안 바랑가이 담당 조산사-리사

오늘은 가까운 거리라 보건소 앰뷸런스를 타지 않고 트라이씨클을 대절하여 타고 갔다. 산후안 바랑가이는 타운에서 베상파스 방향으로 내려가 들판을 지나며 첫 번째로 나타나는 마을이다. 약 10분 정도 달리니 도착하다. 아침 일찍 갔지만 교육받을 자모들이 이미 와서 기다린다. 대부분 차도 다니지 않는 먼 곳에 살지만 교육열들은 대단하다. 실은 교육열보다도 자기들이 필요하기 때문에 더 열심히 참석하는 것 같다. 간호사들이 강의하기 전에 먼저 참석한 이들의 명단을 체크하다. 오늘도 물론 뎅기모기 예방책과 사후 처리에 관한 교육이다. 루이는 항상 강의준비를 철저하게 잘한다. 아버지가 대학교수라서 아버지의 영향을 많이 받은 모양이다. 그가 강의를 할 때는 현대식 IT장비를 동원한다. 노트북과 프로젝트를 가져오고, 가끔 고가의 캐논 줌 카메라를 가져오기도 한다. 오늘은 간단히 차트를 준비해 왔다.

간호사들이 강의가 끝나자 오늘도 사회복지과 직원 제롬이 이어서 재난방지 예방책에 대하여 강의를 하다. 그러는 사이 간호사들은 바랑가이 클리닉에 와서 나의 치유사역을 도와주었다. 그리고 남는 시간에 틈틈이 산후안 바랑가이의 가난한 가정의 등록부를 살피며 아이들 숫자를 파악한다.

2008년에 필리핀 정부는 빈곤가정을 파악하여 전산화 시켜 놓았다. 그리고 그들을 꾸준히 돕고 있다. 한 아이 당 500페소씩 정부에서 매월 지원하다. 가난한 가정에서 태어난 아이를 버리거나 굶기지 않도록 하기 위하여 필리핀 복지부(DSWD)가 실시하는 대단히 큰 헬핑 프로젝트이다. 필리핀 정부가 스스로 시작한 것인지 아니면 외국의 자원봉사단체의 협조로 이루어진 것인지 자세한 내막은 모르겠다.

오늘 방문한 조그만 산후안 바랑가이만 해도 정부로부터 지원을 받는 가정이 약 150여 가정이나 된다. 세르반테스 읍 전체에는 약 1,500여 빈곤가정이 등록되었다. 각 가정에서 3명까지 지원받을 수 있으며 가난을 면치 못할 경우 아이들이 14세 될 때까지 정부로부터 지원을 받을 수 있다. 빈곤 가정 한 가정에 두 명씩만 계산해도 세르반테스에서 매월 빈곤수당을 지원받는 아이가 약 3.000여명이나 된다.

이뿐 아니라, 복지부에서는 빈곤 노인들에게도 3개월 마다 1,500페소씩 지원하고 있다. 내가 체류하고 있는 일로코스 수르 프로빈스에서 노인 수당을 받는 분들의 수가 약 3,000여명이나 된다. 필리핀 전역에서 빈곤수당을 받는 아이와 노인들의 숫자는 상상하지 못할 정도로 많은 숫자가 될 것이다. 이 많은 지원금을 어디서 조달해 오는지 보통일이 아니다. 부정부패가 심한 필리핀 관료들이 해외 NGO단체들로부터 후원금을 끌어들여 자신들의 몫을 먼저 챙기고 나머지로 인심을 쓰는 척 하는 것은 아닌지 의심이 가기도 하다. 정부에 돈이 없다고 공무원 봉급도 제날짜에 주지 못하는 처지에, 수백만 명의 빈곤가정을 매월 정기적으로 지원하는 것은 외국에서 들어오는 후원금이 없이는 불가능한 일이다.

어찌 되었든 우리는 그저 순수한 마음으로 가난한 이들을 돕기 위해서, 각 바랑가이를 방문하며 요즈음 심하게 번지는 뎅기모기 예방과 산악지역의 수해재난예방 그리고 아픈 이들을 위하여, 예수님께서 친히 본을 보여주신 사랑과 희생정신으로 열심히 봉사하고 있다.

이곳 산후안 바랑가이 의료 담당인 리사씨는 나이가 56세이고, 30년이나 조무사 일에 종사하고 있으며 13명의 조무사들

뎅기모기 예방 및 사후대책 교육

중에서 가장 선임이다. 어느 날 RHU(시 보건소)에 와서 근무하는 그녀가 허리 보조대로 허리를 잔뜩 동여매고 있다. 왜 그런 걸 허리에 차고 다니느냐 물으니, 허리가 몹시 아프단다. 언제부터 그러냐고 물으니, 수년전부터 아팠는데 요즈음 더 심하단다. 왜 나한테 이야기 안했느냐고 물으니, 그냥 씩 웃기만 하다. 수년 동안 약을 먹어도 고칠 수 없는 허리를 침 맞는다고 좋아지겠는가 하는 생각을 한 모양이다.

당장 2층 진료실로 올라오라고 하여 침으로 몸 전체의 발란스를 맞추어 주었다. 서양의학은 세균의술이고, 침뜸의학은 균형의술이다. 기혈순행이 잘 되도록 몸의 균형을 맞추어 주면 몸 스스로 자연치유력과 면역력이 증대되어 질병을 이겨낼 수 있는 힘이 생긴다는 것이 약 7천여 년 동안 전통으로 내려오는 침뜸의술의 핵심이론이다.

결핵이나 암 같은 특별한 질환에 의하여 허리가 아픈 게 아니고, 그냥 막연히 허리만 아픈 것은 첫째 신장의 문제로 봐야 하고, 신장은 간과 표리 관계에 있으므로 간경도 다루어 주어야 한다. 이런 경우 온몸 앞뒤상하좌우로 흐르는 경락을 통하여 몸의 밸런스를 맞추어 주어 기혈순행이 잘 되도록 도와주면 통증이 상당히 완화 될 수 있다고 설명해주었다. 몇 번이나 맞으면 되느냐 묻기에, 그 정도로 수년간 아픈 증세는 몇 번이 아니라 수개월은 치료받아야 될 듯싶었지만, 그렇게 말하면 하지도 않고 포기할까봐 열 번 정도 맞으라하였다.

그녀가 일주일에 두 번씩 총 네 번 정도 침과 뜸을 받고 나선 요즈음 오질 않았다. 하여 오늘 만난 김에 왜 요즈음 침 맞으러 오지 않느냐고 물으니, 이젠 아프지 않아서 안 갔다나. 그러면 진작 말했어야지 난 그런 줄도 모르고 왜 안 오나 하고 궁금해 하지 않았는가! 어쩐지 요즈음 그녀가 숙직하는 날에는 특별히 나의 저녁을 잘 차려 대접하드라 했더니 감사하는 마음으로 그랬었나보다. 그렇게 빨리 나을 줄은 나도 예상하지 못한 일이다.

내성적인 그녀가 자기지역을 방문한 나에게 특별한 환자를 한명 되리고 왔다. 아이를 못 낳는 여자인데 아이 낳게 좀 해달라고 부탁을 하다. 아니 내가 신인가? 어떻게 아이를 낳게 만들어 준단 말인가! 수년간 아픈 허리를 침뜸 네 번 맞고 고침받더니 아마 나를 되게 신통한 능력이 있는 치유사로 생각한 모양이다.

데려온 젊은 여인은 36세고, 6년 전에 결혼 하였으나 아직 아이가 없어 걱정이라며 어떻게 하면 아이를 낳을 수 있을까 고민하고 있는 중인데, 마담 리사(조무사)가 오늘 한국에서 오신 치유선교사님이 여기 오시는데, 꼭 와서 뵈라고 해서 찾아 왔단다. 병원에 가서 체크는 해 보았느냐 물으니, 남편과 둘이 가서 검사해 보았으나 둘 다 아무 이상이 없단다. 지금 남편은 뭐하느냐 물으니, 2개월 전에 외국에 돈 벌러 갔다나. 그럼 남편도 없이 혼자 어떻게 아이를 만드냐며 우스갯소리를 하니, 그냥 남편이 올 때가지 몸이나 건강하게 돌보려 한단다.

그건 가능한 일이다. 그녀의 증세를 들어보니 그녀는 멘스할 때 마다 큰 고통을 격고 있었다. 손발도 매우 차다. 단서를 잡았다. 그녀가 자주 허리가 아프다는 것과 종합해 볼 때 이는 분명히 신장과 간과 방광의 경락에 문제가 생겨서 오는 증세이다. 지금부터 6년 전 서울 서초동에 사는 48세 된 이런 환자를 한 번 치료한 경험이 있다. 그녀는 중학교 시절 처음 멘스를 시작할 때부터 약 30여 년 동안 심한 월경통으로 고생을 하였었다. 병원과 한의원과 약방을 안 다녀 본 곳이 없을 정도로 수없이 많이 다녔으나 고치지 못하고 여전히 매월 달거리를 할 때쯤 되면 참을 수 없는 월경통으로 매월 약 2주 동안을 고생하였었다. 신기하게도 그녀는 나에게 침과 뜸을 서너 번 받고 나서 모든 통증이 사라졌다. 그 후 지금까지 그녀는 통증을 느끼지 않으며 잘 지내고 있다.

그녀를 치료한 경험을 생각하며 자신감을 가지고 치료를 시작하였다. 한 번으로 치료 되는 게 아니니 매주 1회 정도 RHU

에 와서 치료받으라고 권하다. 그리고 월경통은 멘스하기 전 3-4일 전에 피내침을 맞으면 통증이 없으니 꼭 날짜를 맞추어 오라고 일러주다. 남편이 1년 후에나 올 것이니 그동안 몸조리 잘 하면 좋은 결과가 있을 것 같다. 아이를 낳게 하는 실력은 없지만, 방광경과 자궁에 유익한 혈자리를 치료하고 몸의 기혈순행이 잘 되도록 몸의 밸런스를 잡아주는 역할은 충분히 내가 할 수 있는 일이다. 그 이상은 하나님이 해 주셔야 되는 일이다. 생명의 주관자는 하나님이신데 감히 어찌 연약한 한 인간이 생명이 생기고 안 생기고를 결정할 수 있으리오. 하나님의 은혜로 놀라운 생명의 축복이 그녀의 가정에 있어지길 기도하다.

04 필리핀, 세르반테스, 마하나임교회(2014년)

개요 내가 세르반테스에 머무는 동안 읍내 대부분의 교회들을 차례로 방문하여 선교활동을 하였지만 특히 마하나임교회는 2014년 11월, 기독교 대한감리회 중앙연회 원로장로회(회장 이오성원로장로)에서 임원분들이 이 먼 곳까지 방문하시어 교회증축에 도움을 주셨고, 마하나임교회의 담임전도사 부인이 원인모를 병으로 수년 동안 앓다가 나에게 기도와 치료를 받고 기적적인 치유의 사건이 일어난 특별한 인연이 있는 교회라 당시 이 교회에 관련이 있는 선교일지의 일부를 싣는다.

1) 꼭꼭 숨어있던 그녀가

2014년 8월 16일 토요일

오늘은 그녀가 내게 침과 뜸을 받고 일어나 세 번째 찾아온 날이다. 얼굴에 혈색이 돌고 전에 보지 못한 매우 희망적인 모습으로 남편의 트라이씨클을 타고 막내 아이까지 데리고 왔다. 전보다 놀랍도록 변화된 건강한 모습으로 왔다. 첫째, 매일 잠을 못 자 어려움을 겪던 이가 잠을 잘 자게 되었고, 둘째, 하루에도 몇 번씩 토하던 것이 멈추었고, 셋째, 바늘로 찌르듯이 아팠던 골이 아프지 않게 되었고, 넷째, 혈압이 정상으로 돌아 왔다고!

간단한 침뜸요법으로 몸이 아파 수개월동안 방에서 일어나지도 못하던 환자에게 이런 큰 변화가 일어나다니 당사자가 아니면 누가 이를 믿을 수 있겠는가! 이는 현대의학으로 믿을 수도 증명할 수도 없는 일이다. 성령의 은혜가 아닐 수 없다.

이 깊은 산악지역에서 이제 나는 현지인보다도 더 이 곳 사람들의 가정형편을 잘 아는 사람으로 소문이 났다. 현지인들은 멀리 떨어져 살고 농사일로 바빠 일일이 서로 왕래할 시간도 없고 교통수단도 마땅치 않아, 자기가 필요한 곳만 다닐 뿐이다. 나처럼 골자기까지 일일이 찾아서 방방곡곡을 방문한 사람은 거의 없다. 소위 이곳의 화이트칼라인 공무원들은 더욱이나 이 지역 후미진 곳의 실상을 나보다 더 모른다. 하여 이들은 내가 자기들보다 현지 사람들의 사정에 더 밝다고 말한다. 그런데 그렇게 많이 다니고 수많은 집을 방문하였건만, 이번 환자는 숨바꼭질 하듯이 꼭꼭 숨어 있었다. 읍내 가까운 곳에 살면서도 서로 만나지 못하였다. 등잔 밑이 어둡다는 속담이 딱 들어맞는다.

이 여성을 만나게 된 것은 순전히 하나님의 인도하심이라 생각된다. 한국에서 연락이 왔다. 인터넷이 잘 안 터지고 간신히 가끔 카톡만 되는 형편인데 신학교 동문목사님 중 한분이 수소문하여 내 카톡 주소를 알아내어 문자를 보내 왔다. 먼저 번 7월에 보낸 나의선교보고서를 교회의 원로장로님이 보시고 감동 받아서 어려운 원주민교회를 돕고 싶다는 내용이다.

사실 선교보고를 할 때 마다 늘 마음이 편치 못하였다. 선교사라면 당연히 그 이상을 수고해야 할 사람이 크게 한 일도 없이 남들 앞에 보고하는 것이 마치 내 자랑 하는 것 같아 보고하는 게 별로 마음 편하지 않았다. 매번 선교보고 할 때 마다 보고를 안 하면 안 될까 하는 마음이 들었지만 파송한 목사님이 보고를 원하고 또한 내가 무슨 일을 하는지 꼭 알고 싶어 하는 후원자분들이 있다기에 그분들을 위해서 보고를 안 할 수가 없었다.

요번엔 특히 더 보고하기가 민망스러웠다. 고국의 교회 사정도 예전만 못한데 현지교회의 딱한 사정을 알리려니, 참으로 많이 망설여졌다. 그러나 내 자신을 위한 일이 아니고, 하나님의 백성을 위하는 일이므로 떨리는 마음과 믿음으로 용기를 내어 현지의 어려운 사정을 보고서에 올렸다. 듣거나 말거나! 부담을 갖거나 말거나! 일단 하나님만 믿고 현지의 어려운 사정을 알렸다. 그러자 안티세력 중의 한 분이 메일을 통하여 즉각적인 반론 반응이 왔다. 노자의 도덕경 제 1장을 인용하여 "눈으로 볼 수 있는 사랑은 사랑이 아니다"라는 충고의 말씀이다. 메일을 주신 분은 내게 후원금을 보내시는 분은 아니고 그냥 글만 읽는 분이다. 그 분은 글도 잘 쓰시고 신앙생활도 하시는 분일 것이다. 그분의 충고에 전적으로 동감한다. 혹시나 내가 우쭐해서 망가지지나 않을까 하는 염려에서 주신 사랑의 충고 말씀이라 생각한다. 그런데 그렇게 생각하면서도 한 편 마음은 한없이 부끄럽고 아프다. 그러지 않아도 선교보고를 하고 떨리던 마음이었는데 부정적인 메일을 받고 실망에 빠졌다. 그 메일을 읽고 몇 날 밤잠을 설쳤다. 내 자신이 너무 부끄럽고 초라한 생각이 들었다. 내가 정말 내가 한 선교사역을 일일이 보고해야 하나 하는 생각이 많이 들었다. 그러나 말은 발은 말이니 내 어찌 감정을 가질 수 있으랴! 메일을 잘 보관하여 수시로 읽으며 거울로 삼기로 하였다.

초라한 모습이 되어 힘없이 며칠을 보내는 중인데 나를 파송한 교회에서 카톡이 왔다. 건축하다 형편이 어려워 중지한 교회를 후원하고 싶은 이가 있다고 파송교회 이재익 목사님이 기쁜 마음으로 문자를 보냈다. 선교보고서를 보내고 조마조마한 마음으로 돌아오는 반응을 기다리던 내 마음에 깊은 안도의 한

숨과 함께 환희의 기쁨이 터져 나왔다. 이 소식이 오기 전에 이미 큰 충고를 받은지라 더더욱 마음이 기뻤다. 다시 천군만마를 얻은 기분이다. 하나님은 나를 좌절과 실망에 빠지게 내버려 두지 않으시고 다시 힘과 용기를 주셨다. 선한 일을 행하다 핍박이나 오해를 받을 경우엔 반드시 하나님이 더 크게 위로하고 격려 하신다는 점을 이번에도 체험하다. "우리가 선을 행하되 낙심하지 말지니 포기하지 아니하면 때가 이르매 거두리라(갈6:9)"

갑자기 두 곳에서 후원할 의사를 밝혔다. 선교보고를 부정적인 시각으로 바라보는 이가 있는가하면 긍정적인 마음으로 협력하고 싶은 분도 있었던 거다. 가슴 졸이던 내 마음이 이제 완전히 풀어졌다. 원로장로님이 후원의사를 밝힌 교회에서 이틀내로 빨리 교회를 물색하여 보고해 달라는 요청이 왔다. 그 소식을 받고 그 이튿날 이른 아침 급하게 방문한 교회가 바로 오늘 세 번째 나에게 치료받으러 온 환자의 교회이다. 도로변에 위치한 교회이지만 교회 간판도 없어 과수원집 창고인줄 알고 몇 번 그냥 지나친 곳이다. 메일을 받은 다음 날 아침 그 교회의 형편을 알아보기 위하여 아침 일찍 들렀다. 교회에 들어서니 허름한 겉모습보다도 더 심각한 상황이 눈앞에 펼쳐졌다. 목회자 가족의 사는 모습이 비참하기 이를 데 없다. 건축하다

중단한 교회 뒷벽에 판자를 대어 임시 거처를 마련해 놓고 그곳에서 여섯 명의 가족이 살고 있었다. 들판의 꾸보 하우스는 그런대로 자연과 어울려 멋이나 있지만 이곳 텐트 하우스는 한마디로 도시 뒷골목의 빈민가나 마찬가지였다. 이른 아침부터 젊은 전도사가 마당에 솥을 걸어 놓고 혼자 불을 때고 밥을 해서 아이들에게 먹이고 학교 갈 준비를 시키느라 분주하다.

이른 아침인데도 부인이 안 보여 부인은 어디 있는가 물으니, 몸이 아파서 누워있단다! 어둠침침한 굴속 같은 움막 모기장 속에 부인이 신음소리를 내며 누워있다. 모기장을 걷고 부인의 얼굴을 보니 마치 칠순 할머니처럼 보인다. 남편은 이제 겨우 35세 젊은인데 부인이 그렇게 늙어 보이다니! 자세히 보니 병이 들고 몸이 약해져 앞니가 몽땅 빠져 그렇게 보였다. 얼굴은 누렇게 떠서 붓고 병색이 완연하다. 퀴퀴한 냄새와 습기차고 지저분한 것이 생사람도 며칠만 거기 머물러 있으면 병이 들것 같다. 얼마나 어려우면 이렇게 살까! 돈이 없어 이를 해 넣지 못하고 할머니 행세를 하고 누워 있는 모습을 보니 마음이 아프다. 난 왜 여태껏 이곳을 와보지 못했을까! 한국에서 급히 도울만한 교회를 물색해서 알려달라는 소식이 없었다면 아마 더 한 참 뒤에나 이곳을 알게 되었을 것이다.

이렇게 가난한 살림에 병든 자가 불쌍하게 누워있는데도 모르고 있으니 하나님이 강권적으로 나를 이곳으로 인도하셨나 보다. 후원하고 싶어 하시는 원로장로님에게 이곳을 알려야겠다. 하여 짓다가 6년 동안 미완성 상태인 교회도 완공하고 교회 뒷벽에 잇대어 조그만 사택도 짓도록 하여야겠다. 그러나 알린다 해도 한국에서 이들을 위해 후원금이 언제 올지는 막막하다. 우선 급하고 내가 할 수 있는 일은 병들어 신음하고 누워 있는 전도사 부인을 치료하는 일이다. 당장 그날 보건소로 오라하여 치료를 해 주었다. 그리고 이틀에 한 번씩 오라하여 오늘 세 번째 오는 날이다. 대부분의 사람들이 그렇듯이 침뜸으로 병을 고친다고 하면 시큰둥 하는 눈치다. 그러나 한 번 받고 돌아가면 마음이 움직이고 두 번 받고 돌아가면 마음이 변한다. 그녀는 오늘 세 번째 치료를 받고는 완전히 마음이 열렸다.

내게 주어진 달란트로 불쌍한 사람을 도울 수 있다니 얼나마 다행이고 감사한 일인가. 그녀가 치료를 마치고 아래층에 가서 다시 혈압을 재어 본다. 치료 전에 80-60 나오던 저혈압이 110-70으로 정상혈압이 되었다. 간호사가 놀라고, 옆에 있던 이들이 모두 놀라고 나 역시 놀랐다. 전번엔 160-120 나오던 고혈압 환자가 120-90으로 정상혈압을 찾더니 이번엔 저혈압 환자가 정상혈압을 유지하게 되었다. 그녀의 눈빛으로 말하는 모습이 보이다. "이는 사람의 능력으로 된 일이 아니고, 하나님의 능으로 된 일이다!"라고 그녀가 생각하며 눈을 감고 감사기도하다.

사람 바라보지 말고, 하나님만 의지하자! 사람의지하다 창피당하지 말고 죽을 먹든 밥을 먹든 하나님만 의지하자. 내가 하는 일이 진정 하나님이 기뻐하시는 일이라면 하나님이 함께 하실 것이다. 이번에도 하나님은 부자를 통하여 도우시지 않고 마음이 가난하고 온유한 이들을 통하여 도우시려는가보다. 내가 선교보고하고 사람들에게 알리는 일들이 자화자찬으로 들려 꼴불견처럼 보일지라도 그를 통해 불쌍한 이들을 도울 수 있다면 부끄러워하지 말고 계속 해야겠다.

2) 그녀의 간증

2014년 8월 17일 주일

주일 아침을 맞이하여 예배당에 들어서니 어린이와 정신장애인 등을 합하여 모두 아홉 명이 예배를 드리고 있다. 한 정신장애인이 입을 벌리고 침을 흘리며 이를 허옇게 드러내고 웃으며 나를 보고 반갑게 맞이해 주다. 조에이 전도사는 기쁜 마음으로 기타를 치고, 나에게 치료받고 수개월 만에 일어난 부인은 옆에서 찬송을 인도하고 있다. 간증시간이 되자 부인이 울며 간증을 한다. 몇 달 동안 몸이 아파 주일예배에 출석도 못하고 누워 있었는데 하나님의 은혜로 한국에서 오신 이목사님을 만나 이렇게 일어서서 찬송을 인도하고 예배를 드릴 수 있게 되었다고! 사모는 은혜가 넘치고 감격하여 눈물을 흘리며 간증을 하는데, 몇 명 안 되는 예배당에 앉아 있는 사람들은 모두들 이미 다 알고 있는 내용이라 그런지 "아멘" 하는 사람이 한 사람도 없다. 아니, 어린아이와 정신장애인만 있으니 아멘 할 줄 아는 사람이 없는 것 같다. 그들 앞에서 전도사부인이 계속 울먹이며 간증을 한다. 개 한 마리가 앞에서 얼쩡거린다. 그 바람에 예배당이 덜 썰렁하게 보이다.

내가 부인을 처음 만났을 때 부인은 아예 그대로 누워 죽을 심산인 것 같이 보였다. 그녀는 육신의 질병보다도 마음이 이미 포기상태였다. 그동안 너무 생활고로 고생한데다 이름 모를 병까지 들어 매일 잠도 못자고, 물만 먹어도 토하고 어지럽고 골이 아파 견딜 수가 없었다. 병원에 갈 형편도 못되고, 그냥 그렇게 며칠만 지나면 탈진하여 죽을 뻔하였다. 그러던 그녀가 일어서서 주일 예배에 참석하고 찬송인도를 하니 얼마나 감사한지 몰라 시종일관 눈물을 감추지 못하고 울면서 간증하다 찬송을 부르다 하다. 나도 마음속으로 하나님께 무한한 감사를 드렸다. 나 또한 몇 년 전만 해도 그녀처럼 매일 병원신세만 지고 아파하고 있었는데 지금은 건장하게 일어서서, 지난날의 나처럼 육신의 질고로 고통당하는 사람을 도울 수 있게 되었으니 얼마나 감사한 일인가!

살고자 하는 이는 산다. 끝까지 살고자 하나님께 매어 달리는 자는 반드시 산다. 가난하여 먹을 것도 없는 교회이지만 점심을 먹고 가라하여 마다않고 기다렸다가 함께 식사하다. 열세 살 된 교회 전도사 아들이 점심을 준비했다. 아직 전도사 부인은 밥을 할 만큼 기운이 없기 때문이다. 아침에 먹던 찬밥덩어리와 반찬은 먹던 생선에 스트링빈을 넣고 끓인 국이 전부다. 나는 침과 뜸으로 내 몸을 치료하고부터는 무엇이든 가리지 않고 잘 먹고 진한 아메리카노 커피도 매일 마실 수 있게 되었다. 나의 건강을 회복시켜 주신 하나님께 감사하며 몇몇이 둘러 앉아 먹는 그들의 점심을 맛있게 먹어 주었다.

한국 이천 원로목사님이 계신 교회에서 마나하임 교회를 후원할 수 있을 것이라는 소식을 보내왔다. 별로 많은 금액은 아니지만, 짓다 만 교회를 완공하고, 교회 뒷벽에 붙여 조그맣게 사택도 지을 수 있을 것이라고 희망을 주다. 꺼져가는 심지를 다시 돋우시는 하나님의 모습이 보이다. 조에이 전도사에게 알려 주었다 그의 눈빛에서 희망을 갖는 모습이 보이다. 부인의 얼굴에서도 다시 생기를 찾는 모습이 보이다. 교인 형편과 숫자에 의하면 주일 헌금이 모두 합하여 5천원 나오기도 힘들 것 같다. 젊은 전도사는 생계를 이어가기 위하여 목수를 따라다니며 잔일을 도와주기도하고 건축일이 없을 때는 벽돌 공장에 가서 브로크 찍는 일을 하여 생활비를 번단다. 그렇게 벌어 서는 아파 누워 있는 부인의 약값을 대기도 힘 들겠다. 그러나 그들에겐 하나님이 함께 하신다는 간증이 있었다. 이들 부부는 결혼하기 전 이곳으로부터 3시간이 걸리는 먼 곳에 살고 있었는데 선교지를 물색하기 위하여 부인과 우연히 이곳을 지나가다가 정착하게 되었단다. 매일 새벽 4시 30분만 되면 이곳 언덕에 와서 무릎 꿇고 앉아 기도 하며 이 땅을 주십사고 기도했단다. 그러던 어느 날 한 한국인 선교사가 우연히 찾아와서 사정을 듣고 이 땅을 사 주고 건축도 하게 되었단다. 하나님은 한국인 선교사를 통하여 이 교회를 이루시고 싶으신 모양이다. 후원하던 한국인 선교사가 갑자기 본국으로 귀국하고서는 소식이 닿지 않아 교회를 완성하지 못하고 있는 상태란다.

나는 처음 보는데 이들은 벌써 오래전부터 나를 알고 있었단다. 자기교회를 처음 후원한 분도 한국인이고 나도 한국인이라서 많은 호감을 갖고 만나고 싶었으나 감히 말도 못하고 먼빛으로만 바라보고 있었단다. 시간만 되면 나를 만날 수 있게 해달라고 기도했단다. 그렇게 기도하길 수개월이 지났는데 생각지도 못한 날, 내가 새벽에 갑자기 자기 교회에 찾아와서 깜짝 놀랐지만 놀란 체 하지 않았단다.

신령과 진정으로 하는 기도는 하나님이 들으신다. 선한 목적을 이루기 위해 하는 기도는 반드시 응답된다. 앞으로 교회도 완성하고 사택도 짓고 별관도 지어 가난하고 아픈 이들을 위해 특별히 주님의 사랑과 치유를 이루는 예수생명 공동체를 함께 이루어 가자고 그에게 비전을 주었다.

3) 맨발로 걸어서
2014년 8월 18일

몇 달 동안 누워있던 부인이 일어나 밖에 나와 걷는 모습을 보고 마을 사람들이 어떻게 된 일이냐고 물어 한국에서 오신 선교사님이 고쳐 주셨다고 하여 온 마을사람들에게 소문이 났다. 조에이(joey) 전도사가 오전에 조그만 트라씨클에 여섯 명이나 되는 많은 환자들을 태우고 보건소에서 환자를 돌보고 있는 나를 찾아 왔다. 모두가 주일날 교회에서 보지 못하던 얼굴들이다. 그런데 그들이 하나같이 말하길 자기들도 조에이 전도사네 교회에 출석하는데 주일날 비가 와서 못 갔다, 바빠서 못 갔다. 앞으로는 열심히 다닐 것이다 하며 묻지도 않은 대답을 한다. 아마 치료받으려고 선수를 치는가보다. 여하튼 다음 주부터는 교회에 나온다고 했으니 그들이 모두 나

오면 교회가 가득 찬 기분이겠다. 신기하게도 그가 데리고 온 환자들이 모두 치료를 받자마자 몸이 가벼워지고 좋아졌다며 주위 사람들 들으라고 간증을 한다. 성령께서 도우시는 게 분명하다.

오전에 환자를 많이 보면 오후엔 피곤하여 쉬고 싶다. 보건소 의사도 점심 먹으러 가면 오후엔 거의 오지 않는다. 그래서 그런지 아니면 더워서 인지 오후엔 환자들이 거의 없다. 나도 점심을 먹고 내방에서 쉬고 있는데 조에이 전도사가 또 환자를 데리고 왔다고 핸디폰으로 문자를 보냈다. 나가 보니 어제 교회에서 본 약간 정신장애가 있는 노인이다. 노인이라야 실은 나보다 나이가 적다. 부인과 자식을 데리고 비를 맞고 찾아 왔다. 어데서 왔느냐니까 '까왁' 마을에서 왔다고 무얼 타고 왔느냐니까, 걸어왔단다. 그곳은 찻길이 없는 산속으로, 가까우면서도 오지이다. 요즈음 물이 불어 강을 건너지 못하고 돌아서 걸어왔으니 족히 2시간은 걸리는 먼 거리다. 아마 오전에 나서서 그 때 도착한 모양이다. 그들은 산악 길을 맨발로 걷는데 이력이 나서 발톱이 다 닳다시피 하였다. 또 한 부인이 6년 전부터 발목이 부어 아프다고 찾아왔다. 침이 무서워 안 맞으려 하다가 먼저 맞은 사람이 아프지 않다고 몇 번 권하는 바람에 맞고 나더니 곧 아프던 발목이 아프지 않다고 너무 좋아하다. 그

험한 산속에서 거의 맨발로 하루에도 몇 시간씩 걸어 다니니 발목이 안 아플 리가 있을까! 심하게 걷지 말아야 빨리 낫는다고 일러주었지만 당장 집에 돌아가는 것도 두 시간은 걸어서 가야 하니 이를 어쩌나. 차가 있다면 태워다 주면 좋을 텐데, 산속에 수많은 환자들이 치료를 받고 싶어도 교통비가 없어 나오지 못한다는 말을 들을 때마다 마음이 안됐다.

4) 기타를 메고

2014년 8월 20일 수요일

조에이 전도사가 부인을 데리고 오전 일찍 출근하기 전에 이미 보건소에 와서 기다린다. 오늘이 네 번째다. 이틀에 한 번씩 오라 했더니 이틀 기다리는 것이 지루한지 남보다 일찍 와서 기다리다 제일 먼저 치료를 받았다. 먼저 번에 식사하는 것 보니 쌀을 갈아서 끓여 조그만 접시에 담아 먹는 것이 그리 먹으면 젖먹이 아이도 양이 차지 않을 것 같아 죽만 먹지 말고 밥을 좀 먹되, 소화가 잘 되도록 천천히 오랫동안 씹어서 먹으라 했더니 이도 없는 사람이 밥을 먹고 소화가 안 되고 토하여 한 참 고생했단다. 부인이 좀 답답해 보이더니 곰 같은 짓을 했다. 하여 오전에 토하지 않도록 치료하여 보내긴 했지만, 확실한 병을 알려면 병원에 가서 위 사진 좀 찍어 보라고 하다.

곰 같은 짓을 하는 조에이 부인이 아침에 치료받고 가서 하루 종일 어떻게 지내나 궁금하여 저녁나절에 조깅도 할 겸 방문하였더니 조에이 전도사는 부인의 건강이 좋아져 신이 나서 가방과 기타를 어깨에 메고 심방 가려던 참이고 부인이 멀리서 나를 보고 걸어 나오며 아침에 치료받고 토하는 것도 없어지고 좋아졌단다. 그리고 밥도 잘 먹었단다. 그것 까지는 좋았다. 매일 죽는 시늉만 하고 방에만 누워있지 말고 햇볕도 좀 쏘이고 걷기운동을 좀 하라 했더니, 가장 뜨거운 시간인 오후 2시에서 4시 사이에 땡볕을 걷느라고 뜨거워 죽을 뻔 했단다. 곰은 재주나 부릴 줄 알지. 이자가 정말 살아남을지 의문이다. 지난번에는 병원에서 고혈압 약과 종합비타민을 먹으라 했다고 위가 불편해서 밥도 못 먹는 사람이 빈속에 약만 착실히 먹느라고 토하고 어지러워 죽겠다더니 이번엔 햇빛을 쏘이라 했더니 또 엉뚱한 짓을 했다. 실은 이 사람 뿐만이 아니라 그전엔 나도 그랬고 대부분 아픈 사람들을 보면 자기 몸 관리를 소홀히 하든가 아예 할 줄을 몰라 병을 부르는 경우가 많다. 건강하려면 지혜롭고 의학상식에 밝아야 한다.

전도사 부인은 증세에 관한 질문을 하면 간단히 대답하지 못하고 지나온 역사를 다 이야기 하려 하니 무슨 말을 하는 건지 알 수가 없어 간단히 묻는 말에만 대답하라고 지적하길 한두 번이 아니다. 대답을 하도 길게 질질 끌고 꼴통 같은 짓을 해서 주먹으로 한 대 쥐 박고 싶을 지경이다. 엄살은 왜 그리 심한지 어린 아이도 잘 맞는 침을 놓기도 전에 아프다고 소리를 지르고! 이렇게 답답한 환자는 생전 처음이다. 꼴통 같은 부인을 정말 치료할 때마다 은근히 화가 치민다. 그러나 부인을 고쳐 열심히 살아보려고 애쓰는 조에이 전도사를 봐서 꾹 참고 치료해 주다. 이 사람을 잘 치료해 내어야 교회가 부흥되고 하나님께 영광이 될 수 있으니 참고 꾸준히 치료해 줄 수밖에.

5) 신비의 세계

2014년 8월 24일 주일

오늘은 지난주와 다르게 제법 사람들이 모여 앉아 예배를 드린다. 눈으로 세어 보니 어린이까지 모두 스물 한 명이다. 지난주보다 배나 늘었다. 지난 주중 나에게 치료받고 간 분들이 모두 참석하였다. 조에이 전도사가 신이 나서 더욱 힘차게 설교를 하다. 사모도 전보다 더 얼굴에 생기가 돌며 몸이 회복되고 건강을 되찾은 모습이다. 지난 주 6년 전부터 발목이 아파서 많은 고생을 하였다며 치료를 받고 갔던 분이 단 한 번의 침을 맞고 나서 발목이 완전히 나아졌다며 온 가족이 모두 예배에 참석하였다. 지난 번 치료받고 바로 아프지 않다고 하여서 설마 하였는데, 그날 바로 발이 낳아 두 시간이나 걸어서 올라가야 하는 까꽉 산길을 혼자 걸어갔단다. 그리고 오늘도 그 먼 곳을 걸어서 교회에 왔다. 내가 생각해도 참으로 신기하다. 양쪽 발목이 부어오르고 6년 동안이나 아프던 게 어떻게 단 한 번 치료받고 낫는 단 말인가? 나는 전에 민도로 섬에 의료선교 갔다가 오른쪽 손목을 겹질려 삐끗 한 것이 2년이 지나도록 아직도 고치지 못하고 아파서 오른 손을 잘 사용할 수가 없는데 어떻게 6년 동안이나 아팠던 양쪽 발목이 그리 쉽게 나을 수 있단 말인가! 성령이 특별히 간섭하셔서 그녀의 믿음이 모든 통증을 물리치게 한 것이 아닌가 하는 신기한 체험을 하다. 그래도 안심이 안 되어 내일 월요일 다시 오라고 하다.

지난 주중 내가 라이스 테라스가 있는 바나우에(Banaue)를 방문 하는 동안에 조에이 전도사가 이곳에서 서북쪽으로 약 5시간 정도 가야하는 매우 먼 고향을 다녀왔단다. 이유는 오랫동안 원인모를 병으로 고생하던 자기 부인이 나에게 치료를 받고 놀랄 만큼 좋아져 고향 조카를 데려오느라 그랬단 다. 고향 조카는 자기보다 연배인 40세 된 남자인데 6년 전부터 당뇨가 심하고 인슐린분비가 되지 않아 매일 하루에 두 번씩 인슐린 주사를 맞는 중인데, 나에게 치료를 받으면 곧 나을 것이라고 나에게 데려 온 거였다. 그 정도 오랫동안 인슐린 주사를 맞았으면 이제 몸속의 자연치유력은 거의 소진된 상태일 텐데 어떻게 침뜸 면역요법으로 회복시킬 수 있겠는가. 이미 늦어서 침구면역요법으론 불가능한 일이라 말해주다. 그러나 먼 곳에서 일부러 와서 안하는 것 보다는 좋을 것이라고 말해주고 정성껏 치료해주었다.

명의도 아니고 대수롭지 않은 치료를 했을 뿐인데 전하는 자들에 의하여 지나치게 과장된 선전이 너무 멀리까지 전파되는 것이 좀 염려가 된다. 나 같이 부족한 사람이 치료하여 병 좀 나았다고 이렇게 동네방네 광고를 하고 다니며 야단인데, 만일 죽은 자가 살아났다면 얼마나 대단하겠는가! 아마 입에 거품을 품고 동네방네 아니 세상 끝가지 가서 전하지 않았겠는가! 그래서 그 복음이 나에게까지 전해져 왔고 나를 통하여 또 이 먼 곳 까지 전파되고 있는 게 아닌가! 현대의학에만 의존하는 사람이 7천 년간 맥을 유지해 온 전통의학을 비웃듯이, 현대과학에만 의존해 있는 사람은 예수의 죽으심과 부활하심을 이야기하면 조소를 금치 못할 것이다! 그러나 우리가 항상 염두에 두고 겸손해야 할 점은, 영의 세계는 4차원의 세계이고 우리의 생각과 과학을 넘어서는 초과학적 세계이다. 이 영의 세계는 인간들이 지금까지 연구하고 발견한 과학지식으로 바라 볼 수 있는 세계가 아니고 믿음으로만 볼 수 있는 신비의 세계이다.

6) 원로장로회원 방문
2014년 11월 26일

이천신갈교회에 선교보고 한 보고서를 보고 감동받으신 이오성 원로장로님(당시 중앙연회 원로장로회 회장)이 이종덕 목사님의 인솔 하에 내가 선교하는 필리핀 세르반테스 오지를 원로장로회 임원분들과 함께 방문하셨다. 이곳은 바기오에서 비포장 산악 길을 4시간 정도 달려오는 깊은 산중이며 길이 험하고 꼬불꼬불하여 현지인들도 차를 타면 멀미를 하는 힘든 길인데도 당시 75세 이상 되신 원로장로님 여섯 분이 여기까지 오셨다는 것은 참으로 놀라운 일이 아닐 수 없다. 이러한 노장들의 선교적 열정과 건강은 하나님의 큰 은혜로 말미암은 것이라 생각한다. 현지 세르반테스 마하나임 교회는 6년 전 교회를 짓다가 재정이 부족하여 중지하여 흉한 모습이었으며 사택이 없어 짓다 말은 교회 뒤에 텐트를 치고 전도사 가족 6명이 병든 사모와 어렵사리 살고 있었다. 그러다 원로장로님들이 후원하셔서 짓다 말은 교회를 증축하고 교회 뒤쪽에 사택을 잘 지어서 반듯한 교회의 모습이 완성되었다.

세르반테스 시에서는 한국에서 원로장로님들이 오신 것을 대환영하여 시청직원들이 필리핀 전통풍물놀이로 강사댄스를 춤추며 즐겁게 영접하였고 당시 시장님은 출타중이라 부시장님이 환영사를 하고 세르반테스에서 제일 아름다운 롯지의 정원에서 리셉션 파티를 하였다.

나는 연로하신 원로장로님들을 관광시켜 드리기 위하여 마닐라 공항에서부터 픽업하여 세르반테스까지 가셨다가 마닐라로 돌아오는 여행노선을 다르게 잡아 가고 오는 곳곳에 있는 관광지를 관광하실 수 있도록 안내하였다. 먼저 바기오에서는 마인스 뷰 팍(Mines View Park) 과 번햄 팍(Burnham Park) 그리고 마켓 등을 관광시켜 드렸으며 원주민 전통의상을 입고 말을 타고 사진도 찍을 수 있도록 도와 드렸다. 세르반테스에 와서는 마하나임 교회의 증축예배를 마치고 나서 노천에 자연그대로 흘러나오는 온천에서 온천욕을 하며 직접 그곳 물가에서 아침식사를 하시도록 하였다. 그리고 점심에는 시청직원들의 풍물놀이와 함께 세르반테스에서 제일 고급의 오찬을 대접하였다. 그리고 세르반테스를 떠나 산페르난도 쪽으로 가면서 바닷가에서 일박하며 석양 빛 아래 해수욕을 즐기시며 현지식을 드시도록 하였다. 그리고 마닐라 호텔에서는 최고급 마사지 사들을 각방으로 불러 마사지를 시켜 드렸으며, 아시아에서 가장 큰 마닐라 만 근처의 '아시아 몰' 에서 석양을 바라보며 해산물로 요리한 필리핀식 궁정식으로 저녁을 대접하였다. 그리고 귀국하신 다음에는 그동안 촬영한 사진으로 앨범을 만들어 참석하

중앙연회 원로장로회 임원들

신 모든 분들에게 우편으로 붙여 드렸다. 연로하신 분들이 먼 곳까지 오셔서 수고하신데 대한 보답으로 최대한 극진히 대접해 드리느라고 정성을 다하였지만 마음에 드셨는지 모르겠다.

위기에서 새로운 기회로

2015년 봄에 한국에 들어와 연회를 마치고 다시 필리핀 세르반테스 선교지로 돌아가니 갑자기 분위기가 이상하고 싸늘하다. 알고 보니 근본이유는 선교센터 건축문제가 취소된 것 때문이었다. 몇 달 전 이천 신갈교회 모 원로장로님께서 나의 간증설교를 들으시고 은혜를 받으신 후 나의 지역에 선교센터를 짓고 싶다고 건축비 5천만원을 보내신 적이 있다. 하여 나는 나를 이곳에 처음 소개한 시의원 아브라함씨와 선교센터를 짓기 위하여 땅을 보러 다녔고 세르반테스에서 서쪽으로 베상파스(Bessang Pass)를 넘어 산을 내려가 2시간 거리에 위치한 산페르난도 지역에 땅을 사기 위하여 바기오에서 근무하는 변호사를 대동하여 매매계약을 한 적이 있다. 그러는 가운데 아브라함씨와 그의 친구가 중간에서 소개하느라 많은 수고를 하여 수고비를 넉넉히 주고 일이 잘 추진되도록 부탁하고 선교센터가 완공되면 전직교수이며 현재는 세르반테스 시의원으로 수고하는 아브라함씨에게 함께 선교일을 하자고 제의하였고 그는 신이 나서 나와 함께 선교센터를 운영하기 위하여 희망에 부풀어 있었다. 그러던 중 갑자기 건축헌금을 하신 이천신갈교회 원로장로님으로부터 연락이 왔다. 아들이 선교센터건립을 못하게 한다고 돈을 되돌려 달라는 거다. 갑자기 이게 웬 날벼락인가! 땅을 사기 위하여 시의원 아브라함씨를 대동하고 4시간이나 걸리는 산악지역 바기오와 반대편으로 2시간 걸리는 해안가 산페르난도 등 동서남북을 며칠 동안 찾아다니며 여관에 묵으며 간신히 좋은 대지를 발견하고 계약을 해 놓았는데 갑자기 돈을 되돌려 보내라니 정말 어이가 없었다. 세르반테스에서 은행이 있는 바기오까지는 4시간 이상 걸리는 먼 비포장 험한 산악길이고 이곳에서 돈을 다시 한국으로 보내는 것은 많은 서류가 필요하며 매우 까다로웠다. 그러나 노인분의 입장이 곤란할 것을 생각하여 모든 어려움을 감수하고 돈을 되돌려 드렸다. 그동안 변호사 비용 100만원과 계약금 100만원 그리고 소개비와 경비 등으로 수백만 원이 들어갔지만 어디 하소연 할 데도 없이 손해만 보았다. 이런 과정에서 계약과정에 참여했던 아브라함씨와 그의 친구가 나에 대하여 오해를 한 것 같다. 아마 그들이 땅을 사고 건축을 하는 과정에서 나 모르게 실제 가격보다 더 비싸게 하여 이문을 남기려고 욕심을 부렸던 것 같다. 그러다 일이 성사되지 않자 내가 일부러 선교센터 건축을 취소한 것으로 오해하고 나에게 괘씸한 생각이 들었던 것이다. 이러한 일련의 과정이 하나님 보시기에 은혜롭지 않아 건축문제가 취소 된 것 같다.

가운데 키 크신 시장님과 공무원들

하여 위와 같은 모든 사실을 나와 친하게 지내는 벤자민 마가이(Benjamin Maggay) 시장님에게 가서 자세히 상담을 했더니 시장님이 위험할 수가 있으니 빨리 세르반테스를 떠나라는 거다. 내가 그들의 문화와 정서를 몰라서 그런지 나는 시장님에게서 그런 답이 나올 줄은 미처 생각 못했다. 그들이 나를 해코지할 수도 있다는 거다. 그러면서 월요일 아침 조회시간에 내가 한 달 후에 떠나게 됐다고 공무원들에게 인사를 시킬 테니 그 때 앞에 나와서 인사를 하고 바로 그 이튿날 새벽 남들이 다 잠자는 틈을 타서 이곳을 급히 떠날 준비를 해라 그러면 내가 그 시간에 맞춰 차를 보내 주겠다하다. 그렇게 하여 새벽에 시장님이 보낸 준 차를 타고 세르반테스를 야반도주를 하듯 떠나게 되었다. 그동안 정들었던 보건소 직원과 선교지의 사람들에게 떠난다는 인사도 못하고 갑자기 떠났다. 시간이 지나고 생각해 보니 시장님이 나의 신변안전을 위하여 대단히 신경을 많이 써 주셨다. 사방이 높은 산으로 가로 막힌 산악지역에서 18년 동안 시장을 해 온 장기집권자 벤자민 마가이 시장님은 덩치도 크고 인물도 출중하시며 이 지역에서는 부와 권력을 거머쥔 자로 왕과 같은 권한을 가진 분인데 그런 분이 나의 안전을 위하여 세심하게 배려해 주신 것을 돌이켜 생각해보니 그분은 과연 장기집권 할 만한 인격과 덕성도 갖춘 훌륭한 분이었다. 이 모든 일도 하나님이 개입하셨으리라 믿는다.

그렇게 되어 이삿짐을 싣고 12시간이나 걸려 마닐라에서 1시간 거리에 위치한 까비떼 지역의 지인 선교사댁에 내려와 일주일간 머물다가 다스마리나스 시에 있는 라 메디테러니아(La Medeteranea) 주택단지에 집을 렌트하였다. 당시 나는 세르반테스 시에서 병원과 간호사 그리고 주택 등 모든 것을 제공받은 상태에서 돈 없이 생활하는 것이 습관이 되어 집을 렌트할 자금을 마련할 생각도 못하였다. 갑자기 도시에 내려와 머물 곳이 없어 여기저기서 융통하여 집을 렌트하였지만 매월 내야하는 월세와 공과금 마련이 문제였다. 그러나 크게 염려하지 않고 하나님께 모든 걸 맡기고 기도하며 새로운 선교계획을 세우고 진행하였다. 사실 나는 처음 선교 나올 때부터 한 곳에 머물기 보다는 여기 저기 어려운 사람들이 사는 오지를 방문하는 선교를 원하였다. 그러나 세르반테스 깊은 산속에 살면서 그 지역을 섬기는 일은 열심히 하였지만 마닐라에서 너무 멀고 교통이 불편하여 필리핀 전역에 흩어져 있는 섬 지역을 다니든가 더 나아가 다른 나라까지 방문하는 것은 엄두도 못 낼 일이었다. 그러다 갑자기 마닐라 근처로 나오니 국내선 비행기 타기도 쉽고 외국에 가기도 쉽고 도시 빈민촌 방문하기도 쉽다. 공항에서 불과 1시간 거리의 위치에 거주하는 바람에 국내선을 타고 팔라완 섬, 세부 섬, 코오론 섬 등의 오지를 방문하며 치유사역을 펼치게 되었다. 내가 선교 나오기 전에 마음속에 품었던 대로 내 선교지가 확장되어 마침내는 폴란드와 핀란드 그리고 미국까지도 다녀오게 되었다.

도시에 내려와 한 달 정도 지나서 갑자기 모르는 사람에게서 이메일이 왔다. 나를 파송한 장안원교회 이은주 집사라고 자신을 소개하며 나의 선교사역을 교회 홈페이지에서 보고 후원하고 싶은 마음이 생겼다는 거다. 선교사님이 원하는 것 있으면 무엇이든지 말씀하시란다. 하여 매월 지불해야 하는 주택 렌트비가 당장 필요하다고 하였더니 염려마시라며 자기가 매월 월

세전액과 공과금 일체를 후원하겠다하여 걱정하던 모든 문제가 즉시 해결되었다. 그리고 1년 후 뭐 또 필요한 것 있으면 말하라고 해서 선교용자동차가 필요하다고 하였더니 선뜻 차량 선교헌금을 보내 주어 힘 좋은 포드사 이스케이프 SUV차를 구입할 수 있게 되었다. 이은주(양세헌) 집사님 가정 덕분에 선교관도 생기고 자동차도 생겨 그 때부터는 안정되고 넉넉한 마음으로 여러 곳의 도시 빈민촌과 산악지역을 두루 다니며 나눔과 치유의 복음사역을 광범위하고 효율적으로 할 수 있게 되었다. 나중에 한국에 나와서 알고 보니 이집사님은 이제 겨우 30대 중반의 젊은 나이이며 3살짜리 아기를 키우며 자영업을 하느라 매우 바쁘고 사업운영을 위하여 많은 자금이 필요한 처지인데도 하나님의 선교사역을 위해 먼저 크게 헌신하신 것이었다. 그 뿐 아니라 내가 나올 때 마다 좋은 음식점에 가서 음식을 대접해 주며 나의 건강을 보살펴 주시고 비싼 인삼엑기스도 선물하셨다. 또한 티셔츠 유니폼을 수백 장 로고를 인쇄하여 보내 주셔서 수년간 수고하는 스텝들에게 나누어 주며 아직까지도 잘 사용하고 있다. 젊은 부부가 하나님의 선교사역을 위하여 참으로 헌신적인 분들이다. 덕분에 한국에 나올 때 마다 큰 힘을 얻고 선교지로 돌아가서 힘차게 선교사역을 잘 이루어 나갔다. 어디든 보면 선한 일은 돈이 많다고 할 수 있는 일이 아니다. 성령의 은혜로 예수님과 같은 박애의 정신이 깃든 사람이라야 헌금하고 헌신할 수 있다. 시간이 지나고 보니 갑자기 세르반테스를 떠나게 된 것도 모두가 합력하여 선을 이루시는 하나님의 뜻(롬8:28)이었고 기도의 응답이었다. 어떠한 위기에 처할지언정 기도하고 낙심하지 않으면 그리고 꾸준히 선한목표를 이루기 위하여 한 길을 걸어가면 적당한 시기에 하나님이 축복의 통로를 통하여 위기를 오히려 새로운 기회로 바꾸어 주신다(눅18:1-5)는 체험을 또 다시 하게 되었다.

05 도시빈민촌 사역

1) 단기선교 협력팀

2015년 ~ 2016년

선교지에서 나의 관심은 항상 아프거나 가난으로 인하여 고생하는 사람들이다. 2015년 7월 세르반테스 산악지역에서 마닐라 가까운 까비떼 주, 다스마리나스 시로 내려와 제일 먼저 이곳 주민들에게 어느 곳이 빈민들이 모여 사는 곳인가 알아보았으나 주택단지(써브디비전)안에 사는 사람들은 집집마다 자가용도 있고 비교적 넉넉하게 사는 사람들이라 그런지 빈민촌이 어디인지 잘 몰라서 나 혼자 여기저기 찾아다니다가 알게 된 곳이 실랑(Silang) 비가(viga)마을이다. 이곳은 다스마리나스에서 따가이따이 가는 바향으로 약 15분 정도 차로 달려 웰컴이라는 아치형 안내간판이 서 있는 지역의 좌측 편에 위치해 있는데 겉으로 봐선 보이질 않아 그런 곳에 빈민촌이 있다는 것을 같은 지역 사람들도 잘 모르고 있었다. 심지어 나와 같은 교단의 한 선교사는 자기가 20년 전부터 그 지역에 와서 대학도 졸업하고 지금까지 살고 있는 중인데도 그곳에 빈민촌이 있다는 사실을 몰랐다하다. 누구나 자기가 관심 갖고 아는 것만 잘 보인다.

쓰레기와 시궁창 오물이 뒤범벅을 이루어 썩는 냄새가 코를 찌르고 파리 떼들이 우글거리는 좁은 길을 지나 안으로 들어가니 약 1m 간격의 좁은 골목을 가운데 두고 약 200여 가구에서 1,500여 명의 빈민들이 밀집해서 마치 집단 수용소처럼 어려운 삶을 살고 있다. 인도의 슬럼가나 거의 비슷하다. 마을 안에 교회가 하나 있어 방문해 보니 마침 한국인의 후원을 받아 지은 '아시아개혁장로교회' 이다. 하여 섬지역이나 오지로 선교를 나가지 않을 경우에는 매주 이 교회에 출석하여 환자들을 치료해주고 서울 장안원교회에서 보내오는 옷으로 빈민들의 의복을 도와주고 그리고 한국에서 단기 선교팀이 들어올 경우 이곳에 소개하여 이들의 생활을 조금이나마 도와주었다. 지면 관계상 그 중의 두 팀만 소개한다.

1)피딩미션(Feeding Mission)

2016년 1월 11일, 한국에서 온 단기선교팀은 이곳에서 피딩(급식 봉사사역)사역을 하였다. 이때는 나의 친구이며 후배인 정화건 목사(수원 신나는 교회)와 지인 엄재호 장로(제천 명락장로교회)님이 한 팀을 이뤄 오셨다. 정화건 목사님은 자신도 미자립 상태이면서도 동병상련으로 수십 년간 자비(아르바이트)로 냉난방

선교회를 운영하여 경제적으로 어려운 전국에 있는 미자립교회에 무료 재능기부로 냉난방시설을 해주는 분이다. 그리고 선교적 열정으로 나의 선교사역을 위해서, 자립교회에서 보내주는 선교헌금과 동일한 금액으로 매월 선교헌금도 보내주고 있다. 교회재정으론 어려워 순전히 본인이 아르바이트하여 보내는 선교헌금이다. 뿐만 아니라 코로나19로 내가 한국에 머무는 동안 선교사 가정을 돌보기 위하여 나의 숙소에 최신형 인버터 냉난방기를 무료로 기증하여 직접 설치해 준 고마운 선교동역자이다. 그리고 엄재호 장로님은 나와 교단이 다른 장로교회 장로이지만 나의 치유선교사역을 위하여 당신이 직접 참여하지 못하는 대신 부인이 잘 협조할 수 있도록 묵묵히 배후에서

현장에서 요리하여 배식준비하다

후원하시었으며 중국에도 함께 다녀오신 분이다. 이 두 분은 각자 바쁘고 서로 먼 지역에 떨어져 사시는 분들이라 만나기 어려운 입장이지만 하나님의 은혜로 한 팀을 이루어 나의 선교지에 와서 은혜로운 급식사역을 하셨다.

좋은 식재료를 직접 사서 빈민촌 교회에 가져와 주민들이 보는 앞에서 즉석요리를 해서 비가마을 빈민촌 약 200여명에게 짜장면과 짜장밥을 만들어 이틀간 섬김의 봉사를 하셨다. 가정형편이 어려워 끼니도 잘 해결하지 못하는 현지인들이 처음 먹어보는 짜장면을 무척 맛있어하는 것은 물론이거니와 부자나라 한국인들이 와서 직접 요리를 해서 봉사하는 모습을 보고 많은 감동을 받았다. 이 나라는 빈부격차가 심하여 가난한 사람들은 감히 부자들과 어울리지도 못하고, 천하고 가난하게 살기 때문에 누구에게도 좋은 대우를 받아 보지 못하며 늘 소외된 삶을 사는 사람들인데 한국인들이 와서 극진히 자기들을 섬겨주는 모습에 큰 감동을 받고 예수 그리스도의 사랑을 체험하는 계기가 되었다. 이와 같은 한국 기독교 단기선교 팀의 헌신적인 사랑과 희생은 이곳뿐만 아니라 전 세계 수많은 저개발국가에서 흔하게 벌어지고 있으며 이는 꼭 전도만을 목적으로 하는 게 아니고 한국인의 따뜻한 마음을 온 세계에 알리는 일이며 국위선양에도 좋은 계기가 되어 한류열풍에 일조하리라 믿는다.

2)덴탈미션(Dental Mission)

2017년 1월 27-28일까지는 치과단기선교팀을 연결하여 이 마을 분들을 그리스도의 박애의 정신으로 섬겼다. 필리핀의 수질은 석회수라 사람들의 치아가 일찍 상하여 많은 사람들이 고생하면서도 치과에 가서 발치할 돈이 없어 그냥 이앓이를 하며 지내는 이가 허다하다. 이들에게 아픈 이를 빼주는 치과사역은 매우 고맙고 행복한일이다. 이틀간에 걸쳐 매일 200여 명씩 약 400여명의 이곳 치아환자들을 치료봉사하였다. 이번에 치과선교오신 분은 곽○○ 한○○ 부부치과의사분으로 약 2,000만원의 자부담으로 일가족 모두가 함께 봉사하러오셨다. 의사부부, 아들, 딸, 이모 이렇게 다섯 분이 오셔서 큰 봉사를 하고 가셨으

비가마을 덴탈미션

며 이분들의 특징은 자기교회나 교단의 소개로 오지 않고 그냥 성령이 이끄시는 대로 해마다 다른 곳에 가서 가족전원이 참여하여 이름도 밝히지 않고 익명으로 은밀히 봉사하시는 분들이다. 이번에는 대학교 학력고사를 앞둔 딸도 바쁜 가운데 참여하여 기쁜 마음으로 엄마아빠를 도우며 힘든 봉사를 하였다. 순전히 자부담으로 가족 모두 오셔서 봉사하고 가는 모습은 참으로 보기 좋은 그리스도인의 모습이며 예수님의 박애정신 그대로였다. 그분들은 이곳에 와서 머무는 동안 한 푼도 선교사에게 짐을 지우지 않고 오히려 격려금도 주시고, 현지의사 2명에게도 이곳 한 달 월급에 해당하는 넉넉한 수고비를 주었으며 옆에서 수고한 우리 선교대원들을 포함하여 15명 스텝들의 점심도 매일 대접하셨다. 마침 한국에서 휴가 온 필자의 딸도 이렇게 훌륭한 분들과 함께 봉사하게 되어 더욱 감사하였다.

2) 새로운 동역자(同役者)를 만나고

깊은 산악지역 아늑한 분지에 자리 잡은 세르반테스 시에서 시장과 시의원들 그리고 보건소 직원들의 비호(庇護)를 받으며 넉넉하고 멋지게 선교사역을 하다가 갑자기 연고도 없는 도시로 내려오니 마치 실직하여 낙향한 기분이다. 이곳에서는 물론 아는 사람이 아무도 없을 뿐만 아니라 말단 공무원도 접하기가 쉽지 않다. 전에 세르반테스 있을 때는 큰 행사 때마다 나는 시장 옆에 앉고 내 뒤에 시의원들이 앉고 그 뒤에 공무원들이 직급 순으로 앉았다. 그리고 내가 바랑가이(동사무소)를 방문하면 바랑가이 캡틴(동장)이 나를 늘 VIP로 맞이하였었다. 그런데 아무 연고도 없는 도시에 내려오니 바랑가이 캡틴을 만나는 것도 쉽지 않은 일이다. 시의원과 친해지는 것도 물론 쉬운 일이 아니고 시장과 자별한 사이가 되는 것은 꿈에도 생각지 못할 일이다. 그렇게 되니 운신의 폭이 좁아지고 의료봉사 하는 것도 쉽지 않다. 그러다 우연히 집주인 여자로부터 남편의 여동생 간호사 징키(Jinky)를 소개받게 되었다.

간호사 징키는 31세의 젊은 여자로 결혼하여 이제 겨우 1년 된 젖먹이 아기가 있어 가사에 매우 바쁨에도 불구하고 개인 클리닉을 운영하며 매사에 적극적이고 열정적인 여인이었다. 필리핀은 간호사 라이센스가 있으면 간단한 클리닉을 개업할 수 있다. 약을 조제하거나 처방하진 못하지만 의사를 불러 수술도 할 수 있고 의사를 통해 약처방도 할 수 있어서 그녀는 조그만 클리닉을 차려서 환자들에게 영양주사를 놔 주거나 영양보충제를 공급하고 있었다. 하여 의료보험이 없는 가난한 사람들은 병원에 가려면 많은 돈이 들기 때문에 간호사 징키를 찾아오는 경우가 많다.

내가 거주하는 다스마리나스 시의 옆에 위치한 GMA(General Mariano Alvarez)시에 사는 간호사 징키는 그녀의 적극적인 성격만큼이나 봉사정신도 뛰어난 여인이어서 나를 만나자마자 적극적으로 나의 사역을 돕길 원하여 징키 덕분에 도시의 각 바랑가이 사무소를 방문할 수 있게 되었다. 징키가 개인 클리닉을 가지고 있으며 같은 도시 내에 징키의 부친이 법무법인 일과 보험사업 그리고 NGO일 등을 많이 하여 그 지역에서 유명한 사람이라 그 바람에 공무원들도 징키를 잘 알고 있었다. 봉사하길 좋아하는 징키는 나를 위해 GMA시의 각 바랑가이 캡틴에게 사전에 연락하여 의료봉사일정을 잡았으며, 나는 징키가 정한 스케줄에 따라 각 바랑가이를 방문하며 바랑가이 사무소에서 환자들을 치료하게 되었다. 도시에 내려와 혼자 이곳저곳 다니던 나에게 하나님은 열정적이며 긍정적인 새로운 동역자를 붙여주신 것이다. 어디에서이든 선한 일을 행하고자 하면 하나님은 항상 길은 열어 주시었다.

징키와 봉사를 나갈 때는 나의 집주인이며 징키의 올케가 되는 네넨(Nenen)씨도 꼭 따라 붙었다. 네넨은 50대 중반으로 자녀 4명을 모두 출가시키고 경제적으로 안정된 삶을 사는 분으로 자가용도 있어 운전도 잘하는 분이다. 네넨은 SUV차량인

내차를 특히 좋아하고 내 차 운전하는 것을 좋아하여 함께 봉사 나갈 때 마다 늘 내 차를 자원하여 운전해 주었다. 이렇게 하여 하나님은 나의 도시지역 치유선교사역을 위하여 꼭 필요한 간호사와 운전기사를 동시 붙여 주셨다. 하여 우리는 평일에는 각 바랑가이 사무실을 순방하며 환자들을 돌보고 매주 토요일은 빈민촌을 방문하였다. 치유사역을 나갈 때 마다 늘 한국에서 이은주 집사가 보내 준 유니폼을 입고 팀워크(teamwork)를 이루며 봉사를 나갔다. 하여 세르반테스보다는 못해도 그런대로 팀을 꾸려 도시빈민촌 의료선교사역을 잘 이루게 되었다.

바랑가이 사무실로 치유사역을 가는 날 외엔 주로 빈민촌을

치유사역 후 마을 잔치

방문하였는데 그 중에 실랑(Sillang) 지역의 스프링마을을 자주 방문했다. 스프링 마을은 지난 번 치과봉사를 나갔던 비가 마을 못 미쳐 주택단지 뒤편 계곡 주변에 21가정이 무허가 집을 짓고 사는 작은 빈민촌이다. 이곳엔 중풍으로 2년 전부터 움직이지 못하는 분이 있고 마을 사람 대부분이 가난하고 몸이 건강치 못하여 그 분들을 집중적으로 캐어하였다. 마을이 작고 주민들도 그렇게 많지 않아 나의 형편으로 섬기기에 매우 적당한 규모이다. 이곳에 갈 때 우리는 늘 마을 전원이 먹을 음식을 준비해 갔다. 평소에 먹는 것도 제대로 먹지 못하는 분들을 위하여 일주일에 한 번이라도 풍족하게 먹어 보게 하려는 의도에서다. 징키와 네넨은 매주 토요일 오전 8시에 나의 숙소에 모여 함께 차를 타고 슈퍼로 가서 쌀과 야채 그리고 돼지고기 닭고기 생선 등을 푸짐하게 사가면 우리가 치료하는 동안 마을사람들이 음식을 준비하여 점심식사 때는 21가정 모든 사람들이 모여 한 판 축제를 벌이며 즐거운 오찬을 즐긴다. 그 때 생일을 만난 사람이 있으면 마을 사람들이 모두 먹을 수 있도록 제과점에서 제일 큰 생일 케이크를 사가서 축복기도도 해준다. 그런데 그 때마다 생일 케이크를 받은 사람이 여러 사람들이 있는 곳에서 나눠먹지 않고 집으로 가져간다. 하여 처음엔 그 이유를 몰라 서운하게 생각했었는데 나중에 알고 보니 그 가정에 가져가서 저녁 때 온 식구가 모인데서 보여주고 감사기도를 하고 난 후 마을 사람들에게 나누어 준단다. 참으로 감동이다. 처음으로 받아 보는 큰 생일케이크를 바로 먹기가 아까워 온 가족이 모일 때까지 먹지 않고 잘 보관해 두었다가 가족이 다 모이면 보여주고 나눠 먹는다는 그들의 모습에서 비록 가난하지만 끈끈한 그들의 가족애를 보게 된다.

봉사 나갈 때 마다 간호사 징키는 환자들에게 필요한 각종 비타민과 영양제를 가져가서 거저주고 심한 중풍병자에게는 내가 침을 놓는 동안 비싼 영양주사도 무료로 놔준다. 그리고 내가 환자를 치료하기 전에 혈압을 측정하고, 미국에서 구입한 진단기구(magnetic resonance imaging machine)를 노트북에 연결하여 환자의 증세를 알아내어 나에게 적어 주면 내가 그 차트를 보고 환자를 치료한다. 그녀는 중동에서 간호사로 근무한 경험이 있어서 환자들을 능숙하게 잘 다루며 나의 사역을 늘 빛나게 해준다. 그리고 네넨 역시 늘 따라다니며 운전도 해주고 침을 놓고 나면 발침도 해주고 환자들에게 뜸을 떠 주며 잘 도와준다. 치유사역에 재미를 붙인 우리는 사역의 지역(지경)을 확장하여 국내선 비행기를 타고 마닐라에서 1시간 거리에 위치한 세부 섬에도 봉사 다녀왔고, 승합차를 렌트하여 구호품을 한 차 가득 싣고 먼 민도로 섬도 다녀왔다. 섬에 갈 때는 배에 승합차를 싣고 가서 민도로 섬 깊은 산속 망얀족 마을까지 짐을 싣고 찾아가서 한국에서 보내온 옷과 금일봉 그리고 많은 생필품을 가져다주며 적극적인 선교사역을 이루었다. 그들은 나에게 아무 사례비도 받지 않고 스스로 자원하여 봉사하였다. 코로나로 인해 그들을 멀리 떠나서 지금 생각해 보니 그들은 나에게 참 좋은 사람들이었으며 하늘에서 보낸 천사들이었다.

3) 이멜다 가정 이야기

등잔 밑이 어둡다고 나의 숙소에서 가까운 챠벨 빌리지 뒤편 후미진 곳에 무허가 빈민촌이 있음을 늦게야 알았다. 그 빈민촌에서도 가장 어렵게 사는 이멜다씨 가정을 시간을 내어 매주 일회 방문한다. 이멜다는 이제 겨우 45세 나이에 자녀를 11명이나 두었다. 첫 번째 남편과 사별한 후 혼자 벌어먹고 사느라고 일하러 다니다가 이 남자 저 남자에게서 임신하여 나은 아이가 모두 합하여 그렇게 많게 된 것이다. 그렇게 나은 아이들의 아비는 씨만 뿌리고 모두 도망가는 바람에 아이들을 책임질 남자는 아무도 없어 혼자 그 많은 아이들을 먹여 살리느라 쉴 틈도 없이 뼈 빠지게 고생하는 여인이다. 몇 개월 전에 또 술중독 남자를 만나 11번 째 아이를 낳아 이제 겨우 4개월 된 아기를 집에 두고 일하러 다닌다. 하루라도 벌지 않으면 아이들이 굶어죽기 때문에 어쩔 수 없는 일이다. 낮으론 어미도 없이 어린아이들만 생활하는 그 가정을 일주일에 한 번씩 시간을 내어 방문하고 그 아이들의 가정을 보살폈다. 코로나 때문에 한국에 갇혀 있으면서 그 아이들이 어떻게 사는지 가장 궁금하다. 그 아이들과 지냈던 일기 몇 편을 아래에 싣는다.

2018년 6월 30일 토요일, 비가 많이 오다

비가 쏟아지는 날, 갑자기 이멜다의 아이들이 생각났다. 이멜다의 자매이며 아이들의 이모인 넬리아를 대동하여 비속을 헤치고 방문하였다. 이왕이면 빈민촌 가게 물건을 조금이라도

산을 파내어 만든 이멜다씨네 부엌

팔아 주려고 가는 길에 대형마트에 들리지 않고 빈민촌 가게에 가서 쌀을 샀다. 예상대로 이멜다는 비가 오는 날도 쉬지 못하고 11명의 아이들을 먹여 살리기 위하여 일하러 가고 없고 아이들만 남아서 집을 본다. 큰 아이들은 돈이 없어 학교에 다니지 못하는 대신 이제 겨우 두 살 된 아기와 4개월 된 아기를 돌보며 엄마가 돌아오길 기다리다. 산허리를 파헤치고 만든 조그만 부엌에 시커먼 냄비만 뒹굴고 아이들은 쌀이 없어 밥도 못해 먹고 굶고 있다. 아이들에게 사탕을 나누어 주고 쌀을 주며 밥을 지어 먹으라 하였으나 여기저기서 주워 온 나무들이 모두 젖어 불을 땔 수 없다.

2018년 7월 7일. 토요일

가기 싫어하는 넬리아를 데리고 다시 이멜다네 집을 방문하였다. 오늘은 라면을 가지고 갔다. 아이들에게 새로운 것을 좀 먹여보고 싶어 나에게 있는 한국산 라면을 모두 가져갔다. 빈민촌 입구 가게에서 먼저처럼 쌀을 사고 숯도 두 단 샀다. 오늘도 예상대로 아이들만 있다. 큰 아들과 넬리아가 숯불을 피워 라면을 끓였다. 큰 아이가 라면을 퍼서 가장 어린 아이 세 명에게만 그릇에 담아주고 큰 아이들은 먹질 않는다. 왜 안 먹느냐 물으니 아까워서 저녁에 밥을 해서 가족 모두 모였을 때 반찬으로 먹으려고 안 먹는단다. 참으로 애틋한 마음이다. 저런 마음이니 가난해도 서로 도와가며 살아갈 수 있는가보다. 반찬거리가 없어 간장 하나로 밥을 먹던 아이들이 참으로 기발한 생각을 하였다. 오늘은 쌀도 있고 라면도 끓였고 숯불도 있으니 엄마가 오기 전 밥을 해서 먹을 수 있게 되었다. 넬리아에게 수고비도 좀 주고 이멜다 딸(13세)에게 용돈도 좀 쥐어주며 주님의 이름으로 기도하고 격려해주었다.

2018년 7월 14일 토요일

아이들에게 주려고 가져간 쌀과 라면과 과자를 주고 잠시 의자에 앉아 있는데 아이들의 엄마인 이멜다씨가 일터에서 일찍 돌아왔다. 막내 아이의 눈병 때문에 오늘은 일찍 들어 온 모양이다. 아기로부터 전염되었는지 다른 아이 한 명도 눈이 시원찮다. 이멜다의 직업은 매일 집집마다 방문하여 매니큐어와 페디큐어를 해 주는 일이다. 이멜다가 집에 도착하자마자 이웃집 여자가 무슨 축하할 행사에 가야할 일이 생겼는지 페디큐어를 해 달라고 방문하였다. 이곳은 더운 지역이라 옷차림이 간단하여 발톱과 손톱에 색을 칠하고 목걸이나 귀걸이 등으로 멋을 낸다. 퇴근 후 집에서도 손님을 받을 수 있으니 이멜다에게는 매우 기분 좋은 일이다. 이멜다의 수입을 조금이라도 더 올려

주기 위하여 나도 그녀에게 페디큐어를 받고 그녀가 페디큐어를 마친 후 그녀에게 넉넉하게 팁을 주었다. 그냥 줄 수도 있지만 그렇게 되면 그녀의 자립정신이 해이해질 것 같아서이다. 그 때 마침, 안질이 생긴 4개월 된 아이의 아버지도 아기를 데리고 병원에 가려고 일찍 귀가하였다. 그는 술만 먹으면 매일 아이들을 두들겨 패서 이멜다의 다른 자녀들은 아기는 좋아하되 술중독자인 그 아기의 아비는 좋아하지 않으며 얼른 사라져 주길 바란다. 지난 주 왔을 때 지붕에서 비가 새어 물이 방으로 떨어지는 것을 보고, 함석을 사다가 지붕을 새로 하라고 돈을 주고 갔더니 지붕도 수리하고 나머지 돈으로 원룸이었던 방을 칸을 만들어 투룸에 거실까지 만들었다. 11명의 자녀들과 새아버지가 모두 한방에서 자다가 방이 생겨 따로 자게 되니 너무 잘됐다. 마치 내 집을 리모델링한 것처럼 마음이 흐뭇하다.

06 카니키 섬(2015년-2017년)

개요 | 필리핀 일로쿠스 수르, 세르반테스에서 시장님과 시의회의원들의 협력가운데 4년간(2012년-2015년)의 치유선교사역을 은혜로이 마치고 갑자기 본의 아니게 도시로 나오게 된 것은 오히려 선교지의 지경을 넓히는 기회가 되었다. 이런 갑작스러운 변화가 생기지 않았으면 깊은 산악지역에서 아무 연고도 없는 도시로 나올 생각은 엄두도 못 냈을 거다. 우리가 선을 행하다 갑자기 어려움을 당하는 경우 선으로 악을 이기는(롬12:21) 영적인 지혜와 힘을 길러야겠다.

도시에 나오자마자 오지 선교를 위하여 먼저 필리핀에서 제일 청정지역으로 알려진 팔라완 섬을 방문하여 그곳에서 신학교와 교회를 섬기는 순복음교회 목사의 선교지역에서 약 10일 동안 머물며 팔라완 원주민들을 상대로 치유선교하며 섬 지역 선교를 위한 리서치하다.

그곳에 머무는 동안 신학교의 필리핀 원로교수님으로부터 코오론 섬에 사는 그분의 신실한 제자 이스라엘씨를 소개 받고 코오론 섬을 선교하는 계기가 되다. 코오론 섬에 가서 보니, 이스라엘씨의 부친 마누엘로씨는 자수성가하여 코오론 섬에서 가장 잘사는 부자였다. 당시 78세 되신 이스라엘씨의 부친이 나에게 치료를 받고 몸이 좋아져서 내가 그 지역 작은 섬들을 방문하며 선교하는 데 큰 조력자가 돼 주셨다. 하나님이 그 지역 선교를 위하여 붙여 주신 넉넉한 후원자이다. 다음은 이스라엘 씨 부친 마누엘로 씨 개인소유의 섬인 카니키 섬 치유사역 선교일지의 일부 이다.

1) 카니키 섬을 찾아서

2015년 7월 23일 목요일

다스마리나스-마닐라공항-코오론섬 공항-카니키 섬

부수앙가(코오론) 공항에서 밴 기사가 나를 픽업하여 떨구어 놓고 간 곳은 바다근처 매우 황량한 벌판이다. 이곳이 바로 내가 문자 받고 찾아 온, 약속장소 코론 버스터미널이라 말하고 운전기사는 사라졌다. 핸디폰 속의 이스라엘 산체스 씨는 보이지 않고, 황량하고 빨건 황토 흙 광장은 잠시 내가 아프리카 사막의 어느 오지에 들린 기분이다. 햇볕이 쨍쨍 내려 쬐는 황토빛 벌판에 어디선가 황야의 건달이 말을 타고 먼지를 피우며 추격해와 권총을 빼들고 나에게 달려들어 이방인의 가방을 탈취해 다라날 것 같은 기분이다.

코오론 섬 버스터미널

태양이 이글거리는 붉은 대지위에 트렁크를 세워두고 핸드폰으로 바쁘게 문자를 보냈다. 다행히 이스라엘 씨로부터 곧 가겠으니 잠시만 기다려 달라는 답신이 온다. 신호가 잘 터지지 않는 지역에서 금방 답장을 받는 것은 기적이다. 지프니 몇 대가 여기저기 질서 없이 서 있는 허허벌판 땡볕에서 바퀴 빠진 트럭을 수리하는 차가 있다. 그 뒤쪽에 가서 작열하는 태양열을 피하여 서 있다가 이스라엘씨를 만나다. 신실하고 착하고 좋은 사람 만나게 해 달라고 기도한 대로 성품이 좋아 보이고 친절해 보이는 사람이 나타났다.

코론-부수앙가 지방도를 세 시간이나 걸려 복동 바랑가이

뿌록 시초우에 내려 또 다시 조그만 보트로 갈아탔다. 구글 지도에서 부수앙가 섬으로 들어가 한 참 확대하고 자세히 살피면 서쪽 중간 해안 쪽에 간신히 보이는 매우 작은 카니키 섬이 바로 내 눈앞 별로 멀지 않은 거리에 바라다 보인다. 다스마리나스 집에서 새벽에 출발하여 12시간 만에 드디어 목적지에 도착하였다.

2) 어부와 가족들

2015년 7월 24일 금요일

하나님이 만드신 동산, 세상 어디든 박애로 충만한 주님의 사랑을 품고 생소한 곳이라도 아무염려 않고 믿음으로 가면 숙식하며 거처하고 사역할 장소가 마련되고 나의 사역을 도울 사람들이 나타나다. 종파도 교파도 교리도 묻지 않고, 주님이 가르쳐 주신대로 바울이 산 것처럼 보따리 하나 들고 믿음으로 떠나면 식비를 내지 않아도 잠자고 먹을 때가 있고 돈 주고 사람을 고용하지 않아도 스스로 자원봉사자들이 생겨나니 이것이 그리스도 안에서 한 형제 됨의 모습이 아니겠는가. 주는 이도 그냥 주고, 받는 이도 그냥 받고 형제가 연합하여 동거함이 어찌 그리 아름다운지요(시133:1).

오전 일찍부터 환자들이 밀려온다. 남편들은 모두 고기 잡으러 바다에 나가고 젊은 아기엄마들이 아기를 하나씩 안고 임시 진료실로 모여 들다. 침에 익숙하지 않아 두려워하는 이들을 안심시키기 위해 한 번도 침을 맞아보지 않은 카니키 섬의 대표 이스라엘씨와 그의 부인이 부탁하지도 않았는데, 겁나하는 주민들의 눈치를 채고 솔선수범하여 먼저 침대에 엎드려 온 몸에 침을 맞으며 마을 사람들에게 시범을 보여준다. 자기도 처음 보는 침이라 겁이 났을 텐데 대단하다. 이만한 섬김의 리더십을 갖추었다면 충분히 그리스도의 사랑으로 이 섬을 통솔해 나갈만한 자질이 있는 것 같다. 내가 놓는 자침법은 어린아이들도 맞을 수 있도록 호침(毫鍼)으로 가볍게 혈자리를 천자(淺刺)해 주므로 아프지 않다. 주위에서 구경하는 사람들이 이스라엘

카니키 섬 옷 전달

씨 부부가 얼마나 아파하나 조심스럽게 긴장하며 계속 바라보는 눈치다.

이제 겨우 생후 2주된 아기를 안고 와 한쪽 눈을 뜨지 못한다고 아기엄마의 얼굴에 수심이 가득하여 어떻게 하면 고칠 수 있을까 하는 간절한 마음으로 왔다. 생후 바로는 눈을 떴었는데 병원에서 의사가 눈에 무슨 약을 넣고 부터는 아예 뜨질 못한다고. 이는 분명 의료사고이지만 어디가 하소연도 못하고 마음만 조리다가 내가 왔다는 소식을 듣고 찾아온 것이다. 눈동자 부위가 푹 꺼진 걸로 보아, 이미 눈동자가 없어진 것 같다. 별로 가망성은 없지만 아기엄마를 위로 할 겸 그리고 아기 눈 주위의 혈액순환이라도 도와주기 위하여 족소양 담경의 동자료, 양백, 목창 이어 족양명 위경의 사백 그리고 사관을 터주었다. 신기하게도 어린 아기가 울지도 않고 침을 잘 맞더니 곧 곤하게 잠을 잔다. 말은 못하지만 어린 아기도 자기 눈을 꼭 고치고 싶은가 보다. 이런 아기의 모습을 보고 있던 주위의 모든 이들이 조금씩 침의 두려움에서 벗어나는 모습이다. 이렇게 하여 처음 방문한 낯선 지역에서도 자연스럽게 치유사역을 잘 이루어가다.

이곳엔 스트록(뇌졸중)환자가 많다. 바다에 배를 띄워 고기를 잡으려면 여러 분야의 전문가들이 합력해야 한다. 배를 운전하는 선장, 기관실에서 일하는 사람들 그물을 던지고 끌어 올리는 사람들 음식을 만들어 식사를 제공하는 이들 그리고 바닷물 속에 스쿠버 다이빙으로 들어가 고기를 그물에 몰아넣는 사람들이 있는데 스쿠버 다이버들 거의 모두 초기 스트록 환자가 되었단다. 이는 직업병임에 틀림없다. 아마 몸에 짝 달라붙는 고무 옷을 입고 수압이 높은 데서 오랜 시간 물속에 있느라고 뇌로 흘러가는 혈액순환에 장애를 일으킨 모양이다. 이들의 증세는 중풍초기 증세와 같이 한쪽 편을 거의 잘 쓰지 못하고 걸음도 절뚝거리며 간신히 걷는다. 그냥 내버려 두면 머지않아 완전히 걷지도 못하고 방안에 누워 대소변을 받아 내야 할 것이다. 다행이도 이런 초기 환자들은 침과 뜸이 큰 효과가 있다. 지난 6년 전 민도로에서 선교하시는 장로교 K선교사도 이런 증세로 나에게 치료를 받고 지금은 건강하게 잘 지내며 스스로 나의 제자가 되겠다하였다.

침술치료 방법에는 여러 가지 방법이 있지만 내가 사용하는 방법은 구당 선생님의 방법대로 침을 통하여 오장육부와 몸의 앞 뒤 상하좌우의 기혈순행(氣血順行)을 도와주고 신체의 음(陰)과 양(陽)의 조절을 통하여 몸의 균형을 맞추어 주는 균형요법(Balance medicine)임과 동시에 몸속에서 일어나는 자연치유과정(natural healing process)을 도와주는 역할을 하는 면역요법

(Immune therapy)이다.

결국 조그만 쇠붙이인 침이 병을 고치는 게 아니고 환자 몸에서 자연치유력의 활성화로 몸 스스로 병마를 이기게 하는 저항력과 면역력을 기르게 되는 것이다. 환자가 아니더라도 일년에 몇 번 이 침구요법을 받으면 몸속의 세포가 활력을 찾고 면역력이 증대되어 건강에 큰 도움이 된다. 나의 스승 구당 선생께서는 아프지 않으셔도 27세 때서부터 약 70여 년 동안 지금까지 꾸준히 매일 뜸을 뜨시어 금년 연세가 100세임에도 불구하고 건강하게 환자를 돌보신다. 오늘은 남편들이 모두 바다에 고기 잡으러 나가서 주로 부인들과 어린이들 그리고 바다에 나가지 않은 어부들을 치료해 주었다.

3) 영원히 살 것처럼 꿈꿔라!

2015년 7월 25일 토요일

오늘 온 환자들 중 특별한 환자는 아기를 못 낳는다고 고민을 하며 온 젊은 여인으로 3년 전 결혼 했는데 아직 아기가 없어 큰 걱정이란다. 신이 아닌 이상 그 누가 어떻게 아기를 낳게 해 줄 수 있을까! 그래도 그녀는 혹시나 하고 온 모양이다. 키가 작고 몸도 바짝 마르고 근심이 가득해 보이는 여인이다. 태를 여는 것은 하나님의 뜻이니 먼저 하나님께 간절히 기도드리고 치료를 시작 하다. 이런 경우 치료는 별다른 것은 없고 밥 잘 먹어 몸 튼튼하게 하는 거다. 남녀 모두 의학상 건강에 큰 문제가 없다면 체질개선이나 체력보강을 통하여 수태가 가능할 수도 있다. 침구의서에 보면 불임환자를 위한 혈자리가 있기는 하다. 자궁(子宮)의 발육부전(發育不全)과 냉(冷)에 의한 것, 난관(卵管)의 폐색(閉塞)에 의한 불임증이라면, 하초(下焦)를 따뜻하게 하고 기와 혈을 조절하는 배의 관원(關元)과 기해(氣海), 신경(腎經)과 생식기능을 주관하는 배의 기혈(氣穴), 생식기와 자율신경을 조정하는 허리의 신유(腎俞), 생식기의 혈액순환을 좋게 하는 차료(次髎)에 뜸을 장기간 계속해주면 꽤 효과가 난다고 기록되어 있다. 한마디로 말하면 몸이 약하여 수태가 안 되는 경우는 몸을 건강하게 해 주면 임신할 가능성이 있다는 말이다.

이곳은 날씨가 무덥고 습도가 많아 뜸을 뜨면 상처가 덧나기 쉬워 뜸은 삼가고 침만 놓아 주었는데 얼마나 효과가 있을지 모르겠다. 하나님의 뜻이라면 귀한 생명을 선물 받을 것이다. 그러나 혹시 임신이 안 되더라도 위와 같은 치료를 받으면 매우 쇠약해 보이는 불임환자의 건강을 위해 큰 도움이 될 것이다.

신장결석으로 통증을 호소하는 환자가 왔다. 몸속에 생긴 돌의 크기가 4cm나 되어 매일 심한고통을 겪지만 수술비가 없어 그냥 지내고 있단다. 얼마나 아픈지 얼굴이 다 찌그러지고 고통스러워하는 모습이 바라보기 민망할 정도로 안타깝고 불쌍하다. 이런 경우 근본치료는 수술로 결석(結石)을 제거해야 되다. 그러나 돈이 없어 병원에 갈 형편이 못되니 어찌하면 좋으랴! 임시로나마 통증완화를 위해 담석산통(膽石疝痛)에 좋은 혈자리에 침을 놓아주다.

어제 스트록 치료를 받은 다이버가 치료받은 후 몸의 상태가 상당히 좋아졌다며 오늘은 부인을 데리고 왔다. 자기도 환자이면서 부인이 치료받는 동안 불편한 다리로 꾸부정하게 부인의 침대 옆에 기대어 버티고 서서 비닐 봉투를 들고 부인이 가래를 토할 때 마다 받아 낸다. 남편은 초기 뇌졸중환자이고 부인은 신장결석으로 고통 중에 있으니 이들의 생활이 얼마나 고달프고 피폐할까. 그래도 젊은 환자부부가 서로 위로하며 살아보려는 모습이 참으로 애절하다. 그들이 겸손히 하나님께 기도하며 담대하게 모든 고통을 잘 이겨내길 바라다.

심한 감기 몸살과 고열로 고생하던 고등학교 다니는 이 섬의 대표 이스라엘씨 아들이 오전에 제일 먼저 치료받고 가더니 불과 2시간 만에 열이 떨어졌다고 좋아하며 밝은 안색으로 점심시간에 와서 인사하다. 갑자기 고열이 발생한 어린아이나 어른들에게 삼릉침(三棱鍼)으로 사혈(瀉血)만 해줘도 금방 열이 떨어진다. 약도 살 수 없는 곳에서 갑자기 아기의 몸이 불덩이처럼

분류작업장에서

달아오르면 큰일이다. 열을 바로 내려주지 않으면 경기(驚氣)를 일으킬 수도 있고 그로 인해 눈이 돌아가는 등 비정상적인 아이가 될 수도 있다. 하여 이스라엘씨에게 삼릉침을 하나 주며 간단히 사혈하여 열 내리는 방법을 알려 주고 혹시 아이들이 열이 나면 처치(處置)해 주라고 일러 주다.

이스라엘씨의 부친은 78세 이신데도 매우 건강하시다. 아들에게 카니키 섬의 모든 어업권을 물려주고 그 옆에서 아이스플랜트 사업을 하시며 이 지역에서 고기 잡는 많은 어선에 어름을 대 주신다. 비록 노인이지만 상당한 수입을 올리는 부자다. 이분은 자수성가하여 지금 부수앙가 섬 전체에서 제일가는 부자가 되었다. 이분이 어제 치료 받고 몸이 좋아져 나의 사역에 큰 관심을 가지며 오늘은 큰아들과 며느리를 데리고 오셨다. 이스라엘씨 온 가족이 모두 치료를 받으며 나의 사역에 매우 긍정적으로 협력한다. 이곳에 와서 처음 알게 된지라 서로 아직 정이 안든 상태인데도 자상하게 나의 치유사역을 도와주니 너무 고맙고 감사하다. 이 모든 일은 불쌍한 이들을 위하여 하나님이 계획하시고 이루시는 일이라 생각한다.

이곳 섬 근해에는 영세 어부들이 매일 고기를 잡아 생계를 유지하다보니 고기가 거의 다 잡히고 별로 없다. 그러나 이스라엘씨는 직접 배를 건조하여 어부들을 먼 바다에 보내 원양어업을 하는 전문사업가이므로 배가 출항하고 돌아 올 때마다 많은 고기를 잡아 온다.

지난 밤 고깃배가 들어와 오후에는 분류작업을 하느라 바쁘다. 어부와 가족들 약 30여 명이 대들어 4시간 정도 걸려 생선을 종류별로 분류하다. 어부들 일부는 약 5톤이나 잡아 온 생선을 배에서 내리고 부인들은 어부들이 메고 온 물고기를 쏟아 놓으면 그것들을 종류별로 분류하여 각각 다른 상자에 담는다. 수십 종의 물고기가 섞여 잡혀왔기 때문이다. 그리고 일부는 분류된 물고기를 아이스박스 포장작업을 하고 일부는 포장된 박스를 다시 배에 실어 마닐라로 보낼 준비를 한다. 아주 복잡한 작업을 일사분란하게 잘도 한다.

아무리 고기를 많이 잡아와도 종류별로 분류하지 않으면 팔 수도 없고 쓸모가 없어 상품으로 만들기 위해서는 반드시 분류 작업이 필요하단다. 시원찮은 고기들은 쓰레기통에 던져버린다. 영화에 보니, 감옥에서도 죄수들을 분류 작업하더라. 죄질이 매우 악한 사람은 독방으로 분류하여 한 평도 안 되는 방에서 먹고 자고 배설하느라 심한 고생을 한다.

우리가 육의 생을 마치고 하늘나라에 가면 거지 나사로와 부자 이야기(눅16:19-31)에서처럼 우리를 분류작업 할지도 모르겠다. 거지 나사로는 풍요로운 곳에서 살고 부자는 심한 고통과 궁핍과 갈증으로 물 한 모금을 애처롭게 구걸하지만, 서로 분리되어 도움도 받을 수도 줄 수도 없는 처지가 된다면 얼마나 부끄럽고 고통스러울까!

타인을 사랑하는 자만이 주를 볼 수 있다(데미안). 하늘나라는 말로는 설명할 수 있지만 쉽게 볼 수는 없다. 그러나 긍휼히 여기는 마음으로 불우한 이웃과 함께 하다 보면 주님이 어느 덧 나와 함께 하셨음을 깨닫게 된다. 지금 내가 여기 낯선 곳에 처음 와서 생면부지의 사람한테 숙식을 제공받고, 맛있는 각종 생선도 대접받으며 봉사할 수 있는 것도 모두가 하나님이 함께 하셨기 때문이지 않은가! 나도 모르는 사이에 하나님이 내 안에, 내가 하나님 안에 거하는 성령의 역사가 이루어져 성령의 간섭으로 모든 사역이 잘 이루어지는 것이라 생각한다.

열심히 분류 작업하는 여인들을 보면 오전에 아프다고 찾아 온 모습과는 전혀 다르게 아픈 사람 같지 않다. 일에 매진하다 보니 아픈 것도 잊은 모양일까? 아닐 것이다. 그거라도 해야 용돈이라도 벌기 때문에 고통을 무릅쓰고 일하는 것일 게다. 그래, 몸이 아프다고 주저앉아 좌절하지만 말고 "영원히 살 것처럼 꿈꿔라! 오늘 죽을 것처럼 살아라." 그러다 보면 몸도 마음도 건강해 질 것이다.

4) 아기 눈을 뜨게 해 달라고

2015년 7월 27일 월요일

지난 번 데리고 왔던 한쪽 눈이 가라앉고 다른 한쪽 눈은 생기지 않은 어린 아기를 오늘 다시 안고 왔다. 안구 자체가 아예 없는 아기를 내가 어찌 눈을 뜨게 할 수 있단 말인가! 아기 엄마도 뻔히 알면서 그래도 혹시나 하고 또 데려 온 모양이다. 그렇다고 그냥 보내면 너무 서운해 할 것 같아 아기 엄마의 마음을 위로 할 겸 하나님의 특별한 돌보심을 위하여 기도해 주고 눈의 건강을 위해 몇 군데 케어 해 주다. "이 아기는 눈이 하나 없는 대신 다른 기능이 발달하여 훌륭한 재능을 나타낼 것이니 잘 키우라”고 위로해 주었다.

78세나 되셨어도 나보다도 더 건강해 보이는 이스라엘씨 부친이 오늘은 내 숙소의 침대에 사용할 침대보와 베갯잇을 새것으로 가져와 손수 갈아주시고 미국에서 가져 온 흰 티셔츠 두 장과 간식으로 먹으라고 요구르트와 비스킷을 가져 오셨다. 지난 번 며느리가 치료받은 후 슬며시 나에게 돈을 주려는 것을 받지 않았더니 미안하고 감사해서 하시는 행동 같다. 당신 건물에서 거저먹고 거저 사용하는 것은 생각지 않으시고 고마운 것만 생각하시고 노인분이 나의 사역을 잘 도와주신다. 내일 오전 9시에 당신 가정에 5명의 환자가 기다릴 거라며 보트타고 픽업하러 올 테니 꼭 와달라고 예약하시고 그리고 한 번 더 치료 받고 가셨다. 몸이 좋아지시더니 동네친척을 다 불러 모을 작정인가 보다.

5) 왕진
2015년 7월 28일 화요일

지난 번 치료 받은 신장결석 환자가 통증이 많이 완화되었다고 아침 일찍 다시 찾아와서 한 번 더 치료 해 주고 약속대로 이스라엘 부친 마누엘로 산체스 씨 가정을 방문하기 위하여 카니키 섬에서 본섬 부수앙가 섬으로 왕진가다. 이른 아침 보트

타고 바닷물을 가르며 왕진가는 기분이 매우 상쾌하다. 마누엘로씨 집에 도착하니, 그분의 부인, 큰아들, 손자, 이웃노인 두 분이 벌써 와서 기다리고 있다. 한 사람 치료하는 데 보통 1시간 정도 걸리므로 환자를 많이 받을 수 없어 네 명만 예약을 받았는데 여섯 명이나 오셨다. 시간관계상 마누엘로 씨의 큰아들은 다음에 치료해 주기로 하고 점심을 먹는 둥 마는 둥 다섯 명을 간신히 케어 하고 카니키 섬으로 돌아와 기다리는 환자들 치료해 주었다.

＊부수앙가(코오론)섬 의 작은 자섬인 이스라엘씨의 부친 마누엘로 씨 소유의 카니키 섬에서 2주간 머물며 그 곳 어부 가족들을 치료해 주고 나서 나의 선교관이 있는 루손섬 까비떼 주 다스마리나스 시로 돌아가 4개월 만에 다시 카니키 섬을 방문하였다.

6) 어머니와 모성애

2015년 10월 1일 수요일

그날 이후 가끔 혼자 많은 상념에 잠기곤 하였다. 여인의 모성애란 참으로 하늘 같이 귀하고 거룩하다는 생각. 어쩌면 모든 여인은 태초에 하나님이 행하셨던 '생명의 창조성' 을 갖고 태어났을지도 모른다는 생각. 세상은 남성의 정복욕에 의하여 이루어지는 것이 아니고, 여성의 포용력에 의하여 유지되고 지속된다는 생각 등 등---. 가끔 잠을 자려고 누워있다가도 그리고 아열대의 소나기가 천둥번개와 함께 요란하게 퍼부어 대는 날 환자를 돌보다가도 물끄러미 창밖으로 쏟아지는 소나기를 바라보며 여성성의 고결함과 위대함에 대하여 생각하곤 하였다. 그 날 그 여인은 허름한 꾸보하우스 엉성한 대나무 마룻바닥에 누워있는 아기에게 분유를 먹이고 있었다. 그리고 한참 침묵이 흐른 후, 자신의 처지를 이야기 하였다. 아기를 낳은 후 남편과 시부모가 놀래서 내다 버리라 하였고, 아기를 내다 버리지 않으면 이혼한다고 남편이 강력히 협박하였지만 그녀는 남편대신 아이를 택하였으며 결국 남편에게 이혼당하여 시골 부모님 근처 카니키 섬에 오게 되었다고! 자기 배로 나았다고 저렇게 아이를 사랑할 수 있을까! 끔찍하게도 흉하게 생긴 아기를 어쩌면 저렇게 예뻐 할 수 있을까! 아기의 모습이 너무 흉악하여 꿈에 나타날까봐 겁나기도 한 장애아를 안고 귀여워하는 순수한 모정을 보며 그녀의 행위에서 오버랩 되는 하나님의 아가페적 사랑이 연상된다.

'어머니' 는 참으로 위대하고 거룩하기까지 하다. 모든 어머니들은 각자의 처지와 환경에서 자기 자녀들을 위하여 신과 같은 위대한 사랑과 헌신을 아끼지 않는다. 모든 여성은 생명을 주는 이브(Eve)의 모사(模寫)이다. 모든 여성은 하나님 사랑의 전령이요, 생명의 공급자로 이 세상에 태어난 분들이다.

임시 마련한 진료실을 찾아 온 그녀가 아기를 데려 올 수 없다고 자기 집으로 안내하여 따라가 보니 생후 12개월 째 되는 아기가 마치 판타지 영화에서나 봄직한 외계인처럼 생겼고 머리는 큰 농구공만큼이나 크다. 그 아기를 보자 처음엔 괴물 같아서 깜짝 놀랐지만 어미가 실망할까봐 전혀 놀란 기색을 보이지 않고 마음을 진정시키고 다시 아무렇지도 않은 듯 아기를 바라보았다. 그러나 아무리 마음을 가다듬어도 집 주변의 허름한 분위기와 아기의 모습은 현실을 떠나 이상한 악마의 소굴에 온 것 같은 섬뜩한 느낌을 감출 수가 없다.

너무 크게 자란 아기의 머리는 이제는 수술을 한다 해도 뼈가 굳어버려 머리 사이즈의 크기를 줄이는 건 불가능 할 것 같다. 머리를 만지니 고무풍선처럼 물렁물렁하고 물이 가득 차 출렁출렁하여 무언가로 찌르면 금방이라도 물이 터져 나올 것 같다. 아무 말도 나오지 않는다. 한숨과 연이어 "주여! 주여!" 하는 혼잣말만 나올 뿐이다. 아이를 손으로 쓰다듬어 주며 눈을 감고 마음속으로 기도하다. 하나님의 기적을 구하지도 않고 그저 기도만 하다. 무슨 기도를 하였는지 생각은 나지 않지만 그저 기도만 하였다. 남편도 없이 혼자 어촌에서 날품을 팔며 장애 아이를 키우는 그녀가 불쌍하기도 하고 한편 대단하다는 생각을 하며 하나님의 특별한 은혜가 임하기만을 기도 하다.

이 아기는 눈은 있으나 보지는 못하고 귀는 좀 알아듣는 것 같단다. 한 참 눈을 감고 기도를 끝마친 후 아기를 어루만지며 예뻐 해 주니 아기가 귀를 조금씩 움직이며 고맙다는 듯 반응을 보여 준다. 아기가 모든 것을 다 알고 있는 것 같다. 어린이를 포함하여 불과 130여명이 모여 사는 이 작은 섬마을에서 지내며 시간이 지나면 지날수록 참 이상한 곳이라는 생각이 든다. 눈이 한쪽 없는 아이가 태어나는가 하면 요사이 흔치 않은 언청이 아이들도 몇몇 눈에 보이고 또 오늘처럼 머리가 이티(외계인)처럼 가분수인 아이도 있고 어른 남자들은 대부분 절뚝거리며 걷고 우중충하게 색이바래 곧 쓰러질 듯 한 꾸보 하우스 하며 ---, 속속 내면으로 들어가 보면 볼수록 보통 마을과 달리 이상한 모습들이 발견되다. 등골이 오싹해지며 약간 겁이 나기도 하다. 그런 가운데도 불구아기를 향한 정성어린 이 어미의 모정은 마귀의 소굴이 아니고 생명을 존중하는 사람이 사는 곳이라고 일깨워준다. 아니 세상에서 버림받은 장애아도 극진히 대접받는 천국 같은 느낌이 들기도 한다. 그 아기가 닷새 후면 돌이 된다고 돌잔치를 준비하며 일어나지도 못하는 아기

볼에 입을 맞추며 귀여워하는 모습을 보면서 이 아이의 어미가 천사로 보이다. 천사가 아니면 이런 괴상망측한 아이를 어떻게 그렇게 예뻐하고 사랑할 수 있을까?

이들이 사는 마당의 어미닭이 하루 종일 땡볕을 누비고 다니며 새끼 병아리들에게 헌신적으로 모이를 주워 먹이는 모습과 비교할 바가 아니다. 본래 여성성(femaleness)은 신성과도 밀접한 관련이 있다. 네팔에 가면 두루가(Durga)라는 이름을 가진 사람이 많은데 이는 힌두교 신화에서 창조적 여성적 힘의 전형이며 최강의 신이라 불린다. 네팔엔 또한 인구수보다도 신의 숫자가 더 많은데, 그 중엔 쿠마리(Kumiri)라는 살아있는 신도 있다. 이 신도 역시 여성이다. 또한 힌두교에서 샤크티(Shakti, 시바의 아내)는 여성이 지닌 창조적인 힘을 말한다. 아담의 배필인 이브(Eve)는 '생명을 주는 자' 라는 말이다. 지금 세상은 3W(Woman, World, Web) 시대라는 말이 나올 만큼 여성성에 대한 재평가가 이뤄지고 있다.

괴물처럼 생긴 장애아를 부끄러워하지 않고 정성껏 돌보는 엄마의 성품은 헌신적인 신의 성품을 보는 듯하다. 여성은 선천적으로 감수성이 예민하고 인정이 많고 영성이 풍부하다. 예수님의 죽음을 끝까지 안타깝게 지켜본 이도 그런 여성들이었으며 예수님의 부활을 처음 알린 사람도 여성이었고 초대교회

이후 지금까지 말없이 교회를 섬겨온 이들도 여성들이다.

이번에 특별히 감사한 일은 늘 따뜻한 마음으로 정성을 다하여 선교사역을 후원하는 파송교회(장안원교회) 이재익목사님이 이 먼 오지 카니키 섬까지 방문하여서 가난하고 병든 어부가정을 심방하고 괴상하게 외계인처럼 생긴 이 아기와 가정을 위해 기도해 주신 점이다.

＊이번에도 부수앙가, 카니키 섬에 머물며 약 2주간 어부들의 건강을 돌보고 루손섬 다스마리나스 나의 선교관으로 돌아갔다가 5개월 만에 다시 부수앙가 섬 마누엘로 할아버지 댁을 방문하다..

07 디포롱곳 섬(2016년-2017년)

개요 | 필리핀 마닐라 공항에서 코론가는 국내선 비행기를 타고 부수앙가 공항에 내려서 다시 밴이나 버스를 타고 북서쪽으로 약 40km 가면 해변가에 복동바랑가이가 나온다. 복동 바랑가이 해변에서 좌측으로 바라다 보이는 작은 섬이 있는 데 그것이 카니키 섬(마누엘로 씨 개인소유)이다. 그리고 직선 방향으로 멀리 바라보면 밤톨만한 크기의 조그만 섬이 보이는 데 그곳이 바로 딱바누아 족들이 사는 디포롱곳 섬으로 부수앙가 본섬에서 보트로 약 1시간 거리이다. 이곳 부수앙가 본섬은 인구 약 10만명이 살고 두 개의 군으로 나누어져 있다 이곳에서 가장 부자인 마누엘로 할아버지는 나에게 치료를 받고 몸이 좋아져서 그 보답으로 나를 이곳 딱바누아 족들의 선교를 적극적으로 도와준다.

스리랑카 인들이 아시아의 니그로라면 딱바누아 족은 필리핀의 니그로다. 이들은 보통 필리핀 사람(따갈로그)들보다 머리 하나 정도 더 키가 크고 피부색은 진한 구리 빛에 머리는 약간 곱슬머리다. 하여 길에서 만나면 이들은 필리핀 사람들과 확연히 다르다. 이들의 인구수는 총 2천 명 정도 되는 데 내가 방문하는 디포롱곳 섬은 약 50여 명의 딱바누아 족들이 모여 사는 작은 섬이다.

1) 딱바누아 족의 출현
2016년 3월 8일

아열대의 폭염이 기승을 부리는 한낮의 오후 마누엘로 할아버지의 집에서 환자들을 치료하다 환자들의 몸에 마크할 매직펜을 사러 잠시 구멍가게에 들리니, 이상한 차림의 여인이 내 앞을 지나간다. 머리는 헝클어진 상태이고, 얼굴을 비롯해 온

자취하는 딱바누와 족 어린이들

몸의 피부색은 진한 구릿빛에 땀과 먼지가 범벅이 되었고, 남루한 옷을 입고 맨발로 걸어가는 모습이 마치 미친 여자 같기도 하고 거지같기도 하지만, 아이들과 다정하게 이야기를 나누며 걸어가는 모습으로 봐선 비정상인은 아닌 것 같다. 가게 주인의 말에 의하면 그 여인은 이곳에서 좀 떨어진 조그만 외딴섬인 디포롱곳 섬에 사는 원주민 딱바누아족 사람이란다. 그 여인은 학교 다니는 아이를 돌보기 위하여 디포롱곳 섬에서 잠시 나온 모양이다. 오후 진료를 마치고 그들이 기거하는 곳을 찾아가 보았다.

바닷가 수풀이 우거진 후미진 곳에 다 쓰러져 가는 낡은 꾸보 하우스가 몇 채 나란히 서 있다. 땅바닥엔 여느 빈민촌과 마찬가지로 각종 쓰레기들이 흩어져 콘테스트를 벌이고, 빨래 줄엔 무질서 하게 매달린 빨래들이 바닷바람에 휘날리고, 미처 빨지 못한 빨래들이 산더미처럼 쌓여 있는 다라 옆에서, 길에서 만난 여인과 똑같은 구릿빛 피부의 아이들이 빨래를 하고 있다. 할머니 한분이 힘없이 벽에 기대앉아 졸고 있다가 게슴츠레한 눈빛으로 갑자기 나타난 불청객을 귀찮다는 듯 바라본다. 길에서 만난 여인은 어딜 갔는지 보이질 않다.

이들 초등학생 10명은 아련히 바라다 보이는 디포롱곳 섬에서 부수앙가 본섬으로 유학을 나온 아이들이었다. 집 얻을 돈이 없으니 바닷가에 대충 나뭇잎으로 비나 밤 서리를 피할 수 있도록 임시 거처할 곳을 만들어 놓고 두 분 할머니의 보호아래 어린 아이들이 각자 자취를 하며 학교에 다니고 있다. 부엌을 보니 그릇은 밥 솥 하나에 달랑 접시 하나, 손으로 먹으니 수저는 필요 없을 테고, 반찬은 생선 한 가지만 있으면 족한데 요즈음 물고기가 잡히지 않아 간장과 소금이 전부다.

몇 년 전부터 이 아이들의 부모들도 배워야 한다는 것을 깨닫고 자녀들을 공부시키려고 이렇게 애쓰고 있단다. 이곳 복동 바랑가이엔 고등학교가 없어 큰 학생들은 이곳에서 좀 떨어진 컨셉션 바랑가이로 가서 공부하는 바람에 이곳엔 어린 초등학생들만 모여 살게 되었고, 어린이들이 마치 소꿉장난을 하듯이 스스로 밥을 해 먹고 빨래도 하며 학교를 다니고 있다. 부모와 가족을 떠나 자기들끼리만 지내도 아무 구김살 없는 모습으로 잘 지내는 아이들의 모습이 대견하면서도 한편 가엽기도하다. 하나님께서 이번엔 이들을 돌보라고 급히 나를 보내신 모양이다.

2) 젖먹이 아기도 커피를
2016년 3월 10일

어제 아침에 갔더니 할머니도 아이들도 그 좋아하는 커피를 마시지 못하고 시무룩하게 앉아들 있어 어제 오후에 미리 커피를 사 두었다가 오늘 이른 아침 딱바누아족 아이들을 방문하였다. 필리핀 사람들은 도시인이나 비록 가난한 산족들일지라도 대부분 아침식사 대신 커피와 반딧살을 먹는다. 어린 젖먹이 아이들에게도 커피를 주어 함께 마신다. 이렇게 커피를 좋아하는데도 1페소짜리 인스턴트커피 한 봉 살 돈이 없어서 마시지 못하니 얼마나 배가 고프고 괴로울 까! 사는 것이 사는 것 같지 않을 것이다.

서둘러 이들을 방문하고 싶었던 이유 중 또 하나는 복동초등학교 밑 가게 방 아주머니의 말이 자꾸 생각나서다. "다른 아이들은 적어도 10페소나 그 이상 가져와서 먹을 것을 사 가는데 딱바누아족 아이들은 꼭 1페소만 달랑 들고 와서 사탕하나만 사 간다!"며 지독하게 가난한 아이들이라는 아주머니의 말이 자꾸 귓전에서 맴돌아 오래 기다릴 수가 없어 가게에 진열돼 있는 커피 여섯 봉을 모두 샀다. 한 봉지가 10명분이니 모두 함께 타 먹어도 몇 번은 타 먹을 양이다.

그들이 기뻐할 것을 생각하며 아침에 일어나자마자 카니키섬이 왼쪽으로 가까이 바라다 보이는 해안가 그들의 처소를 찾아가 대나무 마루에 걸터앉아 아침바다를 바라보고 계신 할머니에게 커피를 안겨드리니 할머니의 얼굴이 마치 아침햇살을 받은 해바라기 꽃처럼 환하게 웃으며 좋아하신다. 그러다 비닐

봉지를 열고 커피를 확인하시더니 "에이그, 노 슈가!" 하며 곧 실망하고 낙심한 표정을 짓는다. 내가 아메리카노 커피를 즐겨 마시는 바람에 이들도 무설탕 무프림 커피를 마시는 것으로 잠시 착각하였던 거다. 급히 가게로 가서 문도 열지 않은 가게 문을 두드려 설탕을 사가지고 다시 방문하니 이번엔 할머니 행동이 마치 잃어 버렸던 보화를 찾은 것처럼 반기며 좋아하신다. 아이들도 덩달아 기뻐하면서도 학교 갈 시간이 되어 마시지도 못하고 마룻바닥에 놓인 커피를 기대하는 눈초리로 바라보며 억지로 시간에 쫓겨 학교를 간다.

커피만 달랑 가져다 준 것이 좀 민망해서 오후 치유사역을 마치고 가게 방에 들려 라면 열 봉지를 사 들고 갔다. 조그만 가게라 그게 전부였다. 아이들이 무척이나 좋아하면서도 수줍어서 말은 못하고 자기들끼리만 눈짓으로 좋아한다. 할머니의 말에 의하며 라면을 먹어 본 지가 몇 달이 된지도 모르겠단다. 요즈음 물고기가 잡히지 않아 매일 밥과 간장 한가지로만 식사를 하다 라면을 먹게 되니 오늘은 생일을 만난 기분이란다. 적은 것으로도 이렇게 큰 기쁨을 가져다 줄 수 있으니 너무나 행복하다. 행복은 작은 것이라도 베푸는 데서부터 시작된다.

3) 성령이 도우시니
2016년 3월 12일 토요일

가는 곳마다 하나님의 은혜로 놀랍고 신기한 일들이 일어나다. 마누엘로 할아버지가 첫 번 치료를 받고 나서 그 이튿 날 몸에 큰 변화가 왔다. 어릴 때부터 마른기침 때문에 심한 고생을 하셨는데 치료받고 멈추었단다. 그뿐 아니라 커피를 타려면 손이 부들부들 떨렸었는데 그것도 멈추었다며, 스스로 커피를 타 저으며 떨지 않는 모습을 나에게 보여 주신다. 참으로 기적 같은 일이다. 침과 뜸을 거의 1년 전에 시작하셨으니 그런 변화가 일어 날 수도 있지만 그래도 수전증이 멈추었다는 것은 보통일이 아니다. 그동안 병원에서 못 고치던 것을 내가 과연 이

디포롱곳 섬에서 촌장과 마누할아버지

렇게 고쳐낼 수 있을까? 약도 쓰지 않고 가느다란 호침으로 말이다. 이는 그 무언가 플러스 알파가 작용한 것이라 여겨지다. 성령의 도우심이 없이는 불가능한 일이다.

딱바누와 족인 아이들의 부모들이 사는 디포롱곳 섬을 선교방문하고 싶어 마누할아버지에게 상의 했더니 금년 6월이면 80세가 되시는 연로하신분이 협력하는 것은 물론이고 나의 신변안전을 위해 흔쾌히 동행까지 해 주시겠단다. 아마 치료받고 좋아져서 은혜라도 갚으실 모양이다. 나 혼자 가려면 많은 경비가 들뿐만 아니라 생소한 곳에서 주민과의 접촉이 쉽지 않다. 마누할아버지는 이곳에서 젊을 때부터 섬과 섬을 드나들며 여러 가지 장사로 성공한 존경받는 원로이시라 이 분과 함께하면 만사형통일 것이다. 지금은 아들에게 카니키 섬의 어업을 모두 물려주고 쉬시지만, 아들이 물려받은 원양어업과 아이스플랜트 사업으로 인구 약 10만 명이 거주하는 부수앙가 섬 전체에서 제일가는 부자가 되었다. 이 지역 선교사역을 위해 하나님이 붙여 주신 든든하고 신실하신 후원자다.

마누할아버지의 진두지휘로 디포롱곳 섬 방문계획이 차질없이 진행되었다. 보트 한척과 그분이 일당을 주고 채용한 운전수와 저를 도와줄 간호보조사 그리고 섬을 다녀오는 동안 왕복 경호하고 픽업할 보이들도 정해졌다. 디포롱곳 섬은 물이 없고 논과 밭이 없다. 내가 마실 생수 8리터짜리와 밥하는 데 쓸 식수도 별도로 준비되었다. 대원들이 먹을 쌀과 통조림 양파 마늘 등 식료품들이 그분의 명에 의하여 완벽하게 준비되고 예정된 토요일 아침에 그분의 진두지휘로 디포롱곳 섬을 향하여 출발하였다. 출렁이는 파도위에서 작은 보트가 좌우로 심하게 흔들려 뒤집힐 것 같을 때 마다 조마조마하고 가슴이 뛰지만, 바닷길에 능숙하신 마누할아버지가 진두지휘를 잘 하여 보트 기사가 파도를 잘 피하고 헤치며 잘 간다.

이번 선교방문을 앞두고 마누할아버지의 아들 이스라엘씨와 전화연락이 되지 않아, 이곳에 머물며 써야 될 많은 경비를 어떻게 해결할까 염려하다가, 하나님께 맡기고 기도하고 믿음으로 왔더니, 극적으로 마누할아버지의 협력으로, 그분이 부수앙가 공항에서부터 렌터카로 나를 픽업하여, 당신이 나를 위해 특별히 마련하신 방에서 먹을 것, 마실 것, 잠잘 것 모두 걱정하지 않고 사역에만 전념할 수 있게 되었다.

4) 자연에 순응하며
2016년 3월 12일 토요일

디포롱곳 섬사람들은 일기예보도 듣지 않고 하늘빛만 바라보아도 "오늘 오전 10시쯤 파도가 일고, 오후 2시쯤이면 파도가 가라앉는다."고 말하다. 그리고 그들의 말대로 되다. 오랜 경험으로 알고 있는 것이다. 이곳엔 일기예보를 알려 줄 텔레비전도 라디오도 전기도 없다. 이들은 그저 자연에 순응하며 산다. 태풍이 오기 전, 미리 직감하고 모두들 반대편 산기슭에 구덩이를 파고 들어가 대피한다. 태풍이 모든 마을과 집들을 쓸어버리고 지나가면, 그냥 그러려니 하고 나와서 다시 쓰러진 집 더미를 주섬주섬 정리하여 다시 집을 짓는다. 며칠이면 한 가족 살 보금자리를 완성한다. 샘물 한 곳도 터지는 곳 없어 식수는 물론 샤워할 수도 없다. 그러나 이들의 얼굴엔 조금도 부족하거나 안달하는 모습이 없고 항상 평온하고 여유롭다.

그런데 나는 혼자 고민과 걱정에 빠졌다. 하루 종일 가만히 있어도 땀이 등줄기를 타고 비 오듯 쏟아지는 더위에서 환자들을 치료한 후 물이 없어 샤워도 못하는 것 때문이 아니다. 그런 고통은 이 마을 사람들은 매일 겪는 일인데 며칠 못 참겠는가. 어떻게 하면 이 마을에 물이 나오게 하고, 어떻게 하면 태풍이 와도 집이 날아가지 않게 할 수 있을까 하는 생각 때문이다.

요즈음은 건기라 물고기가 전혀 잡히질 않는다. 밭도 없고 물도 없으니 채소를 재배할 수도 없고, 물고기가 잡히지 않으니 반찬은 간장 하나가 전부이다. 카니키 섬의 이스라엘씨네는 원양어업으로 매주 2회에 걸쳐 약 10톤의 물고기를 잡아 오는

데, 건기라 고기가 잡히지 않는 다는 말은 이들의 말이다. 이들은 영세 어민들이라 1톤도 안 되는 조그만 방카(보트)를 타고 고기를 낚아야 하므로 먼 바다로 못나가고 수십 가정이 조그만 디포롱곳 섬 주변만 돌며 고기를 건져오니 물고기가 남아 날 수 없다. 그보다 더 어려운 사정은 식수다. 집집마다 부수앙가 섬에 나가 가끔 통통배로 물을 실어와 겨우 식수로 사용하고 빨래와 샤워는 주중 행사로 본섬에 나가 한다.

그러나 이들은 자신들의 열악한 환경에 대하여 불평할 줄 모른다. 무엇이 좋은 환경이며, 어떻게 살아야 더 편리하게 사는 건지 전혀 체험해 보지 않았기 때문인가? 이룰 수 없는 일이라면 경험해 보지 않은 게 이들에겐 오히려 다행이다. 그래야 상대적 빈곤감을 느끼지 않고 자신의 환경에 만족하며 살 수 있기 때문이다. 이 나라 대통령도 아니고 이 지역 행정 관료도 아닌데 왜 내가 이 사람들의 생활문제로 밤새도록 걱정을 하며 잠을 이루지 못하는지 모르겠다. 그야말로 고생도 팔자다.

5) 침을 두려워하는 딱바누와 사람들

2016년 3월 12일 토요일

마누 할아버지는 이곳에서도 역시 존경받는 분이다. 마누 할아버지를 보자 촌장 프르덴시오씨가 맨발로 뛰어나와 반갑게

디포롱곳 섬 환자들

맞이하더니 나를 그의 집에 묵도록 하고, 유치원을 진료실로 사용하도록 간이침대를 준비하여 놓고, 당신이 마을 사람들 앞에서 제일 먼저 치료를 받으며 시범을 보여 준다. 내 혼자 왔더라면 이런 대우는 상상도 못하는 일이다. 마누할아버지 때문에 일이 저절로 풀린다. 이곳 사람들은 침을 처음 보는지라 상당히 두려워하고, 물론 침의 효과에 대하여도 잘 몰라 침 맞는 것을 망설인다. 그러다 그들의 존경의 대상인 마누할아버지가 촌장과 마을 주민들에게 당신이 치료받고 좋아진 천식과 파킨슨병에 대하여 이야기하니 그제야 모두들 받아들이는 기색이다.

나 혼자 왔더라면 전혀 먹혀 들어가지 않았을 거다.

오늘에서야 보트운전을 하고 온 젊은 '로빈슨' 씨도 자기 몸이 좋아진 것을 마을 사람들 앞에서 이야기 한다. 그는 15년 전 대학교 다닐 때 심한 운동과 영양결핍 그리고 모친의 사망 등으로 인한 충격이 겹쳐 왼쪽 편에 풍이 왔단다. 걸어 다니긴 하지만, 요즈음도 왼쪽 팔과 다리에 힘이 없어 무거운 것도 잘 못 들고 왼쪽다리로는 내 딛는 것조차 매우 불편 했었는데 이번에 침구치료를 받은 후 아주 좋아져서 힘이 난다고 간증한다. 그래서 그가 아마 내 보트운전을 자원하였나 보다. 그리고 간호보조원으로 따라 온 '미얀' 양도 매일 두통으로 시달렸었는데 치료 받은 후 좋아졌다고 이야기 한다. 이들의 간증을 마을 사람들이 듣더니 모두들 치료 받고 싶어 하다.

정상적인 면역체계는 몸을 이롭게 하는 것과 해롭게 하는 것을 구분하여 외부에서 침입자가 들어오면 공격을 시작하게 된다. 그러나 가끔 면역체계가 스스로를 파괴하고 심하면 생명을 위협하게 되는데 이를 자가면역질환이라고 한다. 면역계는 툭하면 무너져 버릴 것처럼 위태로이 균형을 유지하고 있다. 면역계가 몸에 해로운 항원을 감지하지 못하게 되면 질병으로부터 몸을 지켜내는데 도움이 되지 않지만, 너무나 민감하게 반응을 하여도 자가면역질환이 유발되어 내 몸을 파괴하는 적군이 되어버리는 것이다. 대부분의 경우 자가면역질환에 앞서 발생하는 것이 감염인데 바이러스와 박테리아는 여러 경로를 통해 손쉽게 우리의 몸에 들어오게 된다. 어떠한 바이러스는 체내의 아미노산 고리와 너무 비슷하여 자신의 몸 일부처럼 여겨지는 아미노산 배열을 면역체계에 주게 된다. 이런 경우에 면역체계에 혼란이 생기게 되고 스스로를 공격하면서 외부 침입자를 공격하고 있다는 착각에 빠지게 되는 것이 바로 자가면역질환이다.

모든 질병을 예방 할 수 있는 가장 포괄적인 방법은 건강한 면역기능을 유지하려는 노력에 있다고 면역학자들은 주장하다. 구당침구요법은 면역기능의 균형을 유지하는 데 탁월한 효과가 있으며 선교현장에서 원인불명의 질환으로 통증을 호소하는 환자들에게서 놀라운 효과를 종종체험하였다.

촌장 프르덴시오 씨가 가장 먼저 치료를 받고 그리고 딱바누아족 청년들이 치료를 받고 이어서 노인들도 와서 받았다. 이렇게 오늘은 피부가 보통 필리핀 사람들과 전혀 다른 매우 개성적인 구릿빛 피부의 어부와 그 가족들을 치료하느라 섬에서의 하루가 시간 가는 줄 모르게 지나갔다.

6) 참 존재의식
2016년 3월 15일 화요일

소문이 나니 별 환자들이 다 몰려온다. 눈이 어두워 앞을 잘 못 보시는 할머니도 오시고, 배가 남산만큼 부어오른 어린아이를 데려오기도 하다. 할머니의 실명은 몸이 쇠약해서 생긴 일시적인 상태이므로 치료를 받고 영양을 보충하고 좀 쉬면 회복될 가능성이 있지만, 배가 남산만큼 부어 오른 아이는 나로서는 어쩔 수가 없다. 이런 아이는 병원에 가서 검사를 하고 수술을 해야 할 아이 이므로 병원에 가도록 하다. 모든 걸 내가 고치려고 하는 것 보다 병원에 가도록 안내하는 것도 환자의 치유를 돕는 중요한 일이다. 그리고 병원에 갈 형편도 못되고 내가 치료할 수도 없는 환자들을 위해서는 기도해 준다. 그러면 기도를 통하여 하나님의 기적이 나타날 수도 있고 기적이 안 나타나더라도 기도는 환자에게 큰 평안을 끼쳐 통증을 상당히 완화시켜 주기도 한다.

간혹 내가 아픈 사람들을 케어 하는 것을 오해하는 분들도 있다. 치유사역은 성경을 통하여 예수님께서 친히 본을 보여주신 복음사역의 일부이다. 예수님은 성전에만 머물러 계시지 않고, 이 마을 저 마을 다니시며 복음을 전하셨을 뿐만 아니라 아픈 이들을 고쳐 주시고, 가난하여 굶주린 자들의 허기진 배를 채워주시고, 사회적으로 소외받고 멸시당한 사람들을 위로하시며 늘 그들과 함께 하셨다. 그리고 제자들도 예수님의 가르침대로 그렇게 살았다. 그러나 예수님의 주목적은 '돌봄' 이 아니라 사람들의 '영적인 죄' 의 문제를 해결하고 '영적 구원' 으로 인도하는 것이었다. 예수님의 이런 긍휼의 사역은 나에게 있어 목사로서 그리고 선교사로서의 참 존재 의식을 갖게 한다. 그리고 이러한 나의 삶을 나는 죽을 준비를 하는 것으로 여긴다.

7) 축복의 통로
2016년 3월 17일 목요일

3박 4일 동안의 딱바누와 아이들의 부모들이 사는 디포롱곳섬의 치유사역을 잘 마치고 마누할아버지 댁 나의 숙소로 돌아왔다. 지난 밤 그리 많이 쏟아진 소나기에도 불구하고 다행히 바닷가에 사는 딱바누아 아이들의 꾸보하우스는 변함없이 제자리에 서 있다. 비가 많이 새진 않았지만, 나뭇잎으로 엮은 천정에서 방울방울 떨어진 빗방울로 인해 꾸보가 축축하고 아이들이 모두 감기가 들었다. 이들의 건강을 위해 기도하고 이들을 위한 하나님의 돌보심이 어느 통로를 통하여 어떻게 이루어질지 관찰하다.

돌이켜보니 나의 모든 인생과정이 이 한 길을 가도록 하나님이 인도하신 것이었다. 초등학교에서부터 학창시절 내내 육상선수와 유도선수로서의 체력단련은 정신과 육체를 단련하여 호연지기를 기르는 시기였고, 타월공장과 오퍼상에서의 직장생활은 앞으로 닥쳐 올 지구촌 시대를 대비하여 영어의 필요성을 깨달은 기간이었고, 뜻하지 않은 3번의 수술과 잔병으로 30여 년 동안의 투병생활은 사회로부터 소외당한 자들에 대한 긍휼히 여김을 배우는 기회였으며, 그로인해 침구의술을 공부하여 모든 질병의 고통으로부터 해방되고 불쌍한 이들의 치유사가 된 점, 늦깎이 신학생이 되고 목사가 되고 지금은 선교사가 되어 인생의 뒤안길에서 전혀 생각지도 마음에 둔적도 없는 지

내가 묵었던 촌장네 집

구촌 오지를 거침없이 용감하게 다니며 하나님의 백성을 돌보는 일, 지금 사역에 매우 만족하는 점 등 모두가 하나님께서 나를 당신의 축복의 통로(도구)로 사용하시기 위하여 계획하시고 연단하시고 조정하셨음을 이제야 비로소 깨닫게 된다.

필리핀 오지에 선교사로 정착하기 전, 스리랑카, 미얀마, 네팔, 중국, 인도, 필리핀 등을 단기선교 다닐 때마다 나와 동행하며 나의 사역을 돕는 분들이 한두 분 이상씩 꼭 있었다. 그분들은 모두가 내가 시무하는 교회의 성도들이 아니었고 평소에 나와 자주 왕래하던 분들도 아니었다. 그러나 새로운 선교지를 갈 때마다 생각지도 예상하지도 못한 분들이 자원하여 자비량으로 참여하여 나의 선교사역을 정성껏 도와 주었다. 그리고 그분들은 당신의 사명을 마치고 나면 전처럼 서로 만나지 않는 먼 추억 속으로 사라지셨다. 지금 생각하니 그분들은 시기적절한 때에 하나님이 보내주신 천사들이었다. 지금 부수앙가 섬에서 만난 마누 할아버지도 여기 와서 알게 된 나의 넉넉한 후원자이시다. 이분이 부수앙가 섬 전체에서 가장 부자인 것도 여기 와서 한 참 지나고 나서야 알았다. 나에게 치료받고 나서 이분은 이곳에서의 나의 모든 사역을 전적으로 지원하신다. 숙식은 물론이고 자동차, 보트, 운전사, 메이드, 간호보조원 등등. 이 모든 게 하나님의 은혜가 아닐 수 없다.

부르시는 이도, 이루시는 이도 하나님이시고, 나는 그저 부르심에 순종하고 일할 뿐이었다는 것을 깨닫게 되었고, 세상엔 악인들도 많지만, 참 훌륭하고 착한 분들도 많다는 것을 알게 되었다. 자신의 삶터에서 애써 힘들게 돈을 모아 정작 자신을 위해서는 소박하게 살면서도, 하나님의 일이라면 손발을 벗고 나서 자신의 것을 다 내 놓는 분들의 모습을 보면서 지금도 천사는 존재한다고 믿게 되었다. 더욱 놀라운 일은 그분들 모두가 하나 같이 부자는 아니었다는 사실이다. 그분들의 신실한 믿음과 고결한 영성에 고개가 숙여진다. 세상엔 이름도 빛도 없이 선하게 사는 분들이 많다. 하나님은 그런 분들과 이 세상을 꾸려 나가시더라. 종교나 과학이나 지성과는 아무 상관없이 그런 분들을 구원과 축복의 통로로 이 지구촌을 하나님의 방법대로 가꾸어 나가시더라. 요즈음엔 하나님이 딱바누아 아이들을 돌보라고 이 먼 곳까지 나를 보내셨구나 하는 마음이 날마다 든다. 부르심에 순종하고 기뻐하고 감사하며 이들과 함께하고 있다.

* 지난 3월에 부수앙가 섬에 와서 딱바누와 족의 디포롱곳 섬을 방문하였고 그리고 마누할아버지가 사시는 복동 바랑가이와 그의 아들 이스라엘씨가 사는 카니키 섬을 방문하며 약 2주 동안의 치유사역을

마치고 나의 선교센터가 있는 루손섬 까비떼 주 다스마리나스 시로 돌아갔다가 다시 4개월 만에 부수앙가 섬을 방문하였다.

8) 4개월 만에 딱바누와 아이들을 다시 만나다

2016년 7월 8일 금요일

4개월 만에 다시 카니키 섬과 디포롱곳 섬을 방문하기 위하여 부수앙가섬(코오론섬) 복동 바랑가이를 방문하였다. 80세 노구의 마누할아버지가 내가 온다는 전화를 받고 길가에 나오셔서 뜨거운 태양 볕 아래 양산을 들고 우리 부부를 기다리고 계시다가 우리가 차에서 내리기도 전에 승합차 운전수에게 다가가시더니 부수앙가 공항에서 대절하여 타고 온 승합차의 렌트비를 선뜻 내 주신다. 선교현장에 기거할 곳 한 곳 없어 늘 짐을 싸 들고 다니며 동가식서가숙 하는 보따리 선교사에게 이런 극진한 대접을 해 주시니 너무나 황송하고 감사하다.

이번엔 집사람도 함께 오느라고 항공료와 부대비용이 전보다 많이 지출되고 경비가 부담되어 이곳에 와서 쓰게 될 체류비는 어떻게 감당하나 염려하다가 그냥 하나님께 맡기고 기도하고 믿음으로 왔더니 요번에도 마누엘로 할아버지가 이렇게 기쁨으로 맞이해 주시다. 이곳 영세 어부들의 요즈음 하루 수입이 겨우

100페소 정도인데 2,700페소나 되는 거금을 선뜻 택시 대절비로 주시기는 쉬운 일이 아니다. 부자이시니까 가능하다. 그뿐 아니라 일하는 아이들을 시켜 우리가 쓸 방을 깨끗이 치워 놓고 침대 위에는 호텔처럼 타올과 베개를 가지런히 놓아 두셨다. 오자마자 식사 할 수 있도록 랍스타와 게도 사다가 삶아 놓으시다. 랍스타나 게는 이곳에서도 비싸서 특별한 손님이 올 때나 대접하는 것이다. 이런 친절은 분명 사람의 마음이기에 앞서 성령의 감동으로 이루어지는 하나님의 은혜이다.

마누 할아버지의 배려로 여장을 풀고 아늑한 밤을 맞이하려는 데 너무나 많은 비가 밤새도록 쏟아진다. 자다가 일어나 바닷가 딱바누와 아이들이 걱정되어 가보고 싶었지만 깊은 밤이고 불도 없는 위험한 길이라 기도만 하고, 이른 아침 우산을 들고 할아버지가 주신 미끄럼 방지용 지팡이를 짚고 바닷가 아이들 처소를 갔다. 다행히 비 피해를 대비해서 지난 밤 부모들이 섬에서 나와 아이들과 함께 밤을 새워 주었다. 허름한 천장으로 비가 좀 새긴 했지만 그리 큰 피해는 없고 각 가정의 아이들이 무사히 밤을 지낸 모습이다. 눅눅한 들마루에 앉아 바다를 바라보고 있던 배불뚝이 엄마가 오랜만에 나를 보자마자 인사 대신 "노 커피"라고 한다. 영어가 잘 안되어 수줍은 마음으로 하는 반갑다는 인사이다. 비온 후 음산한 아침에 따끈한 커피라도 한 잔 마시면 몸이 풀리고 좋을 텐데 커피가 모두 떨어졌지만 돈이 없어 못사는 가 보다. 아침 대신 마시는 커피를 마시지 못하니 오늘은 무슨 기운으로 하루를 살아갈지. 한국에서부터 가져간 사탕을 아이들에게 나누어 주며, 내일 아침엔 커피를 많이 사 오겠다고 약속하다.

마누 할아버지네 거실에서 환자들을 돌보고 있는데 건축업을 하는 거구 라우렐리오씨가 지난 번 치료해 주어서 고맙다고 집에서 기르는 닭을 한 마리 들고 왔다. 비가 잠시 개인 틈을 타 오후에 그의 부인이 운영하는 손바닥만 한 점방에 들려 딱바누아 아이들 줄 커피와 설탕을 잔뜩 샀다. 닭을 선물한 것에 대한 보답이기도 하다. 내일 아침 딱바누아 아이들과 부모가 따끈한 커피를 마시며 행복해 할 것을 생각하니 내 마음이 먼저 행복하다.

9) 자비

2016년 7월 9일 토요일

본격적인 우기철이라 지난밤에도 수차례 소나기가 쏟아졌다. 아침에 잠시 개인 틈을 타 어제 사두었던 커피와 설탕을 짊어지고 아이들 있는 곳으로 가니 모두들 나무 밑에 둥그렇게 모여 앉아 아침을 먹고 있다. 반찬은 오직한가지 간장에 맨밥을 비벼 먹는 게 전부다. 가져간 커피와 설탕을 전해주고 나도

빨래와 설거지 하는 아이들

그들과 함께 앉아서 그들이 마시는 커피를 얻어 마시며 평화롭게 펼쳐진 고요한 아침바다를 바라보았다. 배불뚝 아기의 아버지가 잠시 날이 갠 틈을 타 스쿠버 다이빙으로 고기를 잡으러 간다고 일찍 보트를 타고 나간다. 그가 멀리 수평선으로 사라진 후 다시 비가 내린다. 아이들과 부모가 비를 피하여 꾸보로 들어간다. 바다에 나간 사람들은 어떻게 비를 피하며 고기를 잡는지? 큰 태풍이 아니면 위험을 무릅쓰고라도 나가야 하루 끼니꺼리라도 버는 이들의 일상은 날마다 바쁘다.

식사를 마치면 아이들도 설거지를 하든지 빨래를 하든지 모두들 각자 자기가 할 일을 찾아서하고 스스로 세탁한 옷을 찾아 입고 서둘러 학교를 간다. 조금도 자기가 할 일을 부모에게 부탁하지 않는다. 그리고 이들은 자라면 가족공동체를 가장 중요하게 여기고 부모에게 효도하며 먼저 돈 버는 자녀가 다른 형제를 돌보고 희생하며 사는 것을 보람으로 여긴다. 우리도 가난하게 살던 시절엔 이들 못지않게 형제간에 우애 있게 살았는데, 문명과 경제의 발전은 그런 여유로운 끈끈한 정을 나눌 시간을 모두 앗아가고, 상호경쟁하고 견제하며 바쁘게 살아야 하는 복잡한 환경을 만들었다.

10) 딱바누아족의 행복

2016년 7월 10일 일요일

어제 조셉씨가 빗속을 헤치고 먼 바다에 나아가 잠수하여 작살로 잡아 온 고기는 겨우 3킬로그램이고, 마누할아버지의 계산에 의하면 90페소도 안 되는 가격이란다. 그것으론 커피 한 봉과 설탕 한 봉 사고 나면 쌀 살 돈이 없어 그들은 거의 매일 아침식사는 커피만 마시는 경우가 많고 옷을 사 입을 생각은 엄두도 못 낸다.

한국에서 보내오는 의류택배가 마닐라가 위치한 루손 섬까지만 배달이 되고 이 곳 부수앙가 섬 까지는 배달이 안 되어, 이곳에 올 때 마다 조금씩 나누어 비행기로 공수해 오느라 힘

티셔츠 선물

이 좀 들지만 이들이 좋아하는 모습을 보면 모든 힘들었던 생각이 금방 사라진다. 새 티셔츠가 오늘 아침 이들에게 기쁨이 되고 나에겐 큰 행복이었다. 땀 발수가 잘 되는 신소재로 만든 티셔츠를 150장이나 보내 주셔서 이들에게 잘 공급하였다. 이곳에서 가장 가난한 아이들이지만 가장 좋은 티셔츠를 입게 되었다. 아이들이 새 옷을 입고 자랑스럽게 다닐 것을 생각하니 아이들보다 내 마음이 더욱 행복하다. 이것을 보고 계실 하나님은 얼마나 더 기쁘고 행복하실까!

저녁나절 국도변 가게에 갔더니 조셉씨 부인이 아이 둘을 데리고 바구니를 들고 길가에 서 있어서 무얼 샀나 보니 설익은 파파야 네 개와 식용유 한 병, 설탕 그리고 쌀 1킬로그램을 사서 가져가는 중이다. 어제 아침에 큰 봉지로 세 봉지나 사다 준 설탕을 여럿이 먹는 바람에 모두 소비한 모양이다. 쌀 1킬로그램으로 10명의 가족이 먹으려면 한 끼 밖엔 먹지 못할 텐데 오늘 잡아 온 물고기로는 그것 밖에 살 수 없었는가보다. 그러나 이들은 하늘을 원망하지도 않고 세상을 탓하지도 않고 그저 숙명처럼 받아들이고 늘 평안한 모습으로 산다.

요즈음 한국엔 자살경쟁이 벌어진 것 같은 느낌이 든다. 요며칠 사이에 잘나가는 분들이 줄줄이 자살했다는 뉴스가 보도되었다. 무한경쟁의 문명사회에서 잘 살아보려고 무던히도 애쓰다 행복을 누려보지도 못하고 결국엔 자살로 인생을 끝내는 분들의 안타까운 모습을 보면서, 비록 가난하긴 하지만 하나님 안에서 서로 도우며 평안하게 살아가는 이들이 더 행복해 보인다. 하나님의 은혜가 임하지 않으면 아무리 많은 것을 가져도 부족하고 불안하다. 하나님의 말씀은 우리의 영혼과 육신을 맑게 하고 우리로 하여금 진정한 행복을 깨닫게 하는 생명의 양식이다.

08 열방선교의 꿈이 다시열리다 (2017년-2018년)

개요 | 선교를 위하여 나의 소박하지만 야무진 꿈은 내 발로 직접 세계 열방의 소외된 사람들을 찾아가 선교하는 것이었다. 하여 개척교회 시절에도 스리랑카와 필리핀 원주민 목사를 초청하여 공동목회를 하였으며 내 방에는 세계전도를 붙여 놓고 열방선교를 위하여 기도하였다. 그리고 마침 인터넷 시대가 도래하여 자연스럽게 여러 나라의 목회자와 성도들을 인터넷 망을 통하여 선교파트너로 사귀게 되었다. 선교사 파송을 받기 전 파송교회 목사(이재익목사, 서울장안원교회)에게 제 일성으로 내가 한 말은 "나는 한 국가에 치우치지 않고 여러 나라를 다니며 선교하는 선교사가 되고 싶다"하였고 그분은 그렇게 해도 된다고 하였다. 파송교회에서만 승낙하면 선교사는 얼마든지 그렇게 할 수 있다.

그러나 막상 필리핀 오지에 선교사로 나가고 보니 현지사역에 매여서 다른 국가에 갈 생각을 엄두도 못 내고 필리핀 사역에만 전념하게 되다. 그러다 약 5년 정도 지나 도시로 나오게 되고 필리핀 선교사역이 자리를 잡혀가게 될 즈음 나에게 폴란드와 미국에서 1년 간격으로 초청하여 그곳에 가서 치유사역을 하게 되었으며 미약하나마 나의 꿈이었던 열방선교사역을 다시 할 수 있게 되었다. 내 몸이 건강하고 재정만 뒷받침 된다면 내 발로 뛰어가 선교하는 이 열방선교는 은퇴 후에도 나 혼자 얼마든지 그동안 방문한 나라들을 다시 방문하며 계속할 수 있을 것이다.

1) 폴란드 방문
2017년 6월 28일

2017년 6월 초, 폴란드에서 박타(Bhakta KC) 박사가 페이스북 메신저로 문자를 보냈다. 그를 마지막 만난 것은 7년 전인 지난 2010년 8월 네팔의 카투만두에서 였다. 그 당시 나는 정식선교사는 아니고 로컬처치의 목사였지만 아시아 6개국을 개인적으로 순방하며 치유선교사역을 하던 중이었다. 그리고 그때 네팔에 치유선교를 나갔다가 게시(KC)목사의 소개로 그를 만난 적이 있다. 그는 게시의 친형이며 카투만두에서 가장 큰 개인병원을 운영하고 있었다. 게시목사는 그 당시 한국에서 노동자로 있으면서 나에게 2년 동안 영어예배 및 침구교육을 받고 있는 중이었다.

게시의 친형인 닥터 박타는 카투만두에서 내가 환자들을 치료하는 침구사역을 살펴보고 난 후 바로 마음에 들어 하며 앞으로 자기의 병원에 와서 일해 줄 것을 주문하였다. 자기 병원에 오면 숙식은 물론이고 치료할 수 있는 진료실과 간호사 등 모든 필요 사항을 제공하겠다고 약속하다. 그러던 차에 나는 필리핀 선교사로 나오게 되었고 그 후 약 7년 동안 소식이 없다가 갑자기 그가 폴란드에 가서 7년 만에 나에게 안부 메시지를 보낸 것이다.

그는 대뜸 한다는 말이, 지금 자기가 폴란드에 와서 일하고 있으며 두바이에도 자기 집과 사무실이 있으니 이곳에 와서 침구시술 봉사 좀 해 줄 수 없냐는 것이다. 하여 나는 선교사이기 때문에 선교하러 가면 갔지 그냥 가지는 않는다 하였더니, 얼마든지 당신 좋을 대로 하라, 당신을 목사라고 소개할 테니 그 다음부터는 당신이 알아서 하면 된다. 하여 일단은 나를 파송한 교회의 목사님에게 사실 이야기를 하고 그분이 허락하면 한 번 생각해 보겠다하다.

그러고 나서 한국의 파송교회(이재익목사)에 위 사실을 알리니 쾌히 승낙해서 본격적으로 1개월간의 폴란드치유선교를 계획하다. 닥터 박타에게 정식 초청장을 보내라 하였고, 그는 세부 일정을 짜서 내게 보내 주었다. 하여 왕년에 마음속으로 계획하던 열방치유선교사역이 정말 이루어지려는가하고 마음 설레며 폴란드 방문을 준비하였다.

모든 게 일사천리

2017년 7월 11일

필리핀 선교지에서 한국으로 와서 다시 폴란드행 비행기로 갈아타고 약 24시간에 걸쳐 폴란드 바르샤바 오케치에 지구에 위치한 쇼팽공항에 도착하다. 복잡한 입국심사가 필요 없다. 적어 내는 입국심사 카드도 없고 비자를 보여 달라는 이도 없다. 그냥 국내선 타고 인천공항에서 제주도 왔다 가듯 모든 게 프리패스다. 너무 편리하다. 이게 맞는 것 같다. 한국에서 출국하기 전 여러 경로를 거처 출국심사를 세밀하게 하였고 마지막으로 탑승 전에 다시 탑승자의 이름과 숫자가 파악되고 해당국가에 전산망으로 나의 모든 신분이 이미 전송되었다. 해당국가에서는 어느 나라에서 누가 들어오는지 이미 다 파악하고 있는 상태다. 특별한 이변이 일어나지 않았다면 다시 파악할 이유가 없는 것이다. 그런데 왜 다른 나라에서는 입국심사를 그렇게 지루하게 하는지 모르겠다.

공항에서 시내 나가는 것도 아주 편리하다. 전철과 공항버스와 택시가 항상 대기하고 있다. 후진국처럼 사기 치는 삐끼들도 없고 경찰과 짜고 비싸게 부르는 택시도 없다. 모든 게 정액제이다. 젊은이들은 핸드폰에 구굴 맵만 열면 어디든 쉽게 찾아 갈 수 있다. 결재도 아주 쉽다. 후진국처럼 현지 화폐가 없으면 동작이 정지될 필요가 없다. 신용카드이건 마스터 카드이건 아무거나 갈다 대면 즉시 결재가 되다.

후진국은 후진국이 될 수밖에 없는 이유가 있고, 가난한 사람은 가난할 수밖에 없는 이유가 있구나. 얼마나 빠르고 쉽고 정당한 방법으로 상대방 주머니의 돈을 끄집어내어 내 주머니에 넣느냐에 따라 그 나라와 그 사람 미래의 경제력을 좌우하게 만든다. 결재가 어려워 내 주머니의 돈이 전혀 빠져 나가지 않던 필리핀과는 달리 여기선 수액의 돈이 내 카드에서 빠져 나갈 것 같다. 그래도 편리함에 모든 것이 용서되다.

긴 비행을 마치고 쇼팽공항에 도착하니 닥터 박타 씨와 간호사 아다(Ada)씨가 대기하고 있다가 친절하게 공항에서 나를 픽

폴란드 쇼팽공항에서 닥터 박타씨와

업하여 바르샤바에 있는 그의 집(Rakowska 02-237 Warszawa, Poland)으로 데리고 가다. 공항에서 그의 집까지는 불과 1시간 거리이다. 마침 폴란드는 백야가 시작되는 시기라 9시가 넘어도 해가 지지 않고 대낮같이 밝다. 오랜만에 체험하는 백야라 잠자기가 아깝지만 장시간 여행한지라 창문 커튼을 내리고 잠자리에 들다.

바르샤바에서 포즈난으로

2017년 7월 16일

바르샤바의 일정이 변경되어 우리는 바로 포즈난으로 가기로 하였다. 박타씨의 집에서 아침을 먹고 일찍 나와 일행과 바르샤바역에서 포즈난 가는 기차를 타고 약 3시간 달리니 포즈난 글로니(Glowny) 중앙역에 도착하다. 포즈난에 관한 아무 사전 지식도 없이 오다. 포즈난은 폴란드의 평범한 작은 도시로 알고 왔는데 이곳은 생각보다 역사가 깊고 아름답고 예쁜 도시다. 이렇게 유서 깊고 아름다운 도시를 방문하게 되다니 너무 감개무량하다.

우리가 자리 잡은 호텔은 아름다운 중세풍의 건물로 이루어진 구시가지 바로 옆이었다. 각 나라에서 몰려 온 여행객들이 배낭을 메고 속속들이 들어 닥치고 고궁처럼 지어진 건물들은 여행객들을 만족시키기에 충분하다. 호텔에 짐을 풀어 놓고 올드타운(구 시장 광장)을 돌아 보다.

눈앞에 보이는 모든 건물들이 평범한 상가나 음식점 그리고 사무실과 주택들인데 모든 건물들이 고궁의 유적들 같은 느낌이다. 마치 르네상스식 건축물처럼 웅장한 건물들이 들어선 이곳은 16세기부터 포즈난의 가장 큰 명소가 되었다. '구 맥주 양조장' 은 더 이상 맥주를 생산하지는 않는다. 이곳은 쇼핑, 예술 그리고 비즈니스의 중심지로서 2006년에는 세계 최고의 중형 쇼핑센터로 상을 받았다. 포즈난 시민들은 '시타델 공원' 과 도심에서 불과 2km 떨어진 '말타 호수' 의 대규모 휴양단지와 같이 수많은 공원이 있는 녹지 도시에서 살고 있다. 앞으로 이곳에 여러 날 머물 것이므로 오늘은 간단히 주변만 돌아보고 호텔에서 쉬다.

폴란드에 딸이 생기다

호텔 앞에서 크지도 작지도 않은 예쁜 전철을 타고 한 참 가다가 다시 버스로 갈아타고 도착한 곳은 나포스키에고(Knapowskiego 23, 60-412)라는 곳의 한 헬스케어센터이다. 어제 잠간 들려서 오늘부터 치유사역 한다는 소식을 전하고 가서인지 환자들이 많이 모였다. 그런데 알고 보니 이들은 한 달 전부

포즈난, 호텔 옆 광장

터 내가 온다는 소식을 듣고 기다렸단다.

이분들에게 침술을 어떻게 소개할까 마음속으로 많은 생각을 하였었는데 기우였다. 이들은 이미 침술을 알고 있었고 이곳에도 많은 침술원이 있으며 이곳에서 침술 테라피 한 번 받는 데 약 200불정도 들어서 상당히 비싼 편이라 돈 많은 사람들이나 받는단다. 이곳에서 침술은 고급 마사지 받는 것처럼 매우 사치스러운 테라피 였다. 그런데 그 비싼 테라피를 침술의 원조인 동양에서 침술사가 와서 선교차원에서 무료로 해준다는 소문을 듣고 이들은 벌써부터 내가 오길 고대하고 있었던 거였다.

우리가 이곳에서 봉사활동 하도록 건물을 빌려준 분은 울라

(Urszula Krynicka)씨이며 그녀는 이곳 헬스케어센터의 원장이고 그녀의 남편은 가까운 곳에서 내과와 이비인후과를 개설한 개업의사이다. 울라씨는 오래전부터 동양의술에 관심을 갖고 경락 테라피와 영양소를 취급하고 있었다. 하여 그녀의 사무실엔 경락이 그려진 마네킹도 있고 침을 놓을 수 있는 침대가 이미 완벽하게 마련돼 있다. 환자침대가 없으면 술자가 구부리고 침을 놓아야 되므로 나같이 허리가 약한 사람은 허리에 통증이 생겨 몹시 힘든데 모든 게 잘 갖추어져 대 만족이다.

접수실에서는 닥터 박타씨가 간호사 아다(Ada)씨와 환자의 혈압을 재고, 환자에게 문진하여 환자의 증세를 적어서 챠트를 작성하여 울라씨에게 주면 울라씨는 그 챠트를 진료실에 있는 나에게 가져와 내 옆에서 나를 어시스트한다. 내 옆에 있는 울라씨를 비롯하여 침놓는 것을 처음 보는 스텝들과 환자들이 신기한 듯 바라본다. 침 맞는 것이 매우 아플 것이라고 예상하였는데 환자들이 아프다 소리 하지 않고 잘 맞는 모습을 보고 더욱 신기해하며 스텝들이 환자들에게 아프지 않으냐 묻기도 하다.

나중에 알고 보니 울라씨의 가족들 말고는 찾아 온 환자들이 거의 모두 병원에서 고치지 못한다고 손을 든 중환자들만 온 거였다. 이유인즉 많은 환자들이 예약을 원하였으나 시간 관계

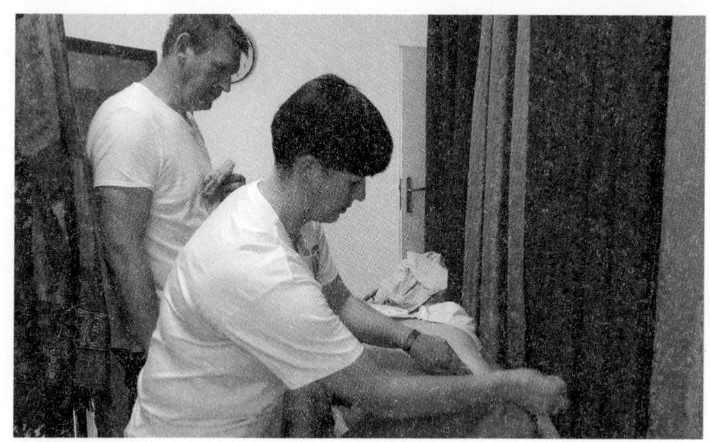
발침하는 울라씨

상 모두 치료할 수가 없을 것 같아서 울라씨가 중환자들만 오도록 한 것이었다. 그리고 나에게 온 중환자들은 동양에서 온 침술할아버지가 자기를 고쳐줄지도 모른다는 한 가닥의 희망을 갖고 온 분들이었다. 그러나 내가 신이 아닌 이상 어떻게 병원에서 못 고치는 병을 고칠 수 있단 말인가!

약 1시간 동안의 침구 테라피를 마치고 난 후 모든 환자들이 하나같이 몸이 가볍고 기분이 좋다고 나를 껴안고 감사하다며 인사를 하다. 그러면서 그들이 큰 희망을 갖는 것 같다. 그들이 몰라서 그렇지 침을 맞고 나면 누구나 그렇게 좋은 기분이 드는 거다. 병원에서 못 고칠 병을 내가 고쳐줄 것이라는 큰 기대는 하지 않았으면 좋겠다.

그러나 고칠 수 있는 병도 많다. 암이나 결핵이나 전염병 등은 침술로 불가능하다. 그러나 오래된 노인성질환이나 신경통 근육통 만정질환 같은 경우는 통증을 많이 완화시켜 줄 수도 있고 때론 고칠 수도 있다. 울라씨의 가족들이 치료를 받고 즉시 증세가 크게 호전되어 나의 체면을 살려주었다.

울라씨의 모친이 남편(울라씨의 부친)을 데리고 왔다. 남편이 눈물이 시도 때도 없이 나오는데 병원에서도 고치지 못한다고 "만일 당신이 내 남편의 눈물 나는 것을 멈추게 해 주면 내가 당신의 부인이 되겠다!"고 웃으며 농담을 하신다. 고치지 못할 것이 뻔 하기 때문에 한 말이렷다. 하여 나도 농담으로 "진짜로 당신이 내 부인이 된다면 내가 당신 남편의 눈물을 멈추게 해 주겠다" 하였더니 "멈추게만 하면 정말로 내가 당신의 부인이 되겠다" 며 큰소리로 웃는다. 하여 그 옆에 서 있던 닥터 박타씨와 울라씨도 배꼽을 빼고 따라 웃는다.

내가 다시 딸 울라씨에게 농담으로 말하였다. "만일 내가 당신 아버지의 눈물을 멈추게 하면 나는 당신 모친의 남편이 되는 것이고 당신은 나의 딸이 되는 것이다" 하였더니 울라씨가 웃으며 나의 농담에 좋다고 승낙한다. 하여 울라씨 부친을 치료하기 시작하였다.

눈물이 나는 것은 간과 관련이 있다. 간은 눈을 주관하기 때문에 간이 허해지면 눈으로 연결된 시신경과 근육의 수축이완 작용이 약해져 노인들의 경우 그냥 눈물이 새는 경우가 많다. 나도 그런 경우가 있었다. 독맥과 입맥 경락의 기혈순행을 도와주고 특히 간과 신장을 도와주는 혈자리에 침과 뜸을 놓으면 눈물 흐르는 것을 멈추게 할 수 있다. 그리고 눈 옆의 동자료에 유침해 주면 머지않아 눈물이 멈춘다. 이런 치유사례는 이미 많이 경험해 본 것이다. 그와 같은 치료를 마치고 울라씨의 부친이 그의 부인과 함께 돌아갔다.

그 다음날 오전에 마침내 사건이 발생했다. 울라씨의 모친이 남편을 데리고 다시 와서는 나를 바라보며 큰 소리로 "남편의 눈물이 멈췄다" 며 기뻐하는 것이다. 하여 난 기회를 놓치지 않고 짓궂게 말하였다. "이제 당신은 약속대로 내 부인이다"하였더니 모친이 호탕하게 웃으며 "그렇게 하겠다!"고 대답하다. 이국 만리에 와서 서로 농담도 주고받을 수 있는 친구가 생겼으니 얼마나 좋은가! 75세나 된 할머니가 내 부인이 되어서 무슨 도움이 되겠냐마는 나의 욕심은 딴 데 있었다. 그 할머니의 딸 울라씨가 내 딸이 되는 역사적인 순간이다. 하여서 난 그날부터 폴란드 포즈난에 장성한 딸을 하나 두게 되었다. 이는 농담이지만 때에 따라서는 이와 같은 농담과 교제가 지속적으로 좋은 관계를 이루어 가게 되면 나중에 정말로 친한 관계가 될 수도 있다.

울라씨 친정아버지의 눈물이 멈추었다는 말을 듣고 의사인 울라씨 남편이 찾아왔다. 그분은 자기가 내과와 비뇨기과 두 가지 의사자격이 있다고 소개하며 목 뒤 7번 경추에서부터 그 위와 아래 흉추와 척추 부분이 몇 해 전부터 통증이 심하고 목을 돌리기가 힘들다고 왔다. 그도 말하는 모습이 동양에서 온 할아버지에게 특별한 침요법을 한 번 경험하고 싶은 낌새다. 물론 의사이기 때문에 여러 가지 약도 써보았을 터이고 큰 병원에서 치료도 받아 봤을 것이다. 그러나 내가 보기엔 못 고칠 병은 아닌 것 같다.

대추혈은 제7번 경추 극돌기 아래에 위치하며 등쪽을 흐르는 모든 양경이 그곳을 통과한다. 하여 대추혈은 양경을 치료할 때 의무적으로 놔 주면 좋다. 목과 머리 그리고 양 어깨와 척추 위아래를 관통하는 모든 혈이 그곳을 통과하므로 그곳을 잘 치료해 주면 목이 풀리고 경추와 흉추의 통증이 완화된다. 울라씨 남편의 경우 늘 꾸부리고 환자를 치료하다가 그 부분의 근육과 경락이 긴장된 것으로 볼 수도 있고, 심장과 폐에 이상이 있어 그 쪽의 근육에 문제가 생길 수도 있다. 하여 아픈 곳만 치료하는 게 아니라 오장육부의 기혈순행을 도와서 그곳까지 좋아지도록 해야 하다. 나의 스승 구당 김남수 옹의 기본 12

간호사 아다씨

자리를 놓고 그리고 목과 흉추와 어깨 근육에 도움이 되는 혈자리 그리고 심장의 혈자리도 유침하였다. 그리고 중요한 곳 몇 군데는 뜸도 떠주었다. 그렇게 1시간 정도의 치료를 마치고 돌아 간 그가 그 다음날 와서 목과 등허리 아프던 것이 깨끗이 나았다며 정말 신기하고 놀라운 일이라며 몇 번이나 감사하다고 인사하였다.

내게는 그가 나은 사실이 놀라운 게 아니다. 그런 사례는 많이 보아왔기 때문이다. 내가 놀란 것은, 의사가 그것도 유럽이라는 선진국의 의사가 별거 아닌 동양의 늙은이에게 침을 맞고 좋아진 사실을 감추지 않고 사실대로 말하며 인사하는 겸손한 그의 자세가 나를 놀라게 하였다. 대단히 겸손한 의사이다. 의사의 자존심으로 쉽지 않은 일이다.

이 사실을 곁에서 바라 본, 나를 초청하고 어시스트하던 닥터 박타씨의 마음도 변하지 않을 수가 없었는가보다. 그는 내가 침놓는 것을 여러 번 옆에서 지켜보긴 했지만, 의사의 체면으로 나에게 침을 맞아 본 적이 한 번도 없다. 그런데 그의 맘이 변했다. 일을 다 마치고 그와 함께 호텔방에 들어왔는데 오자마자 옷을 벗고 침대에 벌떡 누워 자기도 침도 놓고 뜸도 좀 떠달란다. 이런 영반 봤나! 피곤하여 나도 쉬어야 될 판인데 침을 놔 달라고! 내일부터 놔 준다하고 오늘은 너무 피곤하다며 그냥 쉬었다. 실은 내가 피곤한 것보다도 평소에 안하던 짓을 해서 약간 미워서 그런 것이었다. 그 후 닥터 박타씨는 나와 호텔에 둘이 있을 때는 꼭 나에게 치료를 받으며 자기 건강관리를 하였다. 그냥 볼 때는 몰랐는데 침을 놓다보니 그의 한 쪽 다리가 좀 짧았고 그로인해 그는 약간 저는 듯이 걸음을 걷는다. 하여 한 쪽 근육이 긴장돼 허벅지까지 많이 아픈 증세였다. 외상병을 그대로 방치하면 내상병으로 발전 될 수 있다. 그는 의사라 그 점을 누구보다 잘 알고 있다. 이상하게도 그는 침뜸 체질인 것 같다. 나에게 침뜸을 한 번 받은 후부터는 몸이 좋아졌다고 너무 좋아한다. 특히 침보다 뜨거운 뜸을 더 좋아해서 매일 뜸을 떠 달란다. 네팔인들은 서늘한 산악에서 사는 사람들이라 그런지 그는 뜸뜨는 것을 두려워않고 한국 사람들 보다 더 좋아한다. 가는 호침과 쌀 톨 반알 크기의 작은 뜸으로 약을 먹지 않고도 몸에 호전반응이 일어나니 양의사로서는 상상도 못하고 믿기지 않는 일이라며 너무 신기해한다.

이렇게 일주일간의 폴란드 포즈난 사역을 마치고 마지막 날 농담으로 나의 부인이 되겠다던 울라씨의 모친과 울라씨가 폴란드식 점심을 잘 준비하여 차려주어 우리 일행 모두 맛있게 먹고 아쉬워하며 석별의 정을 나누고 헤어졌다. 처음으로 유럽에 치유사역 나와서 큰 호응을 받으며 좋은 가정을 친구로 삼게 되어 큰 보람이다.

2) 핀란드 방문

2017년 7월 26일

여행을 떠나면 항상 뜻하지 않은 일들이 발생한다. 폴란드 울라씨네 센터에서 치료받던 환자들 중에 폴란드에 와서 사업하는 네팔인들이 있었다. 물론 닥터 박타씨가 소개하여 온 사람들이다. 이들은 침뜸을 받고 좋아져 자기 친구들이 있는 핀란드에도 함께 가자고 한다. 하여 갑자기 핀란드 가는 항공권을 구매하여 네팔인 켐(Khem Raj Paudel)씨와 함께 전혀 계획에도 없던 필란드 북부 오울루(Oulu) 시를 방문하였다. 폴란드 바르샤바 공항에서 핀린드 수도 헬싱키까지 약 2시간 걸리고 헬싱키에서 국내선으로 갈아타고 약 1시간 걸려 북쪽 오울루 시에 도착하였다.

오울루(Oulu)시에서는 네팔인 라비(ravi Thapa)씨가 공항까지 나와 맞이하였다. 라비씨는 이제 겨우 30세 정도 된 젊은이로 20대 초에 네팔에서 핀란드 오울루 대학으로 전자공학을 공부하러 유학 왔다가 핀란드 여자를 만나 결혼하여 두 자녀를 두고 오울루 시에 네팔음식 레스토랑을 3개나 운영하는 제법 잘 나가는 사업가가 되었다. 그는 유럽경제와 네팔경제를 잘 학습

오울루공항에서 라비씨와

한 이로 자기경험을 살려 지혜롭게 핀란드에서 잘 살고 있었다. 그는 네팔의 젊은 노동자들을 불러 들여 값싼 노임을 주고 비싼 음식을 만들어 판매하므로 핀란드 현지인들이 운영하는 음식점보다 더 많은 수익을 올리고 있다. 핀란드만 해도 인건비가 비싸기 때문에 핀란드인 노동자를 고용해서는 수입이 별로 나지 않는 실정이다.

라비씨는 핀란드 목재로 지은 통나무집에서 살고 있는데 집에 들어가 보니 핀란드식 싸우나도 설치 돼 있다. 우리나라 목욕탕에서 보는 것과 유사하다. 그리고 집 안의 벽은 통나무 그대로 두지 않고 우리나라 아파트처럼 벽에 도배를 하여 전혀 통나무집처럼 보이질 않다. 아마 겨울엔 무척 춥고 여름엔 무척 습도가 많아 보온을 위해 그렇게 처리한 모양이다. 그는 자동차를 3대나 갖고 있는 데 그 중 한 대는 캠핑카이다.

나는 네팔 노동자들의 숙소에 머물며 2박 3일 동안 약 10명의 노동자들을 치료해 주었다. 외국에 나와 있는 노동자들은 항상 어디든 아프고 건강치 못한 상태이지만 병원비가 비싸서 늘 참고 지내는 편이다. 그들을 치료해 주니 그들이 나를 극진히 대접해 준다. 놀기를 좋아하는 라비씨가 나와 네팔 친구 두 명을 자신의 캠핑카에 태우고 아주 먼 거리로 여행을 떠났다.

우리는 오울루에서 북부 스웨덴 쪽으로 261km 떨어진 로바

라비씨의 캠핑카로 로바니에미 여행 중

니에미(Rovaniemi)를 향하여 캠핑카를 타고 떠났다. 가는 도중 우린 차안에 설치된 식탁에 앉아 전기 레인지에 물을 끓여 커피도 마시고 라면도 끓여 먹으며 울창하게 하늘을 향해 쭉쭉 뻗은 우거진 핀란드 소나무(?) 숲 사이로 난 길을 달리며 맘껏 신선한 피톤치드 공기를 들이 마시며 즐거워하였다. 그리고 잠은 캠핑카 안에서 자고 샤워도 하였다. 가는 곳마다 캠핑카를 충전할 수 있는 곳이 있어 캠핑카 여행하기가 매우 편리하다.

로바니에미는 산타크로스 할아버지의 고향이며 겨울에는 멋진 오로라(aurora)를 볼 수 있어 많은 관광객들이 모여 드는 곳이란다. 우리도 혹시 오로라를 볼 수 있을까 기대했지만 아직 겨울이 오려면 멀어서 보지 못하였다. 멀리 스웨덴 까지 펼쳐진 보트니아만이 보인다. 겨울이면 이 바다가 얼어붙어 캠핑카를 몰고 바다 위를 달려 스웨덴까지 갈 수 있단다. 라비씨는 나보고 겨울에 다시 오면 캠핑카로 바다 위를 달려 스웨덴까지 데려간단다. 성의는 고맙지만 이렇게 먼 곳을 어떻게 다시 올 수 있을까! 그리고 나는 이제 너무 늙었고 그리고 몸이 약하고 발이 시려 여름에도 버선을 신는 사람이라 추운 겨울에 여행하는 것은 감히 엄두도 못 낼 생각이다. 이렇게 내 몸이 약해도 세계 열방선교를 위하여 지금까지 다닐 수 있도록 능력주시고 힘주시는 분에게 항상 감사한다.

* 오늘(2021년 9월 24일) 지난 선교일지를 정리하다가 4년 전 폴란드에서 핀란드까지 함께 갔던 켐(Khem)과 페이스북 메신저로 문자통화를 하였다. 그는 그 후 핀란드 오울루에 정착하여 네팔에서 부인과 자녀를 데려와 함께 살고 있으며 자녀를 둘이나 두었고 8살짜리 큰 아이가 오울루에서 초등학교에 다닌다고. 그리고 자동차도 샀으며 지난겨울엔 우리와 함께 갔던 로바니에미를 가족과 함께 자기 차로 다녀왔다고 사진도 보내주다. 그는 키도 작고 덩치도 작지만 키크고 덩치가 큰 핀란드 사람틈바구니에서 성실하게 열심히 일하더니 이제 성공하여 안정된 가정을 꾸리게 되었다. 다시 또 연락하기로 약속하며 그와 그 가족을 축복하다.

참고 | 핀란드는 스칸디나비아 반도 옆 발트해와 맞닿아 있는 북유럽의 국가이며 수도는 헬싱키이다. 덴마크, 노르웨이, 스웨덴, 아이슬란드와 함께 흔히 말하는 북유럽 선진국 중 하나로, 북유럽의 노르딕 5개 국가 중 아이슬란드와 함께 공화국이다. 그러나 지리학적으로는 스칸디나비아에 포함되지 않는다.

핀란드는 북유럽 극지로서 겨울엔 극야로 인해 해가 뜨지 않는 날이 이어진다. 특히 핀란드에서도 중남부 지역인 탐페레만 해도 12월엔 해가 10시에 떠서 2시에 진다. 로바니에미 근처로 가면 아예 해가 뜨지 않은 채 몇 달씩 지난다. 대신 여름에는 정반대로 백야로 인해 몇 달씩 해가 지지 않으며 남부지역 또한 새벽 2시 반에 떠서 밤 10시가 되어서야 진다.

3) 미국 시애틀 방문

2017년 10월 11일

폴란드를 다녀오고 2개월 후인 2017년 10월에 다시 미국 시애틀에 치유사역을 가게 되었다. 미국 시애틀에 사는 리오스(Ernesto Rios)씨가 5월에 필리핀 여행 와서 2개월간 내가 사는 주택단지 안에 머물고 있었다. 그는 필리핀 사람으로 20대 때 미국에 건너가 남자간호사로 병원에 약 40년 간 근무하고 얼마 전에 은퇴하여 자기 고향에 휴가 온 것이었다.

어느 날 나와 같은 단지에 사는 나의 힐링미션 어시스턴트 렌(Len Alos)이 나에게 와서 리오스씨를 소개하였다. 렌이 아침에 조깅을 하는 데 미국에서 온 리오스씨가 절뚝거리며 간신히 걷더라는 거다. 하여 "내가 어시스트 하는 선교사님이 침을 놓는 분이신데 침을 한 번 맞아 보라고 권하였다"고. 하여 내가 렌에게 말하다. "나는 가난한 사람들 치료해 주려고 여기에 왔지 미국같이 부자나라 사람은 공짜로 치료해 주지 않는다. 침 한 번 맞는 데 1,000페소 내려면 오라고 하라" 하였다. 그러자 렌이 눈을 크고 동그랗게 뜨면서 놀라는 표정이다. 1,000페소는 필리핀에서 큰돈인데 그 돈을 내고 침을 맞으러 오겠나는 표정이다. 하여 오건 말건 그렇게 말하라 하였더니 렌이 가서 리오스씨에게 그대로 말했다. 그러자 리오스씨가 시애틀에서는 한 번 침 맞으려면 200불 내야 한다며 그렇게 싸게 해 준다면 너무 고맙다고 찾아 왔다.

그렇게 해서 리오스 씨가 나에게 찾아 와 매주 2회 침과 뜸을 받았다. 약 2개월 정도 그가 꾸준히 치료를 받고 매우 좋아졌다며 7월 경 내가 폴란드 갔을 때 그는 시애틀로 돌아갔다. 그리고 내가 폴란드에서 돌아 온 후 9월경에 미국 시애틀에서 그로부터 문자가 왔다. 나에게 치료를 받고 난 후 지금까지 전혀 무릎이 아프지 않다고 그리고 전에 다니던 정형외과에 가서 사진을 찍어 봤더니 이상하게 아무 흔적도 없이 다 나았다며 어떻게 이렇게 나을 수 있었느냐고 의사가 묻자, 필리핀에서 나에게 침을 맞은 이야길 했더니 그 의사가 신기하다면서 지금 시애틀에서 침술을 배우고 있는 중이란다. 그리고 나를 초대하니 시애틀에 좀 다녀가라고 해서 생각지도 못하고 상상도 못한 시애틀을 가게 되었다.

리오스씨의 초청으로 미국 시애틀에 가서 그의 집에 약 1개월 간 머물며 치유선교사역을 하였다. 리오스씨는 당시 나이가 70세이지만 무릎만 좀 아팠었지 다른 곳은 매우 건강하고 성품은 마치 여자처럼 친절한 분이다. 실은 그는 게이이다. 하여 음식도 여자 이상으로 잘 요리하고 집안 살림도 모두 자기가 도맡아 한다. 아침마다 그는 맛있는 음식을 만들어 직장 가는

시애틀 야경

가족과 나를 대접하였다. 그리고 낮에는 나와 함께 아픈 이들을 찾아 봉사 나가고 일주일에 세 번은 오전에 시애틀 시내에 있는 음식점에 가서 약 3시간 동안 아르바이트를 한다. 매우 부지런하게 사시는 분이다. 그분이 아르바이트 하려고 시내 나가는 날이면 나도 함께 따라 나가 그분이 아르바이트 하는 동안에 나는 시애틀 시내 관광을 하였다.

어느 날 바닷가 어시장에 가니 알래스카에서 막 잡아 온 싱싱한 연어를 싸게 파는데 연어 한 마리가 거의 어린 아이 만큼이 크다. 시장구경을 한 참 하고 나오다 보니 사람들이 즐비하게 늘어 선 곳이 있다. 무언가 하고 가보니 그곳은 다름 아닌 세계에서 제일 유명한 스타벅스(Starbucks) 제1호 커피숍이다. 졸지에 생각지도 못한 스타벅스 1호점을 방문하게 되었다. 매장의 크기는 별로 크지 않고 시설도 별로다. 벽면에 기념품을 전시해 놓았을 뿐이다. 그러나 전 세계에서 몰려 온 많은 관광객들이 커피와 기념품을 사느라고 줄을 이어있다. 시내에서 버스를 타고 가다가 스타벅스 본사도 보았다. 본사는 대학 크기만큼이나 굉장히 컸다. 아마 거기에서 전 세계로 커피를 송출하는가보다.

이렇게 리오스씨의 협조와 도움으로 1개월 동안 치유사역과 관광을 잘하고 필리핀 선교지로 돌아왔다. 그리고 그 해를 막 넘기며 2018년 1월 리오스 씨가 다시 필리핀으로 휴가를 왔다.

필리핀은 12월부터 2월까지의 기후가 관광하기에 제일 좋은 계절이라 그 때 휴가를 온 것이다. 그 때 리오스씨는 미국 본토인 데이비드(David E McDaneld)씨를 데리고 왔다. 데이비드씨는 필리핀에서 약 2개월 동안 휴가를 보내는 동안 나와 무척 친해졌다. 그는 나의 치유사역을 매우 호감 있게 받아들이고 내가 선교 갈 때마다 나의 차를 운전해 주어서 내가 무척 편하고 좋았다. 그리고 그는 나의 선교지에서 나의 하는 일을 지켜보고 옆에서 도와주기도 하다가 몇 번 그러더니 그 다음서부터는 나처럼 자기 돈으로 쌀을 사고 고기와 생선을 사서 선교지의 사람들에게 나누어 준다. 그리고 자주 나의 숙소를 방문하여 내가 내려 주는 커피도 마시고 침도 맞곤 하였다. 그는 매운 것을 나보다 더 잘 먹는다. 한 번은 한국인 음식점에 가서 매운 육개장을 먹는데 자기는 별로 맵지 않은지 고춧가루를 한 숟갈 더 떠 넣고서도 맛있다고 잘 먹는다. 미국사람이 그렇게 매운 음식을 잘 먹는 것은 처음 보았다. 하여 내가 미국에 갔을 때 고춧가루와 육개장 재료를 가져가서 그에게 육개장을 끓여 주기도 하였다. 데이비드는 황소만큼 덩치가 크면서도 마음이 매우 온유하고 불쌍한 사람들 돕는 것을 큰 기쁨으로 생각하며 나의 넉넉한 후원자 역할을 하다가 미국에 돌아 간 후에도 나와 자주 메신저를 주고받으며 친하게 지냈다. 그러던 중 내가 다시 미국에 갈 기회가 생기고 데이비드도 다시 만나게 되었다. 미국에서 다시 나를 초청한 분들이 있었기 때문이다.

1년 만에 다시 미국엘 가다
2018년 5월 5일

데이비드씨와 필리핀에서 헤어진 지 불과 4개월 만에 다시 시애틀에서 연락이 왔다. 이번엔 리오스씨가 초청한 것이 아니고 내가 지난 해 리오스 씨에게 갔을 때 나에게 와서 치료받았던 사람들이 초청한 거다. 1년 만에 다시 침구 보따리와 성경책을 싸들고 시애틀을 향하다. 나는 그동안 지구촌 오지나 빈민촌을 주로 찾아다니며 치유사역을 하였는데 하나님은 부자나

우말리씨 자매들

라 도시에 사는 아픈 사람들도 불쌍히 여기신 모양이다. 선진국 도시에서 초청하는 사람들이 서서히 생겨나다.

2018년 5월 5일 시애틀 타코마 공항에 도착하니 우말리(J Umali)씨가 나를 픽업하러 나왔다. 그녀의 차를 타고 도착한 곳은 시애틀 시티에서 차로 1시간 거리에 위치한 뷰리엔(Burien)시 그녀의 집이었다. 우말리 여사 역시 오래전에 미국에 와서 살면서 자리 잡은 필리핀 분이다. 그녀의 5형제자매가 모두 미국에 와서 자리를 잡고 뷰리엔 지역에 살고 있는 데 모두들 건강이 좋지 않아 나를 초청한 거다. 하여 우말리씨 댁에서 17일 동안 그 지역 미국인들과 우말리씨 가족을 치료해 주고 데이비드씨를 만나고 싶어 연락을 하였다.

데이비드씨는 뷰리엔에서 남쪽으로 약 1시간 거리에 위치한 긱 하버(Gig Harbor)에 살고 있었다. 그는 나의 전화를 받고 부리나케 그의 차를 몰고 뷰리엔 우말리씨의 집으로 와서 나를 픽업하였다. 바닷가에 위치한 데이비드씨가 사는 긱하버 시내는 그림같이 아름다운 곳이다. 깨끗한 바닷물 위에 떠있는 돛단배 그리고 작은 스탠드 보트를 노젓는 사람들, 바다에 다이빙하며 노는 학생들, 모터보트 쇼 등 자연경관과 어울려 빚어내는 평화로운 풍경은 마치 내가 천국에 와 있는 기분이다. 이렇게 아름답고 풍요로운 곳에 사는 사람이 어떻게 시궁창처럼 더러운 필리핀에 와서 나를 따라다니며 즐거운 마음으로 봉사를 하였는지 모르겠다! 그야말로 새크리파이스다.

각 하버에는 또 다른 환자들이 기다리고 있었다. 한 번은 데이비드씨가 나를 소개하려고 그의 친한 친구들에게 데려간 적이 있다. 그들은 나에게 침의 원리가 어떤 것이기에 침으로 병을 고칠 수 있느냐고 묻는다. 하여 나는 즉석에서 요약해서 다음과 같이 설명을 해 주었다.

「세상에는 크게 두 가지 종류의 의학이론이 있다. 하나는 서양의학의 관점에서 보는 세균의학(Bacteria Medicine)이고 다른 하나는 동양의학의 관점에서 보는 균형의학(Balance Medicine)이다. 두 의학은 서로 질병을 보는 관점이 다르다. 서양의학은 모든 질병의 원인을 균(Bacteria)으로 봄으로 몸속에 있는 병원균을 죽여야 병을 고친다고 생각한다. 해서 방사선이나 수술이나 약을 통하여 유해균을 죽이려한다. 그러다 유익균도 죽여 몸에 해를 끼치는 경우도 생긴다. 그러나 동양의학에서는 모든 질병의 원인을 몸의 균형((Balance)이 깨어지면 생긴다고 보고 몸의 균형을 바로잡아 주면 우리 몸이 스스로 자연면역력을 회복하여 질병을 이겨낼 수 있는 힘이 생긴다고 본다. 침과 뜸은 바로 몸의 균형을 잡아 주어 면역력을 증대시키는 면역요법이다. 등 등" 위와 같은 이야기를 했더니 한 참 내 말을 경청하던 나이 많은 머리가 허연 미국인이 잘 이해가 되었다고 말하며 "당신은 지금까지 내가 만난 한국사람 중에 영어를 가장 잘 말한다."라고 칭찬해 주다.」 아마 내 말이 잘 전달된 모양이다. 사실인지는 모르지만 본토 미국인에게 영어를 잘한다는 말을 들으니 상당히 기분이 좋다. 내 영어가 유창하다는 말은 아닐 테고 내가 설득력 있게 잘 말했다는 표현인 것 같다.

그곳에 머무는 동안 데이비드씨가 그림같이 아름다운 긱 하버 주변을 관광시켜주며 극진히 대접해 주었다. 가끔 그의 로드스터 자동차로 나를 태우고 젊은이들처럼 폼을 잡고 운전하며 나를 즐겁게 해주고 경치 좋은 곳에서는 사진촬영도 해 주고 또한 그는 노래 부르는 것을 매우 좋아하여 운전할 때마다 늘 신나게 노래를 부르며 나를 즐겁게 해주었다. 데이비드씨

아름다운 긱 하버

덕분에 이번에도 미국에서 멋진 치유사역을 하고 돌아왔다. 그런데 너무도 슬픈 소식을 들었다. 그를 꼭 다시 만나고 싶었는데 나를 만나고 약 7개월이 지난 후 페이스 북에 이상한 글이 떴다. 그가 갑자기 운명한 내용이었다. 자세히는 모르지만 고혈압으로 세상을 뜬 것 같다. 그는 나에게 참 친절하고 좋은 친구였는데 너무나 안타깝고 마음이 아프다. 그가 살아 있으면 한국에도 와서 관광도하고 우리 집에 머물다 갈 수도 있었을 텐데 ---. 삼가 고인의 명복을 빈다. 우리는 내일 일을 모른다(약4:14). 오늘 하루하루 내게 주어진 삶을 성실하게 살며 이웃과 하늘에 덕이 되는 삶을 살아야 겠다.

* 며칠 전(2021년 10월 5일), 미국 시애틀 리오스씨에게서 문자가 왔다 자기가 이번 11월에 필리핀 휴가 가서 내년 1월까지 머물 것인데 그 때 필리핀서 만나자고. 요번에 가면 전처럼 나에게 치료도 받고 나와 함께 선교현장에 다니며 나를 잘 돕고 싶다고. 전에도 그는 데이비드씨와 많은 식료품을 미국에서 택배로 보내와 나의 선교지에 따라와서 나눠주며 나를 도와주곤 하였었다. 하여 나도 빨리 필리핀으로 복귀하고 싶지만 코로나 때문에 언제 가게 될지 모른다하였다. 빨리 코로나가 끝나고 전처럼 열심히 즐겁고 행복한 선교사역을 다시 시작하게 되길 기도한다.

사랑곳에서 마차푸차레(네팔, 안나푸르나 히말, 해발6993m)를 옆에 두고

사람이 마음으로 자기의 길을 계획할지라도 그의 걸음을 인도하시는 이는 여호와시니라(잠16:9)

지금까지도 이해할 수 없는 나의 과거이야기

젊은 시절 나는 영적으로 매우 무지하고 교만하였습니다. 하나님을 믿느니 차라리 내 주먹을 믿으라는 식이었습니다. 그러다 군에 입대하여 훈련소에서부터 이성으로는 이해할 수 없는 신비한 영적체험을 하기 시작하였습니다. 훈련생활이 너무 힘들어 믿음도 없으면서 하나님께 좀 의지하자며 주일이면 교회에 나갔습니다. 그리고 그동안 하나님께 잘 보인 것도 없으면서 철면피하게 기도는 드렸습니다. 우리나이에 군대생활 해보신 분은 누구나 아시겠지만 훈련소 조교(내무반장이라고 부른 것 같기도 함)는 호랑이 같이 무서운 사람이었습니다. 그리고 나는 예비사단인 증평훈련소에서 훈련을 받았기 때문에 훈련도 세었지만 식사도 부족해 늘 배가 고파서 견디기 힘들었는데 하루는 훈련소에서 만난 고등학교 동기동창친구(그 친구는 마침 내가 신학교 갔다고 흉봤던 친구인데 훈련소에서 우연히 만나 같은 내무반원이 됨-이것도 영적으로 큰 의미가 있다고 생각함)가 "야! 강무야. 좋은 수가 있다"며 나에게 굿 뉴스를 전하는 겁니다. 자기가 봤는데 "매주 토요일이면 기관병들이 먹다 남은 라면을 쓰레기장에 버리더라. 그 때 우리가 쓰레기장 옆에 가서 기다리고 있다가 기관병이 버리려고 가져오는 잔반통과 식판을 세척하여 줄 테니 라면을 먹게 해 달라고 하자. 그리고 그들이 허락해 주면 라면을 먹고 식기를 세척해서 그들의 내무반에 가져다주자!"

세척하기 귀찮은 잔반통과 식기를 닦아 준다는데 싫어해야 할 사람이 없지요. 나는 친구의 기발한 의견을 접수했고, 우린 매주 토요일 점심때가 되면 일찍 점심을 먹고 쓰레기장 옆에서 기다리고 있다가 기관병이 가져오는 잔반통을 받아서 그들이 먹다 남긴 라면을 허겁지겁 퍼 먹고 잘 씻어서 그들의 내무반에 가져다주었습니다. 수십 년이 지난 지금 생각하니, 하나님은 후일 그 친구가 목사가 되어 나에게 영의 양식을 공급하도록 하시기 전에 이미 훈련소에서 나에게 육의 양식을 공급하시어 나의 건강을 돌보신 것이었습니다. 인간의 만남은 우연이 아니었습니다. 모두가 영적인 관계 속에서 이루어지는 필연이었습니다.

이것은 훈련소에서 있었던 다른 이야기입니다. 어느 날은 조교가 갑자기 성질을 내며 내무반원 전원을 복도 양쪽으로 엎드리게 하고 갈탄을 쑤시는 쇠꼬챙이로 발바닥을 사정없이 후려쳐 발바닥이 퉁퉁 부어올라 걷지도 못한 적도 있었습니다. 그냥 군기 잡느라고 하는 행위였습니다. 그리고 그는 약간 싸이코 기질도 있는 것 같았습니다. 어느 날은 훈련병 전원이 잠자다가 비상이 걸려 영문도 모르고 일어나서 몽둥이로 허벅지를 열대씩 맞은 적도 한 두 번이 아닙니다. 매일 아침 5시 연병장에서 기상점호가 끝나면 연병장과 막사 주변을 청소하는 시간인데, 그 때 훈련병들은 늘 위협하는 그의 몽둥이를 피해 다니며 막사주위를 청소하였습니다. 그러던 어느 날 새벽 훈련병들과 아침 기상점호를 마치고 여느 때처럼 막사 주위를 청소하는데 그 호랑이 같은 훈련조교가 몽둥이를 들고 있던 손으로 청소하는 나를 가리키며 부르는 것입니다. 나는 깜짝 놀라 이젠 죽었구나 하며 "넷, 멸공! 이강무!" 하면서 그에게 경례를 붙였습니다. 그런데 그가 예상외로 평소와 다르게 자비로운 모습으로 나를 바라보더니 "이강무, 넌 앞으로 청소하지 말고 늘 쉬어 그리고 너는 나보고 형이라고 불러!" 하는 것입니다. 처음에 난 농담으로 나를 골려주려고 그러는 줄 알았습니다. 그런데 시간이 지나며 알게 된 것은 그 말이 사실이었습니다. 다른 사람이 다 청소하는 시간에 나만 늘 쉬도록 하였습니다. 그리고 그 거칠고 호랑이처럼 무서운 훈련조교를 감히 형이라고 부르게 되었습니다. 훈련병들은 모두 어리둥절해서 나를 바라보고 부러워했습니다. 당시 나는 체력이 튼튼하고 힘도 좋았던 시절인데 왜 그 훈련조교가 나만 열외 시켜서 쉬게 하였는지 그리고 왜 자기를 형이라 부르도록 했는지 46년이 지난 지금도 이해를 못하겠습니다.

그뿐 아닙니다. 하루는 중대장 인솔 하에 두타산 밑으로 유격훈련을 갔습니다. 훈련은 정말 무지막지하였습니다. 산위에서 훈련병들을 일렬로 뉘어 놓고 산 아래로 통나무 굴리듯이 굴리는 겁니다. 그러면 중력가속도에 의하여 몸이 뚱뚱한 사람과 마른 사람과 구르는 속도가 달라 구르는 도중에 훈련병들이 마구 엉켜 대열이 뒤죽박죽되고 온 몸에 흙을 뒤집어쓰고 말이 아닙니다. 그러면 조교들이 올라와 막 몽둥이로 때려서 강제로 똑바로 굴러가게 합니다. 그런 지옥 같은 훈련을 받는 중인데 갑자기 지엄하신 중대장님이 내 이름을 부릅니다. “이강무!” “넷, 훈련병 이강무!” “너 저 소나무 숲에 가서 큰 몽둥이를 하나 만들어 와!” 하면서 왼쪽 눈을 찔끔 윙크하는 것입니다. 하여 나는 소나무 숲에 가서 훈련병들이 고생하는 것을 멀리서 바라보며 쉬고 있었습니다. 그런데 그 때 훈련병들에게 장사하려고 몰래 소나무 밑에 숨어 있던 아주머니들이 광주리를 이고 나타나 나에게 ‘라면땅’을 사라고 해서 나는 라면땅을 한 봉지 사 먹으며 소나무 숲에서 잘 쉬면서 고생안하고 유격훈련시간을 통과한 적이 있습니다. 왜? 그 때 나와 아무런 관계도 없는 중대장이 수백 명의 훈련병 중에서 나만 홀로 숲속에 들어가

쉬도록 그런 기회를 만들어 주셨는지 이 사건도 지금까지 이해가 안 됩니다.

그리고 증평 훈련소에서 10주간의 훈련을 모두 마치고 훈련병들이 각자 자대로 배치 될 때 나는 37사단에 배정되어 잠시 사단본부중대에 대기하고 있은 적이 있습니다. 그곳에서의 첫날 저녁입니다. 저녁식사를 마치고 함께 온 신참 일등병 1명과 잠시 쉬는 틈을 타서 PX를 찾아갔습니다. 증평훈련소에서 훈련 받을 때 하도 배가고파서 실컷 한 번 먹어 보고 싶어서였습니다. 저녁을 훈련소 때보다 두 배는 먹고도 더 먹고 싶어 다섯개가 들어 있는 호빵 한 줄을 사서 모두 먹고 씩씩거리며 내무반으로 오니 취침점호 받을 시간이 됐습니다. 앉아서 점호준비를 위해 감물정리를 하는데 갑자기 "소대 차렷!" 하는 소리와 함께 주번사관이 완장을 차고 지휘봉을 흔들며 겁나게 등장하였습니다. 모든 병사들이 용수철처럼 일어나 차렷을 하고 부동자세로 똑바로 서 있는데 나는 너무 배가 불러서 간신히 꾸물거리고 일어나 나도 모르게 배를 내밀고 섰습니다. 나는 성질도 급한 편이고 동작 빠른 육상선수에 유도선수 출신이었지만 너무 배가 부르니 어쩔 수가 없었습니다. 그러자 선배 병사들이 나 때문에 단체기합 받을 까봐 눈을 흘기면서 '너는 이제 죽었다' 라는 표정입니다. 그 때 주번사관이 내 앞에 오더니 지휘

봉으로 내배를 쿡 찌릅니다. 하여 난 이제 죽었구나 하고 "넷! 일병 이강무!"하고 막사가 떠나가도록 소리를 질렀습니다. 그랬더니 그 무서운 주번사관이 빙그레 웃으며 나를 쳐다보며 내무반 전체 선임 병사들을 향하여 "야! 너희들 오늘부터 일병 이강무는 아무것도 시키지 말고 한 달 동안 쉬게 해!" 그러자 모든 병사들이 한목소리로 우렁차게 "넷 알겠습니다" 하였고 나는 추운 겨울에 다른 선임병사들이 하는 고된 일을 하지 않고 내무반에서 쉬며 지냈습니다. 마찬가지로 이때도 내 몸은 아무 곳도 아픈데도 없고 건강한 유도선수 체력이었습니다. 이 때 왜 주번사관이 나에게 이런 특혜를 주었는지 지금도 이해할 수가 없습니다. 나는 빤질거릴 정도로 하나님을 안 믿고 내 주먹을 믿다가 군대 와서야 필요해서 "하나님 나 좀 살려 주십시오" 하는 엉터리 신자였는데 어떻게 나에게 이런 은혜의 사건이 일어나는지 모르겠습니다.

37사단 본부에서 대기하다 몇 달 후 인천지역해안방어와 인천지역예비군훈련을 도맡아 하는 101대대로 배치를 받아 인천 북구 가정동에 있는 대대본부로 가게 되었습니다. 지금 잘 기억하지 못하지만 3개 중대는 해안초소경비를 맡고 4중대와 본부중대는 대대본부 옆에서 근무한 것 같습니다. 당시 잠시 대대본부중대에서 대기 중일 때는 별로 할 일이 없어 매일 연병장에서 체력단련과 PT체조를 하였습니다. PT체조는 너무 힘들어 피가 나고 알이 배는 체조라고 흔히 말하지요. 장총을 들고 땅에 엎드렸다 일어 섰다를 반복하는 운동인데 무릎과 팔꿈치가 까이는 고된 훈련입니다.

어느 5월 따뜻한 봄날 연병장에서 우리 소대원이 피티체조를 하며 고생하고 있는 데, 우리 옆으로 노란 원피스를 입은 아름다운 여인이 노란 개나리 꽃 한 다발을 안고 연병장 위 산 밑에 위치한 CP 쪽으로 나비처럼 사뿐사뿐 걸어 올라갑니다. 그 모습을 본 모든 소대원들이 훈련을 받다가 넋을 잃고 그녀만 쳐다봅니다. 잠시 후 대대장실에서 군복을 깨끗이 다려 입은 CP당번이 나오더니 그 여인을 데리고 대대장실로 들어갑니다. 그 모습을 보니 그 당번이 그렇게 부러울 수가 없습니다. 우리는 온 몸에 흙이 묻은 지저분한 옷을 입고 땅바닥에 엎드려 죽어라 훈련을 받는 데, 구두를 반짝 반짝 닦아 신고 군복바지를 줄을 세워 잘 다려 입은 당번이 아름다운 아가씨를 맞이하는 모습을 보니 너무나 부러웠습니다. 나도 저런 당번생활 좀 한 번 해보고, 저런 아름다운 여인이 꽃은 들고 오는 걸 한 번 받아 보고 싶었습니다. 그 후 연병장에서 훈련할 때 마다 대대장실을 바라보며 감히 CP당번에 대한 꿈을 꾸었습니다. 그리고 늘 대대장실과 상황실을 바라보며 당번이 하는 일을 관찰하였습니다. 그러다 어느 날 해안중대로 자대배치 발령을 받았습니다. 해안중대에 나오니 밤에는 해안가를 동초를 돌고 아침에 막사로 돌아와서 아침식사를 하고 오전에 잠시 잠을 자고 오후엔 잡일을 하다가 저녁식사 후 다시 해안초소로 동초를 나가는 게 나의 하루일과였습니다. 밤새도록 장총을 들고 해안가를 좌로 갔다 우로 갔다하며 혹시 갯골로 간첩이 숨어 들어오는지 살피며 동초를 돌고 아침에 내무반에 돌아와 세수를 하면 코피가 쏟아지고 너무나 힘들고 피곤하였습니다. 그 정도는 그래도 참을 만합니다. 아침 먹고 피곤하여 잠을 자다보면 성질 나쁜 고참이 이 자식들 군기 빠졌다며 입에 담지도 못할 쌍스러운 욕을 하면서 자던 졸병들을 깨워 삽으로 엉덩이를 쳐 대기를 하루 이틀이 아니니 이건 훈련소 생활보다 더 힘들었습니다. 하여 나는 하나님 보시기에 별로 잘한 것도 없는 날라리 신앙인이었지만 하나님께 떼를 쓰는 기도를 하였습니다. "하나님, 탈영을 하던지 이곳에서 도저히 살지 못하겠습니다. 저 좀 편안한 대로 보내 주십시오. 그러지 않으면 탈영하겠습니다." 당시 우리 소대에는 탈영을 세 번씩이나 하다가 붙잡혀 남한산성을 세 번이나 다녀 온 38세 된 병사도 있었습니다. 당시 내 나이가 25세 였으니 그는 한 참 아저씨였는데 그 때까지 제대를 못하고 다시 군생활을 시작하러 온 것이었습니다. 그는 교도소에서 하도 많이 두들겨 맞아 거의 바보가 다 되어있었습니다. 그런 사람을 보고도 내 기도는 탈영을 하는 게 차라리 낫지 이곳에 못 있겠다고 하나님께 떼를 쓴 것입니다.

밤으로 해안에서 동초만 도는 게 아닙니다. 동초를 나가지 않는 날 밤은 소대본부 상황실에서 전화를 받으며 상황근무를 합니다. 내가 상황실에서 근무하던 어느 날 밤 중대본부 상황실에서 전화가 왔습니다. "멸공! 통신보안 일병 이강무입니다!" "아, 그래. 마침 잘 됐다. 이일병! 나 대대 인사장교인데, 너 따불백 싸가지고 내일 가는 부식차로 중대본부로 들어와!" 나는 뭔 내용인지도 모르고 "멸공! 알겠습니다." 하고 끊었습니다. 그리고 마음속으로 많은 근심걱정을 하였습니다. '내가 뭐 잘못한 게 있나? 내가 초소근무하다 방위병한테 과자 얻어먹은 것 때문에 그런가? 아니면 뭐 큰 실수라도 한 게 있나? 혹시 영창 가는 것은 아닐까?' '남한산성에 가서 저 아저씨처럼 병신이 되어 돌아오면 어쩌지!' 나는 밤새도록 잠도 못자고 근심걱정에 빠졌습니다.

다음 날 두렵고 떨리는 마음으로 따불백을 싸 메고 부식차를 타고 대대본부에 도착하니 나와 같은 사람이 각 중대에서 한 명씩 차출되어 3명이나 와서 대기하고 있습니다. 나중에 알고 보니 대대장님실의 CP당번을 새로 뽑기 위하여 각 중대에서 대대장 당번 심사대상자를 한 명씩 차출하여 뽑아 올린 거였고, 거기에서 내가 최종적으로 당번으로 확정되었습니다. 내가 전에 대대연병장에서 피티체조 하면서 CP당번이 되는 것을 상상하고 꿈꾸고 마음속으로 기도한 적은 있지만, 정말로 CP당번이 된다는 것은 쉬운 일이 아니었습니다. 당시 CP당번은 모든 병사들의 선망의 대상이었으며 학력이 좋아야 가능했습니다. 그런데 학력도 백도 없는 내가 이렇게 쉽게 당번이 되다니 정말 믿어지지 않았습니다.

당번이 되고 보니 당번이라는 보직은 특별직과 같은 직분이었습니다. 대대장(당시 인천지역방어사령관)만 잘 보필하면 되고 함께 근무하는 상황실의 장교에게도 통제받을 일이 없었습니다. 상황실에 근무하는 장교들도 나에겐 특별히 상냥하게 잘 대해 주었습니다. 내무반 청소나 사역 식기 닦는 일 군사훈련 등 모든 일에서 열외였습니다. 군대는 보직이 중요하다더니 전에 내가 해안중대에 근무할 때에 나에게 호되게 벌을 주었던 중대장이 대대에 들어 올 때면 매번 잊지 않고 나에게 주려고 오토바이에 라면과 맥주를 박스로 가져왔습니다. 그리고 상황실에 근무하는 작전장교나 정보장교 인사장교들이 밤에 심심해서 인천 시내를 놀러 갈 때는 꼭 나를 데리고 대대장님 차를 타고 가길 원하였습니다. 그래야만 초소에서 걸리지 않고 부대를 잘 빠져 나가 인천을 다녀 올 수 있기 때문입니다. 밤에 대대장님이 숙소에서 취침하는 것을 확인한 다음, 1호차를 CP로 보내라 하고는 나를 대대장님 자리에 앉히고 자기들은 뒤에 여럿이 찡겨 앉습니다. 자기들이 대대장님 자리에 앉았다가 들키는 날에는 변명의 여지가 없기 때문이지요. 나와 장교들과 나이 차이는 별로 나지 않았습니다. 내가 호적이 늦고 군대를 늦게 갔기 때문에 거의 같은 나이입니다. 그래도 군대는 계급이기 때문에 나이에 상관없이 장교들은 나에게 지엄한 상관이었습니다.

야밤에 내가 대대장님 자리에 앉고 세 명의 장교들이 뒷좌석에 앉아 대대장님의 1호차 지프차를 몰고 인천 외유를 나갑니다. 대대본부에서 인천시내까지 초소가 12개나 있습니다. 1호차가 출발하자마자 산꼭대기 OP에서 각 초소로 1호차가 떴다고 무전연락이 갑니다. 우리가 탄 차가 위병소를 통과하니 위병장교와 초소병들이 일렬로 줄을 서 받들어총을 하고 목이 터져라 "멸공!"하며 경례를 합니다. 경례를 안 받아 주면 그들이 실망하고 불안해하지요. 하여 내가 대대장 흉내를 내어 젊잖게 오른 손을 모자 쪽에 대었다 내립니다. 그러자 뒤에 앉은 장교들이 킬킬대며 잘한다고 좋아합니다. 나는 마치 영화의 주인공처럼 나에게 맡겨진 배역을 잘 연기하였습니다. 그렇게 12개

초소를 지나 인천시내 이름난 음식점에 가서 진탕 때려먹고 다시 12개 초소를 역순으로 통과하여 들어옵니다. 12개의 초소에서는 대대장의 1호차가 들어가기 전까지 잠도 안자고 모두 삼엄한 경비태세를 갖추고 있지요. 인천지역 방어를 위하여 매우 긍정적인 역할 도 한 셈입니다. 이런 일을 몇 번 하다 보니 장교들이 재미가 나서 나에게 대대장님 일정을 체크하느라고 서비스가 보통이 아닙니다. 인생은 연극이었습니다. 내가 대대장 역을 맡을 땐 나는 대대장입니다. 진짜 대대장님이 곤히 잠을 주무시는 날 밤이면 가끔 나는 장교들을 태우고 인천을 외유나가며 초소근무하는 장병들을 격려하는 경례를 붙여주곤 하였습니다.

대대장님 실에는 특별히 사제 전화가 한 대 있습니다. 내가 관리하는 사무실인데도 혹시나 하여 대대장님이 전화를 꼭꼭 걸어 잠그고 다니시지요. 하여 대대장님 이외엔 어느 장교도 사용할 수가 없습니다. 그런데 장난기가 생겨 어느 날 그 전화를 한 번 걸어보고 싶은 마음이 생겼습니다. 당번은 훈련도 안 받으니 시간이 많아 매일 앉아 놀고 있다가 심심해서 그런 생각이 든거지요. 하여 머리를 쓰다가 모르스 부호 치는 걸 생각하게 되었습니다. 다이얼의 1자는 한 번 두들기고 2자는 두 번 두들기는 식으로 고향 충주에 계신 어머니에게 전화걸기를 시도해 보았습니다. 몇 번 시도하다가 숙달이 되어 마침내 통화가 되었습니다. 놀랍고 신기하고 재미났습니다. 하여 그 다음부터는 대대장 실의 전화로 심심하면 어머니한테 안부를 물으며 재미나게 군 생활을 하였습니다. 당시 핸드폰이 없던 시절 졸병이 군 생활하면서 집으로 전화하며 지낸다는 것을 꿈도 꿀 수 없는 일이었습니다.

어느 날 밤 그런 식으로 고향 어머니에게 안부전화를 하려다가 모르스 부호(다이얼 번호 숫자)를 잘 못 두들겨 인천 어느 가정집의 아가씨가 받았습니다. 하여 사실 이야기를 하고 사과를 한 후 내가 군인이라고 이야기했더니 아가씨가 그러냐고 반기며 자주 전화해도 좋다며 전화번호를 알려 주었습니다. 하여 육군졸병이 밤마다 얼굴도 모르는 아가씨와 통화를 하며 전화데이트를 하게 되었지요. 깊은 밤 옆방 상황실에서는 상황장교와 상황병들이 인천 바닷가 초소에서 들어오는 상황보고를 받아 다시 연대 상활실로 보고하느라고 큰 소리를 지르며 바쁜 시간에 나는 아가씨와 여유 있게 대대장실 소파에 기대앉아 전화 데이트를 즐기곤 하였습니다. 대대장님을 깨워야 하는 긴급한 상황이면 나에게 연락이 올 것이기 때문에 내가 바빠야 할 이유가 없었습니다. 어느 날 그녀가 나를 면회 오고 싶다하여 대대장님이 멀리 출타중인 날 오라고 하였습니다. 그리고 며칠

지나서 대대장이 출타하신 어느 따뜻한 봄날 위병소에서 나에게 면회 온 이가 있다고 전화가 와서 들여보내라 하고 밖을 내려다보니 저 멀리 위병소 쪽에서 노란 옷을 입은 여인이 노란 개나리 한 묶음을 손에 들고 사뿐사뿐 걸어올라 오는 게 아닌가요! 하여 잠시 내가 착각하여 옛날 PT체조 하던 때 보았던 여인을 상상하고 있는 게 아닌가 하여 멍하니 서 있는 데, 그 여인이 언제 내 옆에 까지 와서 '이강무 상병' 을 찾는 게 아닌가요! 노란 원피스를 입고, 노란 하이힐을 신고, 한 손엔 노란 양산을 받쳐 들고, 다른 한 손엔 노란 개나리꽃 한 묶음을 들고 내 앞에 나타난 그림 같은 여인은 환상이 아니고 현상이었습니다. 꿈이 아니고 엄연한 현실이었습니다. 너무나 옛 여인의 모습과 일치하여 나는 그 자리에서 까무러칠 뻔 하였습니다.

아! 나는 정말 이 사실도 지금껏 이해가 안 갑니다. 어떻게 그렇게 1년 전에 내가 연병장에서 훈련 받을 때 보았던 여인과 똑같은 복장과 모습을 한 여인이 내 눈앞에 나타날 수 있단 말인가요! 나는 지금 이글을 쓰면서도 그 때 생각이 나서 내 몸에 소름이 돋습니다. 정말 신비한 일이 아닐 수 없습니다. 46년이란 세월이 지난 지금도 난 그 일이 나에게 일어난 것을 이해 할 수가 없습니다. 정말로 신기한 일이 아닐 수 없습니다.

아! 내 인생에 놓인 문제들이 매번 이렇게 행복하게 해피엔

드로 끝나면 얼마나 좋을까요! 그 당시 나는 너무 하나님께 고맙고 감사하여 다음과 같이 기도하였습니다.

"하나님, 내가 제대 후 신앙생활을 열심히 하지 않으면 내 몸에 칼이 들어와도 좋습니다." 지금 생각하면 내가 왜 그렇게 '내 몸에 칼이 들어와도 좋다' 라는 험악한 기도를 했는지 잘 모르겠습니다. 아마 하나님의 축복에 너무 감사해서 앞으론 절대 하나님을 버리지 않겠다는 충성심에서 나온 기도인 것 같습니다. 그리고 제대하면 실제로 신앙생활 잘하며 살겠다는 결심을 하였습니다. 그런데 말이 씨가 된다고, 내가 하나님을 멀리 하게 되었을 때, 내가 기도한 대로 나도 모르는 사이에 서서히 그런 불행이 다가오고 있었습니다. 하나님은 질투하시는 하나님(출20:5)이셨습니다. 나의 마음이 느슨해져 영적으로 말씀의 전신갑주(엡6:11-17)를 입지 않으니, 내 몸속의 세포 깊은 곳에 숨어있던 욕심의 바이러스가 서서히 자라 온 몸속을 쑤시고 다니며 내 몸이 서서히 망가지고 나는 음침한 사망의 길에 들어서고 있었습니다. 그래도 나는 그 사실을 깨닫지 못하였습니다.

34개월의 군복무를 마치고 1977년 7월 만기제대를 하였습니다. 충주 고향에서 잠시 형님 축산업을 돕다가 형님의 소개로 서울 천호동 모 타올공장에 취직을 하게되었습니다. 사장님은 보따리 장사로 자수성가하여 돈을 많이 벌어 타올공장을 운영하는 기업가가 되셨으며 당시 사업이 잘되어 많은 수익을 올리고 있었습니다. 그런데 결혼을 늦게 하여 연세가 60대 후반인데 자녀는 겨우 7살 초등학생이었습니다. 외아들로 태어나 형제나 친척이 없는 사장님은 앞으로 공장을 맡길 사람이 없어 걱정하다가 나를 성실한 사람으로 여기시고 나에게 공장운영의 전권을 맡기셨습니다. 그리고 나는 궂은일은 하지 말고 정구나 치며 고객관리나 잘 하라고 명동에 가서 고급 정구라켓과 운동복과 가방을 손수 세트로 사다 주셨습니다. 당시엔 한국에 아직 골프가 들어오지 않았던 시절이라 돈 있는 사람들은 정구로 사교를 하던 시절이었습니다. 나는 고마운 사장님 덕분에 공장의 제 2인자가 되어 앞으로 사는 게 걱정이 없게 되었습니다. 당시 나를 아는 고교 동창생들은 내가 제일 앞서간다고 하였습니다. 공장은 잘되어 매일 바빴습니다. 주일날도 쉴 틈 없이 바빴습니다. 나도 자연히 덩달아 바빠서 주일날 쉴 새도 없이 사무실에 출근하였습니다. 그런데 문제가 생겼습니다. 사장님도 좋은 사람이고 나도 인정을 받아 경제적으로 안정을 찾아가는 상태였지만, 사장님은 믿음이 없는 불신자였습니다. 하여 주일에는 더 바쁘고 이분들의 머릿속에는 돈버는 생각만 있지 전혀 하나님을 믿는 마음이 없었습니다. 하여 나도 모르게 그 분들의 삶에 휩쓸려 바쁘게 살다보니 돈만 보이고 하나님은 서서히 나에게서 멀어지게 되었습니다. 하나님과 재물을 겸하여 섬길 수가 없었습니다(마6:24). 군에 입대하기 전처럼 육의 세계만 보였고 전혀 영의 세계는 관심도 없게 되었습니다. 그러는 사이 내 영혼과 육신은 서서히 병들어 가고 있었습니다.

하루는 주일날 서울 시내에서 볼일을 보고 차를 타고 들어오는데 천호동 사거리에 있는 한 교회에서 옷을 깨끗이 입은 수많은 교인들이 예배를 마치고 성경책을 들고 예배당 계단을 내려오는 모습이 보입니다. 그 평화로운 모습을 보자마자 나는 갑자기 화가 치밀어 속으로 그들을 욕하였습니다.

"이 바쁜 세상에 저렇게 한가롭게 교회나 다니고 있으니 이 나라가 언제나 잘 살겠는가! 저런 비생산적인 사람들 때문에 나라가 못 산다고! 저런 사람들이 주일날 바쁜데 공장에나 와서 도와준다면 얼마나 좋을까! 아이구! 쓸모없는 사람들 같으니라고!"

5년 전 군대 가기 전에 신학대학을 지망한 친구를 '정신 나간 놈'이라고 책망하던 내가 군대생활 하면서 좀 변한 것 같다가 제대 후 편안해 지니 또 그 완악한 근성이 도진 것입니다. 하여 신실하고 착한 크리스천들을 또 다시 책망한 것입니다. 크리스천을 책망하는 것은 하나님을 미워하는 것이나 마찬가지였습니다. 하나님은 내가 군대생활 할 때에 내가 속죄하고 거듭날 기회를 주셔서 모든 걸 용서하시고 없는 일로 여기시고 그렇게 상상도 못할 정도로 나를 크게 축복해 주셨는데 제대 후 나는 그 때 하나님께 기도했던 것을 모두 잊어버리고 또 다시 믿는 이들을 핍박한 것입니다. 지금 생각하니 나는 구제받지 못할 일을 행하였습니다. 하나님의 은혜를 모르는 배은망덕한 배신자였습니다. 나는 세상욕심에 끌려 미혹되었고, 욕심이 잉태한즉 죄를 낳고 죄가 장성한즉 사망(약1:14-15)이라는 성경 말씀이 그대로 나에게서 이루어지고 있었습니다.

하여 나는 갑자기 골이 몹시 아프고 몸이 피곤하여 더 이상 일을 할 수 없게 되어 1년 만에 직장을 그만두고 충주 고향에 내려가 쉬다가, 젊은 사람이 쉴 수만은 없어서 지인의 소개로 영등포 오퍼상에서 한 1년 정도 일하다가 결국엔 수술대 위로 올라가게 되었고 그 후 나는 그 좋아하던 세상재물과 영원히 결별하게 되었습니다. 그 때에서야 군 생활하면서 하나님께 기도하였던 것이 생각났습니다.

"하나님, 내가 제대 후 신앙생활을 열심히 하지 않으면 내 몸에 칼이 들어와도 좋습니다."

그 후 내 몸에 두 번이나 더 칼이 들어왔고 나는 더 이상 젊은이의 열정을 발휘할 수 없는 환자의 신세로 나락하고 말았습니다.

"나 네 하나님 여호와는 질투하는 하나님인즉 나를 미워하는 자의 죄를 갚되 아버지로부터 아들에게로 삼사 대까지 이르게 하거니와(출20:5)"

하나님은 나의 모든 인생의 모습을 지켜보고 계셨고 듣고 계시다가 잘못된 모습을 보시고 진노하셨습니다. 그러나 그럼에도 불구하고 하나님은 내가 모든 걸 회개하고 용서를 빌고 하나님 앞에 다시 나아갔을 때, 하나님은 나의 회개를 받으시고 다시 나의 모든 잘못을 용서하시고 나의 기도제목을 이루어 가도록 생명을 연장시켜 주셨습니다. 하나님은 질투의 하나님임과 동시에 용서의 하나님 이셨습니다.

"나를 사랑하고 내 계명을 지키는 자에게는 천 대까지 은혜를 베푸느니라(출20:6)"

나는 하나님의 은혜로 다시 일어서게 되었습니다. 시간이 지나고 과거를 돌이켜보니 힘든 군대생활동안 순간순간 나를 구원하시고 살려주시고, 때로는 내 몸에 칼을 대어 수술까지 받게 하면서까지 다시 살려주신 것은 하나님이 나를 당신의 도구로 쓰시기 위함이 아니었나 하는 생각이 듭니다. 하여서 의사 자격이 없다는 이유로 치유선교사로 파송도 받지 못한 나를 하나님의 전권으로 필리핀 선교지에 가게 하시고, 필리핀 세르반테스 시의회에서는 나를 의사 중에서도 최고로 권위 있는 분에게 수여하는 의료분야 고문자격으로 '침술의학고문' 으로 나를 임명하였습니다. 그리고 세르반테스 시에서는 나에게 병원과 간호사와 숙소를 제공하였으며 멀리 갈 경우에는 경찰관들이 경호도 해 주었습니다. 하여 나는 세르반테스 시에서 맘 놓고 가난하고 병든 이들을 치유할 수 있게 되었습니다.

나의 하나님은 죽을 수밖에 없는 내(환자)가 사망의 음침한 골짜기에서 헤매고 있을 때 몇 번이고 내가 다시 돌아올 때까지 침묵하며 기다려 주셨습니다. 그러다 내가 다시 하나님 품으로 돌아와 회개하며 목숨만 살려 주신다면 앞으로 남은 인생을 예수님처럼 불쌍한 이들을 돌보며 살겠다고 기도하였더니, 지난날 나의 모든 과거를 다시 용서하시고 나의 생명을 지금까지 연장시켜 주셨습니다.

나를 끝까지 기다려주시고 용서하시고 사랑하시고 구원하셔서 하나님의 불쌍한 백성들을 위하여 조금이나마 일할 수 있는 기회를 주신 하나님께 무한한 영광과 감사를 드리는 바입니다.

예수님은 헐벗고 굶주리고 가난하고
병든 사람들을 위하여 '박애로 충만한 영혼'으로
그들과 함께 사셨습니다.

예수님의 그런 박애의 삶은
나에게 큰 희망이며 표본이 되었습니다.
부족하지만 나도 그분과 같은 삶을
잠시라도 살다 가고 싶었습니다.

Epilogue

글을 마치며

"예수님의 박애의 삶을 흉내라도 내 보려고 노력하였습니다"

별것 아닌 내 인생의 부끄러운 이야기를 글로 내놓았습니다. 부끄러움을 감수하고 내가 살아 온 이야기를 사실 그대로 보여주는 이유는 한 마디로 이 글을 읽는 모든 분들은 나처럼 좌충우돌 천방지축 동분서주하며 고생하지 마시고 각자에게 주어진 인생을 지혜롭고 행복하고 건강하게 잘 사시길 바라는 마음에서입니다. 늦게야 깨닫고 보니 나의 모든 근심과 걱정과 질병은 무지(無知)에서 생겨난 것이었습니다. 그리고 이를 극복하기 위해서는 지혜(智慧)로운 사람이 되는 것이었으며 하나님을 경외하는 것이 지혜의 근본이었습니다(잠9:10).

나는 여러 가지 질환으로 인한 육신의 고통을 통하여, 건강한 삶을 이루기 위한 그 모든 답은 성경에 있다는 진리를 깨닫게 되었습니다. 평소에 내가 겸손한 마음으로 성경말씀을 경청하였었더라면 무지에서 벗어나 지혜로운 사람이 되어 나에게 닥쳐 올 그 큰 시련을 미연에 방지할 수 있었을 것입니다.

예수님께서는 산상설교에서

"이같이 너희 빛이 사람 앞에 비치게 하여 그들로 너희 착한 행실을 보고 하늘에 계신 너희 아버지께 영광을 돌리게 하라. 내가 율법이나 선지자를 폐하러 온 줄로 생각하지 말라 폐하러 온 것이 아니요 완전하게 하려 함이라. (마5:17-20)"하셨고

바울은 성경에 대하여

"모든 성경은 하나님의 감동으로 된 것으로 교훈과 책망과 바르게 함과 의로 교육하기에 유익하니 이는 하나님의 사람으로 온전하게 하며 모든 선한 일을 행할 능력을 갖추게 하려 함이라(딤후3:16-17)" 하였습니다.

위와 같이 예수님과 바울이 중요하게 여긴 성경말씀을 늘 경청(敬聽)하는 자는 올바른 정신(지혜)을 갖게 되고, 모든 질병의 근본원인이 되는 욕심으로부터 해방 받을 수 있다는 것을 깨닫게 되었습니다. "욕심이 잉태한즉 죄를 낳고 죄가 장성한즉 사망을 낳기 때문에(약1:15)" 욕심을 버리는 것이 바로 건강의 비결이었습니다. 과거 한창 일해야 할 젊은 시절 30년 동안을 매일 여러 가지 질환에 짓눌려 고생하다 늦은 나이에 겨우 이 진리를 깨닫고 앞으로 남은 인생이나마 지혜롭게 살아 보려고 새로운 길을 걷게 되었습니다.

욕심을 버리면 건강해 질 수 있으나 그것만으로 행복해 질 수는 없었습니다. 행복은 예수님처럼 박애정신으로 선한마음을 가지고 어려움을 당한 불행한 이들과 동행(同行)할 때 얻게 된다는 것을 체험하였습니다. 하여 나는 예수님의 신발 끈도 매어 드릴 자격이 없는 미천한 자이지만, 예수님의 박애의 삶을 흉내라도 내 보려고 노력하였습니다. 그렇게 계획하고 준비하고 실행하다보니 바빠서 아플 시간도 죽을 시간도 없이 하나님의 은혜로 나의 생명은 지금까지 41년이나 연장 받을 정도로 건강하게 살 수 있었으며 내 마음 또한 뿌듯한 행복감으로 충만하게 되었습니다.

내게 건강이 주어지는 한, 앞으로도 나는 지혜로운 하나님의 말씀으로 전신갑주(엡6:11-13)를 입고 예수님의 박애정신으로 가난하고 병든 자들을 돌보다(딛3:14)가 하나님의 품(계21:1-4)으로 가고 싶습니다. 그 길은 내 자신이 치유 받을 수 있는 길이며 영원한 행복으로 향하는 길이라 생각하기 때문입니다.

부족한 나의 간증설교를 들으시고 책으로 펴 낼 수 있도록 권면해 주신 조현수장로님(인천 성도교회)께 깊은 감사를 드립니다.

2022년 1월 주포리, 전인치유생명연구소에서

꿈꾸는 이, **이강무**